小学科学教育新视野丛书

小学科学课程与教学论

The Theory of Primary Science Curriculum and Instruction

潘洪建　王天锋　等　编著

江苏大学出版社
JIANGSU UNIVERSITY PRESS
镇　江

图书在版编目（CIP）数据

小学科学课程与教学论 / 潘洪建等编著. — 镇江 ：江苏大学出版社，2022.9（2024.1 重印）
ISBN 978-7-5684-1865-2

Ⅰ. ①小… Ⅱ. ①潘… Ⅲ. ①科学知识 – 教学研究 – 小学 Ⅳ. ①G623.62

中国版本图书馆 CIP 数据核字（2022）第 164023 号

小学科学课程与教学论
Xiaoxue Kexue Kecheng yu Jiaoxuelun

编　　著/潘洪建　工天锋　等
责任编辑/宋燕敏
出版发行/江苏大学出版社
地　　址/江苏省镇江市京口区学府路 301 号（邮编：212013）
电　　话/0511-84446464（传真）
网　　址/http://press.ujs.edu.cn
排　　版/镇江文苑制版印刷有限责任公司
印　　刷/镇江文苑制版印刷有限责任公司
开　　本/718 mm×1 000 mm　1/16
印　　张/23.25
字　　数/435 千字
版　　次/2022 年 9 月第 1 版
印　　次/2024 年 1 月第 4 次印刷
书　　号/ISBN 978-7-5684-1865-2
定　　价/57.00 元

如有印装质量问题请与本社营销部联系（电话：0511-84440882）

前言

2001年，教育部颁布《义务教育课程设置实验方案》，规定义务教育科学课程的课时占九年义务教育总课时的比例为7%~9%。2017年，教育部发布《关于印发〈义务教育小学科学课程标准〉的通知》，提出从2017年9月开始，小学一年级要开设科学课程，课时要求为每周至少1课时。《义务教育课程方案（2022年版）》提高了科学课程的课时比例，占总课时的8%~10%，提高了一个百分点。在工具类、知识类的科目之中，义务教育阶段科学课程的课时比例由原来的第四位上升到第三位，取代了以往外语课程的地位，"语数外"开始转为"语数科"。这一调整与转变为科学课程的改革与发展提供了机遇，也提出了挑战。如何加强科学教育，提高科学课程的教学质量、科学课程的开发水平，成为科学课程改革与发展的关键，而科学课程与教学论教材的编写及其优化又是影响科学课程设计、教材编写、课堂教学、教学评价的重要因素。为此，我们编著了本教材。

小学科学课程与教学论是小学教育专业师范生选修的一门公共基础课程，是科学方向师范生必修的一门专业基础课程。中华人民共和国成立以来，一些作者编写、出版了小学科学教学法、小学科学课程与教学、小学科学教育概论之类的教材，这些教材在内容结构、编写体例、撰写特色诸方面进行了探索，取得了一些成就。但与小学语文课程与教学论、小学数学课程与教学论相比，还存在较大差距，整体上看，小学科学课程与教学论教材建设比较薄弱。据不完全统计，自1949年以来我国出版发行的小学科学教学法教材数量仅约20种，且教材结构简单沿袭课程与教学论原理的一般结构，教材内容单薄（如科学课程理论与科学教材理论部分篇幅太短，控，原计划一个学期的线下课被迫中断，但一个月的教学实践让我对小学科学课堂教学有了真切的感受与初步的体验。感谢东北师范大学的李君、南京师范大学的高霞等老师参与提纲的前期讨论。全书由潘洪建设计与统稿，王天锋参与了提纲讨论和编务工作。感谢江苏大学出版社的米小鸽等同志为教材出版工作付出的辛勤劳动。感谢扬州大学的出版资助。

本教材还可能存在这样或那样的不足与缺憾，恳请读者批评指正。

特别提示：为了方便本科生、研究生和一线教师使用本教材，我们准备了丰富的配套资源（包括课件、教学视频、二维码 pdf 文集、教育理论著作、科普著作等），以利于读者学习和参考。读者可点击链接 https://pan.yzu.edu.cn/share/6158586cc84572ef596eca5b9e 阅读或下载学习资料。

潘洪建

2022 年 5 月

目录

绪论

科学与科学教育

小学科学课程与教学论是小学教育类师范生、研究生学习的一门专业课程，学习这门课程，有必要首先理解科学的概念、本质与特征，了解科学教育的概念、功能与历史发展，对小学科学教育形成概貌性认识。

第一节　科学的本质

学习科学课程与教学理论，首先需要明白科学的基本概念，界说科学概念是科学课程与教学研究的逻辑起点。探讨科学是什么或科学不是什么，区分相关概念，有助于我们理解科学的本质。

一、科学是什么

科学是一种知识类型，这种知识不同于其他知识，具有自身的特点。在英语中，“科学”（science）一词原意就是“知识”“学问”。1978 年出版的《现代汉语词典》把科学定义为“人们反映自然、社会、思维等的客观规律的分科的知识体系”。1979 年出版的《辞海》将科学界定为“关于自然、社会和思维的知识体系”，是反映客观事实和规律的知识。1982 年出版的《简明社会科学辞典》也指出:“科学是关于自然、社会和思维的知识体系，是社会实践经验的总结，并在社会实践中得到验证和发展。”这种将科学定义为系统化、逻辑化的实证知识的看法，代表了 19 世纪以来的传统观点。不少学者对科学的概念进行了界定①。

美国科学家小李克特（M. N. Richter）认为，科学是“一种社会地组织

① 陈琴，庞丽娟．论科学的本质与科学教育［J］．北京大学教育评论，2005（2）：70-74.

起来探求自然规律的活动”。英国生物化学家辛格（Synge Richard Laurence Millington）等提出，“科学创造知识而不是知识本身”，“科学”与“研究”往往是等同的。美国学者威廉（William K. Esler）和玛丽（Mary K. Esler）指出：科学的本质就是模式建构的过程，是建构能够解释未知世界本质的心理影像的过程；思考、解决问题和形成概念是科学的全过程。美国教育家施密特（V. Schmidt）和罗克卡特（V. Rochcastle）认为，科学除了事实、原理、定律、理论和假说等内容外，还包括观察、实验、深思、想象、预言及获得知识的其他手段等特殊的态度和感觉。

我国学者赵学漱等认为，科学是一种不断前进和自我矫正的探究过程。刘占兰提出，应将科学看作获取知识、探索自然奥秘的认识活动，是创造知识的认识活动。梁英豪指出，科学是系统化的知识体系，但更是一种方法论体系，包含着独特的科学方法与科学精神。因此，科学知识、科学方法和科学态度是构成科学的三个不可分割的组成部分。

除了上述界定，还有学者从科学发展的历程来认识科学。英国科学史家丹皮尔（Dampier）从科学与哲学、宗教的关系来探讨科学，回答科学是什么的问题，可以帮助我们认识科学、理解科学的本质①。我国学者吴国盛认为，从人类漫长的文明发展史看，科学一直存在两个传统——哲学家传统和工匠传统，它们共同构成了科学的历史渊源②。

可见，人们是从不同角度来界定科学的含义的，有的从科学认识结果来界定科学及其本质，也有的从科学方法、过程界说科学，还有的从科学精神、态度的角度来界说科学。实际上，科学的含义十分丰富，科学是一个包含知识、方法和态度三向度的活动，科学包含科学的知识与能力、科学的过程与方法、科学的态度与精神。科学的知识与能力表现为科学事实、科学概念，掌握科学原则、运用科学原则和要求、运用技术设计。科学的过程与方法是获得科学结果的基本途径，包括提出科学假说、实验求证、获得和交流结论。科学的态度与精神是科学活动持续展开的内在动力，是科学活动主体在科学活动中经过长期的陶冶积淀而成的价值观点与行为方式，它表现为科学探究的基本特征，如质疑、独立、求实、严谨、创新、合作、宽容等。美国科学社会学家墨顿（Robert King Merton）把科学家的气质概括为普遍性、无私利性、公有性、有条理的怀疑主义。总之，我们可

---

① ［英］W. C. 丹皮尔．科学史及其与哲学和宗教的关系［M］．李珩，译．北京：商务印书馆，1975.

② 吴国盛．科学的历程［M］．长沙：湖南科学技术出版社，2018.

以从不同角度、不同侧面来把握科学的基本性质，多种视角的理解有助于深化人们对科学本质的认识。

当然，对于什么是科学、科学的划界标准是什么，在不同时期、不同科学家那里存在较大差异。概括地讲，不同科学、哲学流派关于科学划界的标准是不同的，如逻辑实证主义的可实证性标准、波普尔（Popper）的证伪主义标准、科学历史主义的标准、费耶阿本德（Paul Feyerabend）的取消划界标准、萨伽德（Thagard）和邦格（Bunge）的多元主义标准，以及当代实在论、非实在论、建构主义关于科学划界标准的激烈争论。看来，由于科学具有丰富性、复杂性和多维性，科学究竟是什么、其划界标准究竟是什么的争论，还会持续下去。

二、科学不是什么

回答科学是什么的问题并非易事，而进行逆向讨论，探讨科学不是什么，可能有助于深化我们对科学本质的认识。

（一）科学有别于宗教

从本质上看，科学和宗教在世界观、方法论和价值论上是根本对立的。

在世界观上，科学特别是近代实证科学，本质上是反映客观世界的性质和运动规律的知识体系，它中断了自然和上帝之间的传统联系，把一切研究对象都视为不依任何人的精神或神的意志而存在的客观实在，认为客观世界的产生基于自然原因，客观世界的变化服从于客观规律。而宗教神学本质上是以信仰超自然力量为核心的信仰体系，它相信超自然的上帝或神灵主宰世界，用超自然的原因去解释世界，把一切自然现象和社会现象归结为神的意志和表现。

在方法论上，近代实证科学是对传统经验科学的革命，它以可控性实验取代经验观察，以数理逻辑取代对事物因果性的猜测。它运用数学方法和逻辑方法解释科学实验，寻求事物之间的客观联系及其规律。科学思维本质上是一种创造性的发散式、逻辑化的理性思维。而宗教则以信仰为核心，它从虚幻的“神”的存在出发来解释人和世界。宗教思维本质上是非批判的收敛式、非逻辑的整体性思维，它运用的是直觉的、整体的、思辨的、象征的、隐喻的、“奇迹”的方法。科学解释是建立在对对象本质的把握、概念意义的明晰、概念之间联结的严密的逻辑及外部的经验证实的基础之上的，科学解释是发展的、可批判的。宗教解释建立于人对虚幻的“神”的超经验的信仰基础之上，依存于信仰和皈依，宗教解释是自我封闭的，是非批判的[①]。

在价值论上，科学作为知识体系，具有丰富的精神价值。科学中蕴含着实证精神、定量的分析态度，科学表现出简单性、系统性、统一性、客观性、合理性和完美性等价值规范。宗教以信仰为核心，强调道德价值，其思维的向度是未来和无限。

当然，科学并非绝对的真理，世界上仍然存在许多未解之谜。随着近代科学的产生与发展，神学与科学展开了旷日持久的激烈争论[②]。但也有学者认为，科学和宗教都是人类的“自我设计”，都有其特定的文化内涵。从认识功能、社会功能和文化功能来看，宗教和科学在一定程度上构成了人的客观需要的两种相互补充、共同发展的文化力量[③]。

（二）科学不同于技术

科学是知识系统，科学探究是追求真理的过程，是认识世界的过程。技术是行为系统，技术发明是运用科学理论的过程，是改造世界的手段，技术与生产相联系。法国的狄德罗（Denis Diderot）把技术定义为“为了完成特定目标而协调动作的方法、手段和规则相结合的体系”。德国的贝克曼（J. Bechman）把技术定义为“指导物质生产过程的科学或工艺知识”。科学与技术的关系从分离走向结合，在近代科学产生之前，技术进步依赖于经验，可称之为“经验的技术”；今天的技术进步则取决于科学发现，技术建立在科学知识与原理之上，可称之为“科学的技术”。

从哥白尼天文学革命开始，科学与技术就建立了密切的联系，科学与技术相互推动、相互促进。以牛顿、伽利略为代表的经典力学体系的建立，标志着第一次科学革命的到来。18 世纪下半叶、19 世纪初，在第一次科学革命的基础上发生了以牛顿建立的经典力学体系为背景、以纺织机械的革新为起点、以蒸汽机的发明和广泛使用为标志的第一次技术革命，实现了工业生产从手工生产到机械化生产的转变。生产技术的变革又推动了近代科学的全面发展，引发了 19 世纪中叶以热力学、电磁学、化学、生物学为代表的第二次科学革命，诞生了近代化学、生物学、地质学、数学、电磁学、热力学和光学等。19 世纪中叶以后，科学迅猛发展，在世界范围内又兴起了以电力技术为主导的近代第二次技术革命，极大地推动了化工技术、

---

① 曹志平．科学与宗教关系的三个层次［J］．自然辩证法研究，2002（10）．

② ［美］安德鲁·迪克森·怀特．科学—神学论战史［M］．鲁旭东，译．北京：商务印书馆，2012.

③ 刘立夫．宗教与科学的本质对立及其功能关系［J］．自然辩证法研究，2003（11）．

钢铁技术、内燃机技术等的进步，创造了巨大的生产力。19 世纪末，发生了以物理学革命为先导，以现代宇宙学、分子生物学、系统科学、软科学的产生为重要内容，以自然科学、社会科学和思维科学相互渗透形成交叉学科为特征的又一次科学革命。这场革命也引发了自 20 世纪 40 年代开始以原子能、空间技术和电子计算机为标志的现代技术革命。

可见，科学发现为技术发明提供基础，技术发明依赖于科学发现。同时，技术发明又为科学发现提供了新的手段与广阔空间，推动了科学的发展。二者相互制约、相互推动，关系密切。

(三) 科学与伪科学、非科学的差异

伪科学（pseudo-science）是指借用科学的名义把违反科学的内容说成是科学的，以没有科学依据的理论或方法假冒科学，如占星学、李森科的“无产阶级遗传学”、耳朵识字、水变油、熟鸡蛋孵小鸡等。伪科学不同于科学错误，它在特定的时间和地点冒充科学，把已经被科学界证明不属于科学的东西当作科学对待，并且不能提供或拒绝提供严格的证据。科学与伪科学的区别主要表现为：（1）科学是有条件的、有限的，科学有其无能为力之处；伪科学常说神功无限、无所不能。（2）科学概念之间、原理之间能相互支持与关联；伪科学常“自立门户”，与现代科学的逻辑、概念体系根本不相容。（3）科学主张或实验结果必须是可检验的和可重复的，科学见解原则上是可证伪的；伪科学常声称其实验结果独一无二，原则上不可重复。（4）科学不相信神灵；伪科学主张“心诚则灵”。（5）科学谋求“优先权”，需要得到共同体成员的肯定才能获得效益；伪科学谋求的是金钱、荣誉，追求立竿见影的收益。科学总是接受理性的批评，而伪科学拒绝人们特别是科学家的批评。伪科学不同于科学错误，因为科学错误是由人类认识能力的限制或研究工具的局限导致的科学发展过程中难以避免的暂时现象，这些错误能为后来的研究所承认、克服，如化学发展史上的“燃素说”后来被证明是错误的，但它推动了化学研究的探索，促进了化学的发展，具有积极的价值①。

非科学（non-science）即非科学规范的、非实证的知识。20 世纪 20 年代的维也纳学派拒斥传统的形而上学，因为它不是可经验或逻辑验证的知识，不属于实证意义上的科学。尽管它不是严格科学意义上的知识，但非科学知识有其存在的价值。例如形而上学、哲学、逻辑学、伦理学、美学、宗教、文化、艺术等人文科学，它们虽然不能提供充分的、可证实的证据，

---

① 刘德华．小学科学课程与教学［M］．北京：中国人民大学出版社，2009：11.

不是按照科学的理想、规范和标准建立起来的实证知识体系，但它们通常与人的精神生活、价值追求、审美情趣及终极关怀密切关联，都有其存在的积极价值。需要说明的是，社会科学属于科学，因为社会科学是采取自然科学的理想、规范和标准，运用一些实证研究的方法收集、处理相关研究资料，形成一定的知识体系，如经济学、社会学、教育学、管理学、心理学、历史学等。尽管这些科学难以像自然科学那样进行精密实验，难以完全控制无关变量、操作实验变量，难以将研究结果数学化、公式化，但与哲学人文学科不同的是，它们可以运用数学的、实验的、实证的研究方法，收集大量的、可靠的数据资料并进行归纳逻辑，进而获得较多实证的知识，因而应归入科学的范畴。

（四）科学与科学主义、反思科学

科学主义（scientism）是由对科学的广泛运用及其显著成效而引起的对科学的过度崇拜。牛顿理论使人看到了科学在阐释世界方面的理性力量。19世纪，数学、物理、化学、天文学、地理学和生物学自成体系，并以数学为基本语言、以实验为基本手段，形成了十分庞大的科学体系。科学被认为能反映自然的本质规律，是绝对正确的客观真理。由此，人们开始崇拜科学，一些人对科学过分迷信，相信科学方法是万能的，可运用到诸多领域，认为科学无所不能，可以解决所有问题，无论是过去的还是今天的，乃至未来的一切问题，文学、史学、哲学、政治学、经济学、法律等，均追求像科学那样的严密性、准确性和可预测性。根据《韦伯斯特国际新英语词典》，“科学主义”是指“一种主张科学的方法应该推广应用到包括哲学、社会科学和人文科学在内的所有领域的观点，是一种坚信只有这些方法才能有效地用来获取知识的信念”。在我国20世纪二三十年代，胡适、吴稚晖、丁文江等是科学主义的重要代表。如丁文江说：“科学的方法是辨别事实的真伪，把真事实取出来详细地分类，然后求他们的秩序关系，想一种最简单明了的话来概括它。所以科学的万能，科学的普遍，科学的贯通，不在他的材料，在他的方法。”① “因为我相信，不用科学方法所得的结论都不是知识；在知识界内科学方法万能。”② 科学主义有三种表现形态：其一，科学知识是人类知识的典范，它不仅是必然正确的，而且可以推广用以解决人类所面临的所有问题。其二，科学的方法应该被应用于包括哲学、人文学科和社会学科在内的一切研究领域，只有这样的方法才能富有

① 纪彭．民国干才：丁文江传［M］．北京：中国友谊出版公司，2012：163.

② 胡适．丁文江传［M］．海口：海南出版社，1993：74.

成效地被用来追求知识。其三，一切研究领域都应遵循科学精神。

反思科学。反思科学有时又称为反科学，是指反对科学主义、反思科学主义的看法。在反思科学看来，唯科学、科学主义是对科学技术的一种无根据的过分信任，对此应当加以反省。反思科学的学者通常是有人文背景的学者，但也有一些科学家反思科学。反思科学的主要背景是：科技发展和应用经常与资本、权力高度结合，科学技术给自然界和人类社会带来巨大影响（如军备竞赛、对私人空间的侵犯、人与自然矛盾的加剧）①。如在讨论克隆技术的问题时，有学者指出，现在流行一种观点，即技术是中立的，技术是一把双刃剑，它可以害人也可以有益于人。至于是害人还是对人有益，由掌握技术的人说了算。所以技术本身是中立的，只是操纵技术的人有伦理考虑。技术在这里被彻底客体化了，这是有问题的。技术不是一种单纯的自然事件，而首先是一种人类行为，而且不只是一种单纯指向客体的人类行为，所以它必定要受到伦理考虑的制约。

三、科学的完整形象

科学概念的界定是从正面回答“科学是什么”，而“科学不是什么”的讨论则是从反面回答“科学是什么”，二者均力图增进我们对科学本质的认识与理解。科学的形象十分丰富，科学的过程十分复杂，我们可以从不同角度、不同维度去认识它。如前所述，科学既是一种认识结果，又是一种探索过程，既有认知、理智的向度，又有社会、文化的向度，只有将科学结果与科学过程、科学理性与科学文化有机结合，才能全面认识和把握科学的本质，才能揭开科学的真正面目，获得对科学的完整理解。

（一）科学是一种知识系统

科学知识具有可验证性。科学是系统化的，它是对物质世界的一般性、共同性、规律性的描述，与其他知识不同，它力图对事物做出统一的、数量化的、因果性的解释。科学知识是可验证的，能被经验事实证实。1915年，爱因斯坦（Albert Einstein）提出了广义相对论，其中一条定律为“光线通过强的引力场会弯曲传播”。若干年后，英国科学家爱丁顿（Arthur Stanley Eddington）利用一次观察日全食的机会，验证了爱因斯坦的观点。后来，英国哲学家波普儿（Karl Popper）提出：科学是一种可以证伪的知识系统，即可能用经验事实证明它是错的，可证伪性是科学知识的本质特征。

---

① ［美］杰拉耳德·霍耳顿．科学与反科学［M］．范岱年，陈养惠，译．南昌：江西教育出版社，1999.

无论是证实还是证伪，都表明科学知识具有可验证性。科学知识的证实和证伪特征，说明科学知识可以接受反驳和批判。

科学知识具有普适性。用来解释地球表面物体运动的规律和自由落体规律，在月球和其他行星同样适用。虽然科学家反对绝对真理的概念，但绝大部分知识都具有持久性。一些强有力的学说被保存下来，变得更加精确，从而为更多的人所接受。新的证据出现时，科学家往往只是修正概念，而不是简单地否定概念。如爱因斯坦创立的相对论并没有完全抛弃牛顿的物体运动定律，而只是限制了牛顿定律的运用范围。

科学知识具有相对性。不论一种理论对一组现象的解释多么完美，都不会是绝对的、唯一的，可能还有其他理论同样适用，甚至更好，适用范围更广泛。人们对科学理论常常不断地验证、修订与完善。同时，科学并不能解决一切问题，它不能为所有问题提供完整答案。世间许多事物不能用科学方法检验，如生活的真正目的、好与坏之类的价值问题。人类关心的很多问题，在目前乃至未来相当长的时期内，科学家还不能给出令人满意的答复，但是他们会努力继续探索这些问题的原因，并寻求解决问题的方案。

（二）科学是一种探究活动

科学假定，宇宙间的万事万物都以恒定的模式发生和发展，通过认真的、系统的探究是可以认知的。科学家们相信，人们运用智慧，借助感官、仪器，可以发现事物发展的基本模式与规则。科学活动是一种不断修正、补充和自我扩张的系统。过去的许多知识系统，几千年来基本上都保持不变或者变化很少。然而，科学要不断充实自己的知识，创造新的知识，科学探索就是一种不断自我修正、更新的活动，需要经历提出问题、建立猜想和假设、收集事实和资料、验证与评价、表达与交流等阶段。杜威（John Dewey）把思维的过程概括为“感觉问题所在，观察各方面的情况，提出假定的结论并进行推理，积极地进行实验的检验”。因此，科学知识处于不断发展之中。同时，科学探索是在一定的背景、条件下展开的，没有一个简单的、一成不变的步骤可供科学家们遵循，没有一条道路可以保证能正确地引导科学家获取科学知识。但是，各科学学科在依靠证据、利用假设和理论、运用逻辑推理等方面是相同的。

科学需要证据。科学家通过科学观察和实验搜集证据，他们把注意力集中在搜集准确的数据上，观察的范围从自然环境（如森林）到人造环境（如实验室），不仅利用自己的辨别力，还使用仪器（如显微镜）增强辨别力。科学家既消极地观察现象（如地震、候鸟迁徙）和搜集样本（如岩石、贝壳)，又人为地控制条件，使某一现象得以发生，从而进行严密观察，或开发观察技术，积极地探索这个世界（如往地下岩壳钻孔），从而获得证据。

科学需要想象。科学研究需要直觉、创造力、洞察力，需要大胆的想象。科学家通过提出假设、理论来想象这个世界是怎样运转的，然后再判断假设和理论如何能够接受现实的检验。科学同样需要想象，没有想象，就没有科学的发展。爱因斯坦特别强调想象对于科学研究的意义，他认为，想象比知识更重要，因为知识是有限的，而想象力概括着世界上的一切，推动着社会进步，并且是知识进化的源泉。

科学需要逻辑。对科学发展来说，运用逻辑推理和严密地核查证据是必需的，科学推理必须符合逻辑。科学家们可能对某些证据的价值持有疑义，或对假设的恰当性进行质疑，但是，他们同意把证据、假设和结论联结起来，进行严密的逻辑推理。科学的逻辑推理包括归纳推理、演绎推理与类比推理。

科学需要验证。形成假设和验证假设的过程是科学活动的核心。科学家们并不只是借助数据和成熟的理论开展工作，他们还常常利用尝试性假设探讨事物的本来面貌。在科学研究中，假设的用途在于暗示人们哪些证据能证实它，哪些证据将驳斥它。原则上讲，一个不能用事实验证的假设可能很有趣，但是在科学上毫无用途。

(三) 科学是一种思维方法

人们可以从不同的角度、以不同的方式、用不同的观念来描述世界上的事物，科学有其特定的角度、观念和方法。科学必须遵循科学的规则——严格的实验验证和严密的逻辑推理。科学思维方法既包括微观、具体的方法（如观察、实验等），也包括方法论意义上的宏观方法（如归纳—猜想、假说—演绎等）。

1. 观察

观察是一切科学研究的基础。科学观察是有目的、有计划、为了解决一个科学问题或验证一个科学假设，通过人的感觉器官（或借助科学仪器）对自然发生的现象或变化进行考察、记录和分析的一种研究方法。换句话说，科学观察更多地倾向于为了发现或验证一个科学问题而进行有目的的观察。观察旨在为一个科学描述与解释提供证据，科学观察需要遵循严格的程序与规范，诸如科学观察要求选择观察对象、确定观察条件、进行观察、记录现象、报告观察结果，尽量避免主观情感的参与。观察有时需要选择合适的观察仪器、工具与方法，观察过程要规范严谨，排除无关的影响，反映真实的现象，数据要客观可靠，观察结果的解释要基于客观的事实且合乎逻辑。

2. 实验

与古代科学不同，近代科学是建立在严格的实验基础上的。科学实验是指根据一定的目的，运用一定的仪器、设备等物质手段，采取隔离、介入、追迹、操作仪器，改造对象形态，控制实验条件，利用相关资源等方式，人为地使某一自然现象发生、发展，观察、研究自然现象及其内在法则、规律的研究方法。"科学首先不是表象和观察世界的方式，而是操作、介入世界的一种（或多种）方式。"① 科学实验正是利用相应的技术手段，操作材料，介入自然过程，获取经验事实和检验科学假说，建构理论模型的重要途径。它不仅包括仪器、设备、实验的物质对象，还包括背景知识、理论假设，需要数据分析、科学解释，以及实验者之间的沟通、交流、协商等活动。科学实验有着严格的方法与规则，并且可以重复证实、证伪实验假设或相关理论。在实验活动中，实验者是自然和社会的参与者。科学实验的范围和深度，随着科学技术的发展和社会的进步而不断扩展。

英国科学哲学家查尔默斯（Chalmers）在《科学究竟是什么?》一书中讨论了科学观察与科学实验的问题，对观察与实验进行了深入的阐释。

文献提示

"作为实践介入的观察""实验"，见查尔默斯《科学究竟是什么?》（第三版），鲁旭东译，商务印书馆，2007.

3. "归纳—猜想"法

科学研究总是从对某些现象的观察开始。首先，人们通过观察获得大量的关于自然现象的经验事实，包括在实验观察中获得的事实。然后，对这些经验事实进行归纳推理，概括出科学原理、定律与理论。最后，根据这些科学理论去解释自然现象中的某些问题。例如，科学家观察月食现象，发现了一个经验事实，即月球表面逐渐变暗然后又由暗变明。此外，科学家还对太阳光、蜡烛光进行观察，获得了大量有关光现象的事实，然后他们对这些众多的经验事实进行归纳推理，得出如下结论：(1) 光在同一种媒质中沿直线传播；(2) 如果在一个光源之外，有一个不透明的物体，那么光在不透明物体之后会投下阴影；(3) 靠近一个光源的两个特定形态的物体 A 和 B，其中的 A 绕着 B 旋转，则在某一个特定的时刻，B 会在 A 上投下阴影。以上理论创建之后，科学家再来解释

---

① ［美］约瑟夫·劳斯．涉入科学：如何从哲学上理解科学实践［M］．戴建平，译．苏州：苏州大学出版社，2010：39.

月食现象。太阳是光源，地球和月球是不透明的物体，月球绕地球旋转，月食在某一个特定的条件下就发生了。

4. “假说—演绎”法

科学家在一定的文化知识背景之下，通过创造性思维，大胆猜想可能的结论，并进行演绎建构，之后用经验事实去检验，证实或证伪猜想，形成相关的科学理论。如 19 世纪末，经典物理学的时空观遇到了迈克尔逊—莫雷实验（Michelson-Morley Experiment）事实的严重挑战，为了解决这个问题，爱因斯坦在 1905 年前后通过“思维的自由创造”，进行了大胆的猜想，提出了两个假设，即“相对性原理”和“光速不变原理”，然后以此为基础，通过形式逻辑演绎，推出了如下的科学命题：（1）运动物体的长度会收缩；（2）运动时钟会变慢；（3）物体的质量随其运动速度的增大而增大；（4）质能公式 $E=mc^2$，其中，E 是能量，m 是质量，c 是光速。这就是现代物理学上著名的“狭义相对论”，狭义相对论是不是真理尚有待实践检验。后来，运动时钟变慢的命题在 μ 子衰变中得到验证，质能公式在原子核裂变反应的实验中也得到验证。

（四）科学是一种社会文化

科学是一项复杂的社会文化事业。科学需要广泛的合作，甚至国家间的合作，同时，科学研究受社会因素的影响。

首先，作为一项社会事业，科学具有个人、社会和集团三个层面。科学工作涉及许多人，许多不同的科学工作甚至需要在世界范围内进行多国合作。所有民族、所有国家的男人和女人都有可能参与科学研究和应用。今天的物理学要求理论研究和实验研究的高度配合，需要大量的实验设备和庞大的组织，跨学科的合作与研究变得至关重要。同时，科学不可避免地受社会价值和社会观点的影响。科学研究充满了大量的人际互动、社会交往、观点切磋，存在不同程度的分歧、对立、坚持、妥协。科学成果发表要接受同行检验与公众批评。在研究成果的竞争角逐之中，某一成果能否成为主流的观点被纳入现有的科学知识体系而成为“公共知识”，除了取决于成果本身的质量，还取决于作者的身份与可信性（如所在工作单位、职称、职务、头衔、知名度）、刊物的影响力，以及主题是不是大家关注的热点、研究方法是否为主流范式等社会因素。英国科学知识社会学家巴里·巴恩斯（Barry Barnes）指出，在 17 世纪中后期的英国，实验知识的合法化和正当化很大程度上利用了波义耳这个人以及他身上体现出的绅士身份。“波义耳最伟大的成就之一就是创造性地说明了绅士的品质并将其延伸到了被哲学家和虔诚派基督徒支配的文化领域。波义耳人格的完美身份成为有价值的资源，确保了实验事业的合理性和实验知识命题的可信性。”① 在法国知识社会学家布鲁诺·拉图尔（Brunok Latour）看来，科学研究与工程实践是一连串的行动，是形成科学、制造结论和物品的过程。科学知识生产具有浓厚的社会文化特质，是科学共同体建构的产物②。

其次，科学是人类共同的文化。人类的文化千差万别，但科学是共同的文化。科学求真，以追求真理为己任；科学探索，探究未知的世界；科学质疑，不迷信权威。

科学研究崇尚求真务实。科学研究追求真理，试图揭开自然之谜。很多重要科学成果的获得，开始并不是出于预先制订的计划和功利目的，而是出于对大自然持久的好奇心。科学家不断质疑，不断探索自然，做出新的发现。

科学研究需要避免偏见。科学家应该尽最大努力避免自己和他人的偏见。但是在研究、取样、选定方法和选用仪器时，不能完全避免偏见。科学家要知道造成偏见的原因，以及偏见对验证的影响。在一个研究领域，许多不同的研究人员或研究小组一起工作，有助于避免偏见、减少错误。

科学研究需要道德规范。大部分科学家都能按照科学的道德规范从事研究。他们恪守传统、准确记录、研究公开、反复验证，对一个科学家的研究工作，以同行的严格核查结果为评价依据。这些品质使绝大多数科学家都具有良好的职业道德规范。那种捏造数据、弄虚作假的行为，最终会被人们唾弃。

英国科学哲学家查尔默斯在《科学究竟是什么?》中论述了“科学是从经验事实中推导出来的知识”。美国促进科学协会1989年发布《普及科学——2061计划》，其中将“科学的性质”分为三个方面——科学的世界观、科学的探索方法和科学事业，有助于我们深化对科学的理解。

文献提示

“科学是从经验事实中推导出来的知识”，见查尔默斯《科学究竟是什么?》(第三版)，鲁旭东译，商务印书馆，2007.

---

① ［英］迈克尔·马尔凯．科学与知识社会学［M］．林聚任，等译．北京：东方出版社，2001：183.

② ［法］布鲁诺·拉图尔．科学在行动：怎样在社会中跟随科学家和工程师［M］．刘文旋，郑开，译．北京：东方出版社，2005.

第二节　科学教育

科学教育有着自身的范围与内涵，有其产生、发展的历史。科学教育对人的发展和社会的发展具有重要的促进功能。

一、科学教育的概念

一般来讲，科学教育有广义、狭义之分，不同的概念界定对科学教育的外延有着不同的理解。

（一）广义的科学教育

广义的科学教育不仅包括自然科学教育，而且包括社会科学教育，即包括通过课程形式进行的科学教育，也包括通过大众传媒形式（报纸、期刊、图书、网络等）进行的科学教育、博物馆展览馆教育等。换言之，科学教育是传授科学知识、培养科技人才的一项社会活动。其界定如：

科学教育指人类科学文化传承的学校内外的一切活动，既包括学校科学教育，又涵盖校外的科学教育（如科学传播、科学普及等），是培养全体国民的科学知识、态度、方法与精神的过程或活动①。

“科学教育是关注科学技术时代的现代人所必需的科学素养的一种养成教育，是将科学知识、科学思想、科学方法、科学精神作为整体的体系，使其内化成为受教育者的信念和行为的教育过程，从而使科学态度与每个公民的日常生活息息相关，让科学精神和人文精神在现代文明中交融贯通。”②

科学教育就是促进人的科学化的教育③。

（二）狭义的科学教育

狭义的科学教育通常是指学校的以课程的形式进行的自然科学教育，如学校内有关生物、化学、物理或地球科学等的教学，以及与这些教学有关的课程、教材、教法、教具、师资和评估的活动。其界定如：

“科学教育涉及个人需要、社会问题、就业准备以及学术深造基础四个领域，因此是一种向学生传授用于日常生活和未来科技世界的科学知识，教育学生如何处理科学与社会问题，让学生具有今后择业所必需的科技基

---

① 李建兴，等．明日科学教育［M］．台北：幼狮文化事业出版社，1985：22-23.

② 中国科学院．2001 科学发展报告［M］．北京：科学出版社，2001：187.

③ 孙宏安．科学教育概论［M］．大连：辽宁师范大学出版社，2002：219.

础与继续学习科学所必备的理论基础的教育。”①

“科学教育是一种通过现代科学技术知识及其社会价值的教学，让学生掌握科学概念，学会科学方法，培养科学态度，且懂得如何面对现实中的科学与社会有关问题作出明智抉择，以培养科学技术专业人才，提高全面科学素养为目的的教育活动。”②

可见，科学教育既包括综合形态的科学教育，也包括分科形态的科学教育（如生物教育、物理教育、化学教育等）。同时，科学教育不仅指科学知识教育，而且包括技术教育，甚至还包括工程教育、数学教育、环境教育等，科学教育的概念不断拓展。当然，科学知识、概念、原理是科学教育的基础与核心，其他为科学知识、原理教育的延展与运用。

二、科学教育的功能

关于科学教育的功能，美国《普及科学——2061 计划》的论述十分到位：“教育的最高目标是要使人们能够达到自我实现和过负责任的生活。科学教育是教育的一部分，即传授科学、数学和技术，这些知识可以增进学生的理解，养成好的思维习惯，使他们变成富有同情心的人，使他们能够独立考虑怎样面对人生。用这些知识装备他们，使他们同公众一道，全心全意地参与建设和保卫一个开放的、公正的和生机勃勃的社会。”③ 科学教育的功能可分为促进人的发展和促进社会的发展两大功能，前者是科学教育的育人功能，后者是科学教育的社会功能。

（一）科学教育的育人功能

科学教育的育人功能主要是指科学教育对学生个人发展的积极意义，即科学教育可以促进学生的发展。学生的发展包括多方面的发展，诸如智慧、情感、道德、审美的发展，是一种从自然人转化为社会人的过程，这种转化是通过将外在的科学文化知识转变为自身的科学文化素养而实现的。换言之，将客观存在的知识与个体结合，将科学文化知识、技能、态度变为学生个体的观念、意识、技能，提高学生的科学文化素养。通过科学文化教育，促进学生的科学化与人文化。科学教育的重要功能就是促进学生的科学化，将科学知识内化为学生的科学观念，将科学技能内化为学生的

---

① 曲铁华，李娟．中国近代科学教育史［M］．北京：人民教育出版社，2010：24.

② 顾志跃．科学教育概论［M］．北京：科学出版社，1999：16.

③ 吕达，周满生．当代外国教育改革著名文献（美国卷·第二册）［M］．北京：人民教育出版社，2004：18.

科学能力，将科学情感内化为学生的科学态度，进而形成学生的科学品格与素质。

回顾科学教育的发展历程可以看出，科学教育的育人功能的中心不断演进，从最初的注重知识、技能，发展到现在的还要注意科学探究的过程与方法，注重科学精神、科学态度与价值观，注重科学、技术与社会的关系等。科学教育不仅要为未来造就科学家，而且应该帮助所有的学生认识到思考这些概念的重要性，使学生既把科学看成一项学术活动，又将其作为理解周围世界的方法。科学教育的育人功能不断发展，集中体现在提升学习者的科学素养目标上①。今天，科学素养的培育已成为科学教育追求的核心目标，科学教育的基本价值即在于建构学生的科学观念，形成学生的科学思维与方法，培养学生的科学情感与责任，为学生的全面发展奠定科学基础，提供持续发展的动力。

（二）科学教育的社会功能

除了育人功能，科学教育还具有重要的社会功能。就社会目标而言，科学教育促进社会发展就是要通过培养科技人才，发展科学技术，推动社会进步。当今的科学发展不再止于科学创建初期的个人业余爱好，而是上升为国家的重大事务。面对迅猛发展的科学技术，各国政府均将科学规划、技术创新作为关注的核心，制定科技发展规划，加大科技投入，奖励科技创新。科学技术对国家经济发展的贡献日益增大，科技实力已成为国家的核心竞争力。科学技术的大力发展，需要培育杰出的科学家和大批科技人才，科学家、工程师通过科学研究与技术开发，创造新的科学技术。科学教育传授科学技术，提高劳动者的科技素养，实现科学技术的普及、转化和应用，发挥科学技术的社会功能。只有通过科学教育，劳动者才能掌握现代科学技术并在生产领域内运用科学技术，才能将潜在的生产力转换为现实的生产力，促进社会经济的发展与繁荣。在此意义上讲，科学教育具有重要的社会功能，科学教育通过提高全体公民的科学素养，实现科学技术的社会价值。

三、科学教育的历史发展

从广义来看，科学教育经历了一个漫长的发展过程，经历了从古代社会的自然常识、名物知识、技术传授、发明制作的教育，到近现代的科学观察、科学实验的教育的发展过程。狭义的科学教育仅有一百余年的发展

---

① 廖伯琴．科学教育学［M］．北京：科学出版社，2013：8-10.

历程，它是现代科学发展的产物，是技术运用与大生产、工业化运动催生的结果。在西方，近代自然科学的产生和发展，提供了反对经院哲学的强大思想武器，猛烈地冲击了崇古的经院教育，为从传统教育转向现代教育开辟了道路。19 世纪下半叶，欧美国家开始普及初等义务教育，自然课逐渐成为小学教育的一门基础课程，科学教育走上了健康发展的轨道。20 世纪中叶以来，小学科学教育为各国所重视，得以迅速发展，上升为核心课程，科学教育的重心大致经历了科学知识—科学方法—科学素养的转变。21 世纪以来，学生科学素养的培养成为各国科学教育追求的核心目标。接下来着重考察小学科学课程的历史发展。

（一）西方小学科学课程的历史发展

西方的科学教育源远流长，从古希腊到文艺复兴，科学的发展经历了漫长的时期。在 18 世纪法国百科全书派的影响下，科学和科学教育逐步受到重视，经过艰苦的努力，科学教育的地位终于在 19 世纪确立起来。

1. 萌芽初创时期——19 世纪之前的西方科学课程

古希腊思想家、教育家柏拉图将“四艺”（算术、几何、天文、音乐）作为学校的基本课程，他在《理想国》一书中设计了自己理想中的教育体制，其中，6~12 岁的儿童接受国家办的初等教育，学习阅读、书写、数字计算，估计日和夜，认识日月星辰，进行简单的测量，即对学生进行科学启蒙教育。亚里士多德在《物理学》中讨论了自然哲学、存在的原理、物质与形式、运动、时间和空间等自然科学方面的问题，内容涉及天文学、动物学、胚胎学、地理学、物理学、解剖学、生理学等领域，设立了“百科全书式”课程，在教学中利用地图、标本，重视对事物的观察。古罗马重视“三艺”（文法、修辞、逻辑）与文学教育，忽视自然科学和数学教育。中世纪神学教育占据统治地位，“七艺”沦为神学的“婢女”，科学教育被边缘化。欧洲文艺复兴时期，意大利人文主义教育家维多里诺（Vittorino da Feltre）为儿童设计了优美的学习环境，精心组织户外活动，设置广泛的学科（古典语文、数学、天文学），注重引导儿童到大自然中去观察，启发他们的求知兴趣。夸美纽斯 1632 年出版《大教学论》，认为人人需要也能够掌握广博的知识，主张“将一切知识传授给一切人”，实施泛智教育。

18 世纪，欧洲国家开始出现一种新型学校——实科学校，传授有关自然科学和实用技术知识，科学知识与人的职业和社会发展日益关联。德国许多城市陆续办起了建筑学校、采矿学校、林业学校、技术学校和农业学校等新型学校，这类实科学校比较重视自然科学，后来在许多普通中学里也出现了向实科教育发展的倾向，但科学课程在中小学教育中没有得到普遍确认。

2. 前制度化时期——19世纪的西方科学课程

19世纪中叶，科学获得了很大发展，但科学教育并未在学校取得相应地位，科学教育还未制度化，缺乏应有的规范。随着科学技术及工商业的发展，步入工业社会的西方国家迫切需要具有一定科学技术的劳动者，科学课程开始进入中小学。当然，古典教育的式微与科学教育的兴起经历了一个较为漫长的过程。“在欧洲国家，各门科学学科进入学校对古典——文学课程在中学占主导地位的传统提出了挑战，而这些新学科被接受，是在对它们的地位的认定经过激烈论争后到19世纪末才获得的。”[①] 其中，英国社会学家斯宾塞和教育家赫胥黎极力倡导科学教育，促进了科学教育地位的提升。

面对英国教育滞后于社会发展的现状，斯宾塞1860年出版《教育论》，从知识的比较价值探讨科学教育的意义，提出了“什么知识最有价值”的问题。他说：“什么知识最有价值，一致的答案就是科学。这是从所有各方面得来的结论。为了直接保全自己或是维护生命和健康，最重要的知识是科学。为了那个叫作谋生的间接保全自己，有最大价值的知识是科学。为了正当地完成父母的职责，正确指导的是科学。为了解释过去和现在的国家生活，使每个公民能合理地调节他的行为所必需的不可缺少的钥匙是科学。同样，为了各种艺术的完美创作和最高欣赏所需要的准备也是科学。而为了智慧、道德、宗教训练的目的，最有效的学习还是科学。”[②]

赫胥黎主张实验教学，强调学生亲自观察自然界，利用归纳法获得知识，重视科学方法的学习。他指出：“现行中小学教育体制阻碍科学教育的严重性是不能低估的。学生养成只会通过书本学习知识的习惯；这种习惯不仅使他们不懂得何谓观察，而且导致学生厌恶对事实的观察。迷信书本的学生宁可相信他在书本上看到的东西，而不愿相信他自己亲眼目睹的东西。”[③] 赫胥黎认为，科学教育的最大特点就是使心智直接与事实联系，学习科学知识首先需要学会观察，从观察事实中得出结论。

工商业的发展，斯宾塞和赫胥黎的倡导与呼吁，引发19世纪后期欧美工业化国家在一些大学和少数中学开始重视科学教育。法国从1852年起在

---

① 丁邦平．国际科学教育导论［M］．太原：山西教育出版社，2002：53.

② 任钟印．西方近代教育论著选［M］．北京：人民教育出版社，2001：492.

③ ［英］托·亨·赫胥黎．科学与教育［M］．单中惠，平波，译．北京：人民教育出版社，1990：166.

市立中学和国立中学开展科学教育，德国 19 世纪 60 年代建立了大量专门实施科学教育的实科中学，英国 19 世纪 80 年代兴起的高等小学热心科学教育。在 19 世纪 90 年代，美国教育家赖斯（J. M. Rice）积极倡导科学教育，哈佛大学原校长查尔斯·艾略特（Charles W. Eliot）极为关心中小学的科学教育，主张采用实验室进行科学教学，发展学生的观察力和归纳的思想方法。

随着科学进入学校课程，先后产生了不同的科学教学思想与模式。“实物教学”（object teaching）模式是最早的教学模式，该模式源自瑞士教育家裴斯泰洛齐（J. H. Pestalozzi）的数、形、词“要素教学”思想，它致力于培养儿童的观察能力。其做法是教师选择实物，如各种动物、植物、矿物，并向学生呈现，然后要求学生尽可能详细地描述实物的性质和特点，如形状、大小、颜色、质地和成分等，最后让学生记住相应的名词或术语。这一教学模式流行了二十余年，但最终沦为对实物的机械描述和记忆。到 19 世纪末，实物教学很快被“自然学习”（nature study）模式所取代。自然学习模式的主要倡导人美国植物学家贝利（L. H. Bailey）强调，要指导儿童探究与他们有关的周围环境，激发儿童探索大自然的热情与欲望。1903 年，英国成立了“学校自然学习联合会”（School Nature Study Union），实物采集和园艺种植活动是常见的教学方式。它是一种跨学科模式，科学主题学习配合读、写、唱、画、游戏等形式。自然学习模式关注儿童对自然的亲身体验，培养儿童关爱自然、理解自然的态度。

3. 制度化时期——20 世纪的西方科学课程

进入 20 世纪，西方科学教育发展进入制度化时期，即科学教育被纳入学校教育制度，出现了比较规范的课程文本，如课程标准的制订、教科书的编制和使用。

19 世纪末 20 世纪初，面对传统教育灌输、呆板、机械、成人化、标准化等弊端，英国教育家雷迪（Cecil Reddie）、美国教育家杜威等对传统教育发起了猛烈的批判，并创办新式学校。欧洲发生了新教育运动，美国出现了进步教育运动，二者彼此辉映。在这一背景下，英美等国小学科学教育开始给儿童以活动的自由，关注儿童的需要、兴趣和经验。科学课程的内容也更加注重面向社会和生活实际，如生物、岩石、电、飞行、化学、大气、地球等方面，小学生学习供水、运输、通信、家庭取暖、保健、森林保护等综合性主题。科学教育要求向学生提供直接有用的知识，科学方法、态度受到重视。

第二次世界大战后，世界科学教育进入一个新的历史阶段。20 世纪 50 年代初期，进步教育受到批评，1955 年“进步教育协会”宣布解散。1957 年 10 月，苏联人造卫星上天刺激了美国人的神经，引发美国科学教育改革。

美国教育家布鲁纳（Jerome Seymour Bruner）出版《教育过程》一书，重视科学课程的结构，强调基本概念、原理和态度的学习，提倡发现法，提出“像科学家那样学习科学”，认为直觉思维和分析思维一样重要。科学教育改革强调利用科学方法，探究学习、发现学习和问题解决成为科学教育的主导方法。“做个科学家”（being a scientist）则成为这次课程改革的口号。从20世纪60年代开始，小学科学课程的探究模式逐渐取代了以往的自然学习模式。这次科学课程改革研究出版了大量的课程和教学资料。在美国，有较大影响力的小学科学实验课程有三种:“侧重科学概念的科学课程”［即SCIS课程（the Science Curriculum Improvement Study）］、“侧重科学加工过程的科学课程”［即SAPA课程（Science-A Process Approach）］、“小学科学教育方案”［即ESS课程（the Elementary Science Study）］。这次科学课程改革确立了小学科学的必修课地位，明确提出了以科学概念和科学方法为核心，但过于强调概念结构的形成和过程技能的掌握，忽略了儿童的经验和兴趣，以及科学内容与社会的联系，没有达成预期的目标。

针对20世纪60年代小学科学课程改革的困境，20世纪70年代，大量调查研究发现，儿童在接受学校正规教学之前已经形成了不少“前科学概念”，儿童“前科学概念”“迷思概念”受到特别的关注，出现了概念转变的改革探索。如，1986年，英国利兹大学的德赖弗（Driver）博士根据皮亚杰（Piaget）的发生认识论、奥苏贝尔（Ausubel）的有意义学习理论，以及大量实践研究结果，率先提出了建构主义的科学教育模式，随后出现建构主义科学教育的诸多探索。美国生物学课程研究所（BSCS）1989年开发出基于建构主义理论的5E教学模式（见第七章第三节）。这个时期的科学教育更加贴近日常生活，围绕社会和生活的重要议题组织课程内容，突出技术对人类社会的巨大影响，诸如“环境学习”“科学—技术—社会”（STS教育）等内容也融入了科学课程。1995年，美国发布《国家科学教育标准》，探究学习再次成为人们关注的热点。1996年，法国启动了声势浩大的“动手做”小学科学改革实验。

文献提示

“法国小学科学教育稗史”，见夏尔帕主编《动手做:法国小学科学教学实验计划》，黄颖、苏文平、安延译，人民教育出版社，2003.

总之，从19世纪中叶至20世纪末，西方科学教育的发展经历了实物教学、自然学习、探究发现和建构主义几个阶段①。有研究者基于科学观、目的观、形态观、习得观的分析，将西方科学课程发展历程划分为“合法化”

① 刘德华．小学科学课程与教学［M］．北京：中国人民大学出版社，2009：33.

（19 世纪初到 19 世纪后半期）、“活动化”（19 世纪末到 20 世纪中期）、“结构化”（20 世纪 50 年代到 20 世纪 70 年代）和“综合化”（20 世纪 70 年代以后）四个阶段①。不同的梳理与划分，揭示了西方科学课程发展的不同维度，展示了科学课程的多彩风貌。

2011 年，美国发布《K—12 科学教育框架：实践、跨学科概念和核心观念》，提出“科学实践”“学习进阶”等概念，成为引领科学教育改革的新方向。STEM（科学、技术、工程与数学）教育概念的提出与实施，引发了科学教育改革的新热潮。

（二）我国小学科学课程的历史发展

我国有着悠久的科学教育传统。古代小学科学教育内容大都以名物知识存在于蒙童识字课本中。据学者考证，西汉时期的《急就篇》是我国现存最早的识字课本，所收单字共 2000 多个，其中有关工具器物、农作物、虫鱼鸟兽及六畜等名称的就有五六百个之多，几乎成了一本“自然小百科”，后世的蒙学读本如《三字经》《百家姓》《千字文》《千家诗》也大都继承了这一传统，其中均包含一些自然常识。此外，我国古代也有专门介绍自然界各种名物知识的读物，如宋代方逢辰编写的蒙书之一《名物蒙求》就包括了天文、地理、鸟兽、花木、日用品、耕种操作等方面的内容。真正具有近代意义的科学教育则肇始于 19 世纪末西学东渐中的废读经、学“格致”思潮②。

1904 年《奏定学堂章程》设“格致”科目，初小 1—5 年每周 1 小时，高小 1—4 年每周 2 小时。这是我国小学正式设置自然课的开始，格致包括动、植、矿、理、化、卫生等项。1912 年《小学校教则及课程表》改“格致”为“理科”。1923 年中华民国教育部颁布《新学制课程标准纲要》（以下简称《纲要》），改“理科”为“自然”。这一名称一直使用到 2000 年，2001 年《义务教育课程设置实验方案》改“自然”为“科学”。有研究者认为，我国的科学教育大致经历了萌芽阶段、形成阶段、过渡阶段、学习苏联阶段、探索阶段、十年“文革”阶段、调整尝试阶段和全面发展阶段等八个阶段③。从科学教育价值取向上看，我国小学科学课程百年发展可分为五个时期：经验本位时期、知识本位时期、劳动本位时期、能力本位时期、素养本位时期，不同时期具有不同的阶段特征。

---

① 于海波．西方科学课程的历史考察［J］．当代教育论坛，2005（8）．

② “格致”二字出自《礼记・大学》：“致知在格物。物格而后知至……”“格物”就是推究事物的道理。“格致”即作为物理、化学等自然科学的总称。

③ 曾琦．二十世纪我国科学教育回顾［J］．学科教育，1999（8）：1-5．

1. 经验本位时期（1912—1949 年）

经验本位时期的科学教育受杜威经验教育思想的影响，注重丰富儿童的社会经验，强调科学活动的参与，重视科学知识在生产与生活中的运用，通过科学知识的广泛运用改造生活经验，提升生活的质量。

（1）课程设置

1912 年《小学校教则及课程表》规定：高等小学堂第 1—3 年理科每周 2 课时。1929 年与 1932 年《小学课程标准·自然》（以下简称《标准》，不同版本以年进行区分）规定：小学第 1—2 年每周 90 分钟，第 3—4 年每周 120 分钟，第 5—6 年每周 150 分钟。1923 年《新学制课程纲要总说明》规定：高级小学“自然”课时占总课时的 8%。1932 年，《小学课程标准总纲》中，“自然”课时占总课时的 11.7%。1936 年，《小学课程标准总纲》规定：1—4 年级开设“常识”（包括社会与自然），5—6 年级的“自然”课时每周 150 分钟，占总课时的 10.9%。1942 年《标准》与 1948 年《标准》规定：高小第 5—6 年级“自然”课时每周各 120 分钟，占总课时的 8%。由此可见，民国时期小学自然课从小学全程 6 年开始走向仅仅小学高年级开设，课时比例保持在 8%～12%，即 10%左右。总体上看，小学自然课程的地位较高，这与当时政府对自然科学的重视有关。

（2）主要进展

设定课程目标与内容。1923 年，《新学制中小学课程纲要·小学自然（包括自然园艺）课程纲要》（以下简称 1923 年《纲要》）规定，小学自然课程的目标为：“启发对于自然和自然现象的基本知识，使明了自然与人生有美术的、经济的、社会的、卫生的各种关系，有欣赏自然、研究自然和爱好田野生活的兴趣。有利用自然和种植、畜养的知能。”1932 年《标准》规定，小学自然课程的目标为：“指导儿童理解自然界的现象，并养成其科学研究和试验的精神。指导儿童利用自然以解决人类生活问题的知能。培养儿童欣赏自然、爱护自然的兴趣和道德。”1942 年《标准》规定，小学自然课程的目标为：“指导儿童理解自然界的现象，并养成其研究自然的兴趣。指导儿童明了人生和自然界的关系，并增进其利用自然和改进生活的知能。指导儿童获得普通的卫生医药常识，并了解公共卫生的重要。指导儿童探求科学知识的基本方法。”可见，民国时期自然课程目标定位于理解自然现象、指导生活改进。课程内容选择方面，1923 年《纲要》规定，自然课的基本内容为：“家庭动物，园庭植物，附近田野动植物的观察研究；气候与衣、食、住和植物等关系；校园的分配设计，和种豆，种菜，饲鸡等法；风，雨，阴，晴等气候的记载。”1932 年《标准》规定，1—6 年级课程内容包括：自然现象、生活需要。1942 年《标准》明确规定了五、六年级课程内容与范围：自然现象（天象、地质、气候、生物适应）、生活需要（衣食住行及其他）、卫生知能（生理卫生、预防和急救、公共卫生）。从课程内容组织上看，20 世纪二三十年代，3 个领域内容的分布在不同学段螺旋式上升，20 世纪 40 年代仅在小学高年级设置自然课，课程内容的安排以直线排列为主。

编写与发行教材。1902 年《钦定学堂章程》颁布后，开始出版自然教科书，如文明书局 1903 年出版的《高等小学博物教科书》、1910 年出版的《普通植物学教科书》，国民教育社 1910 年出版的《蒙学格致教科书》《高等小学理科教科书》。20 世纪 20 年代影响较大的自然科教材有：凌昌焕编的《自然》（商务印书馆 1923 年版）、杜亚泉编的《自然》（商务印书馆 1924 年版）、姜文洪编的《自然》（世界书局 1924 年版）。民国初期出版发行的小学自然教科书达 20 多套，这些教科书课文结构简单、知识呈现重演绎、内容选择强调实用性①。1929 年《标准》规定了自然课材料选择的原则："须以乡土材料为出发点，须合时令节气，须为儿童切身的需要和儿童理想所能理解的，须重要而有代表价值的。"在这些原则的指导下，新的小学自然教材陆续出版，并体现了 1929 年《标准》规定的教材编写原则。如 1946 年出版的 4 册《高级小学自然课本》，该教材内容分为"自然现象""生活需要""卫生知能"三大部分，教材编写体例为研究问题、观察实验、课文、测验。

拓展阅读 0-1

民国自然教材

研究问题：导入，提出相关问题，引起学生对重点内容的关注和思考。

观察实验（或观察调查、观察思考、观察阅读、观察制作）：安排系列动脑、动手活动，让学生亲身体验探究过程。

课文：在学生围绕"研究问题"进行思考、讨论、观察、实验的基础上，以图文并茂的形式为学生提供相关的科学知识，让学生通过阅读、理解，建立科学概念，丰富知识体系，了解科学与生活的密切关系。

测验（或调查、推究）：帮助学生巩固所学知识，检测掌握情况，其形式包括判断、填空、选择、笔答等。

[李华．民国晚期小学科学教材特点分析——以《高级小学自然课本》为例［J］．湖北教育（科学课），2017（4）：8-11．]

① 柴西勤．民国初期小学科学课程与教科书的特色与启示［J］．课程·教材·教法，2015，35（8）：120-125．

开展课程教学。民国初期，学校一般采用赫尔巴特五段教学法。后来，一些学校试验自学辅导法。1919 年杜威来华讲学，讲学长达两年有余，演讲 200 余场次，实用主义教育思潮广泛流行，所以当时中国的小学自然教学重视适应社会生产、生活，强调基于儿童经验的自然学习。1923 年《纲要》指出：自然教学以衣、食、住和用具等做出发点，注重观察、调查、记载、体验等。初年级用设计法，高年级注重问题研究。1932 年《标准》指出：由儿童亲身经验、亲眼观察、亲耳听辨、亲手去做，特别倡导大单元教学，如建议教学“应该充分的和社会、劳作、美术、及卫生等各科的各种教材打成一片，作大单元的设计教学。例如‘蚕丝’可从认识绸缎和绸缎如何织作为出发点，把蚕的生活特性，丝的出产地形状性质（自然），蚕的饲养、桑树的种植、丝的抽缫染色纺织、丝织工业的情况（劳作），丝的出产地、丝和我国的关系，我国的丝在世界上的地位，丝的发明进步……丝线的制法、刺绣法（劳作），蚕的写生、绸缎的花样图案（美术），蚕病发明史话（卫生）等各种问题连在一起研究”。自此，设计教学法、自学辅导法、道尔顿制一度风行。由此可以看出，民国时期自然教学具有浓厚的经验色彩，足见杜威对中国基础教育包括自然教学的深刻影响。

实施课程评价。1923 年《纲要》规定，初小最低毕业标准包括：能识别习见的重要动物至少 25 种，并知道它们和人生的关系；能识别习见的重要植物至少 25 种，并知道它们显著的用途；能识别习见的重要矿物及其制品至少 25 种，并知道它们显著的性质和用途；能略知易见的自然现象的因果和它们对于人生的关系；能略知常见的简易理科的现象和因果。高小最低毕业标准除初级标准外，还需要识别普通动物、植物至少各 20 种，识别矿物及其制品至少 10 种，略知各种自然现象的因果和它们对于人生的关系，略知普通的理化事实和简易的物理器具、化学物质等。1932 年《标准》与 1942 年《标准》均规定，对于儿童做的结果，可揭示成绩、表示结果、开会展览等，以激发儿童的兴趣。许多教材课后列出检测题目如填空、问答，有的还设计调查活动，如 1946 年《高级小学自然课本》中“蔬菜”一课让学生调查本地每季栽种的蔬菜并填写表格，表格中包含名称、播种时期、收获时期、可食用的部分等。

2. 知识本位时期（1950—1965 年）

中华人民共和国成立初期，为了建设新中国，国家特别重视科学知识的普及。科学教育注重科学知识的学习，知识传递与掌握成为科学教育的核心；关注对科学知识、概念、原理的理解，重视掌握系统的科学知识，形成对自然及其规律的完整认识。

（1）课程设置

1950 年 7 月，教育部印发的《小学高年级自然课程暂行标准初稿》建议：小学一、二年级自然常识并入语文等科目；三、四年级每周 3 节常识课，内容包括自然常识与社会常识；五、六年级分设历史、地理、自然 3 科，自然课每周 3 节。1955 年，《小学（四二制）教学计划（草案）》规定五年级自然课每周 2 节，六年级自然课每周 3 节。纵观 1950 年至 1965 年的自然课程，既有单独设置的“自然”，也有与历史、地理的综合，还有与“农业常识”“生产常识”的并设。从课时比例看，小学自然课教学时数呈下降趋势，由 1952 年的 228 学时减少到 1963 年的 142 学时，占小学总课时的比例从 1952 年的 4. 58%降至 1963 年的 2. 15%。与民国时期相比，中华人民共和国成立初期对自然课不够重视，自然在小学课程中的地位偏低。

（2）主要进展

设定课程目标与内容。1956 年《小学自然教学大纲（草案）》（以下简称《大纲》，不同版本以年进行区分）指出，小学讲授自然课的目的是“教给儿童初步的自然科学知识，促进儿童的全面发展”。1963 年，《全日制小学自然教学大纲（草案）》将自然课的教学目的表述为：“教给儿童初步的自然常识，指导儿童初步认识自然界和人对自然的利用改造，扩大儿童的知识领域，培养儿童爱科学的品德。”可以看出，自然科学知识的传授构成教学的主要目标，这可能与中华人民共和国成立初期国民整体素质不高有关，需要通过小学自然教学传授科学知识，提高国民的知识素质。知识本位的教学目标决定了课程内容选择的取向。1956 年《大纲》规定，在一至四年级，自然课结合语文课进行教学，五、六年级单独设立自然课。课程内容采取螺旋式排列，不断加深扩展。“大跃进”运动开展后，为了体现“多快好省”的建设社会主义的目标，1963 年《大纲》规定，自然教学内容采取直线式排列，从低到高，前后不重复，以提高教育效率。

编写与发行教材。本阶段人民教育出版社出版了 4 套小学自然教科书。1951 年至 1952 年出版了第一套全国通用《高级小学自然课本》，1956 年出版了第二套全国通用《高级小学自然课本》，1961 年出版了第三套全国通用《常识（试用本）》，1964 年出版了第四套全国通用《高级小学自然课本》。总体上讲，这些教材特别重视系统知识的呈现，教材文字篇幅较大，对自然科学知识叙述较多，体现了“知识本位”的目标追求，适应了当时社会经济发展对科学知识的迫切需求。

开展课程教学。中华人民共和国成立初期，小学自然教学强调知识的系统性，十分重视基础知识、基本技能的教学。为了适应这一形势，教师主要运用讲授法向学生传授系统的自然科学知识，同时，大力贯彻教学的直观性、主动性原则，采用实习作业的方法，通过自然观察、实验演示、自然角、动手实验、制作简单标本等方式，让学生学习自然知识。注重理论联系实际，加强现场教学，重视知识在生产生活中的运用。

实施课程评价。注重检查学生知识掌握和应用情况，考查方法主要有：① 课堂提问。“口头回答问题。如问：农民伯伯为什么用锄地的办法来抗旱？指图讲述。如指着人体挂图讲述呼吸时空气所经过的道路。报告在家里所做的实验。如报告分析土壤中含有腐殖质的实验经过情况及实验结果。用观察、实验等方式来回答问题。如在一盒子内装着花岗石和石灰石，让学生把它们分别出来并说明它们的不同。板书。叫学生把所答问题中的科学名词术语写出来。” ② 检查家庭作业。“如布置书面回答问题、实验观察等作业后，在下一堂课检查他们的作业本。” ③ 平时测验。“在一个单元教学结束后做一次单元复习和测验。” ④ 期末测验。“如填充、问答、填图（如在人体骨骼图上填上骨的名称）、填表（如砂和黏土的性质比较）等。”

3. *劳动本位时期*（1966—1976 年）

1966 年 5 月 7 日，毛泽东提出：“学生也是这样，以学为主，兼学别样，即不但学文，也要学工、学农、学军，也要批判资产阶级。学制要缩短，教育要革命，资产阶级知识分子统治我们学校的现象，再也不能继续下去了。”① 这就是著名的“五七”指示，“五七”指示成为“文革”十年教育工作的总方针。1967 年 2 月 4 日，中共中央发出《关于小学无产阶级文化大革命的通知（草案）》，取消小学高年级的自然课程，一至四年级学生学习毛主席语录，兼学识字，学唱革命歌曲，学习一些算术和科学常识。与此同时，学校管理方式发生变革，“贫下中农”接管学校，并参与部分自然课的教学指导，生产知识代替了科学知识。20 世纪 70 年代初，自然课逐步恢复，一些小学开设了农业常识课，以服务于农业生产。

该阶段特别强调“教育与生产劳动相结合”，自然教学强调为工农业生产服务，各地中小学实行“三自”：自定课程、自编教材、自选内容。该阶段还强调自然学科的主要研究对象是工农业基础知识，自然教材内容往往以工农业生产知识为主，自然科学知识为辅，教材的主要内容是土壤、肥料、农作物（粮、棉、麦）、病虫害、家畜家禽、电动机、炼钢炼

---

① 何东昌. 中华人民共和国重要教育文献（1949—1975）［M］. 海口：海南出版社，1998：1396.

铁、抽水机等方面的基础知识，农业生产知识占据主导地位，物理、化学、生物方面的基础知识所占篇幅很少①，生产劳动取代了自然知识的系统学习。

在教学方法方面，贯彻劳动教育思想，实施工农兵、教师、学生“三结合”的讲课方式，“大课堂与小课堂相结合”的教学形式，学生在生产劳动中学习、运用自然知识，锻炼了学生的实践意识和操作能力，但学生难以获得系统的自然科学知识，教学质量严重滑坡。

4. 能力本位时期（1977—1999 年）

1978 年党的十一届三中全会后，教育战线拨乱反正。1977 年，《全日制十年制学校小学自然常识教学大纲（试行草案）》颁布，1978 年正常的教学秩序开始恢复，自然教学步入正轨，走上健康发展道路。该阶段的科学教育实现了从知识中心、劳动本位到能力发展的转变，发展学生的科学能力成为科学教育关注的焦点。

（1）课程设置

1978 年至 1988 年，小学自然课程主要在小学高年级开设，1988 年教学计划首次将小学自然课提前到一年级，打破了以往自然课程只在高年级开设的传统。从自然课课时数看，1978 年、1981 年、1986 年、1992 年《计划》规定的总课时数分别为 136、216、272、272（节），占五年制小学总课时的比例分别为 2.59%、4.7%、5.9%、5.9%，呈上升趋势。与前期相比，自然课程的地位在逐步提升，这与改革开放实施“科教兴国”的战略国策是分不开的。

（2）主要进展

1977 年至 1999 年，教育部（1985 年至 1998 年为“国家教委”）共发布 5 个小学自然教学大纲，自然教学的进展主要有以下几个方面。

设定课程目标与内容。小学自然特别强调学生能力的发展，如 1986 年《大纲》指出，小学自然教学的目的是“指导儿童初步了解人类对自然界的探索、利用、改造和保护，从而使他们获得基本的自然科学常识，发展爱科学、学科学、用科学的志趣和能力，受到科学自然观、科学态度、爱家乡爱社会主义祖国的思想熏陶，促进他们的身心健康发展”。与前期相比，自然课程目标实现了从知识本位到能力本位的飞跃，体现了改革开放对科学教育的新要求。课程目标的变化，影响了课程内容的选择与组织，1986 年《大纲》把教学内容分为知识、能力、思想教育三个方面。1988 年《大

① 李培实．小学自然课的改革与发展［J］．课程·教材·教法，1993（6）：22-24.

纲（初审稿）》按照低、中、高年级分别提出不同层次的知识学习要求与观察、实验、操作要求。1992 年《大纲（试用）》更加具体明确，将教学内容要求层次化，知识要求分为“了解”“知道”“理解”三个层次，观察、实验、操作要求分为“初步学会”“学会”两个层次。与前期的大纲相比，1988 年和 1992 年的大纲强化了自然知识的学习和科学能力的培养，突显了能力发展目标。

编写与发行教材。1977 年至 1984 年，人民教育出版社出版了两套全国通用教材：一是 1978 年出版的《全日制十年制学校小学课本自然常识》1—4 册；二是 1982 年出版、1984 年修订的《小学课本自然》1—6 册。此外，在“一纲多本”精神的指导下，一些地方、高等学校和科研单位亦组织编写了各具特色的自然实验教材。总体上看，教材编写着力改变知识本位的做法，突出能力培养，促进儿童全面发展。教材内容选择突出基础性、实践性、探索性。1982 年版的人民教育出版社的自然教材改变了先给出结论定义然后演示实验的传统模式，采用由浅入深、由感性到理性的原则，先提出一到两个问题，要求学生进行观察或实验，再进行概括总结，让学生在观察和实验活动中获取知识、发展能力。1992 年人民教育出版社出版的自然教材以观察、实验为主，图文结合，或发散式设计，或递进式设计，用问题引导学生进行科学学习。

开展课程教学。20 世纪 80 年代初，哈佛大学兰本达（Brenda Lansdown）教授来华讲学，其倡导的“探究—研讨”教学法备受推崇。与此同时，布鲁纳（Bruner）的“发现学习”、施瓦布（Schwab）的“探究学习”传入中国，引发了我国自然教学改革的热潮。我国学者、教师进行改革实验，探索出一些新的自然教学方法，其中影响较大的有：刘默耕的“引导—探索”教学法、许国梁的“启发式综合教学法”、张洪鸣的“四动”（动眼、动脑、动手、动口）教学法、中央教科所的七字（“看、做、读、想、议、讲、用”）教学法，以及三段（兴趣开头、培养能力、反馈训练）教学法、七环节（创设情境、指导探究、师生研讨、引导归纳、验证结论、巩固应用、布置作业）教学法等。一些学校创建了教学实验室、制作室、植物圃、水族区、气象哨，开展气象观测、植物栽培、航模制作、标本制作等小发明、小制作类的课外活动，促进了学生实践能力的发展。1992 年《九年义务教育全日制小学、初级中学课程计划（试行）》颁布后，课外活动开始向活动课程转型升级，众多学校开展活动课程实验，科技活动风生水起，有的学校尝试构建了科技活动课程系列[1]，助推自然课程教学。

实施课程评价。为了促进学生能力的发展，一些学校对学生的学业评价方式进行探索。如上海虹口第五中心小学采取“综合性书面练习、口头答辩和实验制作三结合”，其中，综合性书面练习一学期 1~2 次，口头答辩一般根据教材内容提出问题，要求学生应用所学知识、概念来回答问题或讲解实验、制作过程等，允许师生之间、学生之间开展辩论[2]。又如湖南省浏阳县小学改变让学生死记硬背课本现成结论的教学方法，将观察、采集、实验、制作纳入课程评价，学生可以介绍自己的小制作、小发明，以及通过饲养、种植所获得的知识，汇报实验或观察过程及所得出的结论，介绍家乡“自然之最”和“自然界的事物”，解释自然现象，回答有关问题[3]。这些改革对于学生能力的发展具有积极作用。

5. 素养本位时期（2000 年至今）

2001 年，《基础教育课程改革纲要（试行）》颁布，小学科学课程发展揭开了新的一页，科学素养教育走上了科学教育的历史舞台。

（1）课程设置

2001 年，《义务教育科学（3—6 年级）课程标准（实验稿）》（以下简称 2001 年《课程标准》）将“自然”改为“科学”，从小学三年级开始开设，小学、初中科学课程占总学时的比例为 7%~9%。与其他时期相比，小学科学从原来的 272 节增加到 340 节，课时比例大幅度提高，接近民国初期 10%左右的水平。2017 年颁布的《义务教育小学科学课程标准》（以下简称 2017 年《课程标准》）中，科学课程设置起始年级回到 1988 年《大纲》的规定年级，即恢复到小学一年级，科学课开始贯穿小学教育全程，课程地位明显提升。

（2）主要进展

设定课程目标与内容。2001 年《课程标准》提出小学科学“以培养科学素养为宗旨”，颇为详尽地描述了科学课程的总目标，并从科学探究、情感态度与价值观、科学知识三个领域进行分解，提出了不同维度的分目标。这是我国首次将培养科学素养作为小学科学教育的宗旨，是对原自然教学大纲的继承和超越，充分体现了新的时代精神，具有重大的现实意义。2017

---

① 张启建．构建小学科技活动课程体系的尝试［J］．课程·教材·教法，1997（3）：15-18.

② 左民智，袁效宏．国内自然教学改革的概况和发展趋势［M］//李志超，等．小学自然·史地教学．北京：教育科学出版社，1988：126.

③ 湖南省浏阳县教育局教研室．关于改革小学自然考试及成绩评定办法的初步意见［M］//小学自然教材和教法：第一集．北京：人民教育出版社，1986：121-122.

年《课程标准》进行目标分级，将科学知识，科学探究，科学态度，科学、技术、社会与环境四大目标学段化，层次更加清晰。在课程内容方面，2001年《课程标准》将科学课程内容划分为“科学探究”“情感态度与价值观”“生命世界”“物质世界”“地球与宇宙”。2017年《课程标准》对2001年《课程标准》进行了修订，从“物质世界”“生命科学”“地球与宇宙”“技术与工程”四个领域描述小学科学课程内容，删除了作为课程目标的“科学探究”“情感态度与价值观”，增设“技术与工程”，突显了STEM（科学、技术、工程与数学）教育的地位。同时，改变2001年《课程标准》中课程内容学段模糊的状况，以学习进阶方式分段描述不同学段的不同内容及其学习目标，用18个科学大概念、75个具体概念统领课程内容，精简过于庞杂的知识，进阶递进，推进深层学习。

编写与发行教材。该阶段出版了多种小学科学实验教材，其中影响较大的是八个版本（教科版、大象版、粤教版、苏教版、青岛版、河北人民版、鄂教版、湖南少儿版）的《科学》。此外，还有北京版、首都师大版、上海远东版、上海科教版、上教版的《科学》《自然》。这些实验教材对教材编写理念及教材内容、结构、风格、版面进行了大胆改革。实验教材着眼于学生终身学习和发展的需求，坚持以培养学生的科学素养为宗旨，以培养学生的创新精神和实践能力为核心，以学生生活经验为基础，以亲历探究活动为主线，强调科学、技术与人类社会发展的关系，培养学生热爱自然、珍爱生命、热爱科学的态度与情感。教材立足于学生素养的发展，打破学科知识的逻辑结构，采用主题单元整合相关领域的知识，重构教学内容。

开展课程教学。小学科学课堂教学改革十分活跃，除了讲授、演示、实验、讨论方法的优化与完善外，还注重引进改造与自主探索相结合，逐渐形成一些新的教学模式，如主题活动教学、问题探究教学、任务驱动教学、5E（吸引、探究、解释、迁移、评价）教学、思维导图教学、HPS（科学史、科学哲学、科学社会学）教学、网络环境教学等，这些方法与模式着力提高学生的科学素养。STEM（科学、技术、工程与数学）教育备受瞩目，并在众多区域与学校推进实施，CER（主张、证据、推理）教学引发关注，科学教学改革生机勃勃。调查显示，科学课程教学成效明显，知识目标达成情况较好，教材选择范围大，教学内容较为丰富，实验教学运用普遍，学生参与实验率较高，学生喜欢科学探究，学习兴趣浓厚。

实施课程评价。从全面培养学生的科学素养出发，追求评价主体多元、评价内容全面、评价方式多样。最佳表现评价、典型表现评价、成长档案袋评价备受关注。一些学校在评价中增加了科技制作、环境保护和实验操作等项目，综合评定学生的学习成绩与素养发展状况。

纵观我国百余年小学科学课程发展，可以发现我国小学科学课程发生了巨大转型：课程设置从“格致”“理科”到“自然”“科学”，课程定位发生深刻变化；课程目标从以知识传授为主，到以能力发展为主，再到以科学素养培养为主；课程内容从知识罗列、分层设计，到内容整合、进阶设计；教材编写的指导思想、结构、内容发生了质的变化；课程教学方法从引进改造到自主探索，形成了具有不同特色的教学模式；课程评价从知识本位到能力本位，再到科学素养导向，评价方式走向多元①。

本章内容小结：

对于科学究竟是什么，人们存在不同的理解。一般认为，科学的内涵十分丰富，具有多个维度。我们可以将科学理解为：科学既是一种系统知识，又是一种探究活动；既是一种思维方法，又是一种社会文化。科学与技术、工程等概念有着密切的联系。

科学教育有广义和狭义之分，狭义的科学教育指学校自然科学教育。科学教育具有促进学生个人发展与促进社会发展的双重功能。

西方科学教育课程发展经历了萌芽初创、前制度化、制度化时期。我国现代小学科学教育大致经历了经验本位时期、知识本位时期、劳动本位时期、能力本位时期、素养本位时期，不同时期具有不同的阶段特征。

本章问题研究：

1. 为什么说科学是一种探究过程与思维方法？说说科学掌握世界的方式与宗教、技术、道德、艺术有何不同。

2. 中国近代科学落后了，说说为什么近代科学革命不是诞生在中国、印度，而是发生在西方（又称“李约瑟之谜”）。

3. 阅读下面的资料，思考和讨论科学技术可能给人类社会带来哪些负面影响，应该怎样预防和避免。

1962 年，美国海洋生物学家卡逊（Rachel Carson）出版了《寂静的春天》一书，详细描述了有机氯农药造成的严重污染使本来生机勃勃的春天

① 潘洪建．中国小学科学课程发展 110 年（1912—2021）［J］．教育与教学研究，2021，35（7）：55-61.

“寂静”了。农药不仅危及生物的生存，也危害人类自身。她说：“个人从胎儿未出生直到死亡，都必定要和危险的化学药品接触，这个现象在世界历史上还是第一次出现的。”她说：“‘控制自然’这个词是一个妄自尊大的想象产物，是当生物学和哲学还处于低级幼稚阶段时的产物。当时人们设想中的‘控制自然’就是要大自然为人们的方便有利而存在。应用昆虫学上的这些概念和做法在很大程度上应归咎于科学上的蒙昧。这样一门如此原始的科学却已经被用最现代化、最可怕的化学武器武装起来了。这些武器在被用来对付昆虫之余，已转过来威胁着我们整个的大地了。这真是我们的巨大不幸。”她通过对农药污染迁移、转化过程的揭示，初步阐明了环境污染如何通过大气、海洋、河流、土壤、动物、植物等环节，对人类和整个生态系统造成危害。该书出版后，很快被翻译成多种文字，引起普遍的关注，大大推动了当时的环境保护运动。

本章参考文献：

1. ［英］柯林武德．自然的观念［M］. 2版．吴国盛，柯映红，译．北京：华夏出版社，1998.

2. ［英］托·亨·赫胥黎．科学与教育［M］. 单中惠，平波，译．北京：人民教育出版社，2004.

3. 张红霞．科学究竟是什么［M］. 北京：教育科学出版社，2003.

4. ［英］史蒂芬·霍金．时间简史［M］. 许明贤，吴忠超，译．长沙：湖南科学技术出版社，2004.

5. 刘大椿．科学哲学［M］. 北京：中国人民大学出版社，2011.

6. 吴国盛．什么是科学［M］. 广州：广东人民出版社，2016.

7. 吴国盛．反思科学：名人演讲录［M］. 北京：新世界出版社，2004.

8. ［英］A. F. 查尔默斯．科学究竟是什么？［M］. 增订本．鲁旭东，译．北京：商务印书馆，2018.

课程篇

课程是有关学生学习的系统规划、设计及其方案，课程规划与设计的产品主要包括课程计划、课程标准、教学材料。就一门具体科目而言，课程规划主要包括对课程目标、课程内容、课程学习、课程评价的系统考虑与大致安排，它主要体现为学科课程标准与教材。不同时期的教学大纲或课程标准，对于小学科学的性质、地位与作用有着不同的规定和表述。我国2001年《义务教育科学（3—6年级）课程标准（实验稿）》将小学科学课程的性质界定为："以培养科学素养为宗旨的科学启蒙课程。"2017年《义务教育小学科学课程标准》规定："小学科学课程是一门基础性、实践性、综合性课程。"2022年《义务教育科学课程标准》指出："义务教育科学课程是一门体现科学本质的综合性基础课程，具有实践性。"（以上标准均简称《标准》，不同版本以年进行区分）作为基础课程，小学科学要求学生经历科学探究过程，初步了解一些基本的科学知识，初步学习观察、调查、比较、分类、分析资料得出结论等方法，能够利用科学知识和科学方法初步理解身边的自然现象和解决某些简单的实际问题；保持对自然的好奇心，养成批判和创新意识、环境保护意识、合作意识和社会责任感，为今后的学习、生活及终身发展奠定良好的基础。作为实践性课程，小学科学强调科学探究与工程实践。作为综合性课程，小学科学强调科学、技术、工程、数学、艺术等学科之间的关联与整合。课程的性质定位对于课程目标、内容的设计乃至课程实施具有重要的奠基作用。

第一章

小学科学课程目标

课程目标是指对学生课程学习结果与能力品格变化的系统描述和规定。在“泰勒原理”的基本框架（确定目标、选择经验、组织经验、评价结果）之中，目标具有优先性，且贯穿于整个课程开发流程。科学课程目标是科学课程开发的起点和关键要素，它对于课程内容的选择和组织具有重要影响，同时也是课程教学与考试评价的依据。

第一节　科学素养

科学素养（scientific literacy）亦称科学素质、科技素质。1985 年中共中央颁布《关于教育体制改革的决定》，其中提出要提高国民的教育素质，教育素质包括科学素质、文化素质、道德素质、审美素质等。2001 年后，人们更多地使用“科学素养”一词，它是在特定背景下产生的一个概念，是科学教育追求的根本宗旨。2001 年《标准》提出“以提升学生科学素养为根本目标”，这一表述奠定了我国 21 世纪科学教育目标的基础。

一、科学素养的含义

在英语中，素质（literacy）一词的含义是“读和写的能力”。1952 年，美国科学家科南特（James Bryant Conant）提出，科学素养是一种明智选择专家的能力，以及能聪明地与那些正在发展科学并应用科学的人交流的能力。1975 年，美国天体物理学家本杰明·森（Benjamin S. P. Shen）提出科学素养的三种类型：实践科学素养、公民

文献提示

郭元婕:《“科学素养”之概念辨析》,《比较教育研究》,2004 年第 11 期.

科学素养和文化科学素养。1979 年，美国学者米勒（Jon D. Miller）把科学素养概念延伸为：公众在社会中履行社会角色时要求的最低限度的知识和技能。1996 年出版的美国《国家科学教育标准》对科学素养是这样描述的："所谓'有科学素养'是指了解和深谙进行个人决策、参与公民事务和文化事务、从事经济生产所需的科学概念和科学过程。"经济合作与发展组织（OECD）的国际学生评估项目 2006（PISA2006）对科学素养的定义是："从科学相关的问题中识别问题、获取新知识、解释科学现象、得出基于证据的结论的科学知识和科学知识的运用。"《PISA2015 科学框架草案》将科学素养定义为："作为一个有反思意识的公民能够参与讨论与科学有关的问题，提出科学见解的能力。"可见，PISA 中的科学素养不仅仅是科学知识本身，更是能够在新情境中应用科学知识、解决实际问题的能力。学术界对科学素养有着不同的理解[①]。

在我国，2016 年《中国公民科学素质基准》将科学素养界定为："了解必要的科学技术知识，掌握基本的科学方法，树立科学思想，崇尚科学精神，并具备一定的应用它们处理实际问题、参与公共事务的能力。"

我们认为，科学素养的内涵远比科学知识丰富，科学素养可以被视为对于科学、技术的理解及其运用能力，它是一种与科学有关的知识、方法、能力和思维习惯。科学素养是一个发展中的概念，其内涵因时代、社会、文化背景等差异而有所不同，也会因时代的发展、科学的进步而不断扩充。今天的科学素养还增加了"科学与社会""技术""工程"等范畴，同时，对"科学本质"的认识与理解也被纳入科学素养概念之中，成为科学素养中最为重要的组成部分。

发展科学素养具有积极的意义。对于学生而言，科学素养的发展是他们继续学习和终身发展的基础。对于普通公民而言，提高科学素养可以改善他们的生活质量，增强他们参与社会和经济发展的能力。对于国家而言，加强对公民科学素养的教育，有助于实现社会经济全面、协调、可持续发展。

二、科学素养的构成

科学素养的构成即科学素养的组成部分及其内在关系。对于科学素养的构成，不同机构、学者有不同的观点。

国际公众科学素质促进中心前主任、美国芝加哥科学院前副院长米勒

① 郭元婕．"科学素养"之概念辨析［J］．比较教育研究，2004（11）：12-15.

(Miller) 1979 年撰文认为，科学素质包含：(1) 认识和理解一定的科学术语和概念的能力；(2) 进行科学推理的基本能力；(3) 理解包含科学技术内容在内的公共政策议题的能力。这一观点成为今天科学素养测试的基本维度。1989 年，美国科学促进会的“2061 计划”列举的科学素养有：“熟悉自然界，尊重自然界的同一性；懂得科学、数学和技术相互依赖的一些重要方法；理解科学的一些基础概念和原理；有科学思维的能力；认识到科学、数学和技术是人类共同的事业，了解它们的长处和局限性。同时，还应该能够运用科学知识和思维方法处理个人和社会问题。”1996 年美国《国家科学教育标准》将科学素养划分为科学知识、科学技能、科学意识。《PISA2015 科学框架草案》将科学素养划分为三个基本能力：“科学地解释现象”“评估和设计科学探究”“科学地解释数据和证据”。

2005 年，我国发布的《全民科学素质行动计划纲要（2006—2010—2020 年）》指出，具备基本科学素质一般包括了解必要的科学技术知识，掌握基本的科学方法，树立科学思想，崇尚科学精神，并具有一定的应用它们处理实际问题、参与公共事务的能力。2017 年《标准》从“科学知识”“科学探究”“科学态度”“科学、技术、社会与环境”四大方面具体阐释科学素养。综观 2017 年版普通高中物理、化学、生物课程标准内容可以看出，科学学科核心素养目标为：掌握科学知识，形成科学观念，建立科学思维习惯，具备科学探究的意识，能够运用科学探究的方法将所学的内容与社会生活相联系，解决社会生活中的实际问题；关心社会热点问题，明确科学技术的发展所承载的社会责任，并且积极关注社会环境、科技发展所带来的问题，团结协作，勇于创新，勇于承担社会责任，勇于为科学技术的发展、国家社会的发展出谋划策。2022 年《标准》将科学素养划分为“科学观念、科学思维、探究实践、态度责任”。

我们认为，科学素养内涵十分丰富，且是一个发展中的概念，它具有多个维度，可以分解为多个构成要素、多个方面，但至少包括科学认识结果、科学探究过程、科学活动旨趣三个方面。作为科学认识结果的科学素养主要包括科学知识、科学技能；作为科学探究过程的科学素养主要包括科学方法、科学探究、科学思维等；作为科学活动旨趣的科学素养主要包括科学精神、科学态度、科学情感、科学品质等。

学生科学素养发展已成为各国科学教育的基本追求，学生科学素养水平影响甚至决定一国公民的科学素养。但调查显示，我国公民科学素质状况并不乐观。研究者运用米勒二维系统测试（该测试主要包括科学概念理解能力和科学探索本质理解能力），检测公民的科学素养水平。2021 年

1月，第十一次中国公民科学素质抽样调查结果发布，2020年我国公民具备科学素质的比例达到10.56%，这一比例较往年有较大幅度的提高（2001年为1.44%，2003年为1.98%，2005年为1.6%，2007年为2.25%，2010年为3.27%，2015年为6.2%），但与瑞典的35%、美国的28%、欧盟的27%（2007年统计数据）相比，差距甚大，我国科学教育特别是学校科学教育任重道远。

第二节 国外小学科学课程目标

大多数国家都重视小学科学课程，科学被纳入核心课程。探讨国外科学课程目标制订的经验，对丰富和优化我国科学课程具有积极的借鉴意义。

一、国外部分国家小学科学课程目标概述

（一）美国

美国2013年发布《新一代科学教育标准》（Next Generation Science Standards，NGSS）①，设计了课程学习的预期表现（performance expectations），这实际上就是课程目标。课程目标包括横向与纵向两个方面：横向上，以学科核心概念为依托，分为四大部分——物理科学，生命科学，地球与宇宙科学，工程、技术和科学的应用，每个部分又包括各自的学科核心观念；纵向上，将预期表现融于学科核心观念之中，接着按照年级的不同，对同一主题下的预期表现提出不同的要求，阐述不同的具体目标。下面展示小学三年级“生物演化：统一性与多样性”主题的预期表现（课程目标）②。

> 预期表现：学生可以通过以下表现来展示理解。
>
> 3-LS4-1。分析和解读化石上的数据，提供过去生物体及其居住环境的证据。[说明：数据的例子可以包括生物体化石的类型、大小和分布。化石和环境的例子可以包括在陆地上发现的海洋生物化石、在北极地区发现的热带植物化石和已灭绝的生物体化石。][评价边界：评估不包括对特定化石或现存植物和动物的鉴定。评价仅限于主要化石类型和相对年龄。]

---

① National Research Council. Next Generation Science Standards［M］. Washington，D. C.：The National Academies Press，2013：43-44.

② 美国科学教育标准制定委员会．新一代科学教育标准［M］．叶兆宁，杨元魁，周建中，译．北京：中国科学技术出版社，2020：30.

3-LS4-2。用证据来解释同一物种的个体之间的特征差异如何为生存、求偶和繁殖提供优势。[说明：因果关系的例子可以是：比其他植物拥有更大棘刺的植物被天敌吃掉的可能性更小，有更好伪装色的动物比其他动物可能更容易生存，因此更容易留下后代。]

3-LS4-3。构建具有证据的论点，即在一个特定的栖息地有些生物体可以生存得很好，有些生存得较差，有些根本无法生存。[说明：证据的例子可以包括所涉及的生物体和栖息地的需求与特征。这些生物及其栖息地构成各部分互相依赖的系统。]

3-LS4-4。论述一个解决方案的优势，该方案针对由环境变化以及其中的动植物种类可能变化而导致的问题。[说明：环境变化的例子可能包括土地特征、水分布、温度、食物和其他生物体的变化。][评价边界：评价仅限于一个单一的环境变化。评估不包括温室效应和气候变化。]

这项预期表现通过实践或学科核心概念将传统科学内容整合到工程中。

上述预期表现显示，美国小学科学课程目标明确而具体，且用外显的、可观察的、可测量的期待行为界说学习目标，并作为评价的标准。课程目标行为化避免了目标的空泛不实，也为教师的教学提供了方向，有助于提高课程、教学、评价的一致性。当然，课程标准仅仅提供一些例子，为教师的创造留下了广阔的空间。

（二）英国

2013年，英国颁布的适合英格兰和威尔士地区的《英国国家课程：关键阶段1—4框架》指出，科学课程要提供机会促进学生在精神、道德、文化、身心四个方面的发展。该框架表述了科学课程的目的与科学课程的目标。

科学课程的目的（purpose of study）：科学改变了我们的生活，对世界未来的繁荣至关重要，所有学生都应该学习科学知识、方法和用途的基本方面。通过建立一系列关键的基础知识和概念，应该鼓励学生认识到理性解释的力量，并培养他们对自然现象的兴奋和好奇心。应该鼓励他们理解如何使用关键的基础知识和概念来解释正在发生的事情，预测事物将如何表现并分析原因。学生应通过了解科学在社会和经济中的具体应用来巩固这种基本理解。

科学课程的目标（aims）：确保所有学生通过生物学、化学和物理学这些特定学科，掌握科学知识和概念；通过实践活动，理解科学性质、过程和方法；具备科学知识，理解其用途及对今天和未来的影响；通过科学课程的学习促进其他课程的学习①。

2013 年《英国国家课程：科学学习计划——关键阶段 1—2》阐述了小学阶段科学学习目标，即国家科学课程目标应确保所有学生：通过生物学、化学和物理学的特定学科发展，掌握科学知识和概念理解；通过不同类型的科学探究，回答有关他们周围世界的科学问题，从而加深对科学的本质、过程和方法的理解；具备必要的科学知识，借以理解科学的内涵，了解科学在今天和未来的用途②。

英国小学科学课程目标层次从宏观到微观，十分清晰，涉及科学的知识概念、过程方法、用途影响，颇为广阔。为了实现上述目标，英国国家课程科学学习计划明确规定了学生在每一主要阶段结束时应掌握的知识、技能和理解力，列出了成绩目标，规定了学生在诸领域各自应该达成的目标，以确保课程目标的实现。

（三）日本

2017 年的《小学理科学习指导纲要》对理科课程总目标做了特别的规定："亲近自然，运用理科的视角、思想进行有预测的观察、实验，科学地解决自然事物现象中的问题。① 谋求对自然事物、现象的理解，学会观察、实验等基本技能。② 观察与实验相结合，培养解决问题的能力。③ 培养热爱自然的心情和积极解决问题的态度。"除了课程总目标，还按照年级依次表述各年级分目标，每个年级又包括"物质 · 能量"和"生命 · 地球"两个领域目标，领域目标之下又分为单元目标，构建起一个完整的课程目标体系。

例如，六年级"物质 · 能量"领域的课程目标为：理解燃烧的机制、水溶液的性质、杠杆的规律及电力的性质和作用，掌握观察和实验时所需要的基本技能；在探究燃烧的机制、水溶液的性质、杠杆的规律及电力的性质和作用的过程中，培养学生对上述有关事物进行更加合理思考的能力；在探究燃烧的机制、水溶液的性质、杠杆的规律及电力的性质和作用的过程中，培养学生自主解决问题的态度。

---

① Department for Education. National curriculum in England：science programmes of study.

② Department for Education. National curriculum in England：science programmes of study：key stages 1 and 2，September 2013.

六年级“物质·能量”领域中“杠杆”单元的课程目标为：

关心·热情·态度。(1) 对利用杠杆原理制作的工具产生兴趣，乐于研究杠杆的结构、作用和水平平衡规律。(2) 喜欢应用杠杆原理进行制作活动，对日常生活中利用杠杆原理制作的工具具有改进的意识。

科学地思考。(1) 能利用杠杆实验装置，研究杠杆水平平衡时重物的重量与重物到支点的距离之间的关系。(2) 能制订实验计划，用控制变量的方法研究杠杆的作用和规律，并对实验结果做出判断，进而得出结论。

技能·表达。(1) 能想办法了解杠杆的作用，能操作杠杆实验装置，能安全而有计划地进行制作活动。(2) 能探究杠杆的水平平衡规律，能进行定量的实验记录，能用数量关系表示实验结果。

知识·理解。(1) 理解杠杆水平平衡时，在杠杆两端距支点等距离处所挂的物体的重量是相等的。(2) 理解改变力的大小和位置时，杠杆的平衡会发生变化，平衡时有一定的规律。

(四) 澳大利亚

澳大利亚课程评估与报告管理局（ACARA）2010 年颁布了幼儿园（1 年级的前一年）至 10 年级科学课程标准——《澳大利亚科学课程草案》，其中声明：科学课程要求学生们明白重要的科学概念和过程、增长科学知识的练习、明白科学对于社会的贡献、知道科学为我们生活中的应用提供了机会；课程不仅使学生学习科学知识、应用科学知识，而且强调学生个人价值的追求，形成学生的“科学素养”。为了促进学生的发展，澳大利亚小学科学课程目标被分为三个维度：科学理解、人类科学史和科学探究技能。

科学理解。这个维度主要有生物科学、化学科学、地球空间科学和物理科学等知识理解的目标。

人类科学史。这个维度不仅包括情感、态度、价值观，而且包括科学史观、科学伦理观等。

科学探究技能。这个维度包括：发问和预测，即识别和构建问题，提出假设并猜想可能的结果；计划和实施，即做出有关如何调查和解决问题的策略并实施调研；操作和分析数据信息，即处理数据，确定数据间的趋势和关系；评估，即参考证据考虑可用数据的质量或重要性；交流，即以合适的方式、文本形式或模式呈现所要传达的信息或思想①。

除了科学理解、科学探究技能目标，澳大利亚还提出了“人类科学史”学习目标，让学生在了解科学发展的历史过程中形成科学的伦理、道德、情感、态度，深化学生对科学知识及其本质的认识。

(五) 印度

2006 年印度《科学教学》规定了中小学科学课程的目标：(1) 了解符合儿童认知发展阶段的科学及其应用的事实和原则；(2) 掌握技能并理解科学知识生产和验证的方法与过程；(3) 获得科学的历史和发展视角，使学生视科学为一种社会事业；(4) 注重科学与环境（自然环境、文物和人)、本地及全球的关系，了解科学、技术和社会相互作用的问题；(5) 获得进入劳动世界所需的理论知识和实用技术；(6) 培养科学和技术的自然好奇心、审美感和创造力；(7) 养成诚实、正直、合作、关注生命和保护环境的价值观；(8) 培养“科学的性格”，诸如客观性、批判性思维及免于恐惧和偏见的自由②。

印度 2016 年颁布的《小学课程：1—5 年级》中的“科学”（3—5 年级）指出：“科学课程被呈现为一个生动的、不断增长的知识体，而不是这些概念的最终产物，强调学习的过程。三年级科学课程的重点是发展与科学有关的认知水平，更加注重发展技能及培养健康习惯以保护环境。四、五年级更加重视实验，理解科学概念、过程和自然现象，培养学生的科学素养及对科学活动的好奇心。”③ 随后列举了三、四、五年级各个年级的主题目标。其中，小学五年级“简单的机器”主题的学习成果为：领会日常生活中简单工具（或机器）的发现和使用；征集日常生活中使用的简单工具（或机器)；根据简单机器的工作原理对它们进行分类（Ⅰ、Ⅱ、Ⅲ级)；列举各种简单机器的例子；讨论形成各种机器的杠杆的需求；绘制各种机器的图片并标记主要零件；进行简单的实验或活动，以演示简单机器的功能。

印度注重科学知识及其运用目标，关注健康生活、环境保护目标，对多个主题目标做出了明确的规定与说明，目标操作性强。

---

① ACARA. Australian Science Curriculum Draft. 2010.

② National Council of Educational Research and Training: National Focus on Teaching of Science, 2006.

③ Research Development and Consultancy Division, Council for the Indian School Certificate Examinations, Curriculum for Primary, Classes (I-V). 2016: 152.

（六）南非

2011年南非《课程与评估声明》提出了小学科学课程的总目标："通过学习科技知识能够回答有关我们周围世界本质的问题，以及利用科学技术来改善我们的生活质量。这些可以为学习者从事经济活动和自我表现做准备，为未来的科技研究奠定基础，也为学习者积极参加重视人权和促进改善环境的民主社会做准备。科学的教与学包含了一系列可用于社区、工作场所、日常生活的过程技能的发展。学习者可以在那种提供创造力、责任心和增加自信心的环境下获得技能。提高学习者客观思考的能力，让他们使用'过程与设计技能'进行调查、反馈、合成、设计制造、评估和交流，形成推理论证的能力。认识到科学与技术对我们的世界产生了重大影响，有积极的一面，也有消极的一面。对科学历史和自然科学技术与其他学科间关系的理解，帮助学习者理解科技对社会发展以及使用科学知识维护我们自身、社会和环境利益的必要性。理解科学也能帮助我们理解包含道德问题决策的重要性。"①

依据科学知识、科学方法、科学态度三个维度，南非划分了小学科学课程分目标：通过自然科学学习领域促进科学素养；开发和利用不同环境下的科学过程技能；发展和应用科学知识和认知；增强对科学、社会和环境之间关系的认识②。但南非小学科学课程目标较为概括，缺少主题目标，可能影响目标的实现。

二、国外小学科学课程目标的特点

（一）课程目标体系相对完整，形成目标系列

大多数国家科学课程的总体目标、学段目标（或年级目标）、领域目标（或主题目标）并存，自上而下构成一个课程目标体系。总体目标描述学生科学课程学习需要实现的整体结果，它是各类分目标制订的依据。学段目标（或年级目标）是总体目标的分化与具体化，领域目标（或主题目标）是学段目标（或年级目标）在不同领域（主题）中的体现，一般包括物质科学、生命科学、地球宇宙等领域的学习目标。但也有部分国家的课程目标不够完整，有的缺少年级目标，如德国、芬兰、俄罗斯、南非、厄瓜多尔等国。各国科学课程目标层次及其主题见表1-1。

---

① Basic Education Republic of South Africa. Curriculum and Assessment Policy Statement（CAPS）natural sciences and technology Grades 4-6. 2011.

② 同①.

表 1-1　不同国家小学科学课程目标

国别	科学课程总目标	学段目标	年级目标	领域目标	目标呈现
中国	科学热情、科学知识、探究能力、科学态度、社会责任	1—2 年级，3—4 年级，5—6 年级		科学知识；科学探究；科学态度；科学、技术、社会与环境	总目标+领域目标+学段主题（要素）目标
美国	帮助学生奠定科学素养，培养学生在 STEM（科学、技术、工程与数学）领域的兴趣	K—2 年级，3—5 年级	K、1、2、3、4、5	物质科学；生命科学；地球与宇宙；工程、技术和科学运用	年级主题+预期表现
英国	促进学生精神、道德、社会、文化的发展	关键阶段 1；关键期 2；3	1、2、3、4、5、6	植物、动物、材料、科学工作等	年级主题+目标
德国	提高科学素养，发展科学能力	1—4 年级		自然与生命；技术与工作世界；空间、环境和流动性	关注点+成就水平
法国	提高共同基础，促进智力、身体、情感、社会、文化、审美和道德的和谐发展	周期 2（CE1-CE2）；周期 3（CM1-CM2）		宏观物质、运动、能量、信息；生命多样性；技术、制作；地球、生命；工作技能	领域+预期目标
芬兰	发展环境、科学素养	1—2 年级；3—6 年级		成长与发展；家庭和学校；周边地区；探索和实验；等等	领域+目标
日本	亲近自然、科学观察与实验、问题解决	3—6 年级	3、4、5、6	物质、能量；生命、地球	学年+领域目标
俄罗斯	掌握知识、发展技能、情感态度、知识技能的运用	1—4 年级			总目标+具体目标

续表

国别	科学课程总目标	学段目标	年级目标	领域目标	目标呈现
加拿大	科学技术与社会环境的联系、科学与技术思维、科学与技术的基本概念	1—8 年级目标（3）	1、2、3、4、5、6	生命系统、结构与机制、物质和能量、地球与空间系统	总体期望+具体期望
澳大利亚	科学兴趣、科学理解、科学探究、问题解决、科学文化	1—6 年级	1、2、3、4、5、6	生命科学、化学科学、物理科学、地球及空间科学、科学发展等	领域 + 概念 + 目标
新加坡	科学经验、科学理解、探究态度、科学与生活、科学与环境	3—4 年级目标；5—6 年级目标		生物、动物、植物、人体、能源、力等	主题+关键点+探究问题
韩国	自然探究、科学理解、科学思维、问题解决	3—4 年级目标		运动、能源、材料、生命、地球和空间等	
印度	科学知识、科学方法、科学与环境、科学技术、科学性格	1—5 初小阶段；6—8 高小阶段	3、4、5	生物和非生物、植物、动物、物质、能源等	年级主题+目标
埃及	科学爱好、科学观察、科学实验、科学制作、科学知识	1—6			总目标
南非	科学知识、科学技能、科学与社会、科学道德	1—2、4—6		科学过程、科学理解、科学与社会、技术应用	总目标+分目标
巴西	科学理解、科学方法、问题解决、科学与社会、科学与环境、科学发展	1—6	1、2、3、4、5、6	物质和能量、生命和进化、地球和宇宙	年级领域+目标
厄瓜多尔	科学知识、科学技能、科学与生活、科学技术与社会、科学发展	1—6		生物及其环境；人体健康；物质和能量；地球和宇宙；科学行动	领域目标

（二）课程目标维度有异，突显认知与探究目标

大多数国家科学课程目标基本上采用了美国教育心理学家布卢姆的教育目标分类框架，一般将科学课程目标分为知识目标、技能（探究）目标与情感目标三个维度。也有的国家的科学课程目标划分较为独特，如美国将科学课程目标分为跨学科概念、学科核心观念、科学与工程实践，澳大利亚将科学课程目标分为科学理解、人类科学史、科学探究技能。在三维目标或多维目标之中，大多数国家以认知与探究目标为主，关注科学知识的学习与理解，关注科学过程技能、科学探究目标，或重视科学知识与技能在生产、生活中的运用（如印度、南非）。对于科学情感态度的目标，不同国家存在较大差异：有的国家将科学情感态度目标列入课程目标之中，作为课程目标的一个维度，如中国、法国、俄罗斯；有的国家将科学情感态度目标隐含在科学知识、技能、探究实践之中，没有单独表述科学情感目标，如美国、英国、加拿大、巴西。当然，个别国家的科学课程目标缺乏明确的维度，仅仅表述相关目标，如印度、埃及。

（三）课程目标层次分明，表述方式存在差异

根据目标的价值取向，课程目标可以分为普遍性目标、行为目标、过程性目标、表现性目标①，每类目标表述方式不同。普遍性目标一般采用定性的哲学式表述，行为目标大多采用行为动词，而过程性目标、表现性目标更多地在课程实施过程中才加以呈现，需要任课教师在教学设计与实施时进行制订。纵观多国课程文件可以看出，科学课程总体目标一般采用普遍的、定性的表达方式，概括水平较高，以发挥较强的指导作用。学段目标特别是年级目标一般采用行为目标表述，大多以比较具体的、可以观察与测量的行为动词为主，以利于目标的实施与评价。

第三节　我国小学科学课程目标

课程目标是学生学习课程后应形成的品质与产生的行为变化。小学科学课程的总目标是培养学生的科学素养，并为他们继续学习成为合格公民和终身发展奠定良好的基础。课程目标对课程内容的选择与组织、教材编写、课程实施与评价具有重要的导向作用。科学课程目标主要由教学大纲或课程标准加以规定，具有法定的性质。进入 21 世纪以来，不同课程文件均对小学科学课程目标进行了表述。2001 年《标准》从科学探究、情感态

① 潘洪建，陈云奔．课程与教学论基础［M］．2 版．镇江：江苏大学出版社，2020：32-34.

度与价值观、科学知识三个方面表述了科学课程目标。2017 年《标准》将小学科学课程目标表述为科学知识，科学探究，科学态度，科学、技术、社会与环境四个方面的目标，每个方面又分为总目标和学段目标。2022 年《标准》将科学课程的目标分为三个层次：核心素养、总目标、学段目标。本章主要结合 2022 年《标准》中的目标及其表述进行阐释与分析。

一、我国科学课程的核心素养

2022 年《标准》在规定科学课程目标前首先描述了科学课程的核心素养。《标准》指出：科学课程要培养的学生核心素养，主要是指学生在学习科学课程的过程中逐步形成的适应个人终身发展和社会发展所需要的正确价值观、必备品格和关键能力，是科学课程育人价值的集中体现。科学课程要培养学生的科学观念、科学思维、探究实践、态度责任等核心素养。

科学观念是人们对自然的认识，是科学内容本质属性的集中体现，它主要表现为在科学事实基础上抽象提炼出来的科学概念和科学原理。科学观念既包括科学、技术与工程领域的一些具体观念，也包括对科学本质的认识，还包括对人与自然关系的认识。科学观念是其他素养形成的基础，缺乏基本的科学观念就无法构建科学素养的大厦。

科学思维是从科学的视角对客观事物的本质、规律与关系的认识方式，主要包括模型建构、推理论证、创新思维等。科学思维是支持科学探究活动得以展开的心理程序、方法、策略，也是适应现代社会发展的核心思维方式，而且可以迁移到其他领域，是科学课程中最重要的核心素养。

探究实践主要是指在了解和探索自然、获得科学知识、解决科学问题及在技术与工程实践过程中形成的科学探究能力、技术与工程实践能力和自主学习能力。科学探究与工程实践是学生形成其他素养的主要途径，学生只有通过科学探究活动，在探究实践过程中才能形成相应的科学素养。同时，作为核心素养之一，探究实践也是一种关键能力，它体现为借助科学观念、科学思维解决实际问题的能力。

态度责任是基于对科学观念的深度理解，在认识科学本质及规律，理解科学、技术、社会、环境之间关系的基础上，逐渐形成的科学态度与社会责任。它是学生在探究实践的支撑下，通过科学思维内化而形成的价值观念和行为品质。态度责任包含科学态度（如好奇心、探究热情、证据意识、批判质疑、合作分享等）与社会责任（如节约资源、保护环境、参与科技社会议题讨论等）。

总之，科学课程的四个核心素养相互联系、相互依存，共同构成一个完整的体系，体现了科学课程的育人价值。科学观念、科学思维、探究实践、态度责任四个素养是科学课程设计、科学课堂教学、学生科学学习评价的基本依据，是科学课程与教学的理想和追求。

二、我国小学科学课程的总目标

科学课程目标是对学生科学学习结果的规划与描述，它具有多个方面、多个维度。不同时期的课程标准有着不同的规定与表述。21 世纪以来，我国 2001 年《标准》、2017 年《标准》与 2022 年《标准》均对小学科学课程总目标进行了不同的表述。2022 年《标准》对科学课程总目标的表述为“科学课程旨在培养学生的核心素养，为学生的终身发展奠定基础”。课程目标具体阐述如下。

1. 掌握基本的科学知识，形成初步的科学观念

初步认识科学的本质；掌握与认知水平相适应的科学知识，初步形成基本的科学观念，并能用于解释有关的自然现象、解决简单的实际问题。

2. 掌握基本的思维方法，具有初步的科学思维能力

掌握分析与综合、比较与分类、抽象与概括、归纳与演绎、联想与想象、重组思维、发散思维、突破定势等基本的思维方法及其在科学领域的具体应用；能基于经验事实抽象概括出理想模型，具有初步的模型理解和模型建构能力；能合理分析与综合判断各种信息、事实和证据，运用证据与推理对研究的问题进行描述、解释和预测，具有初步的推理与论证能力；能对不同观点、结论和方案进行质疑、批判、检验和修正，进而提出创造性见解和方案，具有初步的创新思维能力。

3. 掌握基本的科学方法，具有初步的探究实践能力

掌握观察、实验、测量、推理、解释等基本的科学方法；形成科学探究的意识，理解科学探究是探索和了解自然、获得科学知识、解决科学问题的主要途径，理解科学探究涉及提出问题、作出假设、制订计划、搜集证据、处理信息、得出结论、表达交流和反思评价等要素，具有初步的科学探究能力；理解技术与工程涉及明确问题、设计方案、实施计划、检验作品、改进完善、发布成果等要素，具有初步的技术与工程实践能力；能根据自身特点制订合理的学习计划，监控学习过程，反思学习过程与结果，具有初步的自主学习能力。

4. 树立基本的科学态度，具有正确的价值观和社会责任感

具有对自然现象的好奇心和探究热情；能大胆提出自己的见解，并基于证据和逻辑得出结论，实事求是；不迷信权威，敢于大胆质疑，追求创

新；善于与他人合作和分享，包容不同的观点；热爱自然、珍爱生命，具有保护环境、节约资源、推动生态文明建设和可持续发展的责任感；能对与科学技术相关的社会热点问题作出正确的价值判断，尊重科学，反对迷信；遵守科学与技术应用的公共规范、法律法规和伦理道德，维护自身和他人的合法权益，捍卫国家利益。

可见，科学课程的总目标是培养学生的科学素养。有关科学课程总目标的阐释，紧紧围绕科学课程核心素养，按照科学课程核心素养（科学观念、科学思维、探究实践、态度责任）的基本维度进行，保持了课程总目标与课程核心素养的内在一致性。科学课程的教师需要把握课程总目标，要善于聚焦科学课程核心素养，通过总目标实现科学课程核心素养培养目标，为学生的终身发展奠基。

三、我国小学科学课程的学段目标

除了上述课程总目标，2022 年《标准》还规定、描述了科学课程的学段目标，包括科学观念的学段目标、科学思维的学段目标、探究实践的学段目标、态度责任的学段目标。

2022 年《标准》改变了以往小学、初中分界而治的做法，实现了九年义务教育科学课程目标的一贯化、连续化［当然，根据《义务教育课程方案（2022 年版）》，亦可选择生物、物理、化学分科］。下面以义务教育段“科学观念”的学段目标为例进行适当说明。

“科学观念”的学段目标包括 1—2 年级、3—4 年级、5—6 年级、7—9 年级，共四个学段。

> 1—2 年级
>
> 认识常见物体的基本外部特征，认识生活中常见的材料；知道生活中常见的力，认识力可以改变物体的形状。
>
> 认识周边常见的植物和动物，能简单描述其外部主要特征和生长过程；知道植物和动物的生存需要环境条件。
>
> 能描述太阳升落、季节变化和月亮形状变化等自然现象，说出天气变化及其对人类生活的影响；知道地球是人类和动植物的共同家园。知道自然物和人造物存在区别；知道常见简单科技产品的结构决定了其功能，知道简单的制作问题需要定义和界定。
>
> 3—4 年级
>
> 认识常见物体的某些特征和常见材料的某些性能；认识物体

有多种运动形式，力可以改变物体的运动状态，运动的物体具有能量；了解日常生活中能存在的不同形式。

能区分植物和动物的主要特征，并能对植物和动物进行简单分类；认识植物的某些结构、动物的某些结构与行为具有维持自身生存的功能；认识生物通过生殖、发育实现生命的延续。

认识太阳、地球和月球，知道它们之间的空间关系；知道大气、水、土壤都是地球系统的基本要素；知道人类生活离不开自然资源，能认识到节约自然资源和保护环境的重要性。

知道生活中的天然材料和人造材料存在区别；知道技术产品包含科学概念、原理；知道简单的设计问题存在限制条件，并有多种设计方案。

5—6 年级

初步认识常见物质的变化，知道物体变化时构成物体的物质可能改变也可能不改变；知道自然界存在多种形式的能，不同形式的能可以相互转化；初步了解热能及其传递方式。

认识细胞是生物体结构的基本单位；初步认识生物体的结构层次，以及形态结构与功能的关系；简单描述生物与生物、生物与环境之间相互依存的关系，以及生物的多样性和进化现象。

知道太阳、地球和月球的周期性运动以及相关的自然现象，能认识到太空探索拓宽了人类的视野；知道地球系统不同圈层的相互作用产生了各种自然现象；知道自然灾害对人类的影响和防灾减灾常识，能认识到调整人类不合理的生产和生活方式，可以减少对地球环境的影响。

知道利用技术与工程能提高生产效率和工作效率，知道技术与工程对科学发展有促进作用，知道简单工程存在一定约束条件及验收标准。

7—9 年级（从略）

从 2022 年《标准》对科学观念的学段目标描述可以看出，尽管它不再像 2017 年《标准》那样划分四大知识领域（物质世界、生命科学、地球与宇宙、技术与工程），缺少了知识领域的目标，但在实际表述中，仍然分为四个不同领域的目标，并用自然段加以区分，清晰可辨，从而能为教材编写与教学设计提供方便。

总之，科学知识（观念）、科学探究（包括科学思维与科学方法）、科学情感（态度责任）是最基本的目标，三者关系密切。有研究者指出：从心理学的角度看，科学知识是基础，科学探究处于中间位置，情感、态度、价值观是最高层次的目标；从建构主义的知识观角度看，科学知识具有暂时性、主观性和建构性，处在最外层；情感、态度、价值观是人的主观认识，处于核心位置；科学探究是研究的过程和方法，处在中间；从生物学的角度看，借用DNA双螺旋模型的图形进行分析，科学知识与科学探究是以情感、态度、价值观为核心的连续发展，三者呈双螺旋状态上升（见图1-1）[①]。

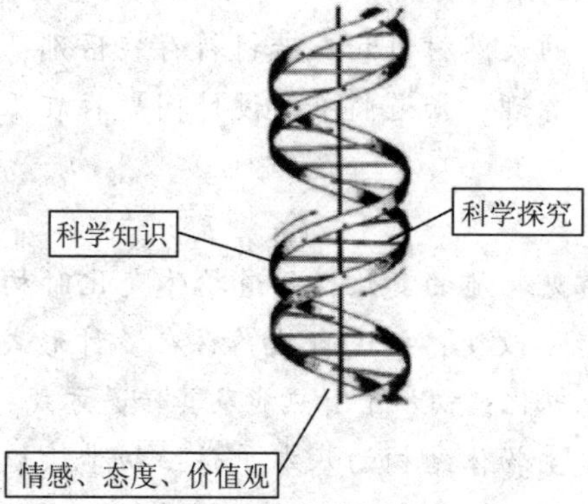

图1-1　三维目标的双螺旋模型

我国科学课程目标经历了系列变化。目标关注点从科学知识、科学技能转向全面科学素养，从掌握知识转向学生的多维发展，包括科学知识的理解、科学方法的掌握、科学思维的形成、科学精神的养成诸多方面。同时，技术运用、工程实践、环境素养亦被纳入科学课程目标的视野，显示了科学课程目标的范围不断扩展的趋势。

本章内容小结：

小学科学课程以培养学生科学素养为宗旨。科学课程的核心素养包括科学观念、科学思维、探究实践、态度责任四个方面。课程目标是对学生学习结果的规定，是学生学习活动结束时应产生的观念、思维、行为、品格的变化。课程目标对教材的编写、教学设计与实施、学习质量测评具有重要的导向作用。

---

① 王学男，叶宝生．科学素养的维度研究对我国科学教育三维目标的启示［J］．首都师范大学学报（自然科学版），2011，32（1）．

国外小学科学课程目标具有不同的规定和描述，但也存在一些共同特点。

我国小学科学课程的总目标是培养学生的核心素养，为学生的终身发展奠定基础。2022 年《标准》对科学课程总目标的规定为：掌握基本的科学知识，形成初步的科学观念；掌握基本的思维方法，具有初步的科学思维能力；掌握基本的科学方法，具有初步的探究实践能力；树立基本的科学态度，具有正确的价值观和社会责任感。该《标准》在总目标的基础上，按照 1—2 年级、3—4 年级、5—6 年级、7—9 年级，分别表述了四个学段的目标，形成了一个较为完备的目标体系。

本章问题研究：

1. 比较 2001 年、2017 年、2020 年《标准》中的课程目标的结构及其表述，说说 21 世纪以来我国小学科学课程目标发生了哪些变化。

2001 年“课程目标”　　**2017 年“课程目标”**　　**2022 年“课程目标”**

2. 什么叫科学思维、科学方法？列举一些主要的科学思维、科学方法。说说二者的主要区别。

3. 以“植物”（或其他主题）为例，制作一份 1—9 年级的课程目标表格（主题、学段、目标、层次），根据布卢姆教育目标学认知领域目标的层次，尝试评估这些目标的层次水平。

4. 阅读美国学者沃克与索尔蒂斯在《课程与目标》一书中的一段话，尝试讨论课程目标在科学课程设计中的作用。

施瓦布（Joseph J. Schwab）建议我们与其去找寻普适的课程理论，倒不如更实际一些，去寻找具体课程的方案或实践案例，这样可以使我们在特定情况下能够作出明智的决策。我们不能指望找到解决一切课堂问题的万灵药，而是需要知道在某种情况下我们能有哪些选择，就像我们可以决定要选择哪位候选人，我们要和谁结婚，我们应该接受哪份工作一样。对这些事情的决策会改变我们的生活，因此需要我们认真考虑，但是……

施瓦布反复商议的课程设计程序也与泰勒原理看起来不一致，但也并不是没有一致的地方。比如，这种程序也可以被看作确定目标的方式之一。然而，在需要对众多不同概念和思想进行分析时，我们可发现，那些在反复程序中被看作重要特点的反复商议、作出判断及对环境因素的细微关注等，在泰勒模式中却是微不足道的。在施瓦布看来，任何行动与其目标互为因果，而在泰勒看来，一切行动（手段）都必须根据目的（目标）来加以调整。泰勒模式要求我们在工作初期就将目标公开化、清晰化，这样我们自己和他人都能对其进行监督——看我们是否成功地完成了这些目标。但在施瓦布反复商议程序中，可能确实会弱化对目标的陈述，而使之变成了事后反思，甚至是根本没有涉及。

本章参考文献：

1. ［美］布卢姆，等．教育目标分类学 第一分册 认知领域［M］．罗黎辉，等译．上海：华东师范大学出版社，1986.

2. ［美］安德森，等．学习、教学和评估的分类学 布卢姆教育目标分类学 修订版［M］．简缩本．皮连生，主译．上海：华东师范大学出版社，2007.

3. 丁邦平．国际科学教育导论［M］．太原：山西教育出版社，2002.

4. 盛群力，等．21 世纪教育目标新分类［M］．杭州：浙江教育出版社，2008.

5. ［美］沃克，［美］索尔蒂斯．课程与目标［M］．4 版．向蓓莉，等译．北京：教育科学出版社，2009.

6. 潘洪建，等．中外小学科学课程标准比较研究［M］．兰州：甘肃教育出版社，2017.

7. 美国科学教育标准制定委员会．新一代科学教育标准［M］．叶兆宁，杨元魁，周建中，译．北京：中国科学技术出版社，2020.

第二章

小学科学课程内容

课程内容是对学生知识学习、活动开展、经验获得的预设与规划，它主要体现为各学科课程标准中的内容标准。课程内容是教材编写的基本依据，也是教师教学与考试评价的重要标准。

第一节　国外小学科学课程内容

国外小学科学课程内容存在差异，也有一些共同特点，考察国外小学科学课程内容构成及其组织，有助于为我国科学课程内容的改革提供借鉴。

一、国外部分国家小学科学课程内容概述

（一）美国

1996 年，美国颁布全国统一的《国家科学教育标准》，该标准将学校科学教育内容分为 8 个类别：科学的统一概念和过程；作为探究过程的科学；物质科学；生命科学；地球与空间科学；科学与技术；从个人和社会视角所见的科学；科学的历史与本质。

2013 年颁布的《新一代科学教育标准》将科学教育分为 3 个维度：科学与工程实践、学科核心观念、跨学科概念。其中，科学与工程实践（science and engineering practices）包括：提出问题和明确需解决的难题，建立和使用模型，设计和实施调查研究，分析和解释数据，利用数学和计算思维，建构解释和设计解决方案，基于证据的论证，获取、评估和交流信息。学科核心观念（Disciplinary Core Ideas）涉及 4 个领域：物质科学，生命科学，地球与空间科学，工程与技术和科学的应用，共计 13 个学科核心观念。这些核心观念可分解为 16 个主题，小学阶段涉及 12 个主题，它们

是：物质的结构与性质；力和相互作用；能量；波和电磁辐射；结构、功能和信息加工；生命系统中的相互依存关系；自然选择和适应；空间系统；地球系统；天气和气候；人类的影响；工程设计。跨学科概念（Crosscutting Concepts，即横切概念）是贯通不同学科、领域的概念，它们在所有科学领域中均可运用，帮助学生将不同科学领域中相互关联的知识组织成连贯的、条理清晰的关于客观世界的认知。跨学科概念的7个方面包括：模式；原因与结果；尺度、比例和数量；系统和系统模型；能量与物质；结构和功能；稳定性与变化。下面以NGSS中三年级的“生物演化：统一性与多样性”（Biological Evolution：Unity and Diversity）主题为例，展示3—5年级“基础框”中科学课程的内容设计（见表2-1）①。

表2-1　美国NGSS中的课程内容框架示例

科学与工程实践	学科核心观念	跨学科概念
分析和解释数据 3—5年级的分析数据建立在K—2年级的经验和基础上，发展到介绍定量方法来搜索数据和进行多个定性观察的试验。如果可行，应该采用数字工具 • 分析和解读数据，利用逻辑推理理解现象（3-LS4-1） 构建解释与设计解决方案 3—5年级构建解释与设计解决方案建立在K—2年级的经验和基础上，发展到在构建描述和预测现象的特定变量的解释时使用证据以及在设计问题的多种解决方案时使用证据 • 使用证据（例如观察、模式）以支持解释（3-LS4-2）	LS2（C）：生态系统、运作和恢复力 • 当环境的变化影响某处的物理特征、温度或资源的可用性时，一些生物体能存活和繁衍，另一些迁移到新的环境，还有一些会迁入这一变化后的环境，而一些会死亡（3-LS4-4的衍生概念） LS4（A）：共同祖先和多样性的证据 • 一些曾经在地球上生活的植物和动物现在在任何地方都找不到了（注：从K—2迁移）（3-LS4-1） • 化石为生活在很久以前的生物体的种类以及它们的生活环境提供了证据（3-LS4-1）	原因和结果 • 因果关系经常被识别和用来解释变化（3-LS4-2）（3-LS4-3） 尺度、比例和数量 • 可观察现象存在于极短到极长的一段时间（3-LS4-1） 系统与系统模型 • 可以根据部件组件及其相互作用描述一个系统（3-LS4-4） ………… 与工程、技术和科学的应用的关联 科学、工程和技术的相互依存

① 美国科学教育标准制定委员会．新一代科学教育标准［M］．叶兆宁，杨元魁，周建中，译．北京：中国科学技术出版社，2020：30-31.

续表

科学与工程实践	学科核心观念	跨学科概念
参与基于证据的论证 3—5 年级参与基于证据的论证建立在 K—2 年级的经验和基础上，发展到引用自然界和人工世界相关的证据去评论同伴提出的科学的解释和解决方案 • 构建有证据支持的论点（3-LS4-3） • 通过引用关于解决方案是如何满足该问题的评价标准及约束条件的证据论述有关解决方案的优势（3-LS4-4）	LS4（B）：自然选择 • 有时，同一物种的个体之间的特征差异，为生存、求偶和繁殖提供了优势（3-LS4-2） LS4（C）：适应 • 对于任何特定的环境，某些种类的生物体能很好地生存，有些生存得较差，有的则根本无法生存（3-LS4-3） LS4（D）：生物多样性与人类 • 生物种群生活在各种各样的栖息地，栖息地的变化会影响生活在那里的生物体（3-LS4-4）	• 相关的科学概念和研究成果的知识在工程中很重要（3-LS4-3） ………… 科学知识假设在自然系统中存在秩序性和一致性 • 科学认为在自然系统中有一致的模式（3-LS4-1） 科学是人类智慧的结晶 • 大多数科学家和工程师团队合作（3-LS4-3）

美国科学课程内容包括科学与工程实践、学科核心观念、跨学科概念 3 个维度。其中，科学与工程实践强调通过科学探究、工程实践学习科学概念，掌握科学知识与技能，形成科学情感与态度。学科核心观念是课程内容的主体部分，16 个主题涵盖了基本科学领域和核心概念。跨学科概念旨在加强不同学科之间的沟通与关联，整合不同科学领域及其与其他学科、社会生活的联系，克服学科隔离。三维内容设计匠心独具，贯通 K—12 年级，有助于实现科学课程内容、过程与方法的统一，全面提升学生的科学素养。

（二）英国

2013 年，英国颁布适合英格兰和威尔士地区的《英国国家课程科学学习计划》（以下简称《计划》），对英国科学课程的内容标准进行了规定与描述。科学课程内容包括 4 个维度：科学探究、生命科学知识、物质科学、地球与空间科学。其中，“科学探究”包括科学思想、科学证据的本质与重要性，以及调查研究的主要技能，比如制定计划、获得并总结证据、思考和评估等。“生命科学知识”包含着生命过程、人类与其他动物、绿色植物、差异与分类、环境中的一些东西等。“物质科学”包含“材料及其性质”和“物理过程”这两大部分，具体包括材料分类、变化中的物质、电力、力和运动、光和声音、制造和检测声音。“地球与空间科学”要求学生能够解释太阳位于我们太阳系的中心。太阳、地球和月球是近球形的。同时，《计划》规定了英国小学1—6年级各个年级、主题的科学知识内容，包括“科学工作”。下面展示英国小学4年级“植物、动物（包括人类）”的内容描述[①]。

生物分类。在关键阶段1，学生在当地的环境中通过学习常见的动植物，来给植物和动物分组。4年级，学生们将引入更科学的分类。这可以包括：① 开花植物（如向日葵，玫瑰，苹果树，蓟）和非开花植物（如蕨类植物，苔藓）。② 脊椎动物（有骨干的动物）：鱼（冷血的，生活在水中，有鳞片，雌性在水外产卵）；两栖类动物（冷血的，生活在水中和陆地上，有鳃、肺、潮湿的肌肤，在水中产卵）；爬行动物（冷血的，从蛋里孵出，干，粗，鳞片状皮肤）；鸟（温血动物，最能飞的，有羽毛，从蛋里孵出）；哺乳动物（温血动物，有毛发，在母体内生长，母亲用乳汁喂养新出生的宝宝）。③ 无脊椎动物（没有脊骨的动物）：蜗牛，蛞蝓，蠕虫，蜘蛛；昆虫（身体有三个部分，六条腿，多有翅膀，与蜘蛛有所不同）。

学生可以将他们的知识和技能运用于以下方面：① 通过分类键、图纸、科学的标签等记录植物和动物科学分类的信息。② 描述和比较其他地方的常见动植物的分类（在动物园里生活的动物，在海下的动物和植物，在史前灭绝的农场植物和动物）。用查尔斯·达尔文科学的传记（解释了生命多样性）和卡尔·林奈的分类（先锋）支持这项工作。

动物（包括人类）。确保学生了解与消化系统相关的身体的主要部分及其特殊功能。这可以包括：① 消化系统：口腔、咽、食道、胃和小肠。② 消化系统消化食物（利用氧气）使身体充满能量。③ 消化过程。④ 牙齿的类型包括乳牙和恒牙。

学生可以在以下方面运用他们的知识和技能：① 比较食肉动物和食草动物的牙齿，并比较它们是如何使用的。② 通过图纸、标签、图表、显示器、照片等记录关于人体器官和系统的信息。

栖息地。确保学生经常讨论和书写，增进对动物和植物分类及其特性的认识，饲养动物。确保学生利用本地的环境，在一年

---

① National Curriculum in England：Framework for Key Stages 1 to 4，draft. 2012：3-12.

的时间内分辨和学习在住所边的植物和动物。在第一个学习阶段，学生学习到在各种栖息地中的简单食物链。在4年级时，栖息地研究应该拓展到各种食物链和简单的食物网，例如：学校操场（浆果、昆虫、鸟类）、花园（水果、昆虫、鸟类、猫）和池塘（池塘杂草、蜗牛、鱼）。① 食物链：一种展示食物（能量）如何从一个生产者（一个制造和生产自己的食物的工厂）到消费者（如草食动物、肉食动物和杂食动物）的方式。② 食物网：一种展示食物（能量）如何通过食物链传递的方式。许多食物网中的食物链，包括一些相同的植物、食草动物、食肉动物、杂食动物、捕食者和猎物。他们表明在同一个栖息地之间的动物和植物的相互食物关系。

学生可以运用他们的知识和技能：用不断增长的知识记录与植物和动物相关联的喂养关系的复杂信息，可以通过标签、食物链和食物网、照片、模型、演示文稿、图表、解释性段落和报告等形式来记录整理相关信息。

除了上述内容，4年级其他内容包括演变和继承、物质状态、光、地球和空间、电力、科学工作等，限于篇幅，此处从略。

（三）日本

日本小学科学课程内容通常分为“生物·环境”“物质·能量”“地球·宇宙”三大领域。日本2017年《纲要》将三个领域改为“物质·能量”和“生命·地球”两个领域，将“生物·环境”与“地球·宇宙”两个领域合并为“生命·地球”。其中，“物质·能量”领域中包括“物质质量与体积”“空气和水的性质”等15个主题，“生命·地球”领域包括“植物与昆虫”“植物发芽、生长与结果”等15个主题。全学段共计72个知识点。日本2017年《纲要》沿袭了上述做法（见表2-2）。

表2-2　日本小学理科课程内容纲要

领域	主题			
	三年级	四年级	五年级	六年级
物质·能量	1. 物质质量与体积 2. 风与橡胶的功能 3. 光的特性 4. 磁铁的属性 5. 电路	1. 空气和水的性质 2. 金属、水、空气、温度 3. 电的作用	1. 物质的溶解 2. 钟摆运动 3. 电流的功能	1. 燃烧的原理 2. 水溶液的性质 3. 杠杆原理 4. 电的作用

续表

领域	主　题			
	三年级	四年级	五年级	六年级
生命·地球	1. 植物与昆虫 2. 太阳与大地	1. 人体结构与运动 2. 四季与生物 3. 气候环境 4. 月球与行星	1. 植物发芽、生长与结果 2. 动物生殖 3. 流水的作用 4. 气候变化	1. 身体的结构与功能 2. 植物的养分与水的通道 3. 生物与环境 4. 土地的形成与变化 5. 月亮和太阳

日本2017年《纲要》对不同年级的知识点及其学习进行了较为详尽的列表说明，课程内容操作性较强。如《纲要》中第四学年“生命·地球”部分的内容标准①：

（1）人的身体构造和运动

关于人和其他动物，着眼于骨骼和肌肉的构造和作用，将它们关联起来进行调查活动，指导掌握以下事项：

A. 在理解下列问题的同时，掌握观察、实验等相关技能。

（a）人的身体是有骨头和肌肉的。

（b）人能活动身体，靠的是骨头和肌肉的活动。

B. 在探究人和其他动物的过程中，以已学的内容和生活经验为基础，就人和其他动物的骨头与肌肉的构造和动作，构思并发表有依据的猜想和假说。

（2）季节与生物

在寻找和培育身边的动物和植物的过程中，着眼于动物的活动、植物的生长和季节的变化，将它们关联起来进行调查活动，指导掌握以下事项：

A. 在理解以下问题的同时，掌握观察、实验等相关技能。

（a）动物的活动在温暖季节和寒冷季节是有不同的。

（b）植物的生长根据季节的冷暖而不同。

B. 在探究身边的动物和植物中，以已学的内容和生活经验为基础，将每个季节动物的活动和植物的生长变化关联起来进行有

① 参见日本文部科学省发布的《小学理科学习要领指导纲要》（2017），https://www.mext.go.jp.

根据的预想并发表想法或假设。

（3）雨水的去向和地面的情况

关于雨水的去向和地面的情况，着眼于雨水的流动方法和渗入方法，将地面的倾斜状况和泥土颗粒的大小关联起来进行调查活动，指导掌握以下事项：

A. 在理解下列问题的同时，掌握观察、实验等相关技能。

（a）水是从高处向低处流聚的。

（b）水的渗入方法，是根据泥土颗粒的大小而不同的。

B. 在探究雨水的去向和地面的样子过程中，以既习的内容和生活经验为基础，将雨水的流动方式、渗入方式、地面的倾斜度、泥土颗粒的大小关联起来，构思并发表有根据的预想或假设。

（4）天气情况

关于天气和自然界的水的情况，着眼于气温和水的去向，将天气情况和水的状态变化关联起来进行调查活动，指导掌握以下事项：

A. 在理解下列问题的同时，掌握观察、实验等相关技能。

（a）天气不同，一天的气温变化方式也不同。

（b）水是从水面或地面等蒸发，变成水蒸气包含在空气中的。而且，也有空气中的水蒸气结露后再次变成水的。

B. 在探究天气和自然界的水的样子的过程中，以既习的内容和生活经验为基础，将天气情况、水的状态变化、气温和水的去向关联起来提出有根据的猜想或假设并发表。

（5）月亮和星星

关于月亮和星星的特征，着眼于其位置的变化和时间的经过，将这些关联起来进行调查活动，指导掌握以下事项：

A. 在理解下列问题的同时，掌握观察、实验等相关技能。

（a）月亮每天的形状都在变化，即使一天中不同时刻位置也在改变。

（b）天上有亮度和颜色不同的星星。

（c）星星的集合，一天中根据时刻的不同，排列方式虽然不变但位置改变。

B. 在探究月亮和星星的特征过程中，以已学的内容和生活经验为基础，将月亮和星星的位置变化与时间流逝关联起来，提出有根据的猜想或假设并发表。

在日本2017年《纲要》中，每个主题下设若干知识点，描述了学生需要掌握的知识、技能要点，提出了探究学习的要求，提示了相关的学习方式，如开展科学调查、构思猜想、提出假设、发表主张等，以确保课程内容的有效实施。

(四) 澳大利亚

澳大利亚科学课程内容包括三项关联的基准：科学理解、人类进化科学、科学探究技能。三项内容分布在小学不同年级、不同领域，相关主题及其知识点和学习要求颇为明确。其中，“人类科学史”包括科学的本质、科学的发展、科学的使用及其影响，对学生开展科学哲学、科学史、科学社会学相关教育而言，其作用独特而丰富，拓展了科学课程的内容。以下呈现小学科学3年级课程内容（见表2-3）[①]。

表2-3　澳大利亚3年级小学科学课程内容

领域	学科	主题	阐述
科学理解	生物科学	根据生物的显著特征，可以对生物进行分组，可以将生物从非生物中区分出来	① 识别生物的特性，比如生长、活动、敏感度和繁殖；② 识别不同生物的范畴；③ 根据生物和非生物进行排序；④ 探究一次活动生物、生物和生成物之间的不同
	地球和空间科学	地球的自转引起包括昼夜交替在内的规律性变化	① 设计日晷；② 研究它们是如何工作的；③ 描述地球自转的时间范围；④ 模拟太阳、地球和月亮间的相对大小和运动
	物理科学	热量可以以多种形式产生并从一个物体转移到另一个物体	① 描述热量是怎样产生的，比如通过摩擦、运动、电流、化学燃烧；② 识别日常生活中由加热或制冷导致的变化；③ 探究热量是如何通过传导转移的；④ 认识到我们可以感觉热量并通过温度计测量出温度
人类进化科学	科学的本质和发展	科学包括做出推测、描述模式和关系	① 对环境中的变化和事件做出推测；② 研究已经被土著居民和托雷斯海峡居民运用的航天知识；③ 思考提出问题对我们规划未来的帮助

① Australian Curriculum Assessment and Reporting Authority (ACARA). The Australian Curriculum Science (version), 23 January 2012.

续表

领域	学科	主题	阐述
人类进化科学	科学的使用和影响	科学知识帮助人们理解人类活动带来的影响	① 思考加热对日常使用的物质的作用；② 调查科学是如何帮助人们的，比如护士、医生、技工和园丁；③ 考虑包括固体和液体在内的物质是如何以不同方式作用于环境的；④ 探究是什么特性使一种物质成为废物的；⑤ 研究土著居民和托雷斯海峡居民的有关当地自然环境的知识，比如植物和动物的特征
科学探究技能	提问和预测	经过指导，认识到在相似情况下可以通过科学调查，在之前所获知识的基础上预测可能发生的情况	① 在一系列可能的情况下选择要研究的问题；② 联合构想有可能成为调研基础的问题；③ 作为一个班级列出共有的经历，区分出可能的调查；④ 小组讨论在调查过程中可能出现的情况
	计划和实行	为计划提出方法，实施调查找出问题答案	① 在老师的指导下规划调查以测试简单的因果关系；② 以全班讨论的方式研究问题，评估出最有效的方法
		安全地使用合适的材料、工具或设备并记录观察报告，运用正式的测量仪器等记录测量值	① 用相关正式的单位和合适的缩写，比如秒（s）、克（g）、厘米（cm）；② 用各种工具进行观察，比如数码相机、温度计、尺子和天平；③ 讨论设施和程序的安全规则
	处理和分析数据、信息的能力	用一系列方法（包括图表法）表示数据，体现模型和趋势	① 在突显优先次序基础上用提供的表格组织材料和物体；② 讨论如何对表格中呈现的数据进行分组；③ 识别和讨论由学生自己调查搜集到的，以及二手资源中搜集到的数值和视觉模型
		推测比较结果，提出调查结果的可能原因	讨论推测与调查结果的吻合度，分享所学知识
	评估	反思所做的调查，包括一项测试是否公平	① 向老师、小组或全班描述所做调查的经历；② 全班讨论测试的公平性
	交流	以图表法、物理表示法和简单报告等各种方式展现、交流思想和调查结果	① 与进行了相似调查的同学交流分享经验，提高调查技能；② 通过图表、模型和角色扮演探究以多种方式展示过程和关联；③ 以简单说明、论证、报告和图表法与其他学生交流想法

（五）印度

2016年印度颁发的《小学课程：1—5年级》对小学各科课程内容进行了规定，其中，科学内容标准围绕以下主题组织：食物、材料、生活世界、生物和人、工作原理、自然现象、自然资源。同时，规定了不同年级的核心概念。其中，4年级科学课程的核心概念见表2-4①。

表2-4　印度4年级科学课程的核心概念

序号	主题	目标	核心概念
1	人体：我们所吃的食物	提供有关食物各种成分的资料并展开讨论，培养学生对均衡营养饮食重要性的认识	① 用于补充能量、维持工作、生长（健身）、预防疾病的食物；② 食物成分：碳水化合物、蛋白质、脂肪、维生素、矿物质、水和粗粮为基本成分；③ 每组食物成分的示例；④ 均衡饮食的概念；⑤爱护食物，避免浪费
2	人体：牙齿	提高学生对各种牙齿的认识，以及对牙齿护理和定期检查的重要性的认识	① 口腔和牙齿的位置；② 各种牙齿的结构和功能；③ 带有牙齿部分标签的图表，包含每种牙齿的数量；④ 婴儿和成人；⑤ 牙齿和牙龈护理；⑥ 蛀牙/缺陷的原因及预防措施；⑦ 定期检查以保持牙齿健康的必要性；⑧ 健康的牙齿护理习惯的重要性；⑨ 食物在牙齿和牙龈健康发育中的作用
3	人体：消化与排泄系统	增强学生对人体消化系统和排泄系统功能的认识	① 消化与排泄系统器官（口腔、食道、胃、肝、小肠、大肠、直肠、肛门）；② 各种器官在消化中的功能，人们需要很好地咀嚼食物，并需要定期排便；③ 水的需要；④ 排泄系统的器官及其功能；⑤ 与消化和排泄有关的健康习惯
4	动物的适应性	通过提及不同的栖息地来讨论动物适应的必要性	① 动物的适应性；② 动物适应性的需要；③ 适应的原因；④ 动物适应环境的例子；⑤ 在陆地上，在水中；⑥ 食草动物、食肉动物、杂食动物身体部位的适应改造；⑦ 每个示例；⑧ 爱护动物
5	植物的适应性	提供有关植物在陆地、水中的适应性的资料和信息，以及植物在其他已变化环境中的适应性的资料和信息，提供实例	① 植物适应环境的需要；② 植物适应陆地环境的例子；③ 举例说明植物在水中的适应能力；④ 举例说明植物在沙漠中的适应性；⑤ 举例说明丘陵地区植物的适应性

① Research Development and Consultancy Division. Council for the Indian School Certificate Examinations. Curriculum for Primary Classes（I–V）, New Delhi. 2016.

续表

序号	主题	目标	核心概念
6	周围环境中的植物	让学生熟悉植物的分类及植物不同部分的功能。此外，还将以简单的方式讨论叶子的功能，以及蒸腾和光合作用的过程	① 根：根的种类、功能和例子；② 芽、茎的功能；③ 叶子的功能；④ 光合作用，蒸腾过程（会用简单的语言描述）；⑤ 叶片淀粉含量测定；⑥ 从植物中获取的产品，如食品、木材、椰子油、橡胶、纤维等
7	空气	培养学生的实验和观察技能	① 空气的一些特性：占据空间，重量，膨胀，无色彩；② 空气的组成（气体和水蒸气）；③ 呼吸和燃烧的过程；④ 空气污染的成因——尘埃、烟雾、吐痰（细菌/病菌、病毒），保持空气清洁的预防措施
8	原料与溶液	通过日常生活中的例子，培养学生对“溶质”“溶剂”和“溶液”的理解	① 溶剂、溶质和溶液的定义，举例说明每种概念（用简单的语言）；② 可溶和不可溶物质，分别举例说明（在油、水中的溶解度）；③ 分离方法：沉淀、倾析、过滤、蒸发
9	光	通过日常生活中的例子，让学生认识到环境中的各种光源及光的简单特性。该主题也旨在让学生理解阴影是如何形成的，以及了解各种自然光源的使用	① 光源：自然光源和人工光源；② 自然和人工光源的例子；③ 发光和不发光的物体；④ 光的性质：透明、半透明和不透明的物体；⑤ 每一类物体的例子，这些物品在日常生活中的用途；⑥ 阴影的形成
10	测量	培养一种意识和理解，即需要一个测量单位来解释任何对象、过程和现象	① 测量的必要性；② 日常生活中的测量实例（购买物品，观看时间）；③ 简单介绍用于测量的仪器（尺、卷尺、称重机、温度计、时钟等）；④ 每种仪器的使用，如何阅读和使用它们
11	推和拉	学习推和拉是可以改变物体的形状和方向的有关力的例子，熟悉日常生活中遇到的各种力	① 推与拉的概念、意义及其区别；② 推和拉的例子；③ 力：简单来说就是改变物体的形状和方向；④ 各种力的意义——肌肉力、重力、磁力和摩擦力
12	摩擦力	以对力的了解为基础，更多地了解摩擦作为一种力量的意义及其在我们生活中所扮演的角色	① 摩擦的含义、概念；② 如何减少摩擦（油、粉）；③ 摩擦的使用；④ 摩擦的有害影响；⑤ 摩擦的例子

印度小学科学课程内容围绕主题组织，同一主题在不同年级不断重复、拓展和深化。同时，制订主题学习目标，通过核心概念加以具体化，规定具体知识要点及其要求。如“植物适应性”知识点要求：举例说明植物在水中的适应能力，举例说明植物在沙漠中的适应性，举例说明丘陵地区植物的适应性。这些描述对教材编写和课程教学具有切实的指导意义。

（六）南非

南非将小学科学课程内容划分为 4 个领域：生命和生活，能量和变化，星球、地球和其他，物质与材料。同时，以科学的核心概念组织课程内容。将课程内容分为基础阶段、中级阶段、高级阶段 3 个层次，对每个领域的核心知识与概念进行分段说明与解释。如“生命和生活”的核心知识和概念涉及：生命过程和健康生活，在环境中的相互作用，生物多样性、变化和连续。“能源和变化”的核心知识和概念涉及：能量传输系统，南非的能源与发展，我们在宇宙中的位置，气候和天气，变化的地球。“物质与材料”的核心知识和概念涉及：材料特性，材料和结构的变化。

南非小学科学课程内容的领域、层次十分清晰，以核心概念统领课程内容，且按照基础阶段、中级阶段、高级阶段 3 个层次进阶设计，体现了螺旋设计的思想，课程内容不断拓展、深化，符合儿童身心发展特征。

二、国外小学科学课程内容的特点

（一）按照维度、领域、主题进行课程内容的设计

大多数国家将科学课程内容划分为不同的维度，并在不同的知识领域、学科主题水平上加以展开。部分国家课程内容维度的划分颇为独特，如美国科学课程包括 3 个维度：科学与工程实践、学科核心观念、跨学科概念。巴西《国家课程共同基础》（BNCC）规定，自然科学领域的国家课程包括 4 个形成轴：知识概念，自然科学知识的社会、文化和历史背景，自然科学的过程和研究实践，自然科学中使用的语言。对于科学课程的内容领域，一般分为物质科学、生命科学、地球与空间科学、工程与技术和科学的应用。在领域之下设计学习主题（当然，有的国家的科学课程内容没有维度与领域的区分，仅仅罗列学习主题或范围，如印度罗列学习主题、埃及描述学习范围）。多数国家的科学课程内容层层分解，不断细化，形成了一个清晰而连贯的内容体系（见表 2-5）。

表 2-5　各国小学科学课程内容的维度与领域

国别	维度	领域	呈现方式
中国		物质科学，生命科学，地球与宇宙科学，技术与工程	知识主题
美国	科学与工程实践，学科核心观念，跨学科概念	物质科学，生命科学，地球与空间科学，工程与技术和科学的应用	知识主题
英国	科学探究，科学理解	生命过程和生物世界，物质及物质性质，物理过程，学习的广度	知识主题
德国		自然和生命，技术和工作世界，空间、环境和活动，人和集体，时间和文化	社会主题
法国		材料、运动、能源、信息，生命的多样性及其作用，材料和技术对象，地球环境中的生物	社会主题
芬兰		六大领域	生活主题
日本		"物质 · 能量"和"生命 · 地球"	知识主题
俄罗斯	人与自然，人与社会	物质世界，生命世界，人类与自然的关系	
加拿大	科学技术与环境，科学研究与解决技术问题的技能，科学和技术的基本概念	生命系统，结构和机制，物质和能量，地球和空间系统	知识主题
澳大利亚	理解科学，人类科学史，探究技能科学	物理，化学，生物	知识主题
韩国		运动、能源、材料、生命，地球和空间等	知识主题
新加坡		多样性、循环、系统、相互作用、能量	知识主题
印度		多个主题	生活主题
埃及		不同范围	生活主题
南非		生活与生存，能量与变化，星球、地球和其他	知识主题
巴西	知识概念，自然科学知识的社会、文化和历史背景，自然科学的过程和研究实践，自然科学中使用的语言	物质和能量，生命和进化，地球和宇宙	社会主题
厄瓜多尔	科学知识，行动中的科学	生物和环境，人体与健康，物质和能量，地球和宇宙	社会主题

（二）注重处理课程内容纵向组织与横向组织的关系

小学科学课程内容的组织方式包括纵向组织与横向组织，纵向组织主要有直线式与螺旋式两种，不同国家的内容组织方式有异。

就纵向组织而言，美国按照 K—2 年级、3—5 年级、6—8 年级、9—12 年级段来组织课程内容，不同年级段提出不同的内容要求，主要内容递进设计。英国采取螺旋式方式加以组织，注意科学知识与方法在各个学段的递进，但有的内容采取直线式排列，如三年级骨骼系统、肌肉系统，四年级消化系统，五年级循环系统。日本以螺旋式排列为主，按照年级进行循环、递进。南非的课程内容分为基础阶段、中级阶段、高级阶段 3 个层次，层层递进。大部分国家采取螺旋式组织方式。

横切概念

就横向组织而言，许多国家均关注科学课程内容的横向联系，重视不同领域之间的内在关联，通过跨领域、跨学科的主题实现不同程度的内容统整。主题统整成为世界上大多数国家组织小学科学课程内容的基本方式，很少有严格按照分科的方式组织课程内容的国家。但不同国家课程内容的整合存在差异。比较而言，美国科学课程的横向组织程度最高，2011 年《框架》除了学科核心观念（主题），还在核心观念之上设置了 7 个跨学科概念：模型（模式）；因果关系；规模、比例和数量；系统和系统模型；能量与物质；结构与功能；稳定与变化。跨学科概念的提出与实施能促进课程内容的高度整合[1]。加拿大按照大概念组织课程内容，内容的综合性较强。澳大利亚“人类进化科学”部分将科学知识、技术与社会经济、文化、环境进行较大的整合。一些国家小学科学课程还将“科学本质、过程、方法”纳入课程内容，如美国、英国、韩国、新加坡等，通过“理解科学”加强科学课程内容的整合。有的国家通过开展 STS 教育、STEM 教育、STSE（科学、技术、社会、环境）教育、科学工作等方式，实现科学课程内容的整合。

第二节　我国小学科学课程内容

21 世纪以来，我国小学科学课程内容处于不断调整之中，经过 3 次调整、完善，小学科学课程内容逐步趋向合理。

---

① 潘洪建，等．科学中的横切概念：蕴涵、进阶及教学策略（笔谈）[C]．当代教育评论，第 10 辑，2020：166-186.

一、小学科学课程内容的变化

2001年《标准》将小学科学课程内容划分为科学探究、情感态度与价值观、生命科学、物质科学、地球与宇宙，制定了不同领域的内容标准框图，提出了具体内容标准及其活动建议。2017年《标准》规定小学科学课程内容包括物质科学、生命科学、地球与宇宙、技术与工程4个领域，从这4个领域中选择适合小学生学习的18个主要概念，其中物质科学、生命科学各6个主要概念，地球与宇宙、技术与工程各3个主要概念，主要概念涵盖75个学习内容。2022年《标准》实现了小学与初中课程内容的贯通设计，不再按照知识领域描述课程内容，而是依据核心概念组织课程内容。该《标准》提出了4个跨学科概念，列举了13个学科核心概念（涵盖54项学习内容），学科核心概念可大致分为物质科学、生命科学、地球与宇宙、技术与工程4个领域，内容标准就13个学科核心概念，对不同学段的核心概念及其学习内容进行说明（见表2-6）。

表2-6　2022年《标准》与2017年《标准》比较

领域	2022年《标准》的核心概念	2017年《标准》的主要概念
物质科学	1. 物质的结构与性质（7项内容） 2. 物质的变化与化学反应（4项内容） 3. 物质的运动与相互作用（3项内容） 4. 能的转化与能量守恒（2项内容）	1. 物体具有一定的特征，材料具有一定的性能 2. 水是一种常见而重要的单一物质 3. 空气是一种常见而重要的混合物质 4. 物体的运动可以用位置、快慢和方向来描述 5. 力作用于物体，可以改变物体的形状和运动状态 6. 机械能、声、光、热、电、磁是能量的不同表现形式
生命科学	5. 生命系统的构成层次（6项内容） 6. 生物体的稳态与调节（3项内容） 7. 生物与环境的相互关系（4项内容） 8. 生命的延续与进化（6项内容）	7. 地球上生活着不同种类的生物 8. 植物能适应环境，可制造和获取养分来维持自身的生存 9. 动物能适应环境，通过获取植物和其他动物的养分来维持生存 10. 人体由多个系统组成，分工配合，共同维持生命活动 11. 植物和动物都能繁殖后代，使它们得以世代相传 12. 动植物之间、动植物与环境之间存在着相互依存的关系

续表

领域	2022 年《标准》的核心概念	2017 年《标准》的主要概念
地球与宇宙	9. 宇宙中的地球（6 项内容） 10. 地球系统（4 项内容） 11. 人类活动与环境（3 项内容）	13. 在太阳系中，地球、月球和其他星球有规律地运动着 14. 地球上有大气、水、生物、土壤和岩石，地球内部有地壳、地幔和地核 15. 地球是人类生存的家园
技术与工程	12. 技术、工程与社会（3 项内容） 13. 工程设计与物化（3 项内容）	16. 人们为了使生产、生活更加便利、快捷、舒适，创造了丰富多彩的人工世界 17. 技术的核心是发明，是人们对自然的利用和改造 18. 工程是运用科学和技术进行设计、解决实际问题和制造产品的活动

相对于 2017 年《标准》，2022 年《标准》的变化主要有以下几个方面。

（1）统一规划义务教育科学课程内容

小学与初中的课程内容不再分别规划，打通义务教育阶段科学课程的内容，改变了以往小学、初中独立规划课程内容的状况，首次实现了义务教育课程内容的连贯与衔接。同时，规定初中开设统一的综合课程“科学”，改变了初中按照物理、化学、生物分科设置科学课程的传统格局［当然，为了适应我国初中教育的实际状况，《义务教育课程方案（2022 年版）》同时指出，“初中阶段可选择分科开设物理、化学、生物学”］。

（2）科学课程内容的概括水平不断提高

2017 年《标准》规定小学科学课程内容由 18 个关键概念组成，改变了 2001 年《标准》简单罗列科学课程内容的做法，改变了 2001 年将“科学探究”“情感态度与价值观”作为课程内容的做法，课程内容聚焦主要概念，凸显科学知识的核心内容。2022 年《标准》提出 13 个学科核心概念，比 2017 年《标准》中的 18 个主要概念减少了 5 个，核心概念更加简明。

（3）课程内容的设计吸收了外国科学课程标准中设置跨学科概念的做法

2022 年《标准》强调课程内容的贯通与整合，首次使用“跨学科概念”，提出了 4 个跨学科概念：物质与能量、结构与功能、系统与模型、稳定与变化，用 4 个跨学科概念统领核心概念和学习内容，课程内容更具概括力，扩大了课程内容的可能范围。

二、小学科学课程内容的结构分析

2022 年《标准》中的课程内容设计的基本特点是纵横贯通，即纵向上进阶设计，螺旋上升，不断深入，横向上不同领域、不同主题相互联系，彼此贯通，实现课程内容的统整，以便形成统一的科学观念。

1. 小学科学课程内容的层次分布

小学科学课程内容可以分为核心概念与学习内容，将 13 个学科核心概念分解为 54 项内容主题。其中，1—6 年级的核心概念与学习内容见表 2-7。

表 2-7 科学课程核心概念及学习内容

1. 物质的结构与性质	1.1 物质具有一定的特性与功能 1.2 空气与水是重要的物质 1.3 金属及合金是重要的材料 1.4 常见的化合物 1.5 物质由元素组成 1.6 物质由微观粒子构成 1.7 常见物质的分类
2. 物质的变化与化学反应	2.1 物质的三态变化 2.2 物质的溶解和溶液 2.3 物质变化的特征 2.4 化学反应遵守质量守恒定律
3. 物质的运动与相互作用	3.1 力是改变物体运动状态的原因 3.2 电磁相互作用 3.3 声音与光的传播
4. 能的转化与能量守恒	4.1 能的形式、转移与转化 4.2 能源与可持续发展
5. 生命系统的构成层次	5.1 生物具有区别于非生物的特征 5.2 地球上存在动物、植物、微生物等不同类型的生物 5.3 细胞是生物体结构与生命活动的基本单位 5.4 生物体具有一定的结构层次 5.5 人体由多个系统组成 5.6 生态系统由生物与非生物环境共同组成
6. 生物体的稳态与调节	6.1 植物能制造和获取养分来维持自身的生存 6.2 人和动物通过获取其他生物的养分来维持生存 6.3 人体通过一定的调节机制保持稳态
7. 生物与环境的相互关系	7.1 生物能适应其生存环境 7.2 生物与环境相互作用、相互协调，实现生态平衡 7.3 人的生活习惯影响机体健康 7.4 人体生命安全与生存环境密切相关

续表

8. 生命的延续与进化	8.1 植物通过多种方式进行繁殖 8.2 不同种类动物具有不同的生殖方式和发育过程 8.3 人的生命是从受精卵开始的 8.4 细菌、真菌、病毒具有不同的繁殖方式 8.5 生物体的遗传信息逐代传递，可发生改变 8.6 生物的遗传变异和环境因素的共同作用导致了生物的进化
9. 宇宙中的地球	9.1 地球是一颗行星 9.2 地球绕地轴自转 9.3 地球围绕太阳公转 9.4 月球是地球的卫星 9.5 地球所处的宇宙环境 9.6 太空探索拓展了人类对宇宙的认知
10. 地球系统	10.1 天气和气候 10.2 水循环 10.3 岩石和土壤 10.4 地球内部圈层和地壳运动
11. 人类活动与环境	11.1 自然资源 11.2 自然灾害 11.3 人类活动对环境的影响
12. 技术、工程与社会	12.1 技术与工程创造了人造物，技术的核心是发明，工程的核心是建造 12.2 技术与工程改变了人们的生产和生活 12.3 科学、技术、工程相互影响与促进
13. 工程设计与物化	13.1 工程需要定义和界定 13.2 工程的关键是设计 13.3 工程是设计方案物化的结果

2. 小学科学课程内容的横向设计

横向设计主要是通过设置“跨学科概念”，统整“学科核心概念”，即在学科核心概念之上设置跨学科概念，实现学科核心概念之间的内在沟通与关联，避免核心概念彼此隔离，体现科学的统一思想。同时，加强学科核心概念与社会生产、生活的联系，加强科学、技术与工程设计的联系，密切与社会生活的实际联系（科学课程的内容结构见图 2-1）。

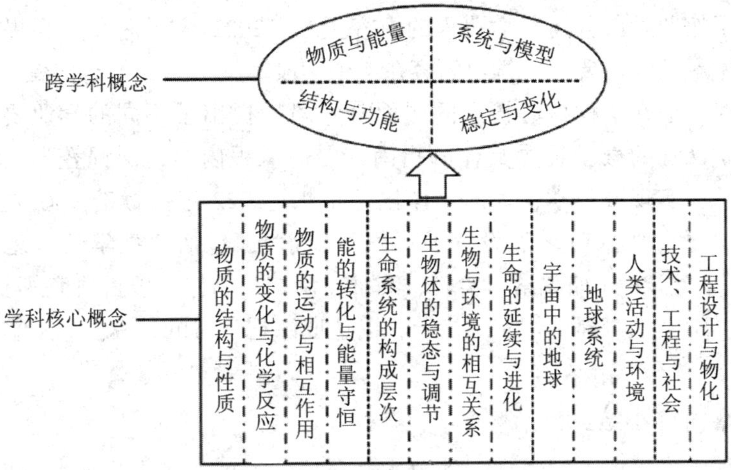

图 2-1　科学课程的内容结构

3. 小学科学课程内容的纵向设计

对同一核心概念和学习内容进行进阶设计，让学生在不同学段学习同一内容（内容不是简单重复，而是不断拓展、逐步加深），使得科学课程内容的学习螺旋式上升，学生的科学素养递进式提升。如核心概念“物质的结构与性质”中的学习内容“物质具有一定的特性与功能”在 1—2 年级、3—4 年级、5—6 年级、7—9 年级均有所涉及，但内容的广度、深度有所区别（见表 2-8）。

表 2-8　小学科学课程内容主题及其学习要求

内容主题	学段	内容要求
物质具有一定的特性与功能	1—2 年级	① 观察并描述物体的轻重、薄厚、颜色、表面粗糙程度、形状等外部特征，能根据物体的外部特征对其进行简单分类；② 识别生活中常见的材料
	3—4 年级	① 能使用简单的仪器测量一些物体的长度、质量、体积、温度等常见特征，并使用恰当的计量单位进行记录；② 能根据物体的特征或材料的性质将两种混合在一起的物体分离开来，如分离沙和糖、铁屑和木屑等；③ 描述某些材料的透光性、导电性，说出它们的主要用途
	5—6 年级	① 观察常见材料在水中的沉浮现象、导热性等，说出它们的主要用途
	7—9 年级	① 知道不同物质具有不同的物理性质和化学性质，如硬度、弹性、磁性、导热性、导电性、溶解性、酸碱性等；② 知道质量的定义，学会用天平测量物质的质量，理解密度所反映的物质属性，会测量固体和液体的密度；③ 知道外界条件（如温度、压力等）能影响物质的性质

除了按照学段分述科学课程的内容主题，2022 年《标准》还提出了每个内容主题的学习要求，学习内容在 4 个学段螺旋上升、不断扩展、递进深化。同时，还在学科核心概念的层面分学段地提出了不同的学业要求，试图为科学课程的教学提供具体的指南，促进课程内容、课程教学、学习评价的统一，实现教、学、评的一体化。此外，2022 年《标准》在“学习要求”与“学业要求”之后设置了“教学提示”，包括“教学策略建议”与“学习活动建议”（如观察、实验、测量、调查、制作、项目研究等），为教师教学、学生学习提供切实的指导，以达成课程学习的目标。

本章内容小结：

课程内容描述了学生学习的范围、对象、方式，是学生应获得的经验。课程内容既受制于课程目标的规定，又受学生身心发展水平的影响。科学课程内容体现在科学课程标准或科学教学大纲之中。

国外小学科学课程内容各具特色，也存在一些共同特点。

我国科学课程标准规定了科学课程的内容标准。根据 2022 年《标准》，我国科学课程内容体现为 4 个跨学科概念、13 个学科核心概念、54 项学习内容，涉及内容要求、学业要求、教学策略建议、学习活动建议等。上述内容标准为科学教材编写、科学课程教学、科学课程学习及其评价提供了指南和参照。

本章问题研究：

1. 比较 2001 年《标准》、2017 年《标准》、2022 年《标准》中的课程内容及其结构，说说 21 世纪以来我国小学科学课程内容发生了哪些变化。

2001 年“内容标准”　　**2017 年“内容标准”**　　**2022 年“内容标准”**

2. 阅读下述文献，说明印度小学科学课程内容的纵向组织与横向组织，分析其内容组织的特点。

印度 2016 年颁发《小学课程：1—5 年级》，其中，3—5 年级科学内容标准围绕食物、材料、生活世界、生物和人、工作原理、自然现象、自然资源等主题进行组织。同时，规定了不同年级的核心概念。三年级的核心概念有：生物和非生物，人体，动物——鸟类，动物——常见昆虫，周围的植物，我们从植物中获得的食物，物质形式——固态、液态和气态，水的某些性质，水资源，太阳是自然资源，清洁、健康和卫生。四年级的核心概念有：人体，动物的适应性，植物的适应性，周围环境中的植物，空气，原料与溶液，光，测量，推和拉，摩擦力。五年级的核心概念有：人体——循环系统，人体——骨骼系统，食物和健康，授粉，植物繁殖，固态、液态和气态，生命相互依存（动物和植物），声音和噪音，功与能，光与影，简单的机器，清洁卫生。

3. 认真研读2022年《标准》，以“物质的运动与相互作用”中的学习内容“声音与光的传播”（或其他学习内容）为例，分析义务教育4个学段的“学习要求”与“学业要求”的层次水平，并评估“学习要求”与“学业要求”之间的一致性。

本章参考文献：

1. 丁邦平．国际科学教育导论［M］．太原：山西教育出版社，2002.

2. ［美］James A. Beane. 课程统整［M］．单文经，等译．上海：华东师范大学出版社，2003.

3. ［美］乔治·J. 波斯纳．课程分析［M］．3版．仇光鹏，等译．上海：华东师范大学出版社，2007.

4. 潘洪建，等．中外小学科学课程标准比较研究［M］．兰州：甘肃教育出版社，2017.

5. 美国科学教育标准制定委员会．新一代科学教育标准［M］．叶兆宁，杨元魁，周建中，译．北京：中国科学技术出版社，2020.

第三章

小学科学教科书

教材是课程设计的微观产品（课程设计的宏观产品是课程计划，中观产品是课程标准)，具有支撑教师教学、促进学生学习的作用。它是依据课程标准编写的教师教学与学生学习的基本材料，是课程目标、内容和实施的具体化，一般以文字、符号、插图、影像等形式呈现，包括教科书、教学参考书、学习辅助材料、练习册、活动手册，以及音像制品如音频、视频等材料。其中，教科书（又称课本）是教材的基本组成部分。教科书是学生学习的基本材料，是教师教学的基本资源，引导、支持、协助教师的教与学生的学，对教学质量具有重要的影响。由于资料与篇幅的限制，本章主要讨论小学教科书的内容选择、组织及其呈现等问题。

第一节　国外小学科学教科书

教科书是教师授课、学生学习的基本材料，这里选择性地介绍一些国家科学教科书内容与形式的基本情况，以供大家参考借鉴。

一、国外部分国家小学科学教科书简介

（一）美国小学科学教科书简介

美国小学科学教科书版本较多。20 世纪 80 年代末，美国进行了新一轮科学课程改革，在此背景下，美国一些出版社和学术机构纷纷编写新的科学教科书，其中影响较大的有 FOSS（Full Option Science System)、INSIGHTS（An Elementary Hand-On Inquiry Science Curriculum）和 STC（Science and Technology for Children)，下面主要介绍加利福尼亚州的《科学》教科书。

加利福尼亚州的《科学》教科书由麦克米伦出版公司（Macmillan）和

麦格劳-希尔教育集团（McGraw-Hill）两家出版公司共同出版，这套教科书从开本、目录、内容、图标、页眉、单元页、栏目到照片、图表都精心设计，独具匠心。该教科书共 7 册，K—6 年级，每个年级 1 册。每册教科书有多个单元，每个单元由多个相关的主题组成，每个主题一般由背景介绍导入，然后围绕主题呈现课文知识与活动，最后为“章节回顾与测试”（包括每章知识结构和复习题）。课文栏目相对固定，一般结构为：观察与思考—探究［包括：① 假设、猜想；② 检验你的假设：观察、实验、预测、记录数据；③ 分析数据，得出结论；④ 更多探索（或快速实验）］—共同阅读与学习—科学写作—科学中的数学—回顾（词汇、科学技能与观念、表现性评价、测试实践）。课文文字叙述较多，插图以十分精美的实物图片为主。

该教科书重视科学探究。探究活动均匀分布在主题单元（单元主题见表 3-1）的每章每课之中，如一年级《科学》教科书共有 38 个探究活动，每章有 5~6 个，每课设有 1~2 个。按照类型，探究活动可分为探索活动（Explore Activities）、探究技巧建造者（Inquiry Skill Builder）及探究调查（Inquiry Investigation）3 种。同时，一年级《科学》教科书重视学科交叉。在科学知识与活动呈现后，设置多个栏目，通过科学与技术、数学、文学、艺术、社会的融合，引导学生进行跨学科学习①。

表 3-1　美国加州版小学科学教科书单元主题表

年级	地球与宇宙	物质世界	生命世界
一年级	植物及其需求，动物及其需求，动物和植物	天气，季节	固体、液体和气体，改变物质状态
二年级	植物生命周期，动物生命周期	地球上的物质，地球的历史，地球上的资源	活动对象，工具中的力量
三年级	陆地环境中的适应，水域环境中的适应，环境变化	地球、太阳和月亮，太阳系	物质，能量，光
四年级	生物生长需要能量，生物及其生存环境	岩石和矿物，地球上的缓慢变化，地球上的迅速变化	电，磁力
五年级	生物结构，植物结构和功能，人体系统	地球上的水资源，地球上的气候，太阳系	物质类型，物质变化
六年级	地球生态系统，陆地和水	热能，地球系统中的能量	板块结构与地球结构，地表变化，地球资源

① 兰天. 美国小学科学教材编写特色及启示：以加利福尼亚州一年级《科学》教材为例［D］. 重庆：重庆大学，2017.

（二）英国小学科学教科书简介

英国牛津大学出版社 2007 年出版系列教科书《每天生活中的新科学》（*New Science in Everyday Life*）。该教科书采用章节结构，每个年级 1 册，共 5 册，每册 5~6 个单元。其单元结构为：学习目标—看图回答问题—知识点讲解—让我们记住—关键字—总结—练习—单元工作表—单元练习。此外，牛津版教科书中配有学习光盘，单元主题见表 3-2。2013 年，英国颁布《英国国家课程：科学学习计划——关键阶段 1—2》，明确了小学科学课程的目标、内容、实施与评价的要求，为教材编写提供了基本依据。

表 3-2　英国牛津版《每天生活中的新科学》单元主题表

年级	地球与宇宙	物质世界	生命世界
一年级	太空和环境	太空和环境	植物生命，动物生命，人体
二年级	太空和环境	材料	植物世界，动物世界，人类身体
三年级	自然现象，自然资源	材料，移动的事物，人和思想	生命世界
四年级	自然现象，自然资源	材料，移动的事物，人和思想	生命世界
五年级	自然现象，自然资源	材料，移动的事物，人和思想	生命世界

（三）日本小学科学教科书简介

2017 年 3 月，日本颁布新修订的《小学校学习指导纲要》，明确指出以周围生活的事物为对象，采用自主对话的学习方式，激发小学生科学研究的兴趣。东京书籍株式会社出版《新しい理科 5》，该教科书供 3—6 年级学生使用，每个年级 1 册，共 4 册、42 个单元。该版教科书主要从单元情境图和导语出发，引导学生回忆已有的基础知识和生活经验，接着明确单元实验，再分节学习。单元栏目设置包括：新课导入—教授新知—课外拓展。单元最后安排一个复习——“把学问联系起来吧”，帮助学生回顾整理单元内容，检测学习质量。每册教科书最后还附有“记录方法”及其“资料”，指导学生学习。单元主题见表 3-3。

表 3-3　日本东京版小学科学教科书单元主题表

年级	物质・能量	地球・生命
三年级	用风和橡胶动起来吧，点亮灯吧，感受磁铁吧，比较物品的重量吧	播种吧，养蝴蝶吧，调查这个虫子吧，调查太阳和影子的动向吧，调查阳光吧，风和橡胶动起来吧
四年级	电的功能，物体的体积和力，物体的体积和温度，水的形态和去向，物体的取暖方法	如果变得温暖了，天气的样子和气温，动物的身体构造和运动，如果变热了，月亮和星星的活动，如果变凉爽了，如果变得寒冷了，回顾生物的一年
五年级	钟摆的规律，物体的溶解方式，电流产生的力量	天气的变化，植物的发芽和成长，鱼的诞生，从花到果实，台风和天气的变化，流水的功能，人的诞生
六年级	物体的燃烧方法和空气，杠杆的功能，水状液体的性质和功能，电气和我们的生活	动物身体的功能，植物身体的功能，生物的生活和环境，太阳和月亮的形状，大地的构造和变化，人类和环境

(四) 加拿大小学科学教科书简介

2007 年，加拿大安大略省颁布《1—8 年级科学与技术课程标准（2007 修订版）》。2011 年，加拿大流行图书公司（Popular Book Company）据此出版小学科学教科书《科学智慧》(*Science Smart*)，该版教科书共 6 册，分别供 1—6 年级使用，每册均含 4 个知识领域：生命系统、物质与能量、结构与机械、地球与宇宙系统。每册教科书含 10 个单元。每个单元主要包括单元导入、单元目标、单元活动、单元实验、自我评价等部分。单元主题见表 3-4。

表 3-4　加拿大 PBC 版小学《科学智慧》单元主题表

年级	主题			
	理解生命系统	理解物质与能量	理解结构与机械	理解地球与宇宙系统
一年级	五种感觉，生物的特征，保持健康	什么是能量，风和流水的能量，节约能量	物体和材料，结构	四季，昼夜
二年级	生物的生长与变化，动物的适应性，人类和动物的相互作用	水的三种状态，液体和固体（1—2）	运动和位移，简单的机器	环境中的空气，环境中的水

续表

年级	主题			
	理解生命系统	理解物质与能量	理解结构与机械	理解地球与宇宙系统
三年级	植物，关于植物的更多信息	磁铁，关于磁铁的更多信息，力和运动（1—2）	稳定性（1），稳定性（2）	土壤，关于土壤的更多信息
四年级	栖息地与群落（1—2），食物链，生物适应	光，声	齿轮，滑轮	矿物质，岩石
五年级	人体系统，呼吸系统和骨骼系统，消化系统和排泄系统，营养	物质的特征，物质的变化	力和结构（1—2）	能源的存储（1—2）
六年级	分类（1—2）	静电电流（1—2），关于电的更多信息	气体的特征（1—2），光的特征	地球和太阳系，夜空

（五）印度小学科学教科书简介

2005 年，印度颁布《国家课程框架（2005）》，确立了科学课程的核心地位。2015 年印度常青（Evergreen）出版社出版 3—5 年级《科学的新趋势》（*New Trends in Science*）。该版教科书各年级 1 册，共 3 册，内容包括：生命科学（人体、动物、植物）、物质科学、物理科学、地球与宇宙。每个单元用标题和单元主题图（单元主题见表 3-5）引入单元学习，每单元包含 1~3 章节，每章节又分为 3~4 小节。每节设计热点讨论环节，安排趣味作业，设置搜索、调查等探究活动。如三年级教科书的“生命科学”单元包括 3 节：“鸟类及它们的特征”“鸟的羽毛和喙”“昆虫”。其中，“鸟类及它们的特征”又分为“鸟爪”和“鸟窝”两小节。每节后罗列知识要点，设置测试练习，测试内容包括选择、填空、匹配、拼写、认图、简答、判断正误等。同时，设有根据图片回答问题环节，如要求“圈出图片中的所有鸟类”等。

表 3-5　印度常青版小学科学教科书单元主题表

年级	主题					
三年级	生物与非生物	人体	动物	植物	物质、材料和能量	地球
四年级	人体	动物	植物	物质和材料	物理科学	
五年级	人体、健康与卫生	植物	物质和材料	地球科学	物理科学	

（六）南非小学科学教科书简介

1994 年，南非废除种族隔离制度，建立南非新政府。2000 年，南非发布《2005 课程评审委员会报告：21 世纪南非课程》；2002 年，颁布《R—9 年级国家课程报告（修订稿）》，规范了各地基础教育阶段的课程设置。南非将科学课程作为为学生终身学习奠基的基础课程①。南非新政府通过基础教育部统管全国的基础教育，教科书一般用英语或阿非利亚语编写。2012 年南非基础教育部组织修订《自然科学与技术》（*Natural Sciences and Technology*），该版教科书包括 4—6 年级上下册，共 6 册，每个年级包含 4 个单元：物质与材料、能量与转换、生命系统、地球与宇宙。单元结构为：由情境插图和单元标题组成单元封面，由“漫画”图片引入单元课题；划分节标题，呈现关键概念，解释单元专业术语；出示“关键问题”，提出需要探究的问题，让学生带着问题进入学习；通过人物漫画引导学生思考与探究关键知识，开展相关探究活动，学习本节知识；复习检测小节知识学习状况，或者阅读相关材料，进行拓展学习。单元主题见表 3-6。

表 3-6　南非版小学科学教科书单元主题表

年级	主题	
四年级（上册）	生物与非生物（植物与动物）	物质与材料（周围的材料与使用）
四年级（下册）	能量与变化（太阳能、周围的能源）	地球与宇宙（地球、太阳、月球）
五年级（上册）	生命与生活（动植物的食物链、动植物的生命周期）	物质与材料（金属与非金属的用途及加工）
五年级（下册）	能量与变化（燃料中的能量、能源与电力）	地球与宇宙（地球的移动、地球上的土壤、岩石与化石）
六年级（上册）	生命与加工（植物的光合作用、人体所需的营养素、食品加工）	物质、材料与加工（水、混合物、溶解、水污染、净化水）
六年级（下册）	能量与变化（电路及使用、导体与绝缘体、能源发电）	地球与宇宙（太阳系、地球与月球的运行、探索月球与火星）

二、国外小学科学教科书的特点

（一）采用单元结构，设置多种栏目

审视上述几个国家的小学科学教科书的整体结构，可以发现，其教科

① Siyavula & Sasol Inzalo Fundation. Natural Sciences and Technology Grade 4-A（CAPS）. Republic of South Africa: the Department of Basic Education, 2012.

书均采用单元结构，主题单元下设置3篇左右相互关联的课文，单元结构成为这些国家小学科学教科书的基本形式。同时，在单元之中设置不同的栏目，有的教科书的单元栏目比较复杂，如美国加州版教科书、英国牛津版教科书、日本东京版教科书；有的教科书单元结构相对简单，如加拿大PBC版教科书、印度常青版教科书。从栏目图标设计看，日本东京版教科书的图标特别丰富，多达13项，包括“回忆一下”“提问”“讨论”“总结”“整理”“思考”“发表”“联系生活”等。以上国家的小学科学教科书几乎都设置了“总结”“复习”“练习”“测试”等栏目，印度常青版教科书的测试类型颇为丰富。

（二）设置单元主题，统领教科书内容

从单元主题来看，以上国家根据各国科学课程标准设置单元主题，每个学年1本教科书，设置数个主题单元，涵盖课程标准所规定的领域，如物质科学、生命科学、地球与宇宙，有的国家的教科书设置“技术与工程”领域及其主题。通过单元主题统领课程内容，达到强化主干、削减枝蔓、加强内容整合的目的。当然，多数国家的小学科学教科书采用学科知识主题，也有个别国家的小学科学教科书涉及跨学科主题，如新加坡小学科学教科书以5个大概念统领整个科学课程内容（尽管其抽象度与概括力不及美国的七大跨学科概念）。另外，美国加州版教科书特别重视课程内容的整合，通过设置科学阅读、科学写作、科学中的数学、科学中的艺术、科学中的社会等栏目，加强学科之间的融合。

（三）教科书呈现方式多样，图片与文字结合

以上国家的小学科学教科书关注内容的呈现方式，采用多种方式呈现课程内容。在语言人称方面，有的使用第二人称，有的使用第一人称，还有的使用多种人称。在语句类型上，广泛使用陈述句，叙述科学事实，呈现科学内容与结论；亦使用祈使句，指导学生开展科学探究活动；还使用疑问句，引发学生思考、质疑，为学生的探索创设空间。除了语言文字呈现，他们的教科书普遍使用图片、表格等方式，再现自然的精彩，激发学生的学习兴趣，图文结合，增强了教科书的表现力与可读性。当然，图文类型、比例存在差异，如美国加州版教科书主要采用精美的实物图或活动照片，印度常青版教科书则较多采用卡通漫画，活泼可爱。就图文比例看，美国加州版、英国牛津版教科书的文字呈现较多，图片所占版面较大。

（四）关注科学实验，鼓励探究活动

科学实验是科学研究的基本方式，更能体现科学学科的特色，有些国家的科学教科书安排了系列科学实验，突显科学学习的要求。但各国小学

科学教科书对科学实验的呈现要素、类型等的要求存在差异。如日本东京版教科书、加拿大 PBC 版教科书、南非版教科书注重实验步骤的引导，安排了较为具体的环节；印度常青版教科书、美国加州版教科书设计了多种类型的实验。除了科学实验，其他探究活动包括观察、调查、阅读、讨论、设计、制作、种植、养殖等，美国的一些教科书（如《互动科学》）设计了较为复杂的 STEM 教育专题活动，对小学生而言，具有较大的挑战性。

第二节　我国小学科学教科书

21 世纪以来，我国小学科学教科书编写的指导思想可概括为：以国家《基础教育课程改革纲要（试行）》的基本精神为指导，落实科学课程标准的基本理念，着眼于学生终身学习和发展的需求，坚持以培养学生科学素养为宗旨，以学生生活经验为基础，以亲历探究活动为主线，强调科学、技术与人类社会发展的关系，培养学生热爱自然、珍爱生命、热爱科学的态度与情感。教科书结构可以分为版本结构、单元结构、课文结构等。本节主要从课文层面讨论我国小学科学教科书的内容选择、组织及呈现等问题。

一、教科书内容的选择

科学教科书内容即学生有待学习的科学知识、技能、价值、规范，它们是科学教学的基本元素，是学生需要学习、理解、掌握、转化的素材。我国历次自然教学大纲或科学课程标准都对科学教科书内容的选择提出了指导性要求。结合 21 世纪以来我国小学科学课程标准关于小学科学教科书选择的原则与建议，可以提出以下标准。

（一）选择最基本的科学知识与技能

万丈高楼平地起，科学知识是科学素养的基础。小学科学教科书内容应选择学生终身学习与发展必备的最基础的科学事实、科学知识、基本技能，选择那些对学生理解核心概念和发展科学素养起重要作用的基础性知识，为学生终身发展奠基。科学教科书内容的选择应注重基本的科学事实和概念，选择对学生科学地看待问题、解决问题具有典型意义的活动方式，发展他们的科学素养。当然，也可结合科学探究与实践活动选择一些蕴含科学情感、态度与价值观的科学故事、史话，选择科技发展史上具有深远影响的重大事件、中外科技成就，以及有代表性的科学家及其事迹，让学生理解科学本质，体会科学思想，学习科学方法，形成科学态度。

（二）选择与学生经验密切相关的内容

小学生对于自然事物与现象的把握是具体的，对他们来说，只有便于体验和理解的知识内容才有意义。因此，科学教科书的内容要基于小学生的原有经验，从儿童身边的自然事物和现象中选择材料。学习材料应适合小学生的发展水平和需要，满足他们的好奇心，让他们更好地感受科学、理解科学。学习材料应适合小学生探究科学，选择那些有利于引起他们的探究欲望，发挥他们在学习中的主动性，使他们亲身经历科学探究过程，便于他们开展观察、实验、栽培、饲养等活动，为他们提供亲历科学探究的机会的材料。要紧密联系小学生的生活经验，引导他们以生活经验和周围环境为基础，在实际生活中应用科学知识与技能，改造原有经验，感受、体验、理解科学，建构科学知识的意义。

（三）选择具有综合性、时代性的内容

综合性的内容跨越多个学科和领域，贴近真实的生活，有利于小学生形成科学的自然观，建立事物间的联系，学会将所学知识运用于丰富多彩的现实生活。因此，科学教科书要注意选择有助于实现多项目标、情景真实、内容丰富的材料，这将有利于组织学生进行跨学科的学习，全面提高学生的科学素养。小学科学教科书要摒弃那些陈旧的教学内容，选择具有时代感和受到社会普遍关注的内容，反映科学技术发展中的新成果、社会生活中的新话题、时代发展的新事物，以及亟待解决的新问题等，以增强小学生的社会责任感，增进小学生对科学技术与现实生活关系的理解，帮助小学生认识科学的本质，领悟科学学习的意义。

（四）教科书内容的选择应具有一定的开放性

教科书要向小学生提供开放的、主动思维的空间，给他们的活动留有充分的余地。第一层面是让他们有机会选择感兴趣的探究问题，鼓励他们从探究的过程中生发新的问题并发表自己的独立见解。教科书内容要满足不同小学生的需要，能引导小学生将课内学习与课外实践结合起来，引导小学生通过观察、阅读、实验、操作等途径学习科学，并运用科学知识解决简单的实际问题。第二层面是教科书要有意识地避免死记硬背、机械训练的呈现方式，重视小学生对学习内容的再现和灵活运用，体现教科书内容与现代学习方式的融合。

二、教科书内容的组织

教科书编写应遵循一定的逻辑，按照特有的方式组织材料，以便学生获得有关所学内容的完整认识，形成合理的认知结构。科学教科书内容的

组织涉及教科书内容的组织线索、组织方式，需要处理纵向组织与横向组织的关系、逻辑组织与心理组织的关系、直线组织与圆周组织的关系等。具体而言，小学科学教科书内容的组织要考虑以下问题。

(一) 教科书内容的组织线索

经过选择的科学知识、技能、价值等要素必须按照一定的线索有序化、结构化，只有将散乱的材料连接起来，内容素材才能获得意义。小学科学教科书的编制形式大致经历 4 个阶段：知识图解式、知识体系式、主题单元式和概念进阶式。知识图解式教科书用图片解说、文字说明，介绍科学知识，如夸美纽斯的《世界图解》包含了大量的科学知识，图文兼具，趣味性强，内容浅近。知识体系式教科书按照科学知识的逻辑结构安排教材内容，以概念、事实陈述为主线，先定义、再举例，关注科学知识的掌握。主题单元式教科书采用主题单元的形式整合相关领域的知识，按照主题选择和组织教学内容，其基本做法是：首先设置内容单元，每个单元一个大主题，大主题下又衍生若干小主题；其次加强科学知识与学生经验、社会生活的关联，将科学知识的学习融入各类活动之中。概念进阶式教科书兼顾概念逻辑体系和学生心理特征，既重视完整的学科知识内容，又考虑学生身心发展水平，教学内容安排循序渐进，基本概念（大概念）在不同学段反复出现，由浅入深，不断扩展。就科学教科书内容组织线索而言，主要有下述方式：

> 文献提示
>
> 夸美纽斯:《世界图解》，见《夸美纽斯教育论著选》，人民教育出版社，2005.

以科学知识为主线。这是一种较为传统的教科书内容组织方式，该组织方式将不同领域的科学知识进行分类，按照知识的内在逻辑组织科学教科书内容，如植物、动物、力、热、声、光、电等，依次介绍。该方式关注科学知识的客观结论，忽视知识形成的过程与方法，使学生理解起来比较困难，容易导致知识灌输、机械背诵。

以科学概念为主线。选择科学知识中的基本概念作为教科书编写线索，由浅入深，不断扩展，不断深化，根据学生身心发展水平，在不同学段按照不同层次组织科学教科书内容。如 1962 年由美国国家科学基金会提供资金编写的科学课程改进研究课程（The Science Curriculum Improvement Study, SCIS）。该课程侧重于科学概念的掌握，分为自然科学与生命科学两大部分，每部分含 6 个单元，每个单元包括自由探索和教师指导的探索课、发明课和扩展课 3 种课型。通过基本概念的学习，发展学生的科学素质和科学态度，以及解决问题的能力。

以科学技能为主线。即以过程技能、科学方法或探究能力培养为线索。

关注探究能力的培养，注重科学技能训练，设置探究活动，让学生经历科学探究的过程，掌握科学方法，在科学探究中学习科学知识，理解科学概念，培养科学能力。如1962年由美国科学促进协会开发编写的“科学，一种过程方法”课程（Science—A Process Approach，SAPA），该课程供幼儿园至6年级学生学习。SAPA课程的目标是培养儿童从事科学研究的过程技能，即进行科学研究的能力。过程技能包括：（1）观察；（2）应用数字；（3）测量；（4）应用时空关系；（5）分类；（6）交流；（7）推理；（8）预测；（9）给概念下操作性定义；（10）形成假设；（11）解释资料；（12）控制变量；（13）实验测试。前8种技能为基本技能，一般在低年级学习；后5种技能较为复杂，供小学高年级学生学习。又如我国大象版小学科学教科书按照“提出问题—事实证据—模型解释—建构评价—表达交流”的探究过程模式安排课程内容。

以生活经验圈为主线。即以学生生活经验圈的不断扩展为教科书线索。按照儿童经验发展，组织科学教科书内容，从家庭、学校开始，逐步拓展到社会、国家、世界等大的范围，由此安排教科书内容。如我国湖北教育出版社的《科学》实验版教科书，从学生最熟悉的事物开始，随着学生成长过程中相关知识的不断增长和视野的不断扩大，逐步扩展教学内容的广度和深度，形成了“家庭—学校—家乡与祖国—地球和宇宙”的内容体系。青岛版《科学》也以学生生活经验的发展为线索。当然，一些内容若超出儿童的经验认知范围，则需要借助现代技术手段进行呈现，提供间接经验，帮助儿童学习与理解。

以季节变化为主线。以季节变化为序组织科学教科书内容，结合不同季节（春、夏、秋、冬）的特点，选择相关材料，组织教科书内容。该种组织方式有利于教师在不同季节，开发利用相应的自然资源，组织学生进行真实的观察、调查、探究，但受地域影响，四季不够分明的地区可能遗漏某些科学知识，导致教科书内容不完整。同时，该组织方式具有一定的局限性，它仅适用于生命科学、地球与宇宙，物质科学知识的组织则不受季节的限制。

当然，大多数课程则是包含多个线索的综合性课程，如20世纪60年代美国的“小学科学研究”课程（The Elementary Science Study，ESS）。该课程没有一个固定的顺序，只提供一个范围，编写相关的材料，学校可以根据自己的教学目标、学生的水平等实际情况挑选一些单元与材料，按一定顺序组成自己的课程。整个课程由56个单元组成，不同单元的侧重点不同，如有些单元强调过程技能，有些单元则注重有意义的问题。21世纪以来，我国小学科学教科书大多按照概念主题、科学探究能力培养的线索组织内容，将科学知识的学习较好地融于各类探究活动之中。也有教科书按照认知活动的逻辑组织内容。如北京版小学《科学》教科书每个单元（课）的内容都按“搜集资料—形成认识—扩展认识”3个版块的结构递进展开。在“搜集资料”阶段，教师组织学生通过实验或实践活动，获得较丰富的感性认识，引导学生思考并对得到的事实进行整理和归纳。在“形成认识”阶段，主要是引导学生运用分析、综合方法对“搜集资料”阶段的学习成果做进一步的整理和提炼。在“扩展认识”阶段，学生在前两个阶段学习的基础上，对有关的知识加以扩展。在这个阶段，学生学习活动的复杂程度会有所增加，如知识面扩大、实验的难度加大、思考的问题加深等①。大象版实验教科书《科学》提出明线与暗线相结合，明线为科学探究，暗线为科学知识。尽管这种提法有待商榷，但亦显示出我国小学教科书编写开始了自己的探索与实践。

(二) 教科书内容的纵向组织

纵向组织指教科书内容的先后顺序、逻辑，表现为教科书内容的历时序列。它回答与处理教科书内容、素材的前后逻辑关系。纵向组织主要涉及直线组织、圆周组织、逻辑组织与心理组织等关系。泰勒（Ralph Tyler）提出学习经验组织的三条原则——连续性、顺序性、整合性，其中的连续性、顺序性均属于纵向组织问题。

1. 直线组织

教科书内容按照一定的顺序，依次排列，较少重复。如先学植物，再学动物，最后学微生物。该种组织方式前后连贯、逻辑清晰，学习效率较高，学生在短时间内可掌握大量的知识。但同一领域的内容先后顺序如何安排，不同领域的内容在一个学期或学年内如何并进，存在争论。同时，直线组织可能造成机械记忆，加重学生的学业负担。

2. 圆周组织（螺旋组织）

教科书内容在不同层次上重复，如低年级、中年级、高年级小学科学教科书中均有“运动与力”，但概念范围与深度不断扩展。螺旋式组织学习内容不够经济，但对于核心概念、理论知识的学习，通过螺旋式上升，不断加深，有助于学生对科学概念的认识与理解。

3. 逻辑组织

逻辑组织主要反映学科知识的逻辑结构，上面论及的两种组织线索，

---

① 朱嘉泰．京版小学《科学》教材的特色［J］．北京教育学院学报，2005（3）：78-82.

是以科学知识体系、核心概念为线索的组织，属于逻辑组织。逻辑组织是一种较为传统的组织方式，注重知识的系统性、逻辑性与关联性，但同一学科可能存在不同的逻辑，要如何选择，存有争议。同时，逻辑组织容易忽视学生的心理发展水平，脱离儿童经验与社会生活。

4. 心理组织

教科书内容的组织应考虑儿童的心理发展水平，遵循由易到难、由具体到抽象（如加涅的累积学习理论）、由简单到复杂（如奥苏贝尔的“渐进分化”）的原则，教科书内容应与小学生的认知结构和理解水平相适应。按照季节更替、生活经验扩展学习内容的组织方式，都属于心理组织。它以儿童先前的经验为起点，从儿童熟悉的具体事物开始，经历科学探究的过程，丰富科学经验，帮助他们逐步认识抽象概念。心理组织适应了儿童的发展水平与兴趣，但难以让儿童获得系统完整的科学知识。

那么，小学科学教科书如何处理直线组织与圆周组织的关系、逻辑组织与心理组织的关系呢？小学科学课程内容较多，而教学时间有限，部分事实性的内容以直线组织为主，而基本概念、跨学科概念（如结构与功能、物质与能量等）则需要在不同年级反复出现，不断深化、拓展。对于逻辑组织与心理组织，目前影响较大的做法是概念进阶组织，即基本内容采用学科核心概念（主要概念），用核心概念统领内容素材，同时兼顾学生身心发展水平，按照概念学习进阶水平，在不同年级或学段安排不同层次的课程内容，实现逻辑组织与心理组织的适度平衡。目前采用的核心概念螺旋上升或跨学科概念进阶组织，是科学教科书内容的一种较为理想的组织方式。

（三）教科书内容的横向组织

教科书内容的横向组织即泰勒所说的“整合性”原则，它属于共时序列。横向组织既包括同一学科的横向关系（如奥苏贝尔的“综合贯通”原则），也包括不同学科、不同领域之间的横向关系（如赫尔巴特的“中心统合”），还包括学科知识与学生经验、社会生活之间的横向关系（如杜威的“相互联络”）。在科学课程领域，教材内容的横向关系主要表现为核心主题、跨学科概念，这些概念不同于一般的概念，它们跨越多个学科、多个领域，反映自然内在的联系，具有广泛的解释力与应用范围。当然，学科知识与学生经验、社会生活之间的横向联系主要通过素材选取、图片选择、情境创设、活动设计、作业设置等途径落实。

拓展阅读 3-1

“相互联络”

杜威1920年4月在南京高等师范学校的讲演中说，教材要兼顾成人和儿童两个方面，“否则以成人的知识，由外面附加上去，不是儿童经验的一部分。所以要能得法。所教的科目，要能与儿童的经验融贯一起”。同时，“学校所有各科，就它们的起源上看，总有社会的背景，都是应社会的要求生出来的。所以教材如不以社会为背景，那么科目的组织结构，都是单独的、孤立的，与社会不能发生关系”。他因此主张：“教材万不可与社会背景分离，必须相互联络，使儿童于社会实际上了解教材的用处。”

（吕达，刘立德，邹海燕．杜威教育文集：第4卷［M］．北京：人民教育出版社，2008：34.）

设置主题单元。围绕科学知识主题，在介绍科学知识的同时，通过各类活动，加强科学知识之间，以及科学知识与学生经验、社会生活之间的统合。如江苏凤凰教育出版社的《科学》二年级下册中的“材料”主题单元——“它们是用什么做的”，按照先常规后特殊的逻辑顺序展开教材内容，其中，第一、二课指导学生认识常见材料，第三课指向特殊材料。在常见材料部分，第一课是对各种材料的总体认识，指导学生认识身边的材料（包括辨认陶瓷、玻璃、木材、石材、塑料、布、金属），以及认知这些材料的基本特点。第二课是通过具体的物品——各种各样的杯子，帮助学生更深入地理解材料的不同特点，对常见材料的性质形成较全面的认识。第三课是介绍新材料——纳米材料，展示材料纳米化后性质的改变，让学生初步认识纳米的特点及用途，激发学生对新材料的兴趣。

设置跨学科概念。如何表述跨学科概念（横切概念），不同国家的课程标准的提法不同，美国《新一代科学教育标准》（NGSS）提出7个跨学科概念，新加坡《小学科学课程大纲（2014）》提出5个跨学科概念，我国2022年版《义务教育小学科学课程标准》提出4个跨学科概念。设计科学教科书时，可以通过内容渗透的方式体现跨学科概念的基本思想，如美国在对学科核心概念进行说明时联系相关的跨学科概念；也可设计专门的单元或主题介绍跨学科概念，如新加坡按照跨学科概念设计主题单元，包括多样性、循环、系统、相互作用、能量，进行跨学科概念统整，以跨学科概念统整不同学科、领域的知识内容。

总之，科学教科书内容编排应具有逻辑性、综合性，纵横交织，整体规划，精心设计，以使学生对所学内容形成清晰而完整的认识。美国课程专家蔡斯讨论了课程设计（包括教材设计）的3种代表性模式——学科中心设计、学习者中心设计、问题中心设计，这些模式对科学教材内容的选择与组织亦具有启发意义。

文献提示

蔡斯:《课程设计:有代表性的模式》,见瞿葆奎主编《教育学文集·课程与教材》(上),人民教育出版社,1988.

三、教科书的呈现方式

精选后的内容经过组织形成教科书，教科书的呈现方式多种多样，大致包括：语言呈现、概念呈现、图表呈现、学习活动的设计，以及教科书的整体结构、单元结构等。其中，语言呈现、概念呈现、图表呈现、学习活动的设计是教科书内容呈现的基本方式。

(一) 语言呈现

科学教科书的语言选择涉及人称与表达。教科书人称有第一人称、第二人称、第三人称，不同人称给读者以不同的感觉。第一人称“我”“我们”显得亲切，暗示学生为学习的主人；第二人称“你”“你们”传达建议、要求；第三人称“他”“他们”更显客观、中立。一些教科书使用“我”或“我们”人称，以小学生观察世界的角度和自主学习活动的方式来表述，而不是以成人的角度和知识传授的方式来表述，能增强教材的亲和力，提高学生的参与度。从句式看，教科书语言可以是陈述句、祈使句，也可以是疑问句，不同句式的使用效果存在差异。陈述句一般客观地呈现事实、知识和结论，祈使句发布活动指令，而疑问句则能引发学生思考探究。此外，童话、诗歌、谜语等形式活泼多样，也能引发学生的学习兴趣。教科书内容可根据不同需要，选择恰当的人称与句式，增强使用效果。

(二) 概念呈现

科学概念是科学知识的细胞，是组成科学知识的基本元素，科学知识大厦建立在科学概念的基础上，因此科学教科书需要研究科学概念的呈现方式。传统的教科书直接呈现科学概念、定义、原理，清晰明了，但较为呆板、机械，容易导致学生死记硬背，不利于他们深入理解概念。为了改变这一状况，不少教科书以探究活动为主线，注重激发学生的学习兴趣，培养学生的探究能力，教科书不再直接呈现概念，不再以结论加验证的方式呈现课程内容，而是让学生在活动或实验后自己总结，引导学生通过探究得出结论，给学生留下自主探索的空间。当然，也可用描述的方式阐述科学事实和初步概念，避免抽象定义，高年级科学教科书可适当提高核心概念的抽象程度，帮助学生理解科学的观念和思想。

（三）图表呈现

图片包括实物图片（如照片）、卡通图片、结构示意图，不同图片具有不同的特点与功能。实物图片形象、直观、生动，能真实再现自然的面貌与神秘。卡通图片富有童趣，活泼、有趣，能唤起学生丰富的想象。结构示意图能简明呈现事物结构及其内在关系，把事物的属性直观化、把抽象的东西形象化，凸显事物的本质特征与实质结构，深刻揭示事物的本质和规律。三类图片在科学教科书中均可选择性地使用。

小学科学教科书中表格的主要类型是统计表，统计表一般用来反映统计资料，是对统计指标加以合理叙述的一种形式。统计表用于搜集和登记原始统计资料，整理观察或实验数据，或对统计整理资料进行定量分析。表格可使资料、数据、信息条理化，简明清晰，便于检查数字的完整性和准确性，便于数据的对比、分析。从形式上看，统计表由标题、横行、纵栏、数字等部分组成。从内容上看，由主辞和宾辞两部分组成。表格按照使用功能分为调查表、汇总表、分析表，按数列性质分为时间数列表、空间数列表、时空数列结合表等，可根据需要加以选择。

综观我国小学科学教科书，可以看出，许多教科书内容活泼，形式美观，图文并茂。科学教科书除了一般的、简明的文字叙述，还特别设计了大量精彩、多样的图片和表格。文字既有事实陈述、概念呈现、实验规范、活动指导，又有童话、诗歌、谜语等。图表包括卡通、照片、图标、装饰图、气泡图、统计表等。文字、图表、实验、练习相互配合，陈述、分析、提问综合运用，既凸显科学探究过程，又呈现科学知识的实质内容，同时渗透科学情感态度。科学教科书成为学生乐学、教师乐教的材料，教科书的趣味性、可读性明显增强。

（四）学习活动的设计

科学教科书不同于一般的科普读物，它不仅仅呈现科学知识，传递科技信息，还要引导学生的科学学习，因此学习活动的设计尤为必要。小学科学教科书不仅要注重学习内容的选择、组织与呈现，还要研究学生科学学习活动的类型与方式。通过学习活动的设计，引导学生进行科学学习，提高学习参与度，增强学习的实效。科学学习活动包括科学探究活动（观察、访问、实验、操作、讨论、设计、制作、种植、养殖、调查、考察等）、科学阅读、科学写作、信息收集与整理、成果展示、练习作业、评估检测等。

1. 探究活动设计

要创设真实的学习情境，精心设计与核心概念相匹配的学习活动，引导学生通过探究和实践学习科学。探究活动的类型有采集、观察、制作、分类、实验、调查、查找资料等。探究方式包括自主探究与合作探究、模拟探究和创造探究等。

2. 技术与工程实践活动设计

要以学生的知识经验、思维水平和动手能力为基础，综合运用学科知识、核心概念和跨学科概念，通过动手动脑，解决真实情境中的实际问题。如美国加州《互动科学》教科书设计了丰富的 STEM 活动——“拦水”①。

拓展阅读 3-2

拦　水

水是侵蚀的一种媒介。当水流过一个表面时，它会腐蚀或磨损这个表面。侵蚀产生了美丽的地貌，如大峡谷。然而水土流失也会造成许多破坏，并可能对房屋和其他财产构成威胁。

人类试图通过强化被侵蚀的表面来控制侵蚀。河岸加固的目的是使河岸、湖岸或海洋更耐磨损。

你们当地政府雇用你们来设计和测试加固河岸的工程。你将通过测试加固在多大程度上减少河岸侵蚀来评估设计的有效性。

识别问题：你的加固将有助于解决什么问题？为什么必须解决这个问题？

进行调查：调查河堤加固图片；河堤加固有什么共同点？河堤加固有哪些不同？你认为河堤加固的重要特征是什么？去材料站。每次拿起一种材料，考虑一下它在你的设计中是否有用，然后把材料放回原处。你的设计限制是什么？

开发可能的解决方案。列出两种你可以使用这些材料来加固河堤的方法。

选择一个解决方案。描述你的河堤加固和你将如何建造它。列出你所需要的材料。你为什么选择这些材料？

设计和构建一个原型。首先对没有加固的河堤进行三次试验，在流程表中创建一条直线流。每次实验后重建你的河堤。想个办法收集桌子上流过的水。在桌子上倒同样数量的水三次，把水收集起来，使用咖啡过滤器过滤，记录下你观察到的水是如何侵蚀河岸的。

---

① ILLIOIS G. Interactive Science［M］. New York：Pearson Education，Inc.，2016：234-237.

试验	倒入大量的水，形成水流	在小水流尽头收集的水量	观察
1			
2			
3			

收集河堤加固所需的材料以及标尺。在流表中构建河堤加固方案，测量并记录河堤加固的尺寸。

测试原型。测试你的设计。像以前一样进行三次试验。使用与未增强流库相同的水量。

试验	倒入大量的水，形成水流	在小水流尽头收集的水量	观察
1			
2			
3			

交流结果。将这些观察结果与没有加固河堤的观察结果进行比较，描述二者的不同。你的河堤加固是否达到了预期的效果？按 1 到 3 的等级对你的设计进行评级（1—不好结果，2—良好结果，3—非常好的结果），说明为什么要将河堤加固方案评为此等级。

评估和重新设计。你可以对你的设计进行哪些更改以使其更好地工作？在真正的河流中进行堤岸加固需要考虑哪些其他因素？

（ILLIOIS G. Interactive Science［M］. New York：Pearson Education，Inc.，2016：234-237.）

3. 科学阅读设计

小学科学教科书可为学生提供课堂阅读的资料，如太阳系、海底世界、克隆技术等知识点。除了精美的图片，还需要为高年级学生提供一定的阅读材料，拓宽学生视野，深化学生对科学知识的理解。

4. 科学写作设计

科学写作是在科学教科书中安排写作活动，引导学生在观察、实验、制作、调查的基础上收集资料，使用科学的语言叙述自己的经历、体验，表达自己的感受、想象与主张。如《美国科学》设计了系列科学写作活动，如：在科学日记中写一段话，描述你在水边的时候看到了什么，听到了什么，感觉到了什么；在科学日记中解释说明，在炎热的天气里，水坑里的水会发生什么变化，至少写出水循环的两个步骤；在你的科学日记中写一段话，讲一讲对你来说，完美的一天应该有什么样的天气，解释为什么你喜欢这种天气；在你的科学日记中绘制一个两列的表格，一列标题是“木材”，另一列标题是“纸”，在表格中列出你在家中找到的纸制或木制的物品，然后写两段话，讲一讲你家里是如何使用纸制品和木制品的①。可以安排高年级学生进行基于证据的科学推理写作，指导学生收集数据、资料，运用科学原理进行科学推理，论证自己的科学主张，对学生进行科学思维的训练（参见第八章第三节 CER 教学模式）。

5. 练习作业和评估检测设计

为了促进学生对科学概念的理解，加强学生科学技能的训练，可在科学教科书中设计练习题、测试题，练习与测试形式包括：概念解释、判断正误、填空、匹配、填图、简易实验、问答、设计等。河北人民出版社出版的《科学》实验教科书系统安排了学生学习评价的内容，设计了多种、多元的评价方式，注重学生学习过程和学习体验的评估。

总之，学习活动设计要体现实践性、情境性、探究性、开放性。通过活动激发学生内在的学习动机和认知冲突，引导学生自主探究和合作交流，促进学生对概念的理解和学生科学思维的发展。多样化的学习活动可以丰富学生的学习生活，增强科学学习体验，只有这样，科学学习才不再是枯燥乏味的机械记忆过程，而是充满乐趣的理智探险。

拓展阅读 3-3

我国的实验教科书

我国 8 个版本《科学》实验教科书的基本概况详见下表。

8 个版本《科学》实验教科书基本概况

版本	主编	配套教材	教材特点
教育科学出版社《科学》	郁波	教师备课系统光盘、教学图片库、远程教育教学系列光盘、教师培训资料包、科学工具箱等	坚持“科学性和教育性并重”的原则，以活动为基础，将科学知识、科学思想、科学精神及方法体现在每个活动之中，激发小学生主动参与科学学习活动，并能引领他们经历“科学的过程”
湖北教育出版社《科学》	金准智等	《课堂实录 VCD》 《教学挂图》 《教学设计与案例》	随着学生生活经验圈的不断扩大逐步展开教学内容；体现多学科知识的整合；强化以科学探究为核心的学习过程；强化科学、技术和社会关系的教学；教材实用性、可操作性强

① ［美］蒂莫西·库尼，等．美国科学：地球科学第三级［M］．韩冬，译．福州：福建教育出版社，2018：11，17，31，103.

续表

版本	主编	配套教材	教材特点
河北人民出版社《科学》	胡军	教材总体介绍光盘、内容介绍光盘、示范课光盘、培养资料包	内容综合化，教学活动化，评价多元化；注重渗透技术教育的内容；突出科学、技术、社会、环境（即STSE）的联系；注重与其他学科的横向联系；采用多种方式实现教材的弹性和开放性；教材呈现方式新颖、生动，注重启发，引领学生进行主动学习；改革教师用书的编写
大象出版社《科学》	张泽	教师用书、《小学科学教学指南》、教师教学培训资料包、教学光盘	强调“科学学习要以探究为核心”，从而“让学生像科学家那样进行科学探究”
青岛出版社《科学》	郑守仪	教师示范课光盘	以学生生活经验的发展为主要线索；以学生的自主体验学习为手段；以科学探究为核心，结构模块化、过程活动化；目标弹性化、内容综合化、评价多元化
江苏教育出版社《科学》	郝京华等	培训资料包与培训手册、教师用书、教材配套实验材料（自费）	以学生认知活动为原序设计教材内容，充分突显科学启蒙教育的特点，力求使科学课贴近学生的真实生活，贴近学生的精神世界。其理念为：体现“大教材观”，突出“科学探究”，注重“单元整合”，渗透“人文精神”
湖南科学技术出版社《科学》	石鸥等	教师培训手册、教师培训用观摩示范课录像、光盘、教学挂图	挖掘史实，突显特点；强化提升，体现科学价值观；重视学生探究能力的培养；情景引入，贴近生活；教材突出“做中学”的思想，设计了较多的切实可行的学生主体活动
广东教育出版社《科学》	刘颂豪	教师用书、教师教学工具箱、多媒体教学软件、教师备课系统光盘、科学课例实录光盘、教学投影片、实验材料、幻灯片、大幅挂图等	力图紧扣《课程标准》，突出“任务驱动”；设置“网上学”栏目；呈现形式灵活多样

本章内容小结：

国外小学科学教科书各具特色，但也有一些共同的特点。

小学科学教科书内容选择的原则有：选择最基本的科学知识与技能，

选择与学生经验密切相关的内容，选择具有综合性、时代性的内容，教科书内容的选择应具有一定的开放性。

小学科学教科书内容的组织有多种方式，教科书内容组织需要处理好纵向组织和横向组织的关系。纵向组织涉及直线组织与螺旋组织的关系、逻辑组织与心理组织的关系。横向组织涉及同一学科的横向关系，以及不同学科、不同领域之间的横向关系。

小学科学教科书的呈现方式包括语言呈现、概念呈现、图表呈现、学习活动的设计等方面。教科书呈现要符合学生的心理特点，形式多样，生动活泼，富有启发性和趣味性，吸引学生投入科学学习活动。

本章问题研究：

1. 简述小学科学教科书内容选择的基本原则与组织策略。

2. 小学科学教科书内容的编制形式大致经历了知识图解式、知识体系式、主题单元式、概念进阶式等发展阶段，试分析每种编制形式可能存在的优点与缺陷。

3. 阅读下面的材料，思考美国 FOSS 教科书的特点，讨论该教科书可能给学生的科学学习带来哪些影响。

FOSS（Full Option Science System）是由美国国家科学基金会资助，旨在推进国家科学教育改革的研究项目，它重视学生通过真实体验进行探究学习，改变学生对科学概念的被动接受学习状态。这一研究项目由加州大学劳伦斯科学馆开发，涵盖了从幼儿园到八年级的科学课程，提供了 36 个科学主题单元，教师可以根据当地的课程标准选择所需要的主题单元。这种课程设计强调经验、强调探究、强调教师与学生要共同参与，注重给学生提供通过自主探索及分析、交流来建构科学概念的机会。

FOSS 教科书的最大特点是密切联系脑科学、认知科学的研究成果，使课程设计与学生的认知发展水平保持一致。这一点表现在其宏观的基本框架结构安排与具体的教学活动设计两个方面。FOSS 教科书为处于不同认知发展阶段的学生设计了不同的主题单元作为其学习内容，培养其不同层次的思维技能。与传统的教科书宽泛而又表面化地涉及许多主题不同，FOSS 教科书采取的是大单元的形式。从生命科学、物质科学、地球科学及科学推理与技术几大领域精选了少数几个对学生发展比较有意义的主题。每个学期只学习一到两个主题，但学得深入、学得透彻。

本章参考文献：

1. 孔凡哲．教科书研究方法与质量保障研究［M］. 长春：东北师范大学出版社，2007.

2. 刘德华．小学科学课程与教学［M］. 北京：中国人民大学出版社，2009.

3. 教育部基础教育教材审定工作办公室．新课程实验教材精粹选评：小学科学卷［M］. 北京：人民教育出版社，2010.

4. 李春密，等．中小学理科教材难度国际比较研究：初中物理卷［M］. 北京：教育科学出版社，2016.

第四章

小学科学课程资源

《基础教育课程改革纲要（试行）》明确指出："积极开发并合理利用校内外各种课程资源。学校应充分发挥图书馆、实验室、专用教室及各类教学设施和实践基地的作用；广泛利用校外的图书馆、博物馆、展览馆、科技馆、工厂、农村、部队和科研院所等各种社会资源以及丰富的自然资源；积极利用并开发信息化课程资源。"课程资源在课程改革及小学科学课程实施中具有非常重要的意义。

第一节　小学科学课程资源的概念、特点与类型

加拿大学者迈克尔·富兰认为，课程实施是把某项改革付诸实践的过程，实施的焦点是关注影响改革程度的那些因素，而课程资源是其中一个重要的因素。没有课程资源的广泛支持，再美好的课程设想也很难变成现实。那么，何谓课程资源，课程资源有哪些类型呢？

一、小学科学课程资源的概念

人们对课程资源有着不同的理解，如：

课程资源是形成课程要素的来源以及实施课程的必要而直接的条件。

课程资源是课程设计、实施和评价等整个课程编制过程中可利用的一切人力、物力及自然资源的总和，包括教材以及学校、家庭和社会中所有有助于提高学生素质的各种资源。课程资源既是知识、信息和经验的载体，也是课程实施的媒介。

课程资源是富有教育价值的、能够转化为学校课程或服务于学校课程的各种条件的总和。

课程资源是可能进入课程活动、直接成为课程活动内容或支持课程活动进行的物质和非物质的一切。

一般认为，课程资源有广义和狭义之分。广义的课程资源是指有利于实现课程目标的各种因素，如人力物力、时间空间、环境设施、教师经验、教材教参等。这些资源广泛蕴藏于学生生活、学校、社会、自然界中，如图书资料、音像资料、风俗习惯、文史掌故、名胜古迹、自然风光、与众不同的人和事等。狭义的课程资源则仅仅指课程的直接来源，如教材、学科、知识、技能、活动方式和经验方法等。

我们认为，课程资源既指那些课程要素的来源，又指那些课程实施必要而直接的条件。可以说，课程资源的合理开发与有效利用是课程目标顺利达成的内在要求和必要条件。

小学科学课程资源是建设小学科学课程的基础和小学科学课程实施的重要条件，可以帮助小学生学习更加现实和更加广阔的科学课程。同时，小学科学课程资源也是科学教师学习与发展的源泉，对课程资源进行开发与利用有助于教师的专业发展。

二、小学科学课程资源的特点

小学科学课程资源既不同于一般的社会资源，也不是现实的课程成分，它具有客观性、多样性、潜在性、地域性和多质性等特点。

1. 客观性

课程资源存在于自然、社会、人生的方方面面，不管这些课程资源是否在教育教学中得到利用，它们都可能对学生的发展产生潜移默化的作用。当然，这些客观存在的资源被开发和利用的广度与深度，以及实际效果则取决于开发者的水平。

2. 多样性

教材无疑是重要的课程资源，但课程资源绝不仅仅是教材，也绝不仅仅限于学校内部。课程资源涉及学生学习与生活环境中一切有利于达成课程目标的资源，它弥散于学校内外的方方面面，因而课程资源具有广泛多样的特点。小学科学教师要善于利用多种类型的课程资源。

3. 潜在性

课程资源是一种“自然”因素，各种资源在未被课程实施主体开发之前，仅仅具有潜在的意义，只有经过课程实施主体赋值、开发和利用，它们才能转化为现实的课程成分和相关条件，发挥课程作用和教育价值。

4. 地域性

不同地域的自然环境、社会环境的差异，使得获得课程资源的范围、内容等方面存在着较大的差异。所以，小学科学课程资源也因所处地区不同而具有地域性。

5. 多质性

同一资源对于不同课程具有不同的用途和价值。例如，学校附近的山，既可以用作体育课程中的体育锻炼场地，也可以用作劳动技术教育中的植树绿化场地，还可以在艺术教育中陶冶学生的情操。课程资源的这一特点，要求教师独具慧眼，善于挖掘课程资源的多种价值。

三、小学科学课程资源的类型

了解课程资源的类型有助于更好地认识、开发和利用资源。课程资源极为丰富，可从不同角度进行分类。

按照资源空间分布和支配权限，课程资源可分为校内课程资源和校外课程资源。前者主要包括学校中的图书馆、资料室、实验室、专用教室、多媒体教室及各类教学设备等；后者主要包括社会中的图书馆、科技馆、少年宫、文化宫、体育馆、博物馆、展览厅、工厂、农村、部队、科研院所等。

按照课程资源的物理特性和呈现方式，课程资源可分为文字资源、实物资源、活动资源和信息化资源。文字资源主要是以教科书为主的印刷品，是最重要的课程资源。实物资源包括：自然物质，如动植物、矿石等；人类生产生活过程中创造出来的物质，如机械、服饰等；为教育教学活动专门制作的物品，如模型、标本等。实物资源具有直观、形象、具体的特点，是常用的课程资源。活动资源包括教师的言语活动和体态语言、班级集体和学生社团的活动、各种集会和文艺演出、社会调查和实践活动，以及师生交往和生生交往等。信息化资源以计算机网络为代表，具有信息容量大、智能化、虚拟化、网络化和多媒体化的特点，它是其他课程资源无法替代的。随着教育现代化进程的不断加快，信息化资源的开发与利用已势在必行，它将是最富有开发与利用前景的资源类型。

按照课程资源的功能特点，课程资源可以分为素材性课程资源和条件性课程资源。素材性课程资源包括知识、技能、经验、活动方式与方法、情感和价值观等方面的因素，它的特点是作用于课程，并且能够成为课程的素材或来源。条件性课程资源包括直接决定课程实施范围和水平的人力、物力、财力、时间、场地、媒介、设备、设施和环境，以及对于课程的认识状况等因素，它的特点是作用于课程却并不是课程本身的直接来源，但它在很大程度上决定着课程的实施范围和水平。素材性资源与条件性资源之间并没有绝对的界线。现实中的许多课程资源往往既包含着课程的素材，也包含着课程的条件，比如图书馆、博物馆、实验室、互联网、人力和环境等资源就是如此①。

此外，按照资源载体形态，课程资源分为以人为载体的资源、以物为载体的资源（硬件资源，如实验室、器材等）和以活动为载体的资源（软件资源，如学科计划、学业质量）。按照资源与学习者的关系，课程资源可以分为直接的课程资源与间接的课程资源。按照资源的管理层级，课程资源可以分为国家课程资源、地方课程资源和学校课程资源。按照资源的属性，课程资源可以分为自然课程资源和社会课程资源。按照课程资源开发利用的程度，课程资源可以分为待创生的课程资源、潜在的课程资源、现实存在但未开发利用的课程资源和已开发待利用的课程资源。课程资源还能分为物质形态的课程资源、精神形态的课程资源，或者学生中的资源、教师中的资源、家长中的资源和社会人士中的资源等。

以上分类显示了课程资源的丰富性，为课程资源的开发与利用提供了参照框架，有助于拓宽课程实施的途径。

第二节　小学科学课程资源的开发与利用

小学科学课程是一门实践性和综合性的课程，课程资源的开发和利用的水平直接关系到科学课程的实施效果。教师在教学过程中合理使用课程资源，将会在很大程度上提高学生学习科学的兴趣和质量，也会提高教学活动的水平。科学课程资源的开发与利用可以从学校课程资源、校外课程资源和网络课程资源三个维度进行分类与讨论。

一、学校课程资源的开发与利用

学校是课程实施的主要场所，是小学科学课程资源开发与利用的主阵地。学校为教师提供了教学场所、实验设备、经济支持，为课程的实施提供了便利条件。学校在课程资源开发方面的作用主要有两个：一是充分发挥各种资源的作用，使学校所拥有的资源能最大限度地为课程的实施服务；二是充分发挥教师群体的积极性和创造性，开发、整合、共享多类型的课

① 吴刚平．课程资源的理论构想［J］．教育研究，2001（9）：59-63+71.

程资源进行教育教学活动。学校的课程资源主要分为文本资源、有结构的实物资源和学校环境资源。

（一）文本资源

小学科学课程的文本资源主要包括教材及与课程内容配套的科普读物。教材包括教科书、学生活动手册、教学用具和教师教学用书。它们是科学教学的重要资源，为科学课程的设计及实施提供了很大的便利。科学教师要创造性地使用教材，各个地区的科学教学资源不同，不同地区的学生也存在着差异，教师应据此对教材做适当的处理加工，这是科学教师专业素养的体现，也是科学教师发挥创造力的机会。其中，教科书是由课程专家、学科专家和优秀科学教师共同编写的系统地反映科学学科内容的教学用书，是体现科学课程理念、课程目标及价值取向的现实文本。它作为科学教学的一种载体、一种材料和工具，是教材编写者、科学教师及学生之间对话的文本，是教材编写者为实现科学课程目标而选择的一个范例。小学科学教科书作为科学教学活动的依据和凭借，是最核心的小学科学课程资源。教师组织科学教学必须立足于科学教材，学生开展科学学习必须依托教材。在小学科学课程资源的开发和利用中，小学科学教材的开发和利用举足轻重。科学教师需要学会创造性使用小学科学教材。

“用好教材，超出教材”、“走进教材，走出教材”，不生搬硬套地“教教材”，而是灵活地、创造性地、个性化地“用教材教”，这是一线科学教师开发与利用教材资源的根本所在。“用教材教”要把握尊重、用好、创新的基本原则，要以教材为圆心，向外延伸，不止于教材，不局限于教材①。除了教材，与科学课程内容配套的科普读物在帮助学生科学学习方面也有着重要的价值。小学中低年段学生适合接触和阅读一些科学绘本，科学绘本不仅图文并茂，符合小学生的认知发展特点，而且将科学现象和概念融入故事情境，能够激发学生科学探究的热情，培养学生对科学的兴趣；小学高年段的学生认知水平进一步提高，可以选择阅读专业性更强的书籍，比如科普专题杂志等。阅读科学类文本资源不仅能够帮助学生构建科学概念，提升学生的科学学习成绩和自主学习能力，而且能够拓宽学生的视野，促进学生科学本质观的形成，培养学生良好的科学素养。

（二）有结构的实物资源

有结构的实物资源源于美国兰本达（Brenda Lansdown）教授提出的

① 蔡海军，谢强．小学科学课程资源的开发与利用［J］．湖南第一师范学院学报，2012，12(6)：10-13+112.

"有结构材料"①。有结构的实物资源是指教师经过精心设计的典型实物资源的组合，这种实物资源的组合既能揭示与教学内容有关的一系列现象，体现教材的科学性，又符合学生的年龄特征和认知规律，贴近学生的日常生活。学生通过对实物资源的探索发现问题、解决问题、获取新知，深化对科学概念的理解。

文献提示

"通过支配材料发现意义"，见兰本达等《小学科学教育的"探究—研讨"教学法》，陈德彰、张泰金译，人民教育出版社，2010.

实物资源的选择本身代表着教师的指导性思维：资源出示的顺序隐含着思维的层次性，资源的典型性暗示资源和科学概念之间的关联性。所以，教师在准备这些课程资源时，要思考如何用这些资源去锻炼和发散孩子的思维。优秀的科学教师在进行科学教学时，不需要费力维持课堂纪律，学生的探究活动有条不紊，该动手时就动手，该停就停。其中的重要策略之一是通过有结构的课程资源来调控学生的探究活动。"资源激发兴趣，资源引发探究"是对科学探究和科学有结构课程实物资源之间关系的恰当表述，合理开发和利用有结构的实物资源，合理设置科学探究活动的梯度，能够有效促进学生思维发展。

一位教师在执教《人的呼吸》一课时，就选择了仿真3D模型来突破这一教学重点，在讲解"人的呼吸系统究竟是由哪些器官组成以及它们是怎样连接的"这一环节时，教师给每一个学生提供了一个关于"人的呼吸系统"的3D仿真模型，然后让学生在规定的时间内自主学习，解决心中的疑惑。综合比较图片、视频和3D仿真模型三种网络资源形式，选择3D仿真模型开展自主学习，既体现了"以学生为中心"的课程理念，又激发了学生学科学的兴趣和热情，满足了学生的求知欲。

拓展阅读4-1

我的"特色"与追求——章鼎儿自述（节选）

我常常教什么内容，让孩子们学什么内容，自己也同样兴致勃勃地玩什么内容。不仅课前，而且课后也玩个没完；不仅跟学习有关，而且还"节外生枝"，玩衍生出来的内容。一轮《肥皂泡》教下来，我就玩出了"新水平"，能把肥皂泡吹得比篮球还大，让它在教室上空晃荡，那高兴劲，那情景，整个课堂都会沸腾，谁不想试一试呢？于是课内的、课外的研究兴致勃勃地、主动地开始了。

① ［美］兰本达，［美］布莱克伍德，［美］布兰德温．小学科学教育的"探究—研讨"教学法［M］．陈德彰，张泰金，译．北京：人民教育出版社，2010：3-35.

我去捉蚂蚁，常会忍不住跟蚂蚁玩起来。有一次引来一帮看客，把我错认为蚂蚁专家，七嘴八舌地最后问得我招架不住狼狈而逃。玩蚂蚁的花样我可以说是够多的了。一天，忽然想到测蚂蚁的速度，便借来一只跑表，让蚂蚁在米尺上爬。那家伙半途折来返去地破坏了我的计划。让蚂蚁在线上爬，爬了几步就掉下来了；让蚂蚁在一根细长玻璃管里爬，它居然爬到中间就停下来休息了。气得我用嘴一吹，它竟像炮弹似的飞得无影无踪了。后来我又用酒精灯烘烤玻璃管，设想蚂蚁会向冷的一端爬，谁知这热锅上的蚂蚁果真会团团转，嗤的一声完蛋了。最后“成型”花样便是让蚂蚁在纸上自由爬，后来就用在《昆虫》录像课上。我的一些课常会玩出一些意外的新花样来，那大抵就是自己的好玩玩出来的。尽管我经常忙得不可开交，可我总醉心于“玩”，容忍自己的“玩”，道理很简单，希望孩子们去鼓捣，去研究，去发现，教师自己能不下水，不鼓捣，不研究一番吗?

孩子们知道我喜欢“玩”，也就常来和我玩，在他们的文章里，常把我描写成一个“大孩子”，而我的办公室被比喻成“防空洞”，有时班主任前来“空袭”，我确也常替他们打掩护。我常收到各种各样的“礼物”，这两年里就有两只小猫，三只小兔，七只小白鼠，两只刺猬，一只乌龟，一只豚鼠，还有死的鸟，臭的鱼，稀奇古怪的虫，漂亮的标本，普通的石子……不过那些小动物在我这儿也待不了多久，不几日，它们就被欢天喜地的新主人带走，许多学生的家里有自己的生物角。所以，我的办公室又是动物收容所和转运站。

我的办公室还兼有仓库和服务站的功能。下课后，放学后，我把门打开一条缝，有的孩子大大咧咧地进来借个放大镜，有的孩子怯生生地要走几张硬纸片。高年级的孩子胃口大，借一支烙铁，借一只万用表，要一段铁丝，剪一点铁片，借走小电动机的还来的是钱，慢慢地我便成了代购、代销员。教学《小镜子》《潜望远镜》的时候，我去玻璃店划来 200 块小镜子，很快便一抢而空。我去少年宫买来 100 副飞机模型，供不应求。再 100 副、又 100 副，还是供不应求。观察哈雷彗星那阵，三次去上海捎回去总数 280 只天文望远镜，每只 5 元钱，仍不能满足（全校才 700 人），且不说最终是否找到哈雷彗星（那望远镜无支架，不好使），那时候，我校至少有 280 人抬着头，举着望远镜在夜空中搜寻，至今我们仍为此激动不已，那是多么诱人的情景啊!

孩子们需要材料，需要工具，需要实验品，自制和实验实在要比那些价格昂贵的玩具更有吸引力，更有实际意义。上《磁铁》课时向我买磁铁，上《放大镜》课时向我买放大镜，我只好回答抱歉了，但是我宣布，每人一块，每人一只，借大家玩一天时，大家多高兴!我一直在想，有朝一日，我上完课后就把那些有用的东西“送”给孩子们，我要为孩子们设计，准备一套时空跨度六年的“有结构的材料”!

（章鼎儿．我的“特色”与追求：章鼎儿自述［J］. 小学自然教学，1988（3）：13-16.）

（三）学校环境资源

苏霍姆林斯基认为，学校的物质基础既是一个完备教育过程的必不可少的条件，又是对学生精神世界加以影响的手段。学校环境中蕴含着丰富的科学课程资源，主要包括可资利用的实验室、科学教室、图书馆、阅览室及其配备资料，学校建筑、走廊的环境布置，花草树木，生物角、科技景点等。一方面，学校环境资源的利用在于学校要积极开辟科学教育基地（如百草园、气象站、饲养园地等），在校园内设计并建立科技景点（如太阳钟、风力发电机、科技雕塑等）。有条件的学校还可以建立小型的植物园、动物园、气象园等校内场馆，丰富科学课程资源的类型和数量。另一方面，教师要擅长利用校园的环境资源开展科学教学，有计划地使这些资源在科学学习中发挥作用。这样不仅能拓宽学生的科学视野，激发学生的研究兴趣，也能使学生在实践活动中通过亲身体验感受科学的乐趣。

教师对学校自然环境资源的利用可以通过带领学生在校园里感受春夏秋冬季节变换下无比美妙的大自然：春天，一起探索新芽的萌生；夏天，共同制作百花的标本；秋天，结伴感受果实的丰富；冬天，集体了解雪花的奥秘。通过对一年四季的体验和观察，了解大自然的运转规律和物候学特点。除此之外，校园花丛里、草地中形形色色的动物也值得学生开展研究，蝴蝶、蜻蜓、蜜蜂、蚂蚁、蟋蟀等适合学生进行长期的观察和比较。教师还可以结合课程内容指导学生给校园植物挂牌，尝试编制检索表，也可以绘制校园动植物分布图，了解校园内动植物的名称、特性、生长生活环境等。

拓展阅读 4-2

小池塘

一些学校有小池塘，在课程资源意识很强的教师眼里，小池塘能成为一种可以开发与利用的课程资源，它里面蕴含着许多可供探究的东西。如，可以引导孩子观察这个小小的生态系统究竟生存着哪些小生命。经过一番调查，学生不难发现，池塘的岸边生长着各种树木花草，还生活着诸如蚂蚁、蚂蚱、蚯蚓、蜜蜂、蝴蝶等许多小动物；池塘的水面上漂着浮萍，还不时地有蜻蜓、水蜘蛛在活动；池塘的水面下生长着水草、鱼类、青蛙，还有各种浮游生物。在此基础上我们还可以提出这样的问题：这些生命都是怎样生活的？它们之间有联系吗？这里面是否存在着食物链？

如果将整个小池塘封闭起来，少了某种生物，是否会对整个生态系统的平衡产生影响？有哪些情况会对小池塘造成污染？如果池塘里的水受到了污染，哪种生物首先受到伤害？有哪些措施可以保护小池塘，使它免受或少受污染？在对这些问题进行思考的基础上，还可以进一步将问题拓展开，如：基于保护小池塘的思考，你对城市环保有哪些建议？这样，一片小池塘便可被我们用来作为锻炼学生观察能力，认识动植物，理解生态系统成员间的关系及环保的重要意义等方面具体、鲜活的课程资源了。

除了自然资源，学校环境中对科学课程实施来说最重要的资源就是图书馆（阅览室）和科学实验室了。图书馆（阅览室）是学生进行课外科学阅读的最佳场所。因此，学校图书馆（阅览室）应该面向学生开放，安排专门的时间让学生通过自由的阅读和讨论来开阔视野，了解科学发展的历史，熟悉科学家的故事，体会科学研究的乐趣等。图书馆（阅览室）的书籍可由学生提供，管理也由学生负责。图书馆（阅览室）全天开放，学生可以在任何时间去图书馆（阅览室）阅读和学习。科学实验室是一种基本的条件性课程资源，对培养学生的科学素养起着不可替代的作用。实验室的建设应注重如何向学生提供科学探究的场所和工具，如何支撑学生的探究性学习活动，不是盲目地改造实验室和配备先进的科学仪器，而是通过合理的配置和使用，让现有的设备和资源发挥最大的作用，促进学生的科学探究。小学科学实验室是落实小学科学课程目标的重要物质基础，是实施小学科学课程的第一阵地，是学生在校开展科学探究的重要活动场所。实验室的建设可以因地制宜，突显不同的特色，比如在墙壁上粘贴大科学家的照片和生平，开辟一个小而生动的饲养角或种植角，在实验室里摆放一些浅显有趣的科普读本，老师带领同学们一起做一些标本、教具、学具等。利用这样的科学氛围，对小学生进行生动有益的熏陶。学校科学实验室应定期对学生开放，学生只要有需要就可进入进行实验，开展对科学的探究。

二、校外课程资源的开发与利用

陶行知先生认为，不了解社会需求的教育是盲目的教育，不会利用社会力量办学的教育是无能的教育。教室、实验室虽然是科学学习的重要场所，但教室和实验室外还有更广阔的科学学习天地。家庭、社区、公园、田野、科技馆、博物馆、青少年科普教育实践基地等到处都有科学学习资源，到处都可以作为科学学习的场所。不要把学生束缚在教室、实验室这些狭小的空间里，不要把上下课铃声当作教学的起点和终点。校外科学课程资源可以分为自然资源、社区资源和场馆资源。

（一）自然资源

科学是以自然为研究对象的课程，学习科学多从观察自然开始，又回到自然之中，从大自然中学习知识，培养热爱自然的情感，树立科学的自然观，因此必须关注自然资源的开发和利用。学生走出教室、走出学校，到大自然中进行考察活动，探究生活中真实生动的材料，可激发学生的学习兴趣。科学课程中的学习内容如动物、植物、季节、矿产、岩石、土壤等都在大自然中能够找到真实、多样性的实物资源，教学时尽可能让学生进行实地考察，直接与大自然接触。

大自然孕集着许许多多知识和奥秘，里面活生生的虫鱼鸟兽、千姿百态的花草树木、瞬息万变的电闪雷鸣和客观存在的岩石土壤等，都是小学生探究的对象。大自然中神奇的云、雾、雨、露、霜、雪天气现象，蜿蜒的河流，广阔的田野，悦耳的虫鸣鸟叫，都为科学课提供了鲜活的课程教学资源。科学课教学中教师应有意识地加强引导，发挥孩子们丰富的感性认识来服务教学，自觉充实教学内容。例如，在教学《各种各样的叶》时，教师可以带领学生走出校园，寻找不同的树叶，让学生找出各种叶子的相同点和不同点。帮助学生发现树叶形状、颜色、大小、叶脉、边缘、叶柄粗细、含水量、光滑度等方面的不同，在不断的讨论和思考中促进学生创造性思维的发展。在教学中充分利用大自然资源库，让学生接触大自然，有目的、有计划地引导学生去观察、去感知自然现象，既能有效达成科学课程的多维目标，又能激发学生热爱大自然和家乡的情感。例如，美国小学科学教师贝思充分开发利用学校附近的一个小池塘的自然资源，进行了历时一年的科学探究教学，为小学生“生态系统的多样化及相互依赖”的学习提供了重要的支持①。

文献提示

“围绕一个池塘展开的教学：历时一年的科学探究活动”，见罗星凯、李萍昌、吴娴等译《探究：小学科学教学的思想、观点与策略》，人民教育出版社，2003.

（二）社区资源

社区资源是一种特定的社会资源，是一个具体社区能够掌握、支配和动员的各种现实的社会资源。社区中蕴藏着丰富的课程资源，农村社区自然资源十分丰富，城市社区拥有多种科技场馆资源，农村社区资源和城市

---

① 美国国家科学基金会教育与人力资源部中小学及校外教育处．探究：小学科学教学的思想、观点与策略［M］．罗星凯，李萍昌，吴娴，等译．北京：人民教育出版社，2003：67-75.

社区资源均有待开发利用。

农村社区中如果有农田、工厂、果园、养鸡场等地方，可以带着孩子们去了解人类生产生活所需的各种资源是如何种植和产出的，近距离观察农民如何种田、工人怎样辛勤劳动，学习怎么摘果、怎么饲养小鸡，对孩子们的成长都有着不可忽视的积极影响。处于城市社区的孩子们则可以走进工厂、农场、新技术农业试验基地、垃圾加工场、污水处理厂、商店、超市等，这些场所能够被利用的社会资源是相当丰富的。城市社区中的商业机构或者文化场所都可以与课程内容深度融合，产生基于学生个体经验的探究主题，比如商店或超市中的每一个物品都能为学生提供一组系列化的探究课题：这个物品的功能是什么？它由哪些部分组成？它的成分有哪些？它是如何加工出来的？它的材料和生产地在哪里？它的价格是多少？它的原理是什么？它的发展和变化历程是怎样的？它对人、社会、自然有何利弊？为了能够更好地利用这些资源，应当做好调查，建立资源档案，并与相关的主管部门建立稳定的联系，取得他们的支持。

（三）场馆资源

1994 年，美国学习改革委员会首次将“场馆”界定为各种与科学、历史、艺术等教育有关的公共机构，如自然博物馆、科技馆、天文馆、历史博物馆、美术馆、动物园、植物园、水族馆等。场馆课程资源的开发利用是指充分挖掘场馆藏品或活动的教育教学价值，为课程实施提供便利的手段，促进学生在知识、技能和情感上的学习。

研究表明，场馆中的实地参观学习能够为学生未来的科学学习打下坚实基础。科学主要是研究物理世界以及人类如何与之互动的，许多科学理念可以通过感官来体验；化学反应可以看到、听到或闻到；生物理论的证据，如进化论的证据，来自对化石等物理材料的观察与分析；物理定律，例如地球的引力就可以通过整个身体感觉到。这些经验可以给学生打下坚实的“前期知识”基础，使他们在未来感知这些现象时能够提取以往经验中相关特征开展学习活动。科学场馆聚集了一般学校难以具备的、大量的大中型科学教育器材，教师可以充分利用这些科学教育资源，有目的地组织学生参观学习、实践体验。如让学生玩过山车，感受运动与力的作用，体验超重与失重，这些独特的体验可以帮助学生在以后遇到相关现象时更好地在学科基本概念框架下开展知识建构过程。

三、网络课程资源的开发与利用

互联网已经走进人们的日常生活。网络资源的丰富性、生动性和便捷性能弥补现实教学的不足，开发和利用小学生科学学习的网络资源，成为当前科学教师的重要使命。在互联网上，师生可以找到趣味性强、知识性强和实效性强的资料，包括大量的图片、视频乃至虚拟现实技术支持的多媒体信息，丰富小学科学课程资源的类型和数量。小学科学课程网络资源平台从最早的资源网站、论坛、博客、QQ 群等，逐渐发展到微信公众号等形式，科学教师应该结合自身需要和教学实际情况，从中选取具备专业性和可行性的资源，再将其进行分类整理。

（一）网络信息资源的开发与运用

1. 运用网络课程资源，突破教学重点和难点

科学教材中，不少自然现象是无法在短时间内或在近处直接观察到的，也有很多内容是学生不常接触的或较为抽象的，不便于观察。语言文字描述的许多事物学生无法亲身体会，这便成为教师教学中需要突破的难点。例如，《太阳、地球和月亮》所学内容皆为比较抽象的天文知识，对小学生来讲具有很大难度。教师可以利用多媒体技术丰富的表现能力，为学生提供丰富的感知对象，从而突破教学重点和难点，提高教学效果。又如《日食和月食》一课，教师可以找到有关日食和月食的影视资料，在课前几分钟进行播放，让学生感知日食和月食的全过程，从而激发学生的学习热情，然后再把日食和月食形成的模拟过程用课件演示出来。学生通过媒体演示，很快了解太阳、地球和月亮三者之间的关系，从而在头脑中形成立体空间的概念，掌握本课重难点。还有许多知识、原理、规律是仅凭传统教学模式难以释疑的，教师同样可以通过互联网为学生提供获取知识的对象，帮助学生解除疑惑并掌握所学内容。

2. 发挥网络课程资源的虚拟功能，摆脱教学内容的时空限制

有些教学内容受时空及安全性等方面的限制，学生不能深刻体会老师描述的情景。而网络可以打破时空的限制，浓缩更多的表象，通过模拟演示达到仿真效果，优化想象的过程。例如，《岩石的科学》的教学中，教师可以利用网络课程揭示科学知识形成的来龙去脉，以文字、图形、动画、图表等多方式多窗口呈现，给学生多重感官刺激和直观教学。又如，在做凸透镜成像规律实验时，先用常规仪器按传统实验方法进行探究，由于常规实验仪器的限制，蜡烛在光屏上所形成的像随着物距的变化而变化这一现象不是很明显，致使学生对凸透镜成像的特点不甚理解，并产生迷惑。此时改为采用多媒体技术进行凸透镜成像规律模拟探究，探究物距从无穷远至小于焦距的整个实验过程中物距、像距和像的变化情况，整个模拟探究过程流畅、直观明了，从而使学生对凸透镜成像产生清晰完整的认识。

这种虚拟实验室为学生提供了全方位的开放性的操作环境，使学生在课堂上实现了在虚拟世界的真实体验。

3. 发挥网络资源的优势，培养学生自主探究学习能力

在科学教学中，有一部分拓展性知识需要学生自己搜集查找资料。如学习《多样的动物》时，教师可以让学生通过网络搜集一种感兴趣的动物，总结其特点并形成书面报告。学生根据自己的兴趣查找资料，有的学生对鱼类感兴趣，有的学生对两栖动物感兴趣，还有的学生对爬行动物感兴趣。学生可利用不同的方式进行研究，既避免过分关注一类小动物，又优化课堂过程，有助于培养学生自主获取知识的能力①。

（二）网络科学学习软件

教师可以在各种科学学习网站和平台上下载一些有助于学生探究、操作又方便的科学学习软件。比如，常用的立体星图软件和电路仿真设计软件对拓展科学学习内容、方法就有一定的作用。

1. 立体星图软件

立体星图软件提供了一个帮助学生熟悉天空的星图，它完全模仿真正的夜空，显示屏仿佛是一个面向夜空的窗户，可以从各个方向进行观察。屏幕的上面大部分是星空区，显示一定时间能看到星空的样子，根据选择，还可以看到星座的连线、星座名、亮星名等。点击星座名或点击一个星座中任何一颗星星，可以选中这个星座，并看到关于此星座的故事。这款软件可以选择时间步长，按分钟或按天，按经度、纬度设置，观察到星体运行的规律。

2. Electronics Workbench（简称 EWB）

EWB 是一款电子电路仿真软件，用它可以做一个最简单的直流电路，还可以对电路进行修改、调整，增加新功能。当负载选择灯泡时，合上开关后灯泡就能亮起来；倘若负载选择蜂鸣器，接通电源就会产生音响，如果将蜂鸣器按标准频率设定，用多个开关分别控制，就可以制成一个简易电子琴；如果将灯泡并联在每个蜂鸣器上，就变成了随音乐流动的闪光电子琴；等等②。

（三）常用的科学学习网站和微信公众号

教师通过浏览科学学习网站和微信公众号，可以找到自己教学所需要的资源。学生浏览这些网站和公众号内容，可以丰富、拓展他们的课外知

---

① 林传杰．基于网络课程资源下的小学科学教学［J］．中国校外教育，2015（25）：63.

② 徐明荣．小学《科学》教学与网络资源的利用［J］．实验教学与仪器，2004（10）：46-47.

识，开阔眼界。教师在平时的教学中要留心、耐心、细心，将浏览网络的过程中适合学生科学探究的有关内容进行收集、挑选、整理、分享，打造类似知乎、云课堂这类的免费科学教学资源平台，进而引导学生更主动地进行科学学习，拓宽学生的科学视野，提升其科学素养。

常用的科学教学网站和微信公众号如下。

科学学习网址：中国科普博览（http://www.kepu.net.cn/），中国科普网（http://www.kepu.gov.cn/），自然之友（http://www.fon.org.cn/），中国恐龙网（http://www.5561066.com/）等。还有一些经典的纪录片（比如英国BBC的自然纪录片等），在各大视频媒体比如哔哩哔哩、腾讯视频或者专门的纪录片平台如盗火纪录片、纪录片部落等都能找到并下载观看。

科学教学网站：萤火基地可下载中小学《科学》课配套教学视频，网址为 https://www.29294.com/，另外还有小学科学教学网（http://www.xxkxjx.net/），小学科学官方网站（http://www.xiaoxuekexue.net/），人民教育出版社课程教育研究所（https://www.pep.com.cn/），一课 e 研网（http://cms.esph.com.cn/），等等。

常用的科学教学微信公众号：中国数字科技馆、中国科技教育、科米课堂、中国国家天文、物理大师、把科学带回家、酷玩实验室、中国国家地理、科学的历程、中国气象、贤爸科学馆、牧夫天文、科学鱼等。

科学课程资源的开发与利用需要全社会共同参与，课程资源开发是长期性的、不断更新的动态过程，教师应该开发适合于学生情况的课程内容及相应的课程资源。

第三节　小学科学课程资源的组织与管理

1999 年《基础教育课程改革纲要（试行）》颁布后，我国开始实施国家、地方、学校三级课程管理，学校开始承担课程管理的责任。但课程改革方案未能对课程开发、实施、管理给出具体要求，学校课程管理水平参差不齐。如何有效实施学校科学课程及其资源的管理，成为一项有待研究的重要课题。我们认为，小学科学课程及资源管理的主要项目如下。

一、人力资源管理

人力资源管理是学校课程资源管理的核心要素，是一切课程得以顺利实施的前提条件。小学科学课程人力资源管理主要包括学校科学学科课程分管领导管理、科学教师规范管理、学生学习管理及家庭科学教育资源管理。

1. 课程分管领导管理

长期以来，不少学校领导认为科学课程是“副科”，科学课程管理领导工作一般都是由分管语数英学科的领导兼任，有的学校甚至缺少管理者，造成管理虚空，或形成“分而不管，管而不知”的尴尬状态。科学学科麻雀虽小，五脏俱全，学校分管领导代表着国家课程实施的执行者，应该熟悉科学课程的主要项目，了解各个年级科学实验的基本要求，特别是要理解科学课程实施的独特性，了解科学教师付出的、课程表上无法观察到的大量工作，以及很多需要长周期跟踪、反馈的实践性作业。因此，各县（市、区）级政府应按照国家课程管理要求，配备齐全的科学教研员，通过教研员的组织与监督，对学校学科分管领导进行培训和指导，使他们了解学科的基本特征和实际管理要求，明确课程管理的职责。

2. 科学教师规范管理

当下，如何规范我国科学教师队伍的工作是一个突出的问题，主要原因是我国科学教师队伍中绝大多数是兼职科学教师。据研究者调查发现：我国乡村小学科学教师中，班主任兼职的占 54.96%，语文老师兼职的占 19.46%，数学老师兼职的占 54.96%，英语老师兼职的占 11.06%[①]。由于思想认识存在差异、精力分配不均，不同教师对待科学教学规范的把握不一，科学专职教师也存在“专职不专业”的现象。一般来说，科学教师的管理除了备课、上课、布置作业、批改作业、辅导等项目，还有学科性内容的管理，主要包括学科实验管理和学科作业管理。科学实验管理包括科学实验教学前的教师要亲自试验（“下水实验”），以便从实验成败的细节中挖掘教学资源，助力科学课程教学。科学教师管理中的科学作业管理，经常出现被边缘化的现象。小学阶段的科学作业书面性练习并不多，很多是实践性作业，诸如观察月相、种植凤仙花、养蚕、考察水资源的现状等，对这些作业的管理和落实，既是国家课程的要求，也是培养学生基本科学素养的载体。可是，由于教学规范程度不一，不同学校、不同教师对科学作业的落实程度差异很大。作业管理特别是长周期性的作业管理，可以显示科学教师的独特魅力，需要科学教师做好规划，有序推进。

3. 学生学习管理

科学学习需要学生动手、动眼、动嘴、动脑，在“真刀真枪”的动手操作中内化科学技能，在动眼中“像科学家和工程师一样研究科学”，在动

① 付红波，蒋佳佳．乡村小学科学课程教师专业素养现状调查及分析［J］．宿州教育学院学报，2021，24（4）：85-89.

嘴中进行交流和批判质疑，获得对科学本质的认识，在动脑中发展科学思维，获得科学推理能力。此外，科学课堂还要走出教室，走进实验室，这些均对科学教师提出了很高的要求。作为科学教师，首先，要规范科学课堂学习，既要给学生提出严格的常规学习要求，又要给他们自由的学习空间，既要关注科学知识和技能的学习，也要关注学生学习品质的增长。其次，要重视学习规范的制定和落实，要严格遵守科学课的学习要求，避免以简单的感觉器官刺激取代学习兴趣的培养，要注重培养学生的好奇心、求知欲，逐步形成良好的学习品质。

4. 家庭科学教育资源管理

家庭是学生科学学习的重要场所，家长及家庭成员是学生科学学习的导演和观众。科学教师要通过多种方式，激发家长支持学生科学学习的积极性，开学时通过“告家长书”，提出学期家庭科学教育的协助要求，如协助学生建立微型家庭实验室，满足孩子科学探索的需求，必要时能够从经济上给予支持，购买一些科学器材和科普书籍，满足学生科学学习的需要。

二、硬件资源管理

硬件资源是支撑学校科学课程实施的基础性条件，硬件资源的保障与到位，对科学课程实施起着如虎添翼的作用。科学课程硬件资源管理包括实验室管理、器材管理、科学活动场所管理等。

1. 实验室管理

实验室是学生开展实验体验和实践活动的专用场所，国家对各类学校的实验室制定了专门的配备标准。实验室管理涉及4个问题：（1）实验室管理的规范问题。实验室管理规范，包括实验室各类台账资料（实验室物品总账、分类账、实验计划安排表、实验通知单、实验记录表、实验室报损报废账等）的齐全，还包括实验室的安全管理规范，对易燃、易爆、剧毒药品类材料要专柜双人保管，并定期进行查看。特别是实验室要配备沙箱和灭火器，每个科学老师都要能够熟练掌握灭火器的使用技能。（2）实验室管理的统筹问题。要将全校所有班级的科学课程实验纳入实验室课表，课表以周次为单位，以班级和实验序号为内容，将所有指定课程实验全部纳入实验室课表，并张贴于实验室外，以供学校管理人员和上级部门随时督查，确保开足科学课程实验。（3）实验室管理的人员问题。学校要将具备资质的专兼职管理人员配备到位，确定适合的管理员工作量，并加强对实验室管理员的继续教育，提升他们的责任感。（4）实验室管理的开放问题。教师可以提供适当的辅导和支持，最大限度开放实验室和实验资源，尽可能地提供给学生一个自主研究和实验的学习空间，使得实验室成为学生科学学习的乐园。

2. 器材管理

器材管理是小学科学课程教学实施中的关键环节，缺失器材支持的科学课程会演变成说教课程。学生科学课程学习器材管理主要涉及两个关键点：一是如何给科学课程配备数量充足、质量上乘的演示和分组实验器材。实验器材数量不足，学生分组体验无法满足，劣质器材浪费学生实验时间，增添学生焦虑感。学校每学期要规划配套资金，督促科学实验员做好器材规划和上报工作，满足实验耗材和报损器材的补充。目前学校实验器材的配备并没有统一的审核标准，器材质量也是鱼龙混杂，学校器材采购人员要精心挑选，把好科学实验器材质量关。二是加强对实验器材教具的改进和创新，科学实验员和科学教师要发挥主观能动性，设计、制作、开发一批贴近学生学习实际与提升课堂教学效率的教学具，自制实验教学具应该成为小学科学教师一项重要的工作。

3. 科学活动场所管理

校内户外科学活动场所是学生进行科学实践活动的阵地。科学活动场所主要包括科学气象站、校园动植物园（角）、科学种植园，对这些场所的管理和利用，是保证学生科学实践活动得以开展的基础。在校园气象站的管理上，要确保气象站器材的维护到位，同时要建立起一支学生观测志愿者队伍，要求观测志愿者能够耐心持续做好接力工作，坚持每天都能监测天气温度、风力风向、降雨量情况，并做好观测记录，形成持续的观察资料。校园动植物园（角）要充分利用校园绿化资源，结合植物铭牌的悬挂与维护，围绕校园喷泉、水体等资源进行生物群落模拟与开发，结合动物巢穴搭建吸引野生动物落户校园，通过对动物植物的实际考察，增强科学学习与生活的联系。加强对校园动植物园（角）的规划设计，做好管理工作；科学种植园作为小学科学生命世界的实践基地，融合了植物套种、植物嫁接、大棚配套等科学与工程实践的内容，对草本植物的观察和控制过程，使得学生充分经历科学观察和研究历程。在科学种植园的管理上，首先要加强课程教材内容与实践内容的统一对接，观察重心是科学研究和考察而非农业种植。其次要加强过程性的常态考察，观察研究不能勤一天荒一天，种植管理不能旱一阵涝一阵，研究记录不能有一页缺一页。最后要兼顾种植园科学性和人文性的结合，要给学生创造一个人人参与、人人体验的天地，给每个孩子的童年留下科学因子的烙印。

三、软件资源管理

软件资源管理包括学科计划管理、集体备课管理、学业质量管理等。

1. 学科计划管理

课程进度是从时间的维度对课程内容进行分阶段、分步骤的实施安排，学科计划是课程教学实施的指南针，可以避免教师盲目安排教学内容和节奏，便于上级部门对课程开展状况的督查和反馈。在学科计划制定过程中，要注意以下问题。(1) 学科计划的科学性。要结合课程内容的容量和难易程度，科学合理地制定课程进度，同时要考虑节假日和学校临时性活动对课程进度的影响，要保留适当的机动时间，以保证教学时间上的缓冲。(2) 学科计划的完整性。从横向上看，课程实施不仅包含了新授、练习，还有复习、巩固等模块，课程进度要注意课程项目的完整性，不可挂一漏万。从纵向上看，学科计划包含了课程内容的体系和特征分析，课程单元内容概述，教学重点难点的剖析，学生学习基础和学习特征的分析，实验器材的规划协调，教学拓展资源的要求等，这就要求学科计划尽可能做到各项兼顾，切不可简单粗糙。(3) 学科计划的整合性。21 世纪以来我国提出了“国家+地方+校本”三级课程管理要求，要从两个层面来考虑学科计划的整合：一是对国家课程实施的整合，要尽可能通过整合，使得国家课程内容结构化，减少科学探究和科学阅读、科学写作的割裂，增加与教学主题相关的阅读内容和写作内容，使得学生通过课程整合理解科学本质。二是对校本课程的整合，要推进特色校本课程与国家课程融合，借助校本课程来助推和深化国家课程的学习。如“航天课程”的学习，就要与“地球宇宙”版块的“了解人类对宇宙的探索历史，关注我国及世界空间技术的最新进展”整合起来。在校本拓展课程中，可以通过中国航天展、航天员事迹及航天大事记等内容的整合，深化对国家课程的理解，要在学科计划中预留国家课程和校本课程的接口。

2. 集体备课管理

集体备课是研读教材、研究学生、研磨教学艺术的集体性教学准备活动，是常规性的校本教研管理项目。集体备课管理的质态决定了学科研究的质量，对集体备课活动的管理需要做到定主持人、定时间地点、定主讲内容、定研讨流程，特别强调在集体备课中要围绕指定主题进行研讨，不能散兵游勇自由随意。在集体备课活动中要加强理论学习与教学备课的融合，要加强教育学、心理学、课程论、信息技术等基础性理论的学习，促进教学与研究的结合。集体备课要让每个老师成为主讲者，讲述自己的思考，接受研讨者的提问并予以答辩。

3. 学业质量管理

学业质量是学生在完成课程学习后的学业成就表现，学业质量标准将学科划分为不同的水平，学业质量是学科应该达成的学科核心素养目标，是学科核心素养与课程内容的有机结合。在学业质量管理上，学校层面要通过质量监测保证学科教学的正常进行，通过监测结果引导教师（特别是学业质量监测水平较低的老师）调整教学行为和项目，要保证国家课程的学业质量落实到位。支撑科学学科学业质量的项目中，前期有备课研读活动，中期有单元复习和检测，后期有个别辅导和练习等。特别是动手操作的实验学习质量，由于科学课每周课时量少、学生操作能力参差不齐等原因，往往在课堂实验结束和预设目标达成之间有一定的差距，这就需要教师加强个别化辅导。

本章内容小结：

课程资源既指那些课程要素的来源，又指那些课程实施必要而直接的条件。合理开发与有效利用课程资源是课程目标顺利达成的内在要求和必要条件，是提高小学科学教学质量的重要保障。小学科学课程资源具有多样性、潜在性、地域性和多质性等特点。

小学科学课程资源可分为多种类型，其中，按照开发与利用的时空分为三种类型：学校课程资源、校外课程资源和网络课程资源。三种课程资源的开发与利用中，学校课程资源的开发与利用处于主导地位，校外课程资源的开发与利用起辅助作用，网络课程资源的开发与利用能为学生科学课程学习提供重要支持，科普视频、在线学习、微课、资料查询等促进学生的科学学习和教师的科学教学。校内、校外、网络课程资源的有机整合，能拓展科学课程实施空间，丰富科学学习途径，助推科学学习效果。

科学课程资源管理包括人力资源管理、硬件资源管理和软件资源管理。

本章问题研究：

1. 你是如何理解“没有课程资源的广泛支持，再美好的课程改革设想也很难变成中小学的实际教育成果”这句话的？

2. 课程资源有哪些类型，开发和利用小学科学课程资源对于转变学生科学学习方式有怎样的意义？请举例说明并分析。

3. 阅读《义务教育科学课程标准（2022 年版）》第 133 页中的一段话，解释“生成性资源”的概念，举例说明如何在科学教育活动中开发与利用生成性资源。

“注重积累与利用生成性资源。在科学课程的教学中，还要关注教与学活动过程中生成性资源的搜集与积累。在课堂教学、项目研究、科学讨论会、信息分享会、科技实践活动、作品及成果展示等互动性、探究性学习情境中，抓住信息生成、交流借鉴、碰撞观点的机会，培养学生的合作意识、学习能力、创新精神和实践能力。”

4.《小学科学课程标准》（2017 年版）第 8 页高年段学生的学习目标中有“知道太阳系及宇宙中一些星座的基本概况，知道昼夜交替、四季变化分别与地球自转和公转有关”的表述。针对这些学习目标，请你根据学生认知特点，设计一份科学课程资源开发利用的方案（提示：建议从学校课程资源、校外课程资源和网络课程资源三个方面设计资源开发利用框架）。

本章参考文献：

1. [美] 兰本达，[美] 布莱克伍德，[美] 布兰德韦恩．小学科学教育的“探究—研讨”教学法 [M]．陈德璋，张泰金，译．北京：人民教育出版社，1983.

2. 刘德华．小学科学课程与教学 [M]．北京：中国人民大学出版社，2009.

3. 段兆兵．课程资源开发与利用：原理与策略 [M]．芜湖：安徽师范大学出版社，2011.

4. 李君．博物馆课程资源的开发与利用研究 [M]．长春：东北师范大学出版社，2013.

5. 吴刚平，李茂森，闫艳．课程资源论 [M]．北京：北京师范大学出版社，2014.

6. 潘洪建，陈云奔．课程与教学论基础 [M]．2 版．镇江：江苏大学出版社，2020.

学习篇

学习是由学生经验引起的、持续的行为变化过程。课程与教学是对学生学习的规划、引导和促进，学习问题是课程与教学研究题中应有之义。对小学生科学学习的研究有助于为小学科学课程的教学设计与实施提供切实的指导。

第五章

科学学习概观

科学学习是学习论的一个重要领域，讨论与回答学生科学学习的系列理论问题与实践问题。本章主要围绕科学学习的概念、类型、基础等问题展开阐述，以便获得关于科学学习概貌的认识。

第一节　科学学习概述

有别于动物凭借本能的环境适应，人通过主动的学习，吸收种族经验，丰富个人经验，获得积极的成长和丰富的发展。那么，什么是科学学习，科学学习有哪些类型？

一、科学学习的概念

（一）学习的概念

根据行为主义的理解，学习是由经验引起的持续的行为变化，这种变化不是由遗传、疲劳、药物、梦境引起的，且变化是持续的、相对稳定的，它既包括外部行为的变化，也包括内隐行为（如思维、态度）的变化。根据认知心理学的理解，学习不仅是基于个体已知的意义建构，也是个体与环境互动而建构意义的结果。在人本主义心理学看来，学习是自我概念的形成与人格完善的过程。广义地讲，学习即经验的改造、意义的建构和人格的形成。换言之，学习包括行为的改变、意义的获得与情感的发展诸多方面，它是一个多因素参与、互动的过程。

（二）学习的维度

一般地说，学习包括认知与情感两个方面，认知是信息加工过程，情感是伴随信息加工活动的情绪体验。丹麦心理学家克努兹·伊列雷斯

(Knud Illeris) 将学习划分为三个维度：认知维度（内容）、情感维度（动机）与社会维度（互动）①。认知维度即信息的获取与加工，以及由此产生的意义。情感维度即与学习过程相伴的情绪体验与态度形成或改变。情绪体验是即刻的，而态度的变化可能较为漫长，学习者自身难以清晰地意识到。社会维度即学习不是一种封闭的个体行为，它伴随着一定的社会文化历史色彩，是在一定的社会环境或情境中展开的，学习者与教科书作者、教师、同伴等发生广泛的交往与互动，共同建构学科知识的意义，产生“视域融合”，获得更加广泛的理解。认知、情感、社会三种过程在同一学习活动中同时发生、相互交织、相互影响，从而构成复杂而丰富、流动而多姿的学习现象（图 5-1）。

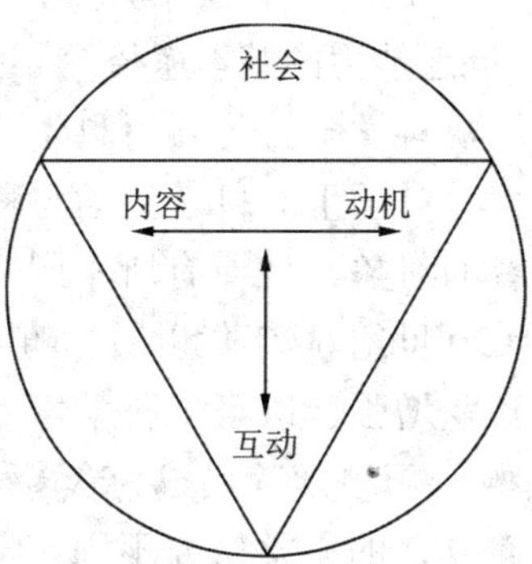

图 5-1　学习的维度

文献提示

“学习的过程与维度”，见克努兹·伊列雷斯《我们如何学习：全视角学习理论》，孙玫璐译，教育科学出版社，2010.

（三）科学学习

何谓科学学习，学生是如何学习科学的？人们进行了不同的界说，列举如下。

1. 国外学者的界定

美国有学者认为：理解科学不仅仅是知道事实；学生在他们已有知识和观念的基础上建构新的知识和理解；学生是通过修改和提炼他们现有的概念并把新的概念纳入已有概念之中来形成新知识的；学习者与他人互动的社会环境是学习的媒介；有效学习需要学生自我掌控学习过程；学生在新的情境中运用知识的能力，也即能否进行知识的迁移，要看他们在多大

① ［丹］克努兹·伊列雷斯．我们如何学习：全视角学习理论［M］．孙玫璐，译．北京：教育科学出版社，2010：26.

程度上是在理解性地学习[①]。美国理查德·迈耶（Mayer R. E.）探讨了科学学习的四个认知过程：识别现有概念不足以解释的现象，形成新的概念以便更好地解释所观察到的现象，应用这些新概念来解决新的科学问题，形成科学推理的专长。

2. 我国学者的界定

史朝、孙宏安在1992年出版的《科学教育论》中认为，科学学习是学生以掌握前人的科学活动经验（科学知识、科学方法和科学精神）为主要任务的学习活动。樊琪在2002年出版的《科学学习心理学》中认为，科学学习是以自然科学为对象的学习，是指个体因为科学活动经验而使相关的行为或心理产生较为持久变化的过程。林长春、彭蜀晋在2019年主编的《小学科学课程与教学》中认为，科学学习是培养学习者学会学习、学会探究、学会运用科学知识和方法解决实际问题能力的基本途径。

以上界定，侧重点各有不同，但均视科学学习为习得科学知识、科学方法和科学技能的活动。一些专著或教材对学生的科学活动与科技工作者们真实的科学活动进行比较，认为二者的对象与性质有所不同，试图厘清二者的边界，为科学学习准确定位。但20世纪60年代以后，随着对探究学习的强调与实施，科学学习的探究性日益增强，以至于科学学习与科学研究的边界愈来愈模糊了，“像科学家那样学习科学”已成为众多科学教育工作者的共识。事实上，与科学家真实而复杂的科学研究不同，学生的科学探究是在特定的教育情境中开展的有指导的结构化学习。

结合相关理解，我们认为：科学学习是一个在日常经验的基础上，通过科学观察、实验、制作、调查、阅读、想象等活动，获得科学知识、方法、情感，解决科学问题，发展科学素养的过程。

二、科学学习的类型

依据不同标准，可将科学学习分为不同类型。

根据科学学习的内容，科学学习可分为科学知识学习、科学技能（方法）学习、科学情感（态度）学习。

根据科学学习的方式，科学学习可分为接受式科学学习、探究式科学学习、发现式科学学习、课题式科学学习。其中，探究式科学学习还可细

---

① 美国国家研究理事会科学、数学及技术教育中心，《国家科学教育标准》科学探究附属读物编委会．科学探究与国家科学教育标准：教与学的指南［M］．罗星凯，等译．北京：科学普及出版社，2010：114-117.

分为指导性探究、引导性探究、自主性探究，或者分为自然发现型探究、任务驱动型探究、情境激发型探究。

根据科学学习的自主程度，科学学习可分为自主学习与合作学习。自主学习是个体独立规划、实施、监控与评价的科学学习活动，合作学习是学习者在分工基础上共同协作完成任务的科学学习活动。

美国《新一代科学教育标准》（NGSS）将科学学习分为两个大类：科学探究与工程实践。科学探究是对自然的探索，认识自然世界的性质、特点、规律，以获得对自然的某种控制；而工程实践是建设一个人工的世界，增强人们生活与工作的舒适感、幸福感。科学探究与工程实践有着不同而类似的过程（图 5-2）。

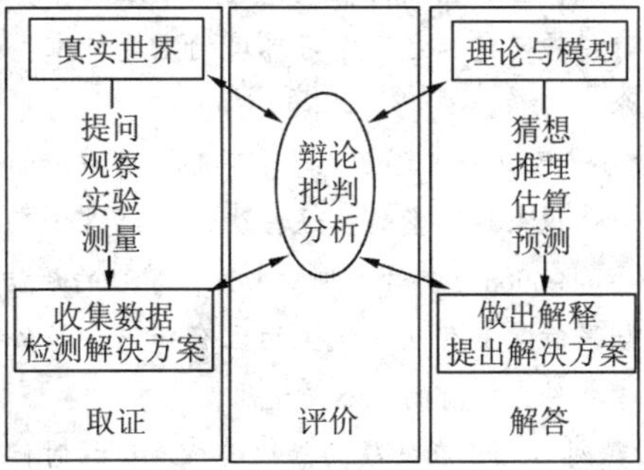

图 5-2　工程师与科学家开展的三个方面的活动

三、科学学习的理念

关于科学学习的理念，一些学者进行了讨论和分析，如有研究者将新课程倡导的科学学习的理念归纳为：为学生提供更多的探究学习机会，力求科学学习方式的多样化；通过丰富多样的实践活动培养学生探究学习的意识与能力；注意动手与动脑相结合，通过做中学与学中思来学习科学①。另一些研究提出科学学习需要注重四个结合：学习内容与已有经验的结合、动手与动脑的结合、知识学习与社会实践的结合、理解自然现象与解决实际问题的结合。这些理念尽管表述不同，但都是从不同角度表达了对科学学习的追求，它们对于科学学习及其指导具有积极的参考价值。

① 林长春，彭蜀晋．小学科学课程与教学［M］．重庆：西南师范大学出版社，2019：98-99.

拓展阅读 5-1

对学习的共识①

20 世纪 70 年代初，新的学习科学出现了，它建基于心理学、计算机科学、哲学、社会学及其他学科的相关研究。到 90 年代，学习科学家们对学习的几个基本事实达成了共识，这些共识已由美国国家研究委员会发表：

- 深刻理解概念。当学生对概念获得更深层次的理解时，他们就会以一种更加实用且深刻的方式来学习陈述性知识和程序性知识，并将所学知识迁移至真实情境。
- 注重教，也注重学。如果学生学习的仅仅是教师讲授的知识，是不能对概念有深刻理解的。只有积极参与到自己的学习中来，学生才能深刻理解概念。
- 创设学习环境。学校的任务是帮助学生获得专家行为所需的所有知识，包括陈述性知识和程序性知识，当然也包括对概念的深层理解，以帮助学生对真实世界的问题进行推理。学习科学研究确定了学习环境的主要特征，并且这些学习环境有助于学生深刻理解概念。
- 学习建立在学习者已有知识之上。学生并非等待灌输的空容器，他们是带着对现实世界各种各样的认识来到课堂的：这些认识的前概念有些是基本正确的，有些则是迷思概念（misconceptions）。对于儿童来说，学习的最佳方法是在建基于原有知识的环境中学习；如果教学没有包含学生的已有知识，那么学生学到的知识仅够其通过考试，而在课堂之外，持有的依然是迷思概念。
- 反思。学生尝试对自己正在发展的知识进行表达的时候，可以学得更好。表达的方式包括对话，撰写论文、报告，或创建其他制品。这也给学生提供了机会去反思性地分析自己的知识状态。

第二节　科学学习的理论基础

科学学习的理论基础有哲学基础、心理学基础、社会学基础、文化学基础等。这里主要阐述科学学习的心理学基础。

一、行为主义学习理论

行为主义是 20 世纪初形成的西方心理学的一个学术流派，其创始人为美国心理学家华生（J. B. Watson）。该学派强烈抵制冯特、铁钦纳等人的意识心理学对人的心理和意识的内省研究，极力主张用客观的、实证的方法

① ［美］R. 基思·索耶．剑桥学习科学手册［M］．徐晓东，等译．北京：教育科学出版社，2010：2-3.

来研究人的行为。他们认为，只有直接观察到的东西才能成为科学研究的对象，只有客观的、实证的方法才是科学的方法。他们还认为，心理学只有从可观察到的、可测量到的刺激和反应两个方面去进行研究，才能成为一门真正的科学。为此，行为主义学派致力于研究环境刺激与行为反应之间的规律性联系，认为个体所有行为的产生和改变都是刺激（stimulus）和反应（response）之间的联结。该观点应用到学习领域，认为学习是由经验引起的行为的相对持久的变化，学习的实质就是刺激与反应之间关系的联结（S-R 联结）。S-R 联结可以解释所有的行为，包括内部行为（如思维、情绪、态度等）。

（一）巴甫洛夫的条件反射学习理论

巴甫洛夫（И. П. Павлов）做了个实验。在给狗喂食的时候，伴以一个原本并不能引起唾液分泌的中性刺激，例如铃声，由于多次反复，狗把铃声当成了即将出现食物的信号，听到铃声就开始分泌唾液，甚至学会了在只有铃声没有食物的情况下也分泌唾液的反应行为，即狗学会了对中性刺激做出反应。在此，铃声这样的中性刺激替代了食物这样的原先自然引发反应的无条件刺激，中性刺激变成条件刺激而引发的反应就称为条件反射。条件反射形成之后，如果有另一种新刺激与之相结合，还可以形成第二级、第三级条件反射，直到形成多级条件反射。

巴甫洛夫认为，学习就是建立条件反射。一个新的中性刺激替代原先自然引发反应的无条件刺激的过程即条件反射（也称为“经典条件作用”）。与动物不同，人不但能够对具体实物（第一信号系统）产生条件反射，而且能够对语词符号产生条件反射（第二信号系统），形成以第二信号为主导的高级条件反射系统。就其生理基础而言，条件反射是大脑皮层上暂时神经联系的形成。巴甫洛夫据此建立了高级神经活动学说，强调语言作为第二信号在引发高级条件反射、形成第二信号系统方面起着极其重要的作用。

巴甫洛夫的条件反射学说揭示了刺激与反应形成暂时神经联系过程中的一系列规律，对于学生科学知识、技能甚至科学情感的形成具有积极的指导价值，科学术语、概念的习得与科学方法、技能的获得在某种程度上讲就是条件反射的形成与巩固，教师必要的讲解、示范，辅之以学生的回应、练习，可以促进学生的反应与理解。

（二）斯金纳的学习理论

斯金纳（Burrhus Frederic Skinner）改进了桑代克的“迷箱”，进行了小白鼠压杆的实验。箱子里安置有活动压杆，关在箱里的小白鼠因为饥饿而骚动不安，当它偶然碰到活动压杆的时候，箱内装置上的食物会滚落下来，供它食用，这种情况反复出现之后，小白鼠逐渐增多压杆取食的行为，直到最后形成了压杆得食的条件反射。

上述实验显示，刺激通过个体产生反应，个体的行为是主动的且被强化，因此这种反应称为操作性条件反射。与经典条件反射不同，个体在刺激情境中出现了多个自发性的反应，只是由于其中某个反应（如压杆）被实验者选择强化，于是个体将被强化的反应与刺激建立起了联结（R-S）。斯金纳指出，任何一个能够提高特定反应出现概率的事物都是强化，强化在有机体条件反射的形成中起着关键作用。斯金纳发现，动物做出一种反应后，如果随即出现一个强化，则该反应的强度就会上升。斯金纳按强化的结果将强化分为正强化（如食物、表扬、微笑）与负强化（如批评、惩罚、忽略）；按强化的方式将强化分为立即强化和延时强化。研究表明，立即强化的效果优于延时强化。也可按强化在反应后是否每次都呈现，将强化分为连续强化与部分强化。研究表明，连续强化的效果优于部分强化。

强化理论对于学生的科学学习具有重要的意义。科学学习目标、内容的安排可以从简单到复杂进行设计，先确定目标行为，然后把目标行为分解为一个个单一行为，接着依次逐个建立刺激—反应联结，最后再将一系列连续的单一行为反应连贯起来，于是便形成了复杂行为。多种强化方式的恰当选择对于科学学习过程及其评价亦有着积极的运用价值。

（三）班杜拉的社会学习论

美国心理学家班杜拉（Bandura）在 20 世纪 60 年代开展了一项实验。他让三组儿童分别观察、欣赏同一题材但结局不同的电影故事，每个故事的前半段，都是一个成人对一个充气娃娃拳打脚踢，但后半段则有三种结局分别供三组儿童观看：一种是该成人受到惩罚，一种是该成人受到奖励，还有一种是没有明确的结局。看过电影故事之后，三组儿童都得到一个充气娃娃，这个充气娃娃任凭他们自己去处理。结果发现，看过成人受惩罚的儿童表现的粗暴行为最少，看过成人受奖励的儿童表现的粗暴行为最多。

实验显示，学习者的行为不是直接经验（奖励或惩罚）的结果，学习者通过观察他人行为，获得强化（又称为替代强化），从而养成相应的行为与习惯。班杜拉把这种充满人的主动性的、建立在人的社会认知基础上的学习称为观察学习。在观察学习中，观察者的行为没有接受直接强化，而是在观察榜样人物行为后果中获得了间接强化。儿童学到不良习惯或暴力行为，是由于受到不良榜样的“耳濡目染”。观察学习不仅超越了被动的奖励与惩罚的外在控制，而且可以超越事先设计的学习情境的限制，随时随地进行学习。

观察学习是社会学习的基础。学习者在社会情境中，通过观察别人的行为方式及行为结果（得到奖励或惩罚），间接学到某种知识或技能。间接学习的过程，称为模仿（modeling）。被模仿的对象，称为楷模或者榜样。学习者在模仿榜样的行为时，可以用外显行为表现出来，也可以仅仅铭记于心，当自己的行为符合榜样的标准时，就会感到满足，强化自己所模仿的行为，获得自我强化（self-reinforcement）。

科学学习需要养成科学的态度与精神，班杜拉的社会学习理论对于科学情感与态度的养成，对于科学课程的情感目标的达成，具有特别积极的意义。组织学生观看科学影视，阅读科学家传记，欣赏科学家成长的故事，以及科学教师给予学生人格示范，都有助于学生科学态度与情感的养成。

二、认知主义学习理论

20世纪50年代，受计算机科学发展的影响，认知心理学（Cognitive Psychology）在欧洲古典理性主义和完形心理学（格式塔学派）的基础上崛起了，它把人的心理看成信息加工系统，强调认知结构的形成，从而成为西方心理学的一大流派。认知心理学有广义和狭义之分。广义的认知心理学泛指心理学中侧重研究人的认识过程的学派，例如早期的完形心理学及稍后的皮亚杰学派。狭义的认知心理学则是强调认知特征的心理学流派，它是对行为主义心理学的不满和反抗。认知心理学的基本观点：心理学要研究个体头脑内部进行着的心理活动，尤其是认知过程；个体已有的知识结构和认知结构决定个体的认知活动和外部行为。在认知心理学看来，学习就是由经验引起的认知结构的相对持久的变化。学习的实质是学习者内部心理结构的形成和改组，而不是刺激—反应联结的建立和消退。认知心理学派的主要派别如下：

（一）皮亚杰的发生认知理论

20世纪20年代，瑞士心理学家皮亚杰运用他独创的“临床法”研究儿童对科学概念的认知。他发现儿童的认知和成人有很大的差异，出版《儿童的语言与思维》《儿童的判断与推理》等著作。皮亚杰认为，儿童的认知不是对外部世界的简单反映，而是儿童在活动中自己构建起来的。皮亚杰用认知结构（“图式”“运算”）的演化来解释儿童智慧的发展，认为认知的发展是由外而内的过程，从外部操作到内部操作，从动作到符号，认识得以内化，并逐步提高与深化。依据动作内化的程度与逻辑运算水平，皮亚杰将认知发展分为相继发生的四个阶段：感知运动阶段、前运算阶段、具体运算阶段、形式运算阶段。他用同化、顺应、平衡等概念来解释认知发展的内在机制，创立了发生认识论。

（二）布鲁纳的发现学习理论

布鲁纳（J. S. Bruner）曾主持哈佛大学认知研究中心的工作。他主持了20世纪60年代美国科学教育改革，出版《教育过程》一书，阐述其学习理论。布鲁纳反对用动物的学习来推论人类个体的学习，主张到学习的第一线进行研究。他强调让学生主动探索，从事物和现象的变化中去发现原理和规律。因此，布鲁纳的学习理论被称为发现学习理论。他还认为，发现学习具有一系列优点，比如开发智慧潜力、提高内部动机、掌握学习策略等。他十分强调学科知识结构的掌握。“知识结构”就是某一学科领域的基本观念，不仅包括一般原理，而且包括学习的态度和方法。他认为，学生掌握学科的知识结构，有助于缩小不同层次知识的差距，有助于提高记忆效果，有助于促进学习迁移，也有助于各种知识的融会贯通。

发现学习理论在科学教育界影响深远，基于发现学习的发现教学法或启发式教学法（discovery method of teaching）风靡世界，经久不衰。发现教学法要求教师改变传统知识传授者的角色，扮演学生探究活动的引路人、指导者，鼓励、引导学生主动发现知识中隐含的规则和原理，这对教师提出了严峻的挑战。

（三）奥苏贝尔的意义学习理论

意义学习也称意义接受学习。美国心理学家奥苏贝尔（D. P. Ausubel）认为，从“接受式—发现式”和“意义性—机械性”两个维度可把学习分为四种类型：意义接受学习、机械接受学习、意义发现学习、机械发现学习。学校情境中学生学习的书本知识，绝大部分是有意义地接受学习，而不是发现学习。意义学习过程的实质，就是语词符号所代表的新知识与学习者认知结构中已有的适当观念建立起非人为的和实质性的联系。所谓非人为的联系，是指新知识与认知结构中有关观念具有逻辑联系；所谓实质性的联系，是指新的符号与认知结构中已有的符号、概念或命题能够匹配。

意义学习的发生必须具备两方面的条件。外部条件是指学习材料本身必须具有逻辑意义，即能与人类学习能力范围内的有关观念建立起非人为的和实质性的联系；内部条件则包括：学习者必须具有意义学习的心理准备，学习者的认知结构中必须具有适当的、能与新知识进行联系的知识。实际上，影响学生学习的首要因素是已有的知识储备（先备知识）。意义学习过程就是教师指导下学习者用先备知识同化新知识的过程，新旧知识同化具有下位、上位、并列三种方式，由此产生三种学习方式：下位学习、上位学习、并列学习。下位学习即将新知识纳入已有知识与概念之中；上位学习即在新知识基础上进行概括形成统摄度更高、更抽象的知识；并列学习即在已有知识原理基础上进行类推。通过意义学习，学生理解新的知识，深化、扩展原有知识，形成更加复杂的认知结构。

奥苏贝尔的意义学习理论直接源于学校教育情境，有助于知识教学的设计与实施。根据意义学习理论所发展出来的教学模式称为讲解式教学。它要求教师的知识讲解必须研究学生的已有知识经验，根据学生的经验水平即先备知识规划教学内容，选择讲授方式，促进新授知识与学生先备知识的同化（下位、上位、并列），通过条理分明的知识讲解，使之成为有系统、有组织的知识，帮助学生优化认知结构。

奥苏贝尔研究了儿童认知结构的内在机制，阐述了意义接受学习理论——先行组织者策略，借助一个奠基性的引导材料，为新知识的学习提供概念支持。他认为，认知结构是书本知识结构在头脑中的再现形式，学习就是学生头脑中的知识与书本知识形成有意义的联系，它是一个新旧知识相互作用获得意义的过程。教学就是基于学生已有的知识，形成良好的认知结构，促进意义理解。

(四) 托尔曼的认知地图学习理论

美国心理学家托尔曼（E. C. Tolman）开展了著名的白鼠走迷宫实验。迷宫内有三条长度不等的通道，连接着出发点和食物箱，实验让白鼠在迷宫中进行认识方位的学习。实验分预备练习与正式实验两个阶段。在预备练习阶段，先让白鼠自由地熟悉整个迷宫的环境，接着确定它们对由出发点到食物箱的三条通道的偏好程度，方法是在白鼠饥饿的时候让它由出发点进入迷宫。几次练习后，它学会了舍弃第二和第三通道，独选第一通道，直奔食物箱，这表明白鼠对第一通道的偏好度最高。然后进入正式实验阶段。在不同的地方阻断第一通道，观察白鼠的行为。结果发现，白鼠在证实自已所偏好的第一通道已经堵塞的时候，会迅速退回，改走另外两条路途较远、练习较少的通道。

托尔曼对上述实验的解释是：白鼠在预备练习阶段游走迷宫各处的时候，已经学到了整个迷宫的“认知地图”（cognitive map）；白鼠学到认知地图之后，它在迷宫中的行为是目标导向的，而不是像条件反射学习论者所说的那样是反应导向的。动物的方位学习实验证明学习乃是经由认知获得的，而非经由刺激与反应的联结。该理论被称为认知地图学习理论。

认知地图学习理论对科学学习的启示是：学生的科学学习并非简单的刺激与反应的行为联结，而是一个犹如勾勒地图那样形成认知图景的过程，具备了这样的认知地图，学生就可以按图索骥，并获得对所学内容的理解。具体言之，教师可以引导学生通过制作思维导图、概念图、知识树等方式学习科学知识，在科学知识的内在关联中理解科学知识，构建知识的意义。

（五）加涅的阶段学习理论

美国佛罗里达州立大学的心理学家加涅（R. M. Gagné）试图调和行为主义和认知主义的冲突，寻求认知过程和行为过程的统一，寻求学习理论与实践应用的统一。他一方面承认行为的基本单位是刺激与反应的联结，另一方面又很重视作为中介因素的心智活动。加涅的学习理论从行为主义走向认知主义，其学习过程与阶段理论颇具特色，影响巨大。

学习目标分类——五种学习结果。加涅 1970 年依据学生的学习结果，分出三类学习：第一类是认知方面的学习，其中包括认知言语信息学习、智慧技能学习和认知策略学习（三种）；第二类是动作技能的学习；第三类是态度方面的学习。五种学习结果的分类对于教育者和学习者都有实际指导意义。

学习过程说——三系统九环节。加涅认为，学习是学习者通过自己对环境刺激信息进行内在的认知加工而获得认知发展的过程，这个过程由三个系统组成：（1）加工系统——它由感受器、感觉登记器、工作记忆、长时记忆、反应发生器和反应器（相当于效应器）所构成；（2）执行控制系统——这是一种控制信息加工过程的系统（包括九个环节），它对整个加工系统进行调节和控制，对应前述“认知策略”的运用；（3）动力系统——目标期望，新的信息输入之前，人们会根据个人的目标产生某种期望，这种期望会促使人们去注意有关信息，影响学习者学习的努力程度。

累积学习模式八个学习层次。加涅基于信息加工过程的分析提出八个学习层次。八个层次按照由简到繁的顺序排列为：（1）信号学习——通过经典条件反射学到的一些条件反射；（2）刺激—反应联结学习——经过操作性条件反射学到的一些条件反射；（3）连锁学习——将学到的多个刺激—反应联结串连成复杂的行为；（4）字语联结——多个单字联结成整个意义；（5）辨别学习——能够辨别出多个大同小异的刺激，并且分别做出相应的反应；（6）概念学习——能够概括出一类事物的共同的、本质的特征或属性；（7）规则学习——能够理解由若干概念构成的规则；（8）问题解决——能够通过思维将学到的概念与规则灵活地加以运用，最终解决问题。

教学设计论——内外部事件结合。依据信息加工理论与学习过程的分析，加涅提出了教学设计基本原理与具体框架，即基于学生信息加工的九个阶段，提出与之匹配的九大教学事件，通过外部教学事件对学生内部的信息加工的支持，促进学生的知识学习和信息加工，帮助学生掌握知识、训练技能、形成态度（表 5-1）。

表 5-1　教学过程内外部事件

信息加工过程（内部事件）	教学过程安排（外部事件）
1. 通过感受器接受信息	1. 引起注意，确保刺激被接受
2. 通过感觉登记器登记信息	2. 告知学习目标，建立适当的期望
3. 选择性知觉信息，以便在短时记忆中储存	3. 提示学习者从长时记忆中提取先前习得的内容
4. 通过复述在短时记忆中保持信息	4. 以清晰和富有特色的方式呈现材料，确保选择性知觉
5. 为了在长时记忆中保存而对信息进行语义编码	5. 以适当的语义编码指导学习
6. 将长时记忆中的信息提取到工作记忆中	6. 引出行为表现，包括反应生成
7. 反应生成并进入效应器	7. 提出关于行为表现的反馈
8. 学习结果表现于学习者的环境中	8. 测量行为表现，包括额外的反应反馈机会
9. 通过执行策略对过程进行控制	9. 安排多种练习以促进将来的提取和迁移

加涅教学设计原理与框架已运用于中小学各个学科的学与教，包括科学教学，无论对学生的学习指导还是对教师的教学设计均产生了重要影响。

三、建构主义学习理论

建构主义（construction）学习理论是认知主义的延伸与深化。20 世纪 70 年代以后崛起的建构主义，给学生学习和学校教育带来了一场意义深远的革命，对科学学习产生了重大影响。

（一）建构主义学习理论的早期发展

建构主义学习理论发端于 20 世纪上叶皮亚杰、维果茨基（Lev S. Vygosky）和布鲁纳的理论和实践①。

① 建构主义可追溯到康德“人为自然立法”的思想。康德为了走出传统经验论与唯理论各自的困境，主张认识不是主观符合客观，而是客观世界如何符合主体的认识形式。在康德看来，感性直观形式使数学成为可能，知性范畴使自然科学成为可能，正是因为先验形式统整后天经验，形成“先天综合判断”，知识才真正成为可能，从而实现了认识论领域的“哥白尼式革命”。

瑞士心理学家皮亚杰既反对感觉论和经验论，也反对预成论和康德的先验论，创立了发生认识论。他坚决主张，认识既不来自主体也不来自客体，而是主客体之间相互作用的产物。他认为，人的认识是主体在活动中，通过对客观现实的适应而逐步建构起来的，建构的产物比客体本身所提供的东西丰富得多，人的认识是在积极的建构活动中产生、发展与完善的。认知建构的不断同化、顺应，从平衡走向不平衡，再到新的不平衡，如此演进，人的认识得以发展。任何学习都只能在已经具备的一定水平的认知结构内发生，内部认知结构保证每一次具体的学习得以进行并且决定学习的水平，而发展则意味着内部认知结构要在更高层次上得到协调和重构，只有导致内部认知结构变化的学习才是发展。皮亚杰认为，儿童的认识不是对外部世界的简单反映，而是儿童在活动中建构与发展起来的。皮亚杰的发生认识论为建构主义奠定了理论基础。

与皮亚杰关注个体认知建构不同，苏联心理学家维果茨基更加强调社会文化对认知发展的作用，强调社会建构。维果茨基认为，出生后的个体生长于一定的社会环境之中，社会历史文化影响着认知的发展。他强调高级心理机能不仅来自主客体的交互作用，还来自主体之间的交往，社会交往在人的高级心理机能发展中作用突出。他认为，儿童是特定社会文化背景中的个人，而不是独立和孤立于社会环境之外的孤独个体，学习的社会过程与特征影响意义的形成。他尤其倡导对话的、交往的、互助的学习，因为社会互动学习能够超越学生既有的发展水平，促进更高水平的发展，这种发展是个体独立学习无法比拟的。因此，改善儿童的社会环境，尤其是改善儿童的教育环境，有助于儿童的认知建构，从而有利于儿童的认知发展。在此基础上，维果茨基提出语言促进认知建构的观点和最近发展区的观点。与皮亚杰强调动作的作用不同，维果茨基更加强调语言的作用。在他看来，语言在心理成长中扮演着中心角色。语言是思维的工具，儿童通过语言过程，将外部经验转化为内部的理解。对于最近发展区，维果茨基认为成人与儿童共同活动、交往，能为儿童的发展提供支架，促进儿童获得最优发展。换言之，儿童在成人和同伴的帮助下，可以超越既有的发展水平，发展到更高水平。维果茨基的社会建构论为合作学习提供了重要的理论支持。

布鲁纳在阐述发现学习的意义的时候，也曾明确地指出：强调学习中的发现，可以引领学生逐步成长为建构主义者（constructionist）。在 1966 年出版的《教学理论之建构》一书中，他指出：教学生学习任何科目，绝不是对学生心灵中灌输一些固定的知识，而是启发学生主动去求取知识与组织知识。教师不能把学生教成一个活动的书橱，而是教学生如何思维；教他学习如何像历史学家研究分析史料那样，从求知过程中去组织属于他自己的知识。参照皮亚杰认知发展阶段的划分，布鲁纳研究了儿童的认知发展水平。他认为，人是通过认知表征的过程来获得知识并实现学习的。所谓“认知表征”，就是通过知觉将外在事物转换为个体内在心理事实的过程。随着个体年龄的增长，认知表征方式也会发展，呈现出三种水平：动作表征、形象表征和符号表征。动作表征是儿童靠动作来认知世界、获得知识；形象表征是儿童用自己头脑中的表象去表现世界、获得知识；符号表征则是儿童运用符号文字去再现世界、获得知识。依据认知表征发展水平，可以设计不同层次的概念学习，促进儿童认知的螺旋式发展。

（二）当代建构主义学习理论

在皮亚杰、维果茨基和布鲁纳的理论影响下发展起来的建构主义，在当今心理学尤其是教育心理学和学习心理学领域，产生了强势影响。

当代建构主义没有统一的学术观点与理论主张，不同的建构主义者对“建构”的理解也不尽相同。建构主义主要有六种倾向：激进建构主义、社会性建构主义、社会文化认知的观点、信息加工的建构主义、社会建构论和控制论系统。其共同主张为：学习不是知识由教师向学生的传递，而是学生建构自己的知识的过程；学习者不是被动的信息吸收者，相反，他要主动地建构信息的意义，这种建构不可能由其他人代替。学习是个体建构自己的知识的过程，这意味着学习是主动的，学习者不是被动的刺激接受者，他要对外部信息做主动的选择和加工，因而学习不是行为主义所描述的刺激—反应（S-R）过程。而且，知识或意义也不是简单由外部信息决定的，外部信息本身没有意义，意义是学习者通过新旧知识经验间反复的、双向的相互作用建构而成的。其中，每个学习者都在以自己原有的经验系统为基础对新的信息进行编码，建构自己的理解。原有知识又因为新经验的进入而发生调整和改变，所以学习并不是简单的信息积累，它同时包含由新旧经验的冲突而引发的观念转变和结构重组，学习过程并不简单是信息的输入、存储和提取，而是新旧经验之间的相互作用过程。因此，建构主义又与认知主义的信息加工论有所不同。

当然，不同倾向的建构主义所关注的知识建构的侧面是不同的，它们或者关心个体在与其物理环境打交道的过程中实现的知识建构，或者关心个体与社会环境的相互作用，但它们都把学习看成建构过程，都以新旧知识经验的相互作用来解释知识建构的机制①。建构主义学习观强调学习的建构性，在知识的绝对性与相对性之间，它更强调相对性一面，强调知识的动态性；在结构性知识与非结构性知识之间，它更强调非结构性知识；在知识的概括性与具体性之间，它更强调具体性的一面。

建构主义学习理论的基本观点：(1) 学习是建构内在的心理表征的过程。(2) 学习者并不是把知识从外界搬运到记忆之中，而是以已有的经验为基础通过与外界的相互作用来建构新的理解。因此，学习是个体主动的建构。(3) 学习既是对新信息的意义的建构，也是对原有经验的改造和重组。一个学习过程同时包含着两方面的建构：一方面是对新信息的理解，通过运用已有经验，超越所提供的信息建构而成；另一方面是从记忆系统所提取的信息本身，也得按具体情况进行建构，而不是单纯提取。(4) 客观事物的意义并非完全独立于我们而存在，而是源于我们的建构。因此，当不同的学习者以各自的经验和方式进行建构的时候，他们所看到的事物的意义是不同的，他们对事物意义的理解也会是有差异的②。

总之，在建构主义者看来，世界是客观存在的，但对世界的理解和意义赋予却是由个人决定的。建构主义更加关注学习者原有的经验、心理结构与信念对意义建构的影响，强调学习的主动性、社会性和情境性。学习者并不是空着脑袋走进教室的，他是带着自己在生活中形成的经验参与学习的。学习不是行为主义所描述的学习者被动接受信息、巩固强化的过程，而是学习者主动选择和加工外部信息、建构信息的意义的过程。知识学习不是教师简单地向学生传递知识的过程，而是学生在已有经验基础上自己建构知识的过程。科学学习过程不是简单的外部输入与知识记忆，而是个人的理论与模型的建构与重构的过程，个人理论与模式在后续的学习中不断修正与完善。因此，学生是知识意义的主动建构者，教师是合作者、引导者及知识建构的促进者。科学教学应以学生学习为中心，尊重学生的主体性，发挥学生在科学学习过程中的主动性和建构性，重视创设科学探究情境，鼓励学生之间对话、交流与协作，共同建构科学知识的意义。

四、多元智能理论

传统的智力理论和皮亚杰的认知理论认为，智力是以语言能力和数理

① 陈琦，张建伟. 建构主义学习观要义评析 [J]. 华东师范大学学报（教育科学版），1998 (1)：61-68.

② 樊琪. 科学学习心理学：科学课程的教与学 [M]. 北京：中国轻工业出版社，2002：145.

逻辑能力为核心的一种能力，且以整合的方式存在。霍华德·加德纳(Howard Gardner) 1983年出版《智能的结构》一书，反驳了上述观点，提出“多元智能”一说，扩展了传统心理学的智力概念。加德纳认为，“智能是解决问题或制造产品的能力，这些能力对于特定的文化和社会环境是很有价值的”①。即，智能是在某种社会和文化环境之中，个体用以解决自己遇到的真正难题或生产及创造出某种产品的能力。一方面，智力不是一种能力而是一组能力；另一方面，智力不是以整合的方式存在而是以相互独立的方式存在的。加德纳最早提出七种智能要素：逻辑/数学、语言、音乐、空间、运动、交际、内省，后来又增加了两种智能要素——自然和生存，共九种智能要素（见表5-2)。

表5-2　加德纳九大智能要素

智能要素	要点	典型职业
逻辑/数学	逻辑推理能力；对数学形式的敏感；科学分析的能力	数学家、科学家
语言	语言表达能力；对字/词的发音、韵脚和意义敏感	诗人、作家
音乐	音乐欣赏和表达能力；对音调、韵律、音色等敏感	音乐家，如莫扎特
空间	在脑中形成一个外部空间世界的模式；对空间物体做出精确的视觉判断；对色彩、形状、图像、对称性等敏感	水手、工程师、外科医生、雕刻家、画家
运动	运用整个身体或身体的一部分解决问题或制造产品的能力；控制身体运动及动手实验的能力；对触摸、运动等敏感	舞蹈家、运动员、外科医生、手工艺大师
交际	理解他人的能力；与他人交流的能力；对身体语言、情绪、声调等敏感	销售商、政治家、教师、心理医生、宗教领袖
内省	深入自己内心世界的能力；自我控制和反省的能力；对自己的特长和弱点等有清楚的认识，善于自我规划	
自然	观察、识别自然界动、植物类别的能力；对自然界的物体、植物、动物及生存问题敏感	
生存	探讨人生哲学的能力；对一些人生问题敏感，如为什么我们生活在这个世界上	

① ［美］霍华德·加德纳．多元智能［M］．沈致隆，译．北京：新华出版社，1999：8.

加德纳认为，每一种智能还可以再细分，彼此之间的顺序也可以重新排列，每个人与生俱来的智能的种类可能不同，在生命终结时特定的智能的种类肯定不同。智能是原始的生物潜能，从技能的角度看，这种潜能只有在那些奇特的个体上，才以单一的形式表现出来。除此之外，几乎在所有的人身上，都是数种智能组合在一起解决问题或生产各式各样的、专业的和业余的文化产品。据此，学校教育的宗旨应该是开发多种智能，帮助学生发现适合其智能特点的职业和业余爱好，使他们在将来的事业上更投入、更具有竞争力，以更具建设性的方式服务于社会。

智能多元化的观点为学生的科学学习提供了广阔的前景。一方面，它帮助学生采用多种方式，运用多元智能，促进学生多方面的发展，达到最好的学习效果；另一方面，它尊重学生的智能差异，以学生个人为中心，对每个学生的认知特点都给予充分的理解，鼓励他们按照自己的方式进行学习，而不是都采用相同的方法学习科学。

基于多元智能的单元教学“热能与温度”见图 5-3。

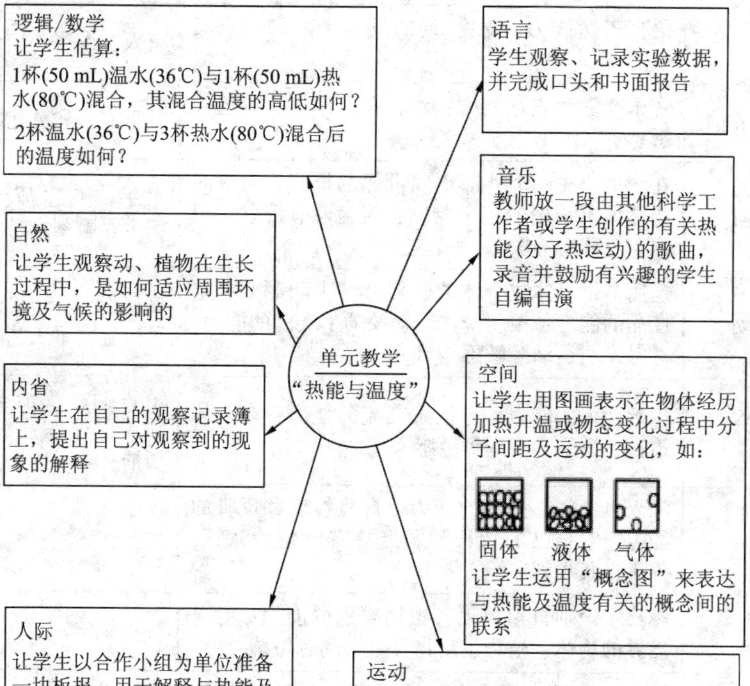

图 5-3　基于多元智能的单元教学“热能与温度”

（陈华彬，梁玲．小学科学教育概论［M］．北京：高等教育出版社，2003：113.）

第三节　科学学习的生物基础

小学科学学习研究需要理论的支撑，脑科学研究等为小学科学学习及其指导提供了依据。小学科学学习需要从相关研究中吸取营养，以丰富和深化小学科学学习策略。

一、脑科学

脑科学研究主要从两大方面展开：生理学的研究与心理学的研究。一方面，脑的研究围绕脑的基本物质结构进行，例如研究神经元、神经元如何连接、神经网络等；另一方面，脑的研究围绕超越这些物质的精神方面进行，例如研究神经系统如何产生喜悦、悲伤、忧郁等心理现象。近年来，心理学研究在人类的自我意识、盲视、意识的神经机制、脑的可塑性、视觉识别、选择性注意等方面都取得了重大进展。生理学方面的研究包括细胞生物学、神经系统解剖学、神经生物学、生物化学、生物物理学等多种学科。

（一）神经系统

经过长期的进化发展，地球上的大多数动物群体都具有了神经系统。从低等动物到高等动物再到人类，其神经系统都由神经细胞和神经胶质细胞构成。到目前为止，我们发现神经系统的结构和功能单位是神经细胞，神经细胞也称为神经元。越是高等的动物，其神经元的数量越多。

神经元的大小和形状千差万别。神经元的结构一般可分为两部分：胞体与突起（突起又分为树突和轴突）。神经元的胞体由细胞膜、细胞质和细胞核等组成。各种神经元相互联系构成复杂的神经系统。神经网络系统中的感觉神经元接收到信息后，通过传入神经元将信息传入中间神经元，中间神经元对信息进行综合分析后，将相关信息通过传出神经元发送到与环境紧密联系的效应器，使效应器官对环境做出相应的反应。刺激信息经由中枢神经系统中一个神经元的轴突传向另一神经元的树突。神经元之间的机能连接点被称为突触，化学突触具有刺激和抑制的属性。神经元胞体整合源自突触的所有信息，然后决定输出。突触传递与接收信息的基本过程如图 5-4 所示。化学突触中的小泡和突触前膜融合、裂开，将神经递质释放到突触间隙，然后作用于突触后受体。

在人生发展过程中，突触不断生成。刚出生时人脑仅拥有万亿个突触中的很少一部分，更多的突触是在出生后形成的，这一进程部分地受经验的指引。突触形成有两种方式。第一种方式是突触产出过剩，然后选择性地消失。突触过剩和消失是大脑吸收经验信息的基本机制，通常出现在发育早期。突触形成的第二种方式是添加新的突触，犹如艺术家添加某些东西最终创造出一件雕塑品一样。突触添加过程涵盖人的一生，在人的中晚年时期更为重要，这一过程不仅对经验敏感，而且事实上是由经验驱动的。突触的添加是一部分或大部分记忆的基础。

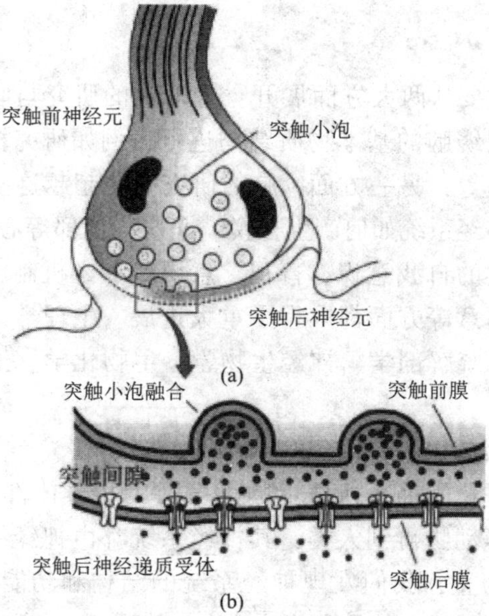

图 5-4　化学突触神经递质释放模式图

研究表明，人的中枢神经系统大约有 1000 亿个神经细胞（神经元）。人类的神经系统由中枢神经系统和外周神经系统组成。脑和脊髓组成中枢神经系统，其中脑又分为脑干（包括中脑、桥脑、延髓）、间脑、端脑、小脑四个部分（见图 5-5）。脑有着高度复杂而又十分精细的结构，大脑是高级心理活动的主要场所。外周神经系统由 12 对脑神经与 31 对脊神经构成，将来自大脑的指令传达至效应器，同时接受来自多种感受器的信息，传至中枢。研究发现，脑内信息流主要有三个方面：信息的流入、信息的输出和信息中枢的处理。信息流从外周感受器流向脊髓、端脑称为信息流入，从端脑流向脊髓直至外周则称为信息输出。脑皮层中的信息流最为复杂，是信息的中枢处理过程，主要由局部神经元和局部神经元回路所完成。上述功能结构常称反射弧，反射弧可分为传入神经元、中间神经元、传出神经元，其中以中间神经元为最多。正是通过反射弧，信息的联结与流通才成为可能。

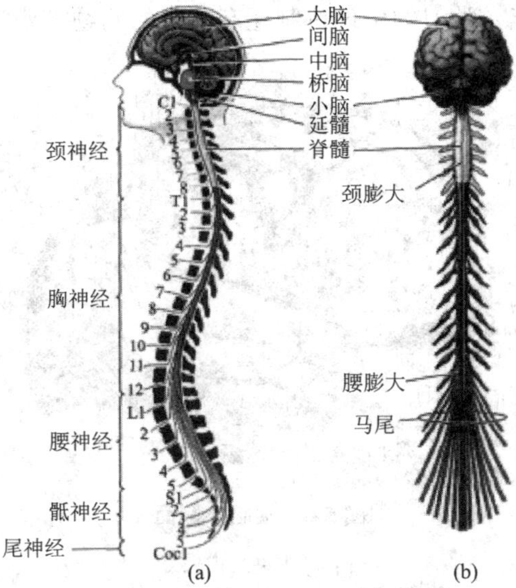

图 5-5　中枢神经系统的组成示意图

(二) 脑的结构与功能

脑由延髓、小脑、桥脑、中脑、间脑、端脑（即大脑）等部分构成。人的心理活动主要发生在大脑之中，大脑是中枢神经系统的“司令部”，高级心理活动与大脑关系尤为密切。大脑的基本结构如图 5-6 与图 5-7 所示。

关于脑的高级功能如智力如何产生、学习和记忆的机制等问题，人们了解甚少，但科学家们还是做了大量的基础研究，取得了一些共识。如学习和记忆功能不仅仅局限于大脑的某个单一部位，大脑功能的神经元之中并没有特殊的“记忆细胞”专门贮存我们的生活经历和习得行为。目前，我们对学习过程本身的理解还处于初级阶段。有研究显示，陈述性记忆主要依赖于海马和相关结构，程序性记忆与纹状体有关，而工作记忆痕迹广泛分布于大脑内①。当然，脑科学的研究任重道远，正如有研究者指出的那样，“我们对脑的解剖结构、回路以及可塑性如何影响到人的高级水平作业的学习效果只有初步的了解。很显然，随着更多的新方法被采用和更多的实验室投入到对研究结果的检查中来，这些研究发现的准确性和可重复性将会稳步增加。但是，我们似乎永远也不可能，用高手在象棋比赛中每一个脑区活动的计算来描述下国际象棋的过程”②。看来，

---

① 徐耀忠．脑科学［M］．合肥：中国科学技术大学出版社，2008：88.

② ［美］罗伯特·索拉索．21 世纪的心理学与脑科学［M］．朱滢，陈煊之，等译．北京：北京大学出版社，2002：94.

有关脑的高级功能、学习的生理机制还有更多的问题需要深入探讨。

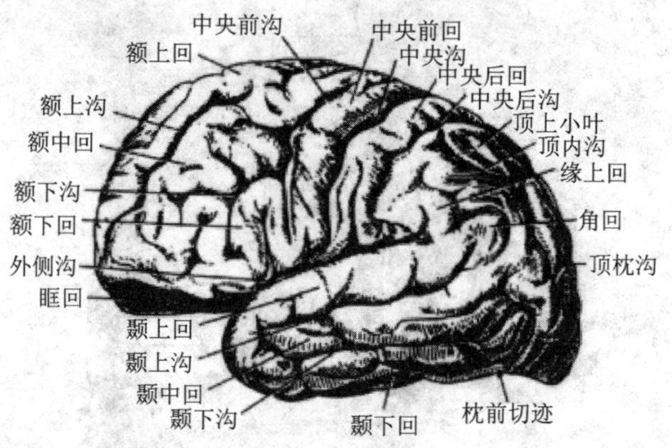

图 5-6　端脑外侧面

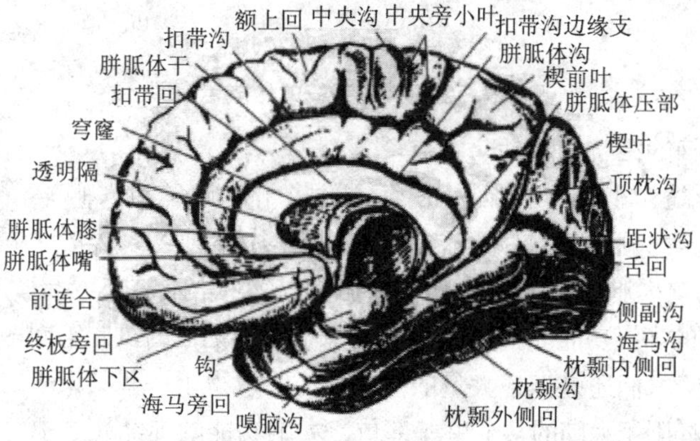

图 5-7　端脑内侧面

二、脑科学与学习的关系

（一）大脑——学习的生物学基础

学习的发生需要一定的物质基础与生理基础。在生理基础方面，脑的结构与功能的研究为科学学习奠定了生物学基础。近些年来，发展心理学、认知心理学和神经科学等已对脑展开了大量的调查与研究，使我们对儿童的学习和发展有了更多的认识和了解。科学家们运用非浸入性成像技术，如正电子放射断层X线摄影术和功能性磁共振成像术，能直接观察到人的学习过程。神经科学澄清了关于学习的部分机制，如感觉、知觉、记忆、思维、想象、技能训练甚至态度变化可能具有一定的神经基础，尽管难以准确地一一对应。换言之，不同的学习活动可能与大脑皮质特定区域或相关区域有着或多或少的联系。

研究指出，脑和脊髓主要包含感觉系统、运动系统、启动系统等，这些系统遵循四个基本原则：(1) 各个功能系统传导路都有中间接替核团，信号在神经通路上的传递是由多级神经元完成的。(2) 各个功能系统都有独立的传导路，神经信号的传递互相独立，有确定的神经通路。(3) 各个神经系统传导通路都具有拓扑性质的结构特点。(4) 各个神经系统中大多数神经传导路交叉到躯体对侧分布①。我国学者唐孝威、黄秉宪在苏联鲁利亚的脑的三个功能系统学说基础上增加了“评估、情绪”，提出脑的四个功能系统学说，他们认为脑内存在四个相对独立而又紧密联系的功能系统，即第一功能系统——保证、调节紧张度和觉醒状态，第二功能系统——接受、加工和储存信息，第三功能系统——制定程序、调节控制心理活动和行为，第四功能系统——评估信息和产生情绪体验。人的各种行为和心理活动，都是这四个功能系统相互作用和协同活动的结果②。这一研究为我们理解学生的学习与行为奠定了基础。大脑皮质的不同部位为不同心理与行为提供了生理基础。图 5-8 显示了感觉与运动在大脑皮质不同区域的功能定位，而区域范围的大小又受个体经验的显著影响。图 5-9 展示了躯体各部在第一躯体运动代表区的定位。

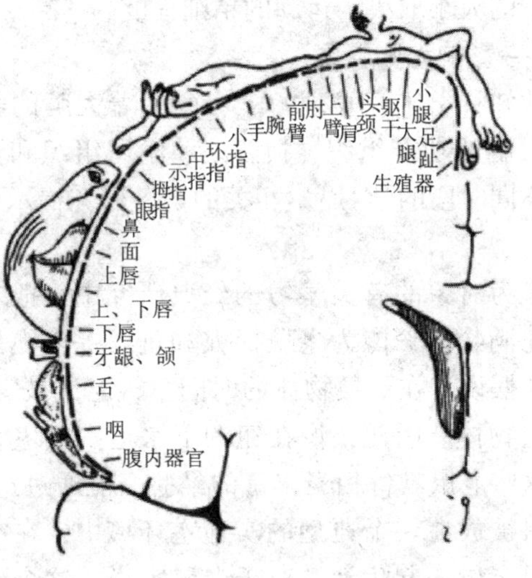

图 5-8　中央后回皮层第一躯体感觉代表区示意图

（图中嘴唇感觉的皮层代表区面积大于躯干皮层代表区面积。尽管躯干的面积远远大于嘴唇，但皮层代表区面积的大小取决于感觉的敏感程度。）

---

① 徐耀忠．脑科学［M］．合肥：中国科学技术大学出版社，2008：10.

② 唐孝威，等．脑与心智［M］．杭州：浙江大学出版社，2008：297.

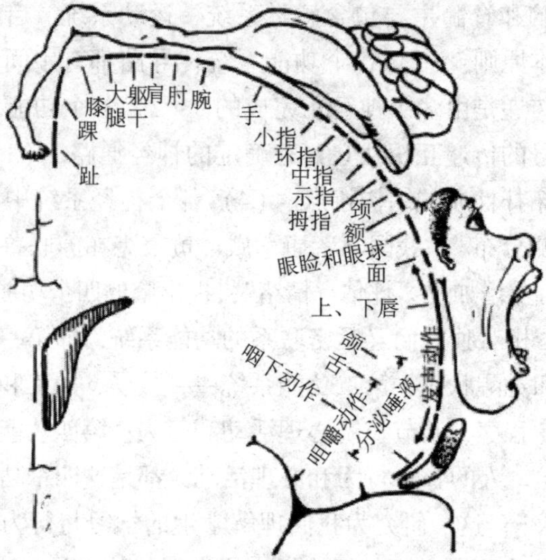

图 5-9　躯体各部在第一躯体运动代表区的定位

（图中支配手指运动的皮层代表区面积远远大于支配躯干运动的皮层代表区。代表区面积的大小取决于运动的精细程度。）

（二）学习——影响大脑发展

神经科学和认知科学研究发现：学习改变着大脑的物质结构；这些结构的变化改变了大脑的功能组织，换言之，学习组织和重组大脑；大脑的不同部位适合于不同时段的学习①。相关的实验研究揭示了学习对大脑发育的影响。

在一些以老鼠为对象的有关学习的经典研究中，把老鼠放到一个杂居环境中，该环境充满物体，能为老鼠探究和玩耍提供充足的机会。物体每天都在变换和重新摆设。在更换物体的时间里，老鼠被安放到另一环境中，该环境摆设另一组物体。因此，像在纽约下水道中或堪萨斯田野里真实世界的老鼠一样，这些老鼠具备相当丰富的经验，能通过这些经验提取信息。一个对照组的老鼠被放在一个典型的实验室环境中，在空荡荡的笼子里独自生活或与一两只老鼠一起生活。对于老鼠来说，这个环境显然是单调而又缺乏真实情境的。这两种场景有助于确定经验是如何影响正常大脑和正常认知结构的发展的，同时也便于人们观察到当剥夺动物的关键体验时会

① ［美］约翰·D. 布兰思福特，安·L. 布朗，罗德尼·R. 科金．人是如何学习的：大脑、心理、经验及学校（扩展版）［M］. 程可拉，孙亚玲，王旭卿，译．上海：华东师范大学出版社，2012：130.

发生什么情况。

当生活在复杂环境或贫瘠环境中的老鼠成长到青春期后，让两组老鼠接触学习经验。在复杂环境中长大的老鼠一开始就比其他老鼠少犯错误，它们也能很快学会不犯任何错误。在这一意义上，它们比剥夺环境中的老鼠更聪明。如果给予正面的奖励，它们比单独关在笼子中圈养的动物在应付复杂任务时表现得更加突出。显然，学习改变了老鼠的大脑，在复杂环境中生活的动物，它们视觉皮质中每个神经细胞的突触拥有量比在标准笼子里圈养的动物高出20%到25%①。

以上实验研究显示，在复杂环境中，动物不仅凭经验学习，而且它们的奔跑、玩耍和练习也激活了大脑。此外，主动学习能增加大脑突触，不同种类的经验以不同方式制约大脑。神经细胞的生物电学记录证实，具体任务的学习能使适合该任务的大脑某些区域产生局部变化，也就是说，学习赋予大脑新的组织模式。动物研究的相关成果几乎可以肯定也会发生在人身上。

一些学者研究了语言与经验对大脑的影响。他们发现，具体类型的经验可以替代语言的一些功能，促进大脑其他区域的发展。例如，学习手语的聋人可以通过应用视觉系统替代听觉系统来学习交际。与口语一样，手语具有语法结构、词缀和词形，手语的感知取决于形状、相应的空间位置和手动的平行视觉感知。当聋人用手语学习交际时，不同的神经系统加工替代了正常情况下用于语言加工的神经系统。此外，大脑部分切除个体的实验研究表明，给他们提供指导和长期的训练，能够导致功能的部分或全部恢复。经验在修正大脑结构、建构心理结构的过程中充当重要的角色，个体经历学习而获得的经验在脑的功能组织中具有举足轻重的影响。

有学者认为，“神经科学正开始为教育工作者了解自己特别感兴趣的问题提供一些方法，尽管还不是最终定论。越来越多的证据显示大脑的发展和成熟随学习的发生而在结构上产生变化。因此，人们认为这些结构的变化是大脑对学习进行编码。研究发现老鼠大脑皮质的重量和厚度变化与起刺激作用的物质环境和起交互作用的社会群体直接相关。随后的研究也显示了神经细胞和支撑其功能的组织结构的潜在变化。神经细胞拥有大量突触，通过这些突触它们能够彼此沟通。神经细胞自身的结构亦相应地发生

① ［美］约翰·D. 布兰思福特，安·L. 布朗，罗德尼·R. 科金．人是如何学习的：大脑、心理、经验及学校（扩展版）［M］．程可拉，孙亚玲，王旭卿，译．上海：华东师范大学出版社，2012：105–106.

变化。至少在某些条件下，对神经元提供支持的胶质细胞和输送血液的毛细血管两者也会改变。具体任务的学习似乎改变该任务所涉及的大脑具体区域。这些发现表明大脑是一个动态器官，很大程度上是由经验塑造——由生物正在做的和已经做的所决定”①。

（三）基于脑科学研究的学习策略

生理学和心理学的新近研究表明，大脑中有三个学习区域：识别网络——帮助学习者感知和确定各种事物，辨别和理解信息、观念和概念；策略网络——形成并指导认知与心理动作方面的活动，使学习者能够计划、执行和监控各种行为；情感网络——从情感上评价和帮助事物，使学习者能够积极参与学习任务、关注周围的世界。基于上述网络，美国通用学习设计研究专家戴维·罗斯（David H. Rose）和杰娜·沃森（Jenna Wasson）提出了学习的三表原理：多元表征理解——聚焦于学什么；多种行为表现——关于怎样学；多样表达意愿——探究为什么学②。基于三表原理的“通用学习设计”可用于科学课程主题单元教学领域，如“濒临灭绝的物种”单元的教学设计。

文献提示

“通用学习设计主题单元设计案例——濒临灭绝的物种”，见盛群力主编《现代教学设计论》（修订本），浙江教育出版社，2010.

本章内容小结：

科学学习是儿童获得科学活动经验，发展科学素养的过程。依据不同标准可将科学学习分为不同的类型，如科学知识的学习、科学技能的学习、科学情感的学习等。行为主义、认知主义、建构主义、多元智能理论等为科学学习提供了重要的理论基础。当代脑科学研究为科学学习开辟了新的视野。

本章问题研究：

1. 简述是什么学习，简述科学学习的基本特点。

2. 建构主义学习理论的基本主张有哪些？谈谈建构主义学习观对学生的科学学习与教师的科学教学有何意义。

---

① ［美］约翰·D. 布兰思福特，安·L. 布朗，罗德尼·R. 科金．人是如何学习的：大脑、心理、经验及学校（扩展版）［M］. 程可拉，孙亚玲，王旭卿，译．上海：华东师范大学出版社，2012：111.

② 盛群力．现代教学设计论（修订本）［M］. 杭州：浙江教育出版社，2010：第六章.

3. 多元智能理论的基本主张是什么？请以“种子发芽”为例，设计一个基于多元智能理论的小学生科学学习方案（可参见图 5-3）。

本章参考文献：

1. ［美］罗伯特·索拉索 .21 世纪的心理学与脑科学［M］. 朱滢，陈煊之，等译 . 北京：北京大学出版社，2002.

2. ［美］M. P. 德里斯科尔 . 学习心理学：面向教学的取向［M］. 3 版. 王小明，等译 . 上海：华东师范大学出版社，2007.

3. ［美］阿瑟·A. 卡琳，乔尔·E. 巴斯，特丽·L. 康坦特 . 教作为探究的科学［M］. 廖婷婷，刘翠航，刘健，等译 . 北京：人民教育出版社，2008.

4. ［美］理查德·迈耶 . 学科教学心理学［M］. 姚梅林，等译 . 南京：江苏教育出版社，2010.

5. ［美］约翰·D. 布兰思福特，安·L. 布朗，罗德尼·R. 科金 . 人是如何学习的：大脑、心理、经验及学校（扩展版）［M］. 程可拉，孙亚玲，王旭卿，译 . 上海：华东师范大学出版社，2012.

6. ［丹］克努兹·伊列雷斯 . 我们如何学习：全视角学习理论［M］. 孙玫璐，译 . 北京：教育科学出版社，2014.

第六章

小学生的科学学习

在科学学习系列研究中，前概念研究、学习进阶研究受到特别的关注，其成果为科学学习及其指导提供了依据。吸取前概念研究、学习进阶研究成果，有助于丰富和深化小学科学学习策略。

第一节　前概念与小学科学学习

前概念（preconception）或前科学概念又被称为日常概念、朴素概念；一些学者采用音译与义译结合方式将英文“misconception”译为“迷思概念”（由“mis”的音译与“conception”的义译两部分组成），较好地表达了这一概念的内涵。本节在同等意义上使用“前概念”“前科学概念”与“迷思概念”。

一、儿童的前概念

（一）儿童的前概念研究

学习者拥有的前概念、迷思概念对科学学习具有重要影响。学生先前的生活经验未必都是错误的，但这些来自学生个体生活经验的对科学概念的看法，往往是片面、模糊甚至是对立的。科学学习的重要任务是在前概念的基础上构建科学概念，将前概念转化为科学概念。

1. 皮亚杰的研究

20 世纪 20 年代，皮亚杰运用临床访谈方法研究儿童的概念理解，出版了两本著作《儿童对世界的概念》和《儿童的自然因果概念》，记录了许多对 5~15 岁儿童的访谈。在《儿童对世界的概念》中，皮亚杰介绍了有关名字的由来、梦、动物的意识、生命的含义及其他一些“日常生活”问题的访谈。皮亚杰想以此探明各年龄段儿童眼中的“现实世界”，并试图弄清楚儿童能在多大限度上区分出外部世界与内部世界（即儿童的主观世界）。《儿童的自然因果概念》是关于物质世界因果关系的访谈，该书考察了儿童对空气、云彩、日月星辰、水流、力、沉浮、阴影等自然现象的理解。

参照皮亚杰的访谈模式，一些研究者在 20 世纪 70 年代做了类似的访谈，以此探究儿童的思维特征。访谈分为无操作辅助的访谈与有操作辅助的访谈，以了解儿童对一些科学概念或现象的解释。有研究者运用无操作辅助的访谈方法向儿童提出 8 个概念，如能量、死亡、燃烧、原子、细菌、冷热、太阳、风，记录了儿童的简短回答①。关于细菌、风的访谈记录如下：

> 什么是细菌？
>
> 基思（8 岁）：细菌就是生活在水里和茶杯中的东西，它会让人生病。
>
> 帕特（8 岁）：细菌生活在狗身上，也会伤害人。
>
> 查理斯（9 岁）：打喷嚏或捡脏东西的地方就有细菌。
>
> 贝蒂（9 岁）：当你吃别人吃过的东西或被狗亲了一下时就有细菌。
>
> 基姆（8 岁）：在污垢里或堆满东西的地方，我们看不见这些很小很小的虫子。
>
> 苏（8 岁）：脏东西身上的小斑点就是细菌，有时会让人生病。
>
> 亚历克斯（9 岁）：在里面。它们生活在自己的世界中，会让人生病。
>
> 捷夫（8 岁）：有一些细菌是好的，有一些在蛇身上。黑莓身上没有细菌。
>
> 风是从哪里来的？
>
> 基思（8 岁）：风来自云。卡车、小汽车、飞机产生了风，风永不停歇。
>
> 帕特（6 岁）：风来自树。
>
> 肯尼斯（6 岁）：风来自能量——不，我觉得它还是来自树。
>
> 布伦特（9 岁），风来自天空、海洋，它从月亮和云的背后吹过来。

---

① ［美］罗纳德·G. 古德．儿童如何学科学：概念的形成和对教学的建议［M］．张东海，等译．北京：人民教育出版社，2005：14-17.

达瑞尔（8 岁）：风来自天空。氧气产生压力抽打着风，风就这样吹了起来。

贝基（8 岁），我认为风来自天空。风吹过之后，又回到天上去了。

莉萨（8 岁）：风来自云。风吹过后就消失在空气中。

可见，儿童对自然现象的理解基于儿童的经验，在日常生活中，通过个人的观察、体验、想象，或通过父母、电视等媒体，他们获得了对自然的一些初步认知，这些认知往往是模糊、直观、含混的，并非教科书式的科学概念。

2. 维果茨基的研究

维果茨基将儿童的概念发展水平分为：混合思维、复合思维、日常概念与科学概念，描述了童年期概念发展的历程。

文献提示

“童年期科学概念的发展”，见维果茨基《思维与语言》，李维译，浙江教育出版社，1997.

美国兰本达教授依据维果茨基的理论展开了实证研究，描述了儿童概念发展的箭头。

（1）混合思维

我们同时感受到两个或两个以上的事物，在头脑中把它们联系起来。它们之间可能既没有逻辑上的联系，也没有功能上的关系，但是它们在我们的感觉上有着同时出现的关系。如，一个孩子正在看一本连环画，突然响起了一声霹雳，房间都晃动了，于是他不再看书了——因为“看书会引起打雷”。

（2）复合思维

儿童根据组成复合体的各成分之间具体的、实际的联系来认识事物。复合思维一般以感知为基础，是基于对外在相似之处的感知。事物因同样的尺寸、颜色或形状被联系在一起，这反映的是直接经验所揭示的任意的、实际的、直观的关系，非抽象的、逻辑的关系。如，一组四年级学生在看一段有关沙漠的电影，看到一只鬣蜥（一种蜥蜴）将自己埋入沙中。多萝西娅问：“它在那下面怎么呼吸呀？”爱德华回答道：“我知道。呼吸要有氧气……水是 H_2O，所以里面有氧气……鱼有鳃，可以在水里呼吸……因此蜥蜴肯定也有一种鳃，可以从石头里吸氧气。”

（3）前概念思维

该水平的思维已发展成为抽象的思维，但却又总和具体事物保持着某种联系。当一个孩子开始用抽象的词语代替纯具体的、可感知的词语思考时，他便进入了“前概念思维”阶段。抽象词汇的使用，促进了新的思想，语言开始变得丰富起来。但他们对这些词语所表达的概念还不能进行抽象的理解，其陈述会夹杂一些具体性的叙述。如下面的陈述：在光合作用中，绿色植物制造糖；水的循环是同样的水在雨、河流、植物和空气中的反复循环；是运动很快的分子造成了气球里的压力。这些陈述既有抽象的思想，又有具体的思想，还未达到完全抽象的水平。

（4）概念思维

本阶段的儿童会使用抽象概念进行思考，处于最高概括水平，如对“电磁波转化为粒子的”思考，思维不再是具体的。思考时所用的词汇和短语并不组成具体的形象，思考时必须把一些抽象概念跟另一些抽象概念联系起来。

总之，“沿概念箭头的头两个阶段是基于外表的感知的。在混合思维中，本质上没有关系的事物被堆到一起，因为它们是同时被感知的。在复合思维中，感知到了一个外部的、或真正具体的类似之处。可以根据各个事物之间一个或更多的共同的特征，一个共同的功用，或通过它们的相反之处，把它们联系起来；也可以通过链式的联想，即每加上一样事物就换一个共同的特征，甚至通过扩散性的联想把事物联系起来”①。比如孩子们会把三角形和四边形联系起来，因为“角”使他们想到了同一个事物。

3. 其他研究

英国利兹大学科学与数学教育研究中心罗莎琳德·德赖弗（Rosalind Driver）等人对10~16岁在校学生对光、简单电路、热和温度、力和运动、气体状态、物质守恒、地球等领域的一系列自然现象所具有的概念进行调查。研究表明，儿童确实有他们自己对各种现象的想法，这些“想法”常常在不同的时候表现得似乎并不连贯，甚至在与实验结果或教师的解释不相一致时，学生也还继续坚持自己的想法。如关于光的运动，对儿童来说是相当陌生的，他们把光看作一种在空间存在的实体。10~11岁的儿童，把灯等同于它的来源或它产生的效应②。

韦罗妮克（12岁）：但是，确实有一些光能运动，而有些则不能！比如，天花板上的光不能运动，手电筒中的光会运动，车灯

① ［美］兰本达，［美］布莱克伍德，［美］布兰德温，等．小学科学教育的“探究—研讨”教学法［M］．陈德彰，张泰金，译．北京：人民教育出版社，2010：158.

② ［英］罗莎琳德·德赖弗，［法］埃迪特·盖内，［法］安德烈·蒂贝尔吉安．儿童的科学前概念［M］．刘小玲，等译．上海：上海科技教育出版社，2008：13.

的光也会运动……因为天花板上的光就是阳光，而太阳是不运动的。

弗朗索瓦（11岁）：啊，是的，光会运动。

访谈人员：嗯……那么它是怎么运动的呢？

弗朗索瓦：光在夜晚是黑的，在白天就是亮的。

访谈人员：那么光是怎么运动的呢？

弗朗索瓦：哦，是黑暗，是黑暗来了，因为黑暗是黑的，黑暗到来你就什么也看不见了。

国外学者研究发现，小学生在多个领域的科学学习中存在大量前概念，其中，在物质科学领域可能存在的误解如①：

固体呈粉末状时较轻。

如果你融化固体，它就会变轻。

沸腾是一种不可逆转的变化。

蒸发或沸腾的液体永远消失。

云是由气体构成的。

重的物体比轻的物体下落速度快。

飞行中的球有一种推动它前进的力。

力总是成对地起作用，它们是相等的和相反的。

如果一个物体在运动，那么在运动的方向上就会施加更多的力。

静止的物体没有作用于它的力。

迷思概念

我国研究者以3~6周岁儿童为对象，选择水、重力、密度、浮力、光与影、空气、冷和热、声音、生命、繁殖等概念，利用临床访谈法和现象学等研究方法进行了较为深入的研究，此处就不再展开了。

（二）前概念的基本特征

一些研究者运用辅助访谈、无辅助访谈，或采用纸笔测试（如让儿童构建概念图）等方法调查儿童的前概念，发现儿童的前概念在儿童认知中普遍存在，如下述认识："植物与人不同，在呼吸时吸进二氧化碳，吐出氧气"，"胃的主要功能是消化食物，吸收营养"，"一个物体温度越高，它含的热量就越多"，"电流通过灯泡以后就被用掉了"，"夏天热、冬天冷是因为夏天太阳离地球更近，而冬天太阳离地球远"，"月亮发出的光不带热量，

① ALLEN M. Misconceptions in primary science［M］. Maidenhead：Open University Press，2010.

所以晚上一般比较冷”，等等。前概念具有如下特征：

1. 隐蔽性

儿童的前概念是在日常生活中不知不觉产生的，暴露的机会较少，家长与老师甚至儿童本人都很难察觉，只有在特殊的场景下，儿童的前概念才可能显露。如在一个夏天，一家人正围着餐桌吃饭，爸爸指着自己瘦削的胳膊说“肌肉太少”，三岁的女儿惊奇地问道：“鸡肉（肌肉）怎么长到人身上了？”前概念的隐蔽性可能成为科学概念学习与理解的严重阻碍。辨别前概念是一项异常复杂的工作，需要教师借助一定的方法予以调查、识别，分析前概念与科学概念之间的差距。

2. 矛盾性

儿童的前概念是在自己的生活中无意识形成的，既幼稚、零碎，又常常相互矛盾，儿童有时对同一问题会给出两种不同的解答，而他们自己却意识不到自身概念的矛盾性。如美国的菲利普（Phlips）在二年级儿童中做过一个调查，研究发现95%的学生在书面测验中回答地球是球形的，但在一对一的私下谈话时，很多学生又认为地球是平的。甚至在一个初二的课堂上，当教师在讲地球自转公转及四季形成的原因时，有一个同学问：“那我们究竟生活在地球的里面还是外面？”班里的大多数同学都看着老师，等待老师的答案。

3. 顽固性

前概念一旦形成，便难以改变，有的可能与人相伴一生，如同诺维克（J. D. Novak）所说：前概念“在个人的头脑中将会十分地顽固并将持续很多年”。因为有的概念是儿童在对周围世界长期认识和思考的过程中建构起来的貌似合理的知识，能够自圆其说，具有较强的解释力。如“地平面”的概念就具有相当的解释力，而实际上地球的面不是平面，而是曲面。可见，儿童既有的前概念的改变是十分缓慢的，即使教师给他们做了正确的解释，他们也会有意识地抵制科学的概念，他们做试卷时使用科学概念作答，但在日常生活中又不自觉地回到前概念理解。

4. 差异性

由于每个孩子的生活经历、家庭背景、社会环境不同，他们对自然现象的认识与理解带有强烈的个人色彩；由于经验因人而异，前概念具有很强的个人性，不同的人具有不同的前概念，在农村长大的孩子与在城市长大的孩子对科学概念的理解存在较大差异。因此，关于前概念的调查与研究所揭示的儿童前概念的种种表现可能仅仅是一些个案，而非所有儿童的前概念，不同儿童对同一自然现象、问题的前概念、前理解可能存在较大差异。

(三) 前概念的成因

一般地讲，日常生活、事物表面或明显特征、知识与文化背景、同伴文化、教学误导、大众传媒等因素影响着儿童日常概念的形成。形成前概念的主要因素有：

1. 日常生活的影响

人们对科学知识的理解深深打上了日常生活的烙印。不论是生活方式、生活经验还是日常语言，都可能成为产生前概念的重要土壤。譬如日常语言中“下霜”的说法，甚至文学中“月落乌啼霜满天”的诗句，均给人一种暗示：“霜”是从天上下来的。这就是“下霜”这一前概念的由来。

2. 事物表面特征的影响

太阳东升西落，在《两小儿辩日》中，一小儿认为早晨太阳离地球近，因为“日初出大如车盖”，另一小儿认为中午太阳离地球近，因为“日中如探汤”；月亮会跟着人走；从同一高度落下的两个物体，重的物体先着地；太阳围着地球转……诸如此类的前概念均是受事物表面或明显特征的影响而形成的。

3. 知识文化背景的影响

这里的知识背景不仅包括学科知识，也同样包含个人的知识观念、个人对自然的基本认识、对自然事物的直接观察。文化背景包括种族、民族、地域、习俗、宗教信仰等方面的影响。例如，具有佛教信仰的人相信“生死轮回”，认为人“转世而生”。

4. 同伴文化的影响

尽管同伴文化的相互影响只是前概念生成的原因之一，但却是前概念在同伴中传播的主要原因。儿童的一些前概念可能是他们的想象，相互传播后就成为其他儿童的前概念。

5. 课程教学的误导

教师教学对学生学习影响甚大，教材、教师直接或间接传达给学生的观念也可能是前概念的开端。如语文课文中的神话故事、宗教故事、寓言故事、诗词歌赋、文学表达都可能向儿童传递前概念，如“海平面”“天堂”“地狱”等概念可能成为儿童前概念的来源。

6. 大众传媒的误导

我们生活在媒体时代，诸种大众传媒如电视、广播、互联网、报纸、杂志等成为前概念产生和传播的重要渠道。

二、前概念的转化

（一）前概念的调查

转变学生的前概念首先需要了解儿童的前概念，而要转变学生前概念的方法有访谈法、构建“概念图”、纸笔测试、二维测试等[①]。

1. 访谈法

最早将访谈法用于了解学生的概念理解现状的是皮亚杰，因此又称为“皮亚杰式临床访谈”。访谈法即给被访者提供一项任务或作业（问题、图片、视频、事例或实验操作），要求受访者做出回应，再通过提问的方式让被访者说明其做出反应的原因。根据访谈内容的性质可将访谈类型划分为结构化访谈、半结构化访谈、非结构化访谈等。访谈的步骤一般为：首先，研究者会向学习者提供一种问题情境，比如提出问题、使用图片或者实验操作；然后，要求学习者针对问题情境做出反应；最后，当受试者反应后，研究者会再进一步提出问题，以澄清学习者何以做出原先反应，最终确认学习者前概念之所在。

2. 构建“概念图”

“概念图”是指利用图示的方法来表达人们头脑中的概念、思想和理论等，它是一种能够表征概念之间的关系和知识结构中某一领域的概念框架，能把人脑中隐性知识显性化、可视化，便于思考、交流和表达。知识图由概念网状构成，网状包括节点和连线，节点代表概念，连线代表概念之间的联系。教师通过观察学生设计构图过程，了解其学习进展和内心思维活动的情况，洞察学生前概念。

3. 纸笔测试

纸笔测试包括开放性测试和封闭性测试。开放性测试是让学习者尽量想，并尽量写下或画出其想法。这种方法比较自由，但学生作答往往无边无际，不好提取有价值的问题。封闭性测试一般由题干和两个以上的选项构成，让学习者选出最接近自己想法的答案，探查学生解释和预测真实问题情境的能力，以及探查学生分析科学解释真假的能力。特别是当选项中包含错误概念时，多项选择题可望探查学生的前概念状况。纸笔测试的缺点是问题答案的设置固定，具有诱导性，学生可能猜测答案，难以了解学生选择某一选项的原因。为准确确定学习者的前概念，可将这两种测试方式结合起来。

---

① 李雁冰，刁彭成．科学教育中“迷思概念”初探［J］．全球教育展望，2006，35（5）：65-68.

4. 二维测试（two dimensional test）

米歇尔（Michael）等研究者在2006年运用了一种二维测试——自信暗示（implicit confidence）来揭示学生的错误概念。这种二维测试是在一般生物概念相关的多选项选择题基础上，加上学生对自己选择选项的自信程度，从而了解不同专业学生的错误概念。这种自信程度称为确定性指数，用以区分“知识的缺乏”和“错误概念”①。

（二）概念转化的教学

确认学生的前概念后，那么，如何实现从前概念到科学概念的转变呢？其主要策略有：

1. 前概念与科学概念的对话

1982年波斯纳（G. J. Posner）等人提出概念转变模型（conceptual change model，简称CCM模型），讨论了概念转变的条件及个体的知识经验背景对概念转变的影响。斯特莱克（K. A. Strike）和波斯纳研究认为，学生概念转变依赖四个条件：① 对原有概念感到不满，由此产生改变的意愿；② 要学习的新概念对学生而言是可以理解的，即新概念的可理解性；③ 新的概念对学生而言必须是合理的；④ 新的概念对学生而言必须是有效的。波斯纳还分析了经验背景（反例、类比和比喻、认识论信念、形而上学信念、其他领域的知识、与新概念相对立的知识）对概念转变的限制作用。他认为，从前概念到科学概念的转变是前概念与科学概念相互竞争的过程，这一过程往往伴随着生活经验、传统习惯与科学推论之间的磨合过程。学生对前概念的不满而产生接受新概念的愿望，从而对新概念的理解和合理性进行思考，属于认同阶段；其后对新概念研究方法的要求则为将来进一步的建构知识保留可行性，当然其中每个过程都会有同“迷思概念”之间的对话与比较。

1981年，美国密歇根大学的纳斯伯姆（Nussbaum）和挪威克（Novick）提出基于学生前概念的三步模式：让学生尝试解释某事件，引起概念冲突发现矛盾事件，然后引导和鼓励学生调整认知②。我国学者将其简化为：第一步，揭示并重视学生头脑中的前概念。教师可运用问卷调查、访谈、实验等方式使学生暴露前概念。第二步，创设情境，引发认知冲突。教师直接呈现错误概念，或通过小组讨论引发个体不同的观点。第三步，

---

① 刘欣颜，刘恩山．科学概念的探查方法及教学启示［J］．教育导刊，2018（10）：58-64.

② 杨菲菲．“NN三步教学模式”在“细胞的分化”教学中的运用［J］．生物学教学，2013，38（7）：21-22+13.

鼓励评价。鼓励学生大胆地对新的观念进行阐述和评价，组织学生进行总结与交流。此外，也可以通过正反例进行概念转变教学，如 1977 年坦尼森（Tennyson）提出一个概念教学模式，包括概念的定义、呈现正反例、练习三个环节，通过上述环节实现从前概念到科学概念的转变。

2. 认知冲突的协调

Prediction-Observation-Explanation（POE）即预测—观察—解释，是指通过诊断学生的迷思概念，促进学生建立正确的概念。它包括三个部分：① 在每个学生了解针对概念学习活动的情境或实验的基础上，对实验或事件中某些现象或结果做出预测，并阐述他们预测的理由；② 让每个学生观察实验或事件发生后的结果，并独立记录下他们所看到的现象；③ 每个学生对预测和观察之间的冲突做出解释，思考自己的观察与预测的不一致性。

POE 策略的目的就是在让学生在了解某情境后，运用相关知识经验来预测、描述和解释所看到的现象。其关键之处是学生必须自己决定采用何种理由来解释他们对科学现象的理解，尤其是当所观察到的现象与自己的预测不一致的时候。POE 策略的优点为：探测学生个体的“迷思概念”或固有的信念；了解学生在面对认知冲突的调适过程，察觉学生迷思概念转变的倾向；为学生提供更多和同伴分享的机会，促进他们对科学概念的建构。

问题情境：两个容器——烧杯和试管，里面装水后加热到沸腾，分别用温度计测量（如图所示）。

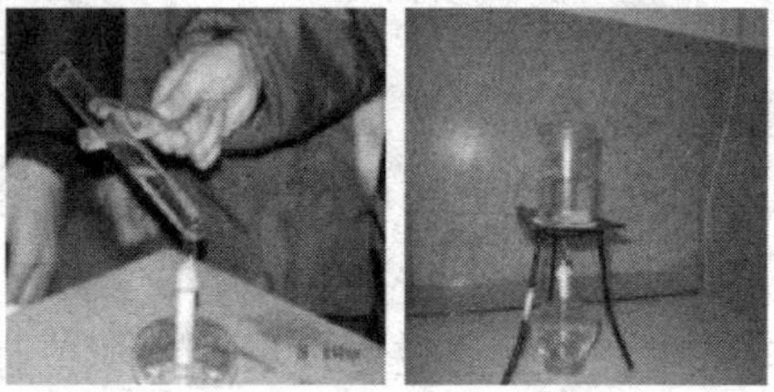

预测（P）：容器里的水沸腾后，我认为两支温度计的读数分别是________，因为________。

观察（O）：分别给两个容器中的水加热，开始实验，并记录沸腾后温度计的度数。

解释（E）：将实际观察结果与先前预测做比较，说出两者间异同及造成此现象的原因，并和组员分享，得出结论。

实验显示，大多数学生预测试管中的水会更热一些，在测量结果证实温度一样高的时候，他们在经过不知所措的迷茫后，逐渐认可了“沸点”这一概念①。

3. 学习共同体活动的开展

一些研究认为，将学生组织为“学习共同体”进行科学探究，有助于学生前概念的转变。社会建构主义强调学生在社会环境中学习，通过语言促进概念理解。在学习共同体中，语言是发展理解的基本途径，科学探究学习共同体的组织包括：（1）让学生用语言作为工具去表达前概念；（2）让学生运用语言解释科学概念和理论；（3）学生争论证据的可行性；（4）学生在社会环境中学习；（5）学生向知识丰富的人学习②。科学概念的学习需要将儿童的独立思考与儿童的社会交往、同伴互助有机结合起来。在学习共同体中，教师要善于帮助学生们在争论、表达有关概念和理论的过程中，得出解决办法和合理的概念解释，创设使学生前概念向科学概念转化的条件。儿童建构新概念的理解不是在孤立的环境中进行的，而是在社会情境中完成的。知识丰富的人可以帮助学生学习自己无法学到的新观点和新技能，尽管学习者会再次遭遇前概念，但他人的帮助却为概念转变提供了参照和契机。

4. 面对真实任务的问题解决

为了达到对科学概念的理解，学生需要通过解决他们所际遇的真实问题，把概念和真实情境联系起来。只有确定了具体的目标操作，深层次的学习才会出现。学生寻求对真实问题的解决办法，增强他们对关键科学概念的理解。基于真实任务创设教学情境，学生的前概念可以进行转变，认同并生成科学概念，比如，通过探讨“苹果为什么会落地”的问题，让学生去理解惯性、加速度、地球质量、地球形状、万有引力等核心概念。在这种教学中，概念和技能的出现旨在解释真实情境、解决真实问题和探究科学概念在情境中的具体应用。

此外，5E 教学模式中，教师通过创设特定情境或提出相应问题，暴露学生已有的前概念，在此基础上进行探究、解释科学现象，从而帮助学生构建科学概念，同时转变其前概念。（参见第七章）

总之，日常概念（前概念）是在日常生活中受多种因素影响自发形成的，其形成路径往往自下而上。而科学概念则是长期科学探究的理性概括，

---

① 任英杰．促进中小学生迷思概念转变的 POE 策略及案例分析［J］．中小学电教，2007（12）：4-6.

② KRAJCIK J S，CZERNIAK C M，BERGER C F，等．中小学科学教学：基于项目的方法与策略［M］．王磊，等译．北京：高等教育出版社，2004：61-63.

它是对日常经验的高度抽象与理论建构，学生科学概念的学习是一个自上而下的过程，日常概念和科学概念所走的道路是相反的。研究表明，前概念与科学概念之间常常充满矛盾、冲突与不一致。科学概念的获得不是简单地用科学家的概念取代儿童头脑中固有的自发概念，它需要儿童自发的前概念与科学家的标准概念的长期交锋、竞争，最后用科学概念取代前概念。科学教育的基本任务是促进儿童前概念的转变和科学概念的形成，即在儿童前概念的基础上，通过多种方式实现从前概念到科学概念的转变，当然，这一转变可能是一个较为漫长的过程。

> 文献提示
>
> 安德烈·A.迪塞萨:《概念转变研究的历史——线索和断层》,见索耶主编《剑桥学习科学手册》,徐晓东等译,教育科学出版社,2010.

第二节　儿童发展与小学科学学习

儿童发展具有一定的阶段特征。皮亚杰提出儿童认知发展的四个阶段，维果茨基提出儿童概念发展的四种水平，以及近年来美国学者对学习进阶的研究，为科学学习及其指导提供了重要的依据。

一、认知发展阶段理论

皮亚杰研究了儿童的认知发展问题，提出了认识发生论。他认为，认识既不是来自主体，也不是来自客体，而是主客体相互作用的结果。儿童通过身体的活动，通过与外部世界的相互作用，在操作与活动中不断建构外部世界的知识。他根据儿童身体操作行为的内化程度将儿童的认知发展分为四个阶段。

> 文献提示
>
> 皮亚杰:《一种发展的理论》,见《皮亚杰教育论著选》,卢濬选译,人民教育出版社,1990.

1. 感知运动阶段（0~2 岁）

人自出生以后就与现实环境发生相互作用，其认知结构就是通过各种互动发展起来的。正是借助同化和顺应之间的持续平衡，新的认知结构（如抓握、踢蹬、伸展、吮吸等动作）不断地发展为图式，各种图式相互联系且不断发展、精细。出生后的第二年，幼儿开始寻找新的东西，以探索新的事物，幼儿通过对现有图式的练习来发现新的探索手段。在幼儿学会了爬、走之后，他们的探索范围大大地扩展。当视野中的物体消失之后，幼儿便会在它们最后一次出现的地方搜寻，即便那些物体已经消失了很长一段时间。幼儿 2 岁时，能用心理上的表征物来代表不再出现的物体，宣告幼儿表象思维的开始，此后的这个阶段被称为“前运算阶段”。

2. 前运算阶段（2~7 岁）

随着儿童表象思维开始发展，儿童的认知图式大大扩充了，儿童开始把单独的事件联系起来，但还是很难形成一个系统。他们的思维仍然是以自我为中心的，别人的观点不在他们的考虑范围之内。他们对事物的理解一般以它的某个特征为中心，而忽视其他潜在的重要方面。前运算思维的另一个重要特征是缺乏“可逆性”，即儿童不能在头脑中把事物的顺序颠倒过来，按照从终点到起点的次序来考虑事物，而真正的心理“运算”是可逆的。当然，前运算阶段儿童出现的心理图式在逐渐发展，正不断朝着“运算性”思维推进。

3. 具体运算阶段（7~11 岁）

运算指的是将外部操作内化为心理操作，它的特点是表征性的（representational），并与其他运算组合成一个系统。具体运算阶段中的运算可分为逻辑运算和前逻辑运算。逻辑运算包括建立一一对应关系、加减法运算等，这些运算不依赖特定的数量、空间、时间和实物，而前逻辑运算必须依赖具体的事物进行。皮亚杰曾把前逻辑运算比作数学家在进行分类和演算时所用的数学逻辑结构，这些数学结构反映了认知结构的特点。具体运算所使用的材料必须是可以分组或排序的，这些具体的分组由于增加或移走某物或补偿某种变化而具有了可逆性，但这种可逆并不是这两种运算的综合。

4. 形式运算阶段（11 岁以上）

当青少年能像处理具体问题那样来解决一些抽象问题时，他们就到了“形式运算”阶段。在解决的问题中常常会包含很多的变量（如从种子长出植物的过程涉及种子的类型、土壤类型、种子播种的深度、温度、湿度等诸多变量），处在形式运算水平的人能进行逻辑思维，能用识别和分离变量的方法系统地将所有的影响因素分离出来，或者至少能从理论上考虑到各种变量的影响，他可以不借助具体的经验和物体，而只是根据事物发生的各种可能性来进行推理和演算。当然，皮亚杰及其日内瓦同事们的研究表明，儿童到 11 岁才表现出真正的逻辑思维能力，且只处在“形式”运算的初始阶段。一个具备完全逻辑思维能力的人，能进行交、并、包含、等价、互倒及逆否等形式的逻辑运算（皮亚杰划分为“16 种二元逻辑运算”及名为 INRC 的转换组），而且能将它们加以综合运用，这些核心内容真实地反映了数学中的“命题—推理”的逻辑体系①。

① ［美］罗纳德·G. 古德. 儿童如何学科学：概念的形成和对教学的建议［M］. 张东海，等译. 北京：人民教育出版社，2005：120-122.

拓展阅读 6-1

认知发展阶段的实验研究

皮亚杰向儿童演示两块糖在水中溶解的现象并提出下述问题（“守恒性问题”）：① 有没有什么东西保存在水里？② 水的重量有没有改变？③ 水面会不会上升？观察与记录不同年龄阶段儿童的回答，追问儿童回答的原因，分析儿童的推理过程。研究发现：

处于前运算阶段（7 岁以前）的幼儿、儿童认为：“糖溶解了就不存在了”，“糖不在了，也不会回来。糖的味道到水以后消失了，水的重量不会变。”表明这一阶段的儿童还无法进行求和运算，缺乏守恒概念。

处于具体运算阶段（7~9 岁）的儿童认为：“糖还在，但变成了液体，不会改变水的重量和高度。”“糖变成了小得我们看不见的东西，但仍然还在，我们能尝到。水不会变重，水面会下降。”表明这一阶段的儿童具有一定的具象思维能力，知道糖溶解后的溶液包含糖的质量。

到了抽象运算阶段（10 岁以上）的儿童认为：“糖的微粒有重量，水和糖的重量之和等于溶解后的溶液重量。”表明这一阶段的儿童能抽象地理解糖溶于水后糖变成了小的分子，因此溶液体积和质量都会增加。

此外，皮亚杰早期的研究发现，前运算阶段儿童的思维具有“泛灵论”与“人为论”两大特征。所谓儿童的泛灵论是指儿童将自己的思想与意愿强加给客体，认为月亮、云等自然事物都有生命，有喜怒哀乐，能像人一样思考。0~4 岁婴幼儿认为万物有灵，任何事物都有目的、有意识。如“小草会被踩痛”“蜗牛伤心了”。4~6 岁儿童把一切事物都看成和人一样是有生命、活的东西，认为“月亮总是跟着我”“火车外的树在跑”，常把玩具当作活的伙伴，与它们游戏、交谈。6~8 岁儿童把有生命的范围限制在能活动的事物。8 岁以后儿童开始把有生命的范围限于自己能活动的东西。更晚些时候他们才将动物和植物看成是有生命的。在皮亚杰看来，前运算期的儿童处于主观世界与物质宇宙尚未分化的混沌状态，缺乏必要的知识，对事物之间的物理因果关系和逻辑因果关系一无所知，所以思维常是泛灵论的。此外，儿童的思维还具有人为论色彩，他们认为大自然是人类创造的产物，是为人服务的。如“太阳的存在是为了给人类带来光明”“云的存在是为了给人类带来降雨”。总之，皮亚杰认为，无论是“泛神论”还是“人为论”都是源于儿童的“自我中心主义”，即儿童在认识事物过程中“主体和客体还没有完全分离”，儿童不能站在别人的立场进行思考，他们往往用自己的主观经验与想法代替客观的事实。

总之，皮亚杰用认知建构的演化来解释儿童认知的发展阶段，认为知识源于主客体交互中双向建构的过程。他主张儿童通过主动探索周围世界来获得知识，建构意义。皮亚杰从个体的认知发展入手，分析个体通过主客体交互作用进行意义建构的过程，该过程对于儿童与其他人的社会交往不太重视，故他的理论被称为“个人建构论”（维果茨基更加强调社会交往在知识运用中的作用，所以他的理论被称为“社会建构论”）。

维果茨基将儿童的概念发展划分为四种水平：混合思维、复合思维（前概念思维）、日常概念与科学概念（见本章第一节）。

二、学习进阶研究

近年来，学习进阶已成为国际科学教育研究的热点，2013 年美国《新一代科学教育标准》（NGSS）采用了“学习进阶”（learning progressions）的概念，那么，什么是“学习进阶”呢？学习进阶是指当儿童在一个时间段内学习某一主题时，需要经历的一系列思考的路径。学习进阶的描述建立在科学教育和认知心理学的研究基础之上，揭示学生的学习路径。学习进阶强调围绕科学领域的核心概念和实践展开，关注学习的内在连贯性。除了对科学探究与工程实践的学习进阶研究，研究者们围绕学科核心概念及跨学科概念的学习进阶进行了实证研究，已发展的学习进阶包括：食物链、生物多样性、遗传、碳循环、力与运动、物质、能量和天体运动等多个主题的学习进阶[①]。美国 2011 年发布《K—12 科学教育框架：实践、跨学科概念和核心概念》，提出了基础教育阶段包括科学与工程实践、核心概念和跨学科概念的科学课程学习框架；2013 年颁布《新一代科学教育标准》，将“科学与工程实践”（science and engineering practice）“核心观念”“跨学科概念”细化到不同教学内容主题之中。科学与工程实践主要有：提出问题（基于科学）和定义问题（基于工程）、创建并使用模型、策划并实施科学调查、分析并解释数据、运用数学和计算机思维、创建解释问题的理论（基于科学）和解决问题的方案（基于工程）、基于事实基础的沟通与交流，以及获取、评价和交流信息。不同年级学生的科学实践具有不同的水平，不同的提问可以引导学生从事不同的科学实践。NGSS 提出了八类科学实践的进阶水平，包括 K—2、3—5、6—8、9—12 四个阶段，下面以提出问题与界定问题、发展与使用模型、建构解释与设计解决方案为例，呈现 K—2、3—5、6—8 年级的学习进阶描述（表 6-1）[②]。

---

① 周丐晓，刘恩山．学习进阶研究述评及其对我国科学教育的启示［J］．生物学通报，2019，54（3）：10-16.

② National Research Council. APPENDIX F-Science and Engineering Practices in the NGSS，2013：51-57.

表 6-1　NGSS 科学实践部分的学习进阶（K—2、3—5、6—8 年级）

阶段	K—2 年级	3—5 年级	6—8 年级
提出问题与界定问题	在 K—2 年级中，提出问题并定义问题是建立在先前经验与进步基础之上的，这些问题可能成为可测试的、简单的描述性问题。 ● 根据观察提出问题，获得更多关于自然世界和/或设计世界的信息。 ● 询问和（或）识别那些能够通过调查加以回答的问题。 ● 界定一个简单的问题，这个问题可以通过发展新的（或改进的）对象（或工具）加以解决	在 K—2 年级的经验与进步的基础上，对 3—5 年级学生提出问题和定义问题，并逐步确立定性关系。 ● 提出这样的问题：如果改变一个变量，将会发生什么？ ● 识别科学（可测量的）问题和非科学（非测量的）问题。 ● 提出可以合理预测结果的、基于因果关系模型的问题。 ● 使用先验知识描述可以解决的问题。 ● 界定一个简单的设计问题，这个问题能够通过一个对象、工具、过程或系统的发展加以解决，同时考虑几个标准诸如：成功标准和材料限制、时间限制或费用	在 K—5 年级的经验与进步的基础上，对 6—8 年级学生提出问题和定义问题，建立变量之间的关系，澄清争议和模型。 ● 提出问题。仔细观察现象、模型或意外结果，澄清和（或）寻求其他信息；识别和（或）澄清一个争论的证据和（或）前提；确定独立变量与因变量之间的关系，以及模型之中的关系；阐明（或）改进模型、解释工程问题；需要充分和适当的经验证据来回答的问题；在具备可用资源与时间支配的情况下，可在教室、户外环境、博物馆及其他公共设施的范围内进行调查，建立基于调查与科学原理的问题（假设）；挑战论点的前提，质疑数据的解释。 ● 界定一个设计问题，这个问题可以通过客体、工具、流程或系统的发展得以解决，既包括多个标准和限制也包括可能限制问题解决的科学知识
发展与使用模型	K—2 年级的模型建构以原有的经验作为基础，并向应用与发展模型（图表、图像、复制品、立体模型、改编剧本、情节串联图版）演进，它能够呈现具体的事物或设计解决方案。 ● 区分模型与真实的物体、过程或模型呈现的事件	3—5 年级的模型建构以 K—2 年级的经验为基础，并逐步向建构和完善简单模型发展，同时能够应用模型去呈现事物和设计解决方案。 ● 确定模型的局限性。 ● 以证据作为基础合作开发并完善一个模型，这些证据表明了变量与常规事件之间的关系。 ● 应用类比、例子或者抽象的呈现方式去描述一个科学原则或设计解决方案	在 K—5 年级的经验基础上建构模型并发展、应用和完善模型，从而描述、检验和预测更抽象的现象并设计系统。 ● 评估一个模型的局限性，这个模型指向目标客体或者工具。 ● 当一个变量或者系统的一部分发生改变时，发展或调整模型——在证据的基础上——以匹配这一变化。 ● 应用并开发一个简单系统的模型，这个简单系统具有不确定和难以预测的因素

续表

阶段	K—2 年级	3—5 年级	6—8 年级
发展与使用模型	• 比较不同模型，以确定共性特征与差异。 • 发展和使用一个模型以呈现总量、关系、相关尺度（更大、更小）或自然与人工世界的样式。 • 以证据为基础开发一个简易模型以呈现一个所需目标或工具	• 发展或者应用一个模型以描述和预测现象。 • 开发一个图表或者简单的复制品以表达一个目标、工具或者过程。 • 应用一个模型去检验原因与结果的联系或者互动，它与一个自然或者设计系统的功能有关	• 开发并修整一个模型以呈现不同变量间的联系，包括那些没有被观察到但是预计能够被观察到的现象。 • 开发和应用一个模型以预测和描述现象。 • 开发一个模型以描述不可观察的机制。 • 开发并应用一个模型，形成数据以检测关于自然或设计系统中现象的思想，包括那些俗呈现的输入与输出和在不可观测的尺度上的事物
建构解释与设计解决方案	在 K—2 年级中，形成解释和设计解决方案是建立在先前经验的基础上，并在构建基于证据的自然现象描述和设计解决方案时逐步使用证据和思想。 • 对自然现象进行观察（第一手的或来自媒体的），以建立基于证据的对自然现象的解释。 • 使用工具和/或材料来设计和/或构建解决特定问题或解决特定问题的设备。 • 生成和/或比较一个问题的多个解决方案	3—5 年级学生形成解释和设计解决方案建立在 K—2 年级经历和过程的基础上，使用证据形成解释，包括列举描述和预测现象的变量，以及寻找多个解决设计问题的方案。 • 形成一个基于观察到的关系的解释（例如，院内植物的分布）。 • 使用证据（例如，测量、观察、模式）来构造或支持对问题的解释或设计解决方案。 • 确定支持解释中特定观点的证据。 • 运用科学思想解决设计问题。 • 根据如何满足设计方案本身的标准和限制要求，在此基础上生成并比较问题解决的多个方案	在 K—5 年级经历和过程的基础上，构建解释和设计符合科学思想、原则和理论的多个证据来源支持的解决方案。 • 建构一种解释，包括预测或描述现象的变量之间的定性或定量关系。 • 用模型或陈述来形成解释。 • 基于有效可靠证据和设想，形成一种科学的解释。证据来源于所获得的原始资料（包括学生自己的实验所得），以及基于现在、过去、将来都奏效且描绘自然世界理论与规律的假设。 • 运用科学思想、原则及证据来构建、修正或解释现实世界的现象或事例。 • 运用科学推理来说明为什么数据或证据足以解释或得出结论。 • 应用科学的思想或原则来设计、构造，以及测试一个对象、工具、过程或系统的设计。 • 承担一个设计项目，参与设计流程，以构建执行满足特定设计标准和限制的解决方案。 • 通过优化标准、权衡、测试、修改和重测等来对设计进行系统优化

与认知发展阶段理论相比，学习进阶的描述更加具体，它不再是笼统地勾画和描述儿童认知发展的大致水平及其阶段特征，而是深入不同概念与实践学习的微观层面，较为具体地描述特定年龄段儿童科学学习需要经过的发展路径，因此学习进阶能为科学教育中的课程开发、教材编写、教学设计及学业评价提供认知参考模型，有助于为科学教育活动的开展提供切实的指导。

第三节　科学实践与小学科学学习

与“科学探究”相比，在科学教育领域中，“科学实践”概念的正式提出相对较晚。2011 年美国发布的《K—12 科学教育框架：实践、跨学科概念和核心概念》提出“科学实践”一词。那么，什么叫“科学实践”，科学实践有哪些特点，如何指导学生开展科学实践活动，有待研究与阐明。

一、科学实践的含义

实践是指人们改造客观世界的物质化活动，相应地，科学实践可以理解为在科学研究与学习领域发生的对象化的物质活动。与以认识客观世界的规律、法则、关系为目的的科学认识不同，科学实践侧重于利用一定的工具与手段对外在对象加以改造。与静态的、作为结果的科学知识、科学理论不同，科学实践更多的是动态的、发展的，是科学知识与科学理论生产与再生产（科学知识的获得与运用）的过程。

与上述理解不同，美国《K—12 科学教育框架：实践、跨学科概念和核心概念》与《新一代科学教育标准》中的“科学实践”一词，有其独特的含义：

首先，科学实践是对 1996 年《美国国家科学教育标准》中“科学探究”的拓展，即科学实践不仅指科学探究，还包括工程实践，它是“科学与工程实践”的简称。在此意义上讲，科学实践不是对科学探究提法的否定，而是扩展了原来的科学探究的外延，科学实践的适用范围更加宽泛。以往的科学探究侧重于科学家的科学研究，仅仅涉及认识世界，回答是什么、为什么的问题，现在的科学实践不仅包括科学家的科学研究，还包括工程师的工程实践，同时涉及改造世界，关注如何做、怎么样的问题。

其次，科学实践不仅包括历时性的科学探究与工程实践要素、过程，也包括共时性的科学方法、设计制作，如科学观察、科学参观、科学考察、科学实验、科学阅读、科学辩论、设计方法、制作方法、操作方法。科学探究过程可以分为发现问题（question）、提出假设、制订计划、实施计划、解释数据、创建理论、发表交流等环节（要素），工程实践过程包括定义问题（problem）、使用模型、调查计划、实施计划、解决问题、沟通交流、产品评估等阶段。美国 NGSS 将科学探究过程与工程实践过程进行了整合，概括成八大要素（阶段）：提出问题（基于科学）和定义问题（基于工程），创建并使用模型，策划并实施科学调查，分析并解释数据，运用数学和计算机思维，创建解释问题的理论（基于科学）和解决问题的方案（基于工程），基于事实基础的沟通与交流，获取、评价和交流信息。这一框架将科学方法与技术操作纳入科学探究过程与工程实践过程。

最后，科学实践具有两个维度：理性维度与非理性维度。科学实践既是一种理性的活动，也是一种理智的探险，需要有目的、有计划地观察、实验、比较、分析，需要对研究结论进行批判性检验。同时，正如我们在本书绪论中指出的那样"科学是一种社会文化的事业"，科学实践亦包括非理性活动，具有情感的、文化的、社会的维度，科学探究与工程实践过程中存在讨论、交流、合作，存在人际冲突、社会磋商、妥协让步，具有一定的社会文化色彩，在某种意义上讲，科学知识结论、工程制造产品是一种社会建构。一般地，科学实践的社会文化维度渗透于理智的科学探究与工程实践活动之中。

本节中的"科学实践"主要是指美国课程标准中的八大科学与工程实践。当然，有必要指出的是，教育领域中的科学实践，不能简单等同于科学家的科学研究与工程师的工程设计。教育领域中的科学实践不具有社会意义的知识原创和技术革新，不以产生特定的社会效益为目标（尽管不排除真实的实践与社会效益）。中小学教育领域中的科学实践更多地属于科学知识的学习与探索活动，是一种仿真的、模拟的知识再生产，它更多地关注活动过程而非活动结果。科学实践强调经历科学知识的创制及其技术运用过程，鼓励学生采用多种活动方式进行生动而丰富的科学学习。科学实践的实施有助于学生理解科学知识、发展科学能力、培育科学精神。

二、科学实践的学习指导

美国《K—12 科学教育框架：实践、跨学科概念和核心概念》与《新一代科学教育标准》中的八类"科学与工程实践"，每类科学实践具有不同的涵义、价值、学习进阶与指导策略[1]。下面以前四种科学实践为例进行

① 潘洪建，郭桂周，等．科学实践及其教学策略（笔谈）[J]．教育与教学研究，2020，34（2）：89-128.

分析。

（一）科学实践 1：提出问题与界定问题（Asking Questions and Defining Problems）

1. 基本内涵、价值

科学问题是人们面对自然现象产生的诸如“是什么”“为什么”这样的疑问，是那些能明确界定、有待实验或逻辑分析加以检验的问题。科学问题的界定可以分为科学问题（question）的界定与工程问题（problem）的界定两种类型。科学问题是有关自然的原理、法则、规律，属于“是什么”“为什么”这样的问题；而工程问题涉及科学知识、原理的运用与实际问题的解决，它关涉“怎么样”“怎样做”的问题，以及如何改善我们的物质条件、生活环境，怎样引导科学技术的健康发展与合理使用，消除或减少技术的滥用、误用导致的种种危害。如“为什么我的音乐播放器不能工作了”和“在我的播放器中，我应该听哪首歌”这两个问题，第二个问题无法通过观察和研究加以解决，因此不属于科学问题。

科学问题的界定是科学研究的起点，是科学发展的推动力量，它推动科学的进步。英国科学哲学家波普尔认为，科学发现始于问题，针对自然界的种种问题，科学家提出大胆的假设与猜测，通过大量的科学观察与实验，清除错误的东西，筛选出高逼真度的科学理论。提出问题对于学生的学习具有十分重要的意义。没有科学问题的提出，就不会有真正的科学思考与探索，科学的学习就极易陷入单纯地接受学习、死记硬背、机械训练的泥潭。没有工程问题的界定，就没有科学知识的运用与真实问题的解决，设计与制作可能流于形式。

2. 学习指导

鼓励学生基于日常经验提出科学或工程问题。教师应鼓励学生留心观察自然现象，阅读科普读物或科技文献，引导学生就他们阅读的文本、观察到的现象及他们从模型或科学调查中获得的结论相互提问。对于工程设计来说，他们应该为了解决实际问题而提出问题，设计解决方案，明确实际问题所受到的物质、条件、资金的限制。提出问题和定义问题还包括提出有关数据、主张和设计等方面的问题。学生可以问一个关于数据的问题，这个问题将导致进一步的分析和解释。或者学生可能会提出一个问题，从而导致规划、设计、调查，或优化设计。

鼓励学生区分问题的层次，采取不同的策略。（1）展示通过先前学习获得的关于材料、概念与原理的问题，如，……是什么？你能回忆……中的哪一个？请你列举三个……（2）理解问题。展示有组织的事实和对观念的理解，表现为学生能够转译、解释、举例，能陈述主要观念。如，你怎样比较……，请将……与……进行对比，……事实或观念支持……？（3）应用问题。以不同的方式运用所获得的知识、事实、技术和规则，用规则解决问题。如，你能发现什么例证？你计划采用哪些方式？你怎样运用你所学去发展……（4）分析问题。把整体信息分解为部分信息，或通过识别动机与原因，找到支持证据的理由。如，……有怎样的联系？你为什么这样认为？（5）综合问题。综合包括以不同的方式把元素组合成一个新的模式，或者提出一种可行的解决方案。如，你是怎样检验……的？假如……你能预测结果吗？假如……将发生什么？（6）评价问题。评价包括提出和捍卫某一观点，获得有关信息、观念的效度，基于一套标准评估产品质量。如，得出……结论的数据是什么？你是怎样决定……的①。学生在日常生活与学习中，会碰到一些实际问题，如垃圾箱的改进、铅笔盒的设计、阳台花卉养护等，这些问题属于工程技术问题，可引导学生进行明确界定，以便设计解决方案。

鼓励学生明确界定问题，使问题可操作化。科学学习不仅要提出问题，还要对问题进行定义，并付诸实践。问题可能是深层问题，也可以是浅层问题。深层问题指那些需要协商理解与深度思维、需要较多时间进行调查研究的问题。如："我想知道。""这是怎么回事？""它是怎么来的？""影响因素有哪些？""我们怎样检验这些问题？"而浅层问题一般是基于事实、属于知识水平的问题，这些问题可以在一个句子或段落中找到答案。相比而言，深层问题更能推动学生主动投入，实施调查与研究，相互协商，并能对大概念进行深度理解。当学生提出的问题较多时，教师引导学生对问题进行聚焦，明确问题的性质与范围，并考虑将问题付诸实践，以检验相关假设。

（二）科学实践2：发展与使用模型（Develeping and Using Models）

1. 基本内涵、价值

模型是一种表征，是科学研究共同体对物理系统和自然现象进行的表征和解释（如“质点”并非真实存在的点，而是为了方便分析、解决问题，抽象出来的理想模型）。在科学中，类似的模型还有地心说模型、日心说模型、原子核模型、DNA 双螺旋模型和理想气体模型等。作为科学概念化工具的模型具有下述特征：模型能描述某一自然过程；模型由经验的或理论

① NORTON-MEIER L，HAND B，HOCKENBERRY L，et al. Question，claim and evidence［M］. Heinemann national science teacher association press，2008：67.

的客体及其过程构成；模型可以解释和预测自然现象；模型可以用实证的、概念化的标准来评判，新模型往往比旧模型具有更强的解释力；模型可以引领未来的研究。

模型及其建构是科学发展的重要推动力量。它将复杂现象简单化，如质点模型将一个物体看作一个大小、形状可以忽略不计的质点（如太阳系中的行星），从而将复杂现象简单化。模型能促进对复杂理论、概念的理解，为理论预测提供一种结构化的向度。同时，模型为理论问题的解决提供可行的思路与框架。如卢瑟福在实验的基础上修正汤姆逊所提出来的原子模型，提出了一种新的模型（即含核原子模型），从而促进了原子理论的发展。就学生科学学习而言，模型有助于学生把握科学概念的本质，理解科学规律。

2. 学习指导

在教学过程中教师应有意识地向学生渗透模型的思想。在科学中，模型无处不在，渗透到了科学的各个角落。因此，教师需要在教学中有意识地将科学概念、科学规律、科学实验等背后隐藏的模型呈现出来，帮助学生认识并了解不同的模型，从而在无形中形成模型的意识和观念。如在教学“弹力”内容时，教师需要使学生认识到，严格意义上的“弹性形变”需要完全遵循胡克定律（即 $F=kx$），但是在现实生活中严格符合这一要求的物理现象几乎不存在，即使是弹簧、橡皮筋等也只能近似看作弹性形变，也就是说，“弹性形变”也是一种理想模型。

借助信息技术手段向学生展示模型建构的过程。教师可以借助信息技术手段展示模型建构的过程。在科学中，许多模型没有办法直接构建，教师可以利用信息技术展示给学生，从而使学生更加形象地认识物理概念和规律，如理想斜面模型、分子扩散模型及原子核模型等都是难以用实物进行模拟的模型，通过利用信息技术机型模拟可以使抽象的理论具体化。

利用典型模型培养学生的建模能力。教师在教学中循序渐进地培养学生建构模型的能力。一方面，教师要加强引导，通过个案演示的方式向学生们展示模型建构的过程。在起始阶段，教师需要选择较为简单的模型（如质点模型、弹力模型等）。随后指导学生去建构相应的模型，之后再去建构复杂模型（如碰撞模型）。在习题教学中，学生遇到比较复杂的物体碰撞问题往往颇感吃力甚至无从下手，实际上这是因为学生并没有在头脑中建构起相应的物理模型。一旦学生将物体碰撞前、碰撞后的运动状态分析清楚并构建出物理模型来，碰撞过程就会更加清晰，他们进而利用碰撞前后各物理量的变化构建方程，成功解决问题。

(三) 科学实践3：策划与实施科学调查 (Planning and Carrying Out Investigationgs)

1. 基本内涵、价值

科学调查是根据科学研究工作需要，围绕某一科学问题所展开的考察。科学调查是开展科学与工程实践所需的重要能力，它有着自己的操作程序和实践方式，需要观察、分析、判断、选择、规划、论证等能力的支持。

科学调查是科学实践活动中承上启下的重要环节，只有经过科学调查，才能验证假设和理论，才能为工程设计和实施提供数据。科学调查可以用来描述一个现象或测试一个事件如何运转的理论或模型；工程调查可以用来发现如何调试或提升一个工程系统的性能，或对比不同的解决方案，发现哪种方案是最佳的。无论学生是做科学还是做工程，确定调查目标、预测调查结果、规划行动过程、提供最佳证据、支持证据的结果等对他们来说都是非常重要的。学习、了解、参与科学调查，有助于加深学生对科学调查的认识和理解。

2. 学习指导

明确需要调查的问题。在开展科学调查之前，要组织学生对要研究的科学问题进行定义和讨论，理清问题的边界，保证科学调查工作的针对性。科学问题都伴随着研究者曾经的经历、观察及其所做出的推理。比如，“为什么我的音乐播放器不能工作了”，该问题能够通过观察和研究加以解决。如电量不足，可以更换电池；如某个零部件不能正常工作，可以更换零件；然后观察播放器是否正常运转来找到答案。

做好调查分工与合作。根据学生年级的不同、调查对象的不同，要采取自主调查和合作调查相结合的方式进行。在分工之前，教师要熟悉每一位学生的特点，对分工给予指导。如在“垃圾分类状况”调查过程中，小组成员要进行详细的分工，有人设计问卷，有人制作问卷，有人发放问卷，有人入户调查，有人对数据进行处理，形成结论，同时加强合作。

注重学生观察和收集数据能力的培养。观察是科学研究工作的基础，也是科学调查的基础，如果学生不具备观察能力或观察能力弱，只能是视而不见、听而不闻，他们无法敏锐地洞察需要调查的对象及其发生的变化，无法为科学调查的后续工作提供丰富、精准的调查数据。因此，需要对观察提出明确要求，培养学生的观察能力。数据是科学调查的核心，获取真实、有效的调查数据是科学调查工作的主要目的，因此教师应注重培养学生收集数据的能力。教师可以在调查开始前，对学生进行收集数据的知识教育。低年级学生可以通过绘画、简单描述的方式记录、收集数据。高年级学生应该学会绘制表格，以填写表格的形式记录、收集数据，并通过柱状图、饼状图、折线图展示数据，为后续数学建模、形成理论和问题解决方案等实践活动奠定基础。

确保调查的安全性。科学调查常常需要走出教室到现场进行调查。因此，调查开始前，教师需要对所要调查的科学问题进行鉴别，放弃存在较大安全隐患的、学生无法完成的科学调查。对于可以进行的科学调查，教师也要对学生进行必要的安全教育（包括人身安全和财产安全），向学生讲清楚可能出现的状况和应对方式。在实验室进行的科学调查，应让学生熟悉实验室安全守则，认识安全警示标志，了解实验仪器和药品使用方法和可能存在的危险情况。学生如到校外进行科学调查，调查开始前应制定安全问题预案，准备安全防护设施；调查过程中要注意做好安全防护工作，保证调查工作的安全性。

（四）科学实践4：分析和解释数据（Analying and Interpreting Data）

1. 基本内涵、价值

“分析和解释数据”是把数字、文字、字母、符号、图像等，分成较简单的组成部分，找出这些部分的本质属性和彼此之间的关系，并将其作为证据来解释现象或者支持结论。科学调查产生的数据必须进行分析以获得意义。科学家使用一系列工具——包括表格、图形解释、可视化和统计分析来识别数据中极其重要的特性和模式，鉴定误差的来源和计算确定性程度。工程师们分析他们从测试设计和调查中收集的数据，这使他们能够比较不同的解决方案，从而在约束条件下设计出最佳解决问题的方案。像科学家一样，工程师需要一系列的工具来确定主要的模式和解释结果①。

随着“大数据”时代的到来，工农业生产、科学技术发展的背后都有大量的数据信息。由于原始数据本身没什么意义，收集到原始数据后，必须对数据进行处理，使得数据以能够揭示任何模式和关系的形式呈现。通过对数据进行分析，挖掘出现象背后更深层次的含义，发现因果关系、相互联系等，从而揭示现象与本质间的关系。对学生科学学习而言，通过训练学生对数据进行分析和解释的能力，使学生搭建起现象和本质之间的桥梁，有助于他们发现事物的本质及事物间的关系。像科学家一样分析数据，可以揭示数据的含义及其相关性。像工程师一样分析数据，可以为设计决策提供信息，还可以对性能进行预测或评估，可以帮助定义或澄清问题、

① National Research Council（NRC）. A framework for K—12 science education: practices, cross-cutting concepts, and core ideas [M]. Washington, D. C.: The National Academies Press, 2011: 51.

评估备选方案及调查和反思实践中的故障。

2. 学习指导

激发分析和解释数据的动机。学习动机是激发和维持学生学习活动的动力和源泉。教师需要帮助学生明确：什么是“分析和解释数据”，为什么要“分析和解释数据”，为什么要具备“分析和解释数据”的能力，等等。学生只有清楚地知道这些，才能增强科学学习的目的性。在开展教学活动的过程中，需要帮助学生选择难度合适的学习任务。例如，在学生获得一批数据后，教师可先让学生尝试着分析数据间的关系；当学生不能准确表述数据之间的关系时，可提示学生采用图表方法，激发与唤醒学生的表达需求，让学生体验学习的乐趣，感受成功的喜悦。当学生在学习过程中感到快乐与满足时，他们就会积极主动地学习。

传授分析和解释数据的技能。从最基本的比较方法入手，教会学生通过比较发现差异，可以对数据进行纵向比较，发现先后获得的数据之间的差异。也可以让学生对同学间、小组间收集的数据进行横向比较，发现各小组的数据异同，进一步讨论差异存在的原因。随着学习的深入，可进行图表分析法教学，让学生进一步学会运用数学工具对数据进行分析和解释，逐步掌握分析和解释数据的能力。

培养对数据处理的求实精神。求实、严谨是科学的显著标志，严谨表现为任何科学结论都需要以事实为依据，离开了事实的支撑，任何科学结论都无法存在。分析和解释数据是为了挖掘出现象背后更深层次的含义，揭示现象与本质间的关系，帮助人们做出判断，以便采取适当的策略和行动。因此，客观、务实地分析和解释数据显得尤为重要。在教学过程中，教师应当从学生每一次的数据处理入手，杜绝主观臆断、弄虚作假。只有使学生养成尊重证据、认真严谨的科学态度，才能帮助学生形成严谨务实、追求真理的思维方式和科学精神，真正达到培养学生科学素养的目的。

科学实践及其教学策略（笔谈）

应用数学与计算思维（Using Mathematics and Computational Thinking），建构解释与设计解决方案（Constructing and Explanations and Designing Solutions），参与基于证据的科学辩论（Engaging and Argument From Evidence），获取、评价和表征信息（Obtaining，Evaluating，and Communicating Information）四种科学实践及其指导可扫描二维码“科学实践及其教学策略（笔谈）”阅读相关内容。

本章内容小结：

儿童前概念是儿童在日常生活中形成的概念，它具有隐蔽性、矛盾性、顽固性、差异性等特点，多种因素促成儿童前概念的产生。

实现从前概念到科学概念的转变是儿童科学教学的基本任务，概念转变的教学策略包括：前概念与科学概念的对话，学习共同体活动的开展；面对真实任务的问题解决；等等。儿童认知发展阶段理论、学习进阶研究、科学实践研究，为科学学习指导与科学教学提供了重要依据。

本章问题研究：

1. 阅读本章二维码“一种发展的理论”，结合皮亚杰的认知发展阶段理论，查阅相关资料，说明“溶解”“沉与浮”“雨”等概念在儿童不同年龄阶段的表现。

2. 下面的各个说法分别归之于维果茨基的四种水平的思维——混合思维、复合思维、前概念思维、概念思维。

因为我很伤心，所以下雨了。

空气中所含水蒸气的比例达到了饱和，因此我皮肤上的汗水蒸发不掉。

天上有乌云，这是下雨的原因。

当水蒸气在空气中的微尘周围凝聚时，它就成为雨降落下来。

3. 选择《义务教育科学课程标准（2022 年版）》中的某一概念（如“种子”“繁殖”“云”“力”“地球”），参考皮亚杰的临床访谈法，设计一份简要的研究提纲，调查不同年级儿童前概念的发展状况。

4. 阅读研究学习进阶的相关文献，结合一些概念如光、电、声的学习进阶，说说学习进阶研究对于儿童科学学习指导与科学教学的意义。

本章参考文献：

1. ［瑞士］皮亚杰．皮亚杰教育论著选［M］．卢濬，选译．北京：人民教育出版社，1990.

2. ［俄］维果茨基．思维与语言［M］．李维，译．杭州：浙江教育出版社，1997.

3. ［美］罗纳德·G. 古德．儿童如何学科学：概念的形成和对教学的建议［M］．张东海，等译．北京：人民教育出版社，2005.

4. ［英］罗莎琳德·德赖弗，［法］埃迪特·盖内，［法］安德烈·蒂贝尔吉安．儿童的科学前概念［M］．刘小玲，等译．上海：上海科技教育出版社，2008.

5. ［美］理查德·迈耶．学科教学心理学［M］．姚梅林，等译．南京：江苏教育出版社，2010.

6. ALLEN M. Misconceptions in Primary Science［M］. Maidenhead：Open University Press，2010.

教学篇

教学是实现学校教育目的之基本途径，是学校工作组织的重心所在。那么，何谓教学？对于教学人们有着不同的理解和界说。我们认为，教学即教学生学，或有教的学，它是教师启动、维持、激励、组织、引导、支持学生学习的活动。组织、指导、协助学生的学习活动是教师教学工作的核心，促进学生持续成长与多维发展是教学的根本旨趣。

第七章

科学知识的教学

科学是人们长期从事探究与实践的理性成就，它有别于哲学、宗教、文学、艺术，是人类知识的一个独特门类。科学知识表现为作为探究结果的科学事实、科学概念、科学定律、科学假说、科学理论等，它是高度逻辑化、系统化、符号化、数学化的人类经验，代表了人类理性的高级成就。科学知识是科学技能和方法的基础，是技术和工程的前提，科学知识的学习、理解与掌握是科学学习的基石。

第一节　科学知识概述

科学知识是科学探究的成果，科学知识学习是科学能力和情感培养的基础，那么，什么叫科学知识，科学知识有哪些类型呢？

一、基本含义

科学知识就是人们科学认识的结晶，即通过科学活动认识世界所获得的理性成果。广义的科学知识既包括科学概念、科学定律、科学理论，也包括在科学活动中形成的科学思维、科学方法、科学技能和科学能力。狭义的科学知识主要指科学事实、概念、原理等陈述性知识，它们涉及知什么（know-what）、知为何（know-why），而科学思维、方法、技能则涉及知如何（know-how）、知谁（know-who），属于科学知识中的程序性知识，可以归入科学技能。本章主要讨论狭义的科学知识及其教学问题。

二、基本类型

科学知识的构成包括科学事实、科学概念、科学原理，其中，科学原理又包括科学定律、科学假说、科学理论。

(一) 科学事实

科学事实是科学认识主体关于自然事件、现象、过程、关系的真实描述和判断，是指通过实验或观察得到的一个单称陈述，它既可以是观察结果的描述，也可以是实验结果的描述，甚至还可以是被观察或实验证实了的理论结论。科学事实具有可重复性、系统性、相对独立性，同时，科学事实渗透了理论（如观察角度、概念框架等）。科学事实是形成科学概念、科学定律、科学假说和建立科学理论的基础，是证实或反驳科学假设、科学理论的基本依据，其推动了科学事业的进步。

科学事实包括三种事实：一是本体论意义上的事实，现象、事件和事物本身被称为事实，即把客观存在的现象、事件、事物本身称为事实，此即通常说的“客观事实”。所谓“客观”，就是不以人的意识为转移。二是认识论意义上的事实，指的是人通过实践活动（观察、实验等）获得的关于对象（即客观事实）的反映，通常被称为“经验事实”。一般来说，一切通过观察获得并反映于主体中的，以及一切通过语言形式描述出来的事实，都是经验事实。经验事实虽然是人对客观事实的反映，但由于反映过程的复杂性及主体的认识作用，经验事实与客观事实往往并不能直接一致，而且在不同的理论中，对什么是“一致”也有不同的看法。科学事实通常以观察陈述的形式对实验现象的过程及其结果做出描述和断定（不是对象自身），是一种经验事实。为了得到与客观事实相符合（在某种理论中）的科学事实，即判定观察陈述的真伪，则要对其进行重复实验，用实验的可重复性作为观察陈述所表述的科学事实的依据。三是理论事实。根据某种理论有理由断定、设想某种实体及其存在，然而该实体尚未被观察到，这种事实被称作理论事实。它往往是由“抽象”推理得出的命题表述，数学中的“事实”几乎都是以抽象命题形式表述出来的，如费马大定理、哥德巴赫猜想等。

(二) 科学概念

科学概念是透过自然现象反映客观事物一般本质及其运动规律的思维形式。科学概念不是客观事物（存在）本身，相反，它是客观事物本质的一种反映与揭示，是人类个体和社会的一种自觉建构。科学概念（如“遗传”“基因”等）能解释和统一许多自然现象。

概念的作用是把每天“袭击”我们各种感官的成千上万的信息，概括成为较大的总体。通过想象及后来在新情况下的应用，这些较大的总体就变得更加丰富和完整。当现实事物不在眼前的时候，概念就在各种各样客观存在之间起着重要的桥梁作用①。科学概念是构成科学理论的基本“砖块”，一个科学理论就是由科学概念、与这些概念相联系的科学判断，以及在这些判断基础上进行推理得出的若干结论构成的。“基因”“蛋白质”“DNA”“染色体”“核苷酸”等概念及其相关判断构成了“人类基因组计划”的知识与理论。

概念借助一定的语言进行表达，概念表达包括外延和内涵。如小行星的内涵为：比主要行星小得多的、按行星方式运行的岩质天体。其外延为：太阳系中除八大行星外绕日运行的各种岩质天体；主要是在火星和木星轨道之间绕日运行的小天体，与太阳的距离为 2. 17~3. 6 天文单位，公转周期 3~6 年。小行星可达 10 万颗以上，目前已编号和命名的不足 2000 个。

（三）科学原理

科学原理是科学中具有普遍意义的基本规律。科学原理包括科学定律、科学假设、科学理论等。

1. 科学定律

科学定律是反映自然界事物、现象之间必然关系的科学命题（即判断），它常以定理、公式、原理的形式表述出来，揭示自然事物的本质和规律，是科学解释和预测的有效工具。科学定律可采取多种表述方式。如能量守恒定律有②：

> 表述 1：物质的任何一种运动形式，如机械、热、光、电、磁、化学等运动，在一定条件下都能够而且必然地以直接或间接的方式转化为其他的任何一种运动形式，在转化前后，作为物质运动度量的能量保持不变。
>
> 表述 2：在一个封闭系统中，作为物质运动度量的能量只能从一种形式转化为另一种形式，既不能消失，又不能创生，总量守恒。
>
> 表述 3：绝热系统对外所做的功等于系统内能的变化。

2. 科学假说

科学假说是根据已有的科学知识和新的科学事实，对所研究的问题做出的猜测性说明和尝试性解答。它是科学性与猜测性、抽象性与形象性的统一，是形成和发展理论的必经之途，不同假说之间的争论促进了科学的

---

① ［美］兰本达．社会、教育与概念的形成：1982 年 5 月在北京师范大学的演讲（修订稿）［J］．胡梦玉，译．课程·教材·教法，1983（2）：60.

② 孙宏安．科学教育概论［M］．大连：辽宁师范大学出版社，2002：67.

发展。下面以大地构造研究假说为例，说明科学假说是如何推动科学理论发展的。

地球的形状是一个“不规则的旋转椭球体”，其表面的71%是海洋，29%是陆地。地球包括海洋和陆地，陆地又有山地、平原、河流、湖泊等各种地貌，为什么会产生如此多样的地貌呢？这是大地构造研究所面临的基本问题，科学家们由此展开系列探索活动，提出种种猜测性说明和尝试性解答，试图建立对此进行理解的科学理论。在大地构造研究活动中，人们提出了各式各样的假说，并不断予以调整、修正、完善。有关大地构造的假说有：

16世纪意大利天文学家布鲁诺（Giordano Bruno）最先提出“大地收缩说”，他把地球表面的褶皱类比为苹果干了后的果肉收缩，对大地褶皱进行解释。1852年，法国学者博蒙（Elié de Beaumont）提出“地球冷却收缩说”。他认为，地球由熔融状态不断散热而冷却，首先表层凝成硬壳，但内部仍继续散热冷缩，于是硬壳与内部熔融体之间出现了空隙，外壳因重力而下陷，强大的水平压力使地表发生褶皱。但冷缩说与相关研究结果矛盾，后来出现“膨胀说”。膨胀说认为，岩石是热的不良导体，热在地壳中不易散失，积累的结果是使地壳膨胀，膨胀的结果是产生裂缝。东非大裂谷、北美安第斯大裂谷，以及大洋中的裂谷等为膨胀说提供了依据。但它解释不了褶皱。1889年，美国学者达顿（C. F. Dutton）提出“地壳均衡说”：地壳自身在地幔上处于平衡状态，如果某一部分的负荷减轻（如山体剥蚀），此地就要上升；反之，如果某一部分的负荷加重（如低凹处沉积），则此地就要下降，以达到新的平衡。它阐释了地壳升降运动的原因，但对水平运动无法解释，受到许多人的怀疑。1900年，法国地质学家奥格（Gustave-Emile Haug）在《地槽和大陆块》一书中把地壳划分为地槽和地台两种基本构造单元，形成了风靡世界数十年的“地槽—地台构造说”。该假说只着重考察了大地的垂直运动，却较少涉及大地的水平运动。1912年，奥地利气象学家魏格纳（Alfred Wegener）提出“大陆漂移说”。他设想，在古生代后期，地球上所有大陆和岛屿都连接在一起，构成一个庞大的原始联合古陆，称为泛大陆，其周围是一片广阔的海洋，称为泛大洋，在2亿多年前的中生代初期，这个泛大陆逐渐分裂、漂移，一直漂移到现今的位置。该假说具有较强的解释力，盛行一时，但无法说明大陆漂移的动力问题。20世纪60年代，人们提出“海底扩张说”，以弥补大陆漂移说的不足。如，1961年，美国地质学家迪茨（D. S. Dietz）指出，从海底的扩张来看，地壳运动不仅有垂直运动，而且有水平运动。

按海底扩张说，大洋中有长达 8 万公里的大洋中脊作为不断产生新岩石地壳的源泉，又有大陆边缘的深海沟作为古老岩石下沉、重回地幔的消减之地。人们开始怀疑整个地球岩石圈是否还是一个整体；是否可以认为，这个岩石圈已被大洋中脊、深海沟等分割成几个巨大的块体？人们正是在大陆漂移说、地幔对流说、海底扩张说等的基础上产生这一怀疑的，通过对这一怀疑所引起的问题的研究，法国地质学家勒皮顺（X. Le Pichon）与美国地质学家摩根（W. J. Morgan）等人在 20 世纪 60 年代末提出了著名的“板块构造说”：漂移在地球软流圈（塑性地幔）上的地球外层的刚性岩石圈被各种断裂或构造活动带分割成很多板块。每个板块不断生长、运移、消亡，板块的边缘是地球表面地质活动最积极的地带，绝大多数火山、地震都在这里发生。板块活动是形成地表各种构造活动和形变的根本原因。板块构造说极具解释力，亦被地质灾害记录所证实，但问题仍然存在，板块活动的动力是什么？对于动力问题，人们又开始尝试提出新的假说，并进入新一轮研究活动之中①。

3. 科学理论

科学理论是经过逻辑论证和实践检验，通过一系列概念、原理（命题）表达出来的系统化的知识体系。科学理论与科学假说不同，科学理论是经过逻辑的、实验的检验而被证实了的假说，是系统的、连贯的知识。与其他科学知识相比，科学理论更具客观真理性、理论抽象性、逻辑完备性、科学预见性，如牛顿的经典力学理论、达尔文的生物进化论等。当然，科学理论也并不是不可改变的，随着实践的发展与实验的深入，以及新证据的不断积累，科学理论会进行一定的修正、调整、完善，甚至发生托马斯·库恩（Thomas S. Kuhn）所说的“范式革命”，从而更有解释力和预测力。

三、科学知识学习的价值

（一）获得关于世界的图景，促进对世界的理解

科学知识是对自然过程、现象的概括性描述，是人们在观察、实验的基础上，运用概念、判断、推理等思维形式，对自然现象产生、运动、变化及其规律的认识，掌握科学知识就能获得对世界的整体理解。如，万有引力定律阐述了物体之间的联系，理解该定律就能解释为什么地球围绕太阳旋转，为什么苹果会落地；就能预测天文事件的发生，一张宇宙图景便

① 孙宏安．科学教育概论［M］．大连：辽宁师范大学出版社，2002：82-99.

展示在我们眼前。再如，生物进化论阐述了生物演进的一般趋势，描绘了生物界的完整画卷，理解该理论就能解释物种的变化，解释生物体内部、生物体与环境之间的内在关系。科学知识的积累增进了人们对自然的了解和把握，帮助人们获得完整的自然画卷，神秘莫测的自然开始“祛魅”，人类不再屈服于异己的自然力量的威胁，逐步获得控制自然、改造自然的能力。

（二）科学技能认知的基础，促进对科学技能的掌握

科学技能（如观察技能、实验技能、测量技能）是从事科学研究活动的行为方式和操作方法，它影响科学活动的展开过程，制约科学研究的水平。科学技能的学习是学生科学学习的基本内容，发展学生的科学研究能力成为学校科学教育的重要目标。但科学技能的学习与发展需要一定的知识基础，正如认知心理学研究指出的那样，技能（包括对外办事的操作技能与对内监控的认知策略）亦是一种知识——程序性知识，运动技能、操作技能属于程序性知识（有别于“知什么”“知为何”），是一种“知如何”“知怎样”的知识。程序性知识不是关于事物是什么、为什么的知识，而是关于如何行动、如何操作的产生式（如果/那么，或 if/then），技能学习的重点是获得、巩固操作的产生式。可见，技能学习包含知识学习和认知学习。同时，科学技能均有一定的知识基础、原理基础。如，科学观察、科学实验不仅是系列操作，还包含对科学概念、科学原理的理解，科学概念与科学原理的掌握水平直接制约科学观察与实验的操作及其效果。科学知识的学习与理解有助于提高科学技能训练的质量。

（三）蕴含一定的科学情感与态度，促进科学态度的养成

如前所述，科学不仅是一种认识的成果，同时是一种探究的过程，它还是一种社会文化活动。作为科学探究结果的科学知识亦具有一定的情感和伦理色彩，蕴含着一定的科学精神，因此，科学知识的学习有助于学生科学情感、科学态度的养成和发展。科学知识是人类智慧的结晶，是理智探索的最高成就，科学知识本身具有客观、理性、精确、简练、系统的特征，对学生的科学品格有着潜移默化的作用。科学探究的过程充满着对真理的热爱、对权威的质疑、对宗教的批判，充满着坚持不懈、顽强拼搏、不畏艰险的精神，蕴含着浓厚的科学情感、科学态度、科学价值观，这些都是科学态度养成的重要素材，在此意义上讲，科学史话、科学故事、科学逸事等知识具有特别的教育价值。牛顿执着研究误煮怀表，布鲁诺坚持日心说被宗教法庭判为“异端”烧死在火刑柱上，富兰克林冒着生命危险做雷电实验，居里夫人克服难以想象的困难从几十吨矿石残渣中提炼 0.1 克

镭，这些故事激励着一代又一代的学子与研究者，有助于培养学生的科学精神与情感。

第二节 科学知识的教学方法

科学知识是科学教与学的基本内容，它主要是通过语言进行的教与学。科学知识是一种陈述性知识，它是程序性知识、策略性知识获得的基础。科学知识教学方法包括知识讲授、课堂问答、科学讨论（辩论）、科学阅读等。

一、知识讲授

知识讲授是科学教学的基本方法，它是教师通过语言直接向学生系统、连贯地传授科学知识、传递科技信息的教学方法。它有利于教师充分发挥主导作用，学生能在较短时间内获得较多的信息与知识。

（一）讲授的基本方法

知识讲授包括多种具体方式，如知识讲述、讲解、演讲等。讲述是教师向学生叙述事实材料或描绘所讲对象，如陈述科学事实、传递科技信息、讲述科学故事。讲解是教师向学生说明、解释或论证原理、概念、公式，它在小学科学教学中运用广泛，如对科学概念、定律、原理的解释、分析与说明。讲述、讲解在科学教学中常常结合起来使用，即科学讲授既有科学事实的陈述，又有科学概念、定律、原理的解释与说明。

（二）讲授的基本策略

讲授是一种最为基本的教学方法，其策略有：

讲授内容要有科学性、思想性。讲授的内容与结论要符合科学事实、历史事实，正确反映科技成果，有利于学生形成正确的科学观念，要避免错误与失真。即便是存在争论的科学解释，亦需要向学生提供充分的证据，鼓励学生基于证据进行严密的推理，避免不顾事实、违反逻辑的讲授。讲授要有利于形成学生的科学态度，养成科学精神。

讲授内容要条理清楚、重点突出。讲授要由已知到未知、由浅入深、层次分明，注重科学知识内在的逻辑，指导学生形成合理的认知结构。讲授要突出重点，注重科学概念的教学，以核心概念统领知识的学习，同时还要关注跨学科概念的讲授。要化解难点，通过深入浅出、生动形象的语言，辅以实验、操作、讨论，突破内容难点。要讲清关键，加强知识之间的关联，让学生在知识的相互联系中理解科学知识，建构科学知识的意义。对于学生缺乏相应知识经验基础的概念的讲授，可运用“先行组织者”策略。

讲授语言要清晰、简练、生动，要吐字清楚、语速适中、简明扼要、用词准确、通俗易懂。如，一位科学教师在给小学低年级学生介绍一条大船能载重2000吨时，并没有简单用“2000吨”这个词，因为小学低年级的学生根本不理解1吨有多重，他就说“这条船很大，可同时运2000头大象”，这样一来，学生就明白“2000吨”这个概念了。

恰当地运用板书。现代教育媒体为科学教学提供了重要的手段，科学知识的呈现更加便捷、丰富、多样，但传统的板书仍具有不可忽视的价值。板书在组织学生课堂学习、保持学生注意力、突出内容重点难点、强化基本概念、加强知识结构等方面有着特别的意义。板书的基本要求有：内容包括本课名称、内容提纲、主要结论及讲授中出现的术语，书写工整、条理清晰、美观得体。

文献提示

乔伊斯等:《讲授教学——先行组织者》,见乔伊斯等《教学模式》(第七版),荆建华等译,中国轻工业出版社,2009.

附：“太阳和影子”板书（请读者说说该板书的特点）

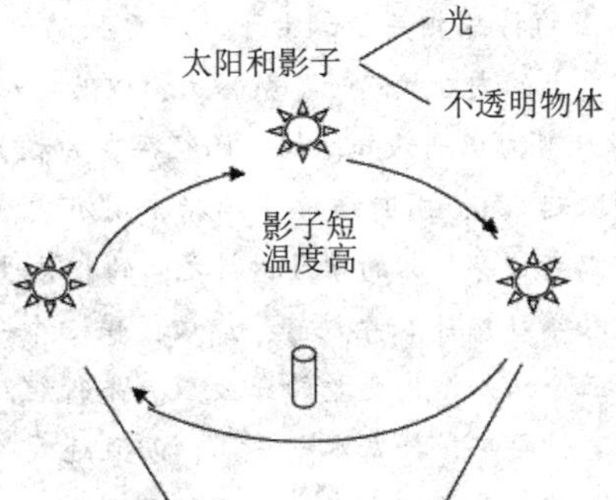

拓展阅读7-1

先行组织者策略

先行组织者（advance organizer）是一种教学手段，它会在学习者已经掌握的知识与需要掌握的知识之间架起一座沟通的桥梁，使学习者主动且快速地学习新材料，从而有助于实施意义学习原则。在多数意义学习情境下，认知结构中现有的相关观念太笼统，在相关性与内容方面都缺乏足够的特殊性，不能成为教学材料中所呈现的一些有效的、起固着作用的观念，由于这一事实，先行组织者显得有必要，且会在这种桥梁作用中体现出其潜在的效果。先行组织者可以通过自身的中介作用来克服上述困难，例如，一方面，先行组织者可以与具体的学习任务的特定内容形成一种更贴切、更相关的关系；另一方面，还可以与潜在的、起固着作用的观念的更一般的内容形成一种更贴切的关系。先行组织者还会依照学习材料的特定内容来改变起固着作用的观念，从而促进学习（因为在学习需要学习的材料之前，学习者会先学习它）。

由于每一个学习者都有自己特殊的认知结构，为了使先行组织者对各种不同的学习者都能发挥有效作用，且修饰或修改上位的起固着作用的观念，所以，先行组织者所呈现的抽象水平、概括水平以及包容水平都应该比学习材料本身要高。先行组织者只是强调了学习材料的一些要点，而把一些次要的信息省略了。因此，它们主要是通过重复和简化来发挥自身的作用。

使用组织者的原理主要基于以下事实：

1. 认知结构中已有的相关的、适当的观念应做到能够随时调用，把有逻辑意义的新观念变得有潜在意义，把有潜在意义的新观念变得有实际意义（即产生新的意义），以及为这些新观念提供稳定的固着点，这一点具有重要的意义。

2. 在认知结构中把某一学科中更一般和包容范围更广的观念作为起固着作用的观念或起归属作用的观念，既要发挥这方面的优势，同时也要做适当调整，从而使它们与教学材料具有更强的特殊相关性。由于具有更强的适恰性和特殊的相关性，所以先行组织者也具有更大的内在稳定性、解释力，以及知识的整合力。

3. 先行组织者本身既努力识别认知结构中已经存在的相关内容（并且要与这种已有的相关内容明确关联起来），同时还要明确指出现有内容与新的学习材料之间的相关性，以及先行组织者自身与新的学习材料之间的相关性。

所以，在学习者接触学习材料本身之前，应该提供一个先行组织者。其主要功能是增强以上所探讨的三个认知结构变量的正效应。先行组织者不仅要比之后的学习材料概括性更强、包容性更广、抽象水平更高，而且还要兼顾学习者认知结构中潜在相关的现有观念（这样，先行组织者本身不仅可以学会，还能明显调动学习者认知结构中已有的所有相关内容）。

（［美］戴维·保罗·奥苏贝尔．意义学习新论：获得与保持知识的认知观［M］．毛伟，译．杭州：浙江教育出版社，2018：13-15.）

二、课堂问答

问答法（又称谈话法）是指教师根据学生已有的知识和经验，通过师生之间、生生之间的提问与回答，引导学生积极思考，从而获取知识的方法。问答具有引发注意、引导学习过程、指导学习方法、促进深度探究、评价学习效果等功能。问答法能激发学生的思维活动，使学生通过独立思考获取知识，有利于发展学生的思维能力和锻炼学生的语言表达能力。在师生课堂问答中，教师的课堂提问尤为关键。下面主要讨论科学教师的提问及问题的优化。

（一）科学教师提问的类型

就教师提问而言，可以大致分为四类：回忆性提问、理解性提问、分析性提问和评价性提问。

1. 回忆性提问

回忆性提问要求学生回答时只是对事实、概念或其他事项进行重现和判断。这里的事实即学生学习过的较为具体的课文内容，它主要用于检查学生是否记住有关内容，答案一般是唯一的。学生只需凭表层理解、短时记忆便可说出答案。如，在"太阳系"单元的教学过程中，教师可提问上节课的内容："冥王星为什么被开除出大行星行列？"由此引发学生对学过的内容进行回忆，加强新旧知识的联系。

2. 理解性提问

理解性提问是指教师判断学生是否理解所学内容，以及启发学生运用新获得的知识来解决问题的提问。这类问题的回答需要学生用自己的话进行叙述、解释、说明，或提供有关例子，或把学过的知识运用于当下情境。这类提问多用于新的知识学习之后或课程结束时，以深化知识的理解。例如，一位教师在讲解"空气占据空间"（比较注射器中空气与水的区别）这个知识点时，首先给学生介绍了注射器；其次规定用两只注射器分别抽进同样多的水和空气；再用手指堵住管口，用同样大小的力向下压活塞气；然后提问学生"观察到了什么""它们有什么不同"，以考查学生对刚刚讲过的"空气占据空间"这个知识点的理解。

3. 分析性问题

分析性问题要求学生识别事物发生或存在的条件与原因，洞察条件之间、原因与结果之间的关系，并能对事物进行比较、归类，寻找根据进行解释或鉴别。分析性提问包括对事件要素构成的分析提问，对各要素之间、各要素同总体之间关系的分析提问，有关原理的分析提问，等等。这类提问主要激发学生独立思考，进行深层次的分析，大多以"为什么"开始，如"为什么这些植物苗比对照组的长得好""为什么天空总是蓝色的"。一位教师在教授"简单电路"一课时，首先带领学生回顾电路中电流的路径，即从电池正极流出的电流只有通过小灯泡以后再流进负极，这样形成了电流的通路，小灯泡才会发亮。接着，教师向学生讲述怎样串联电路和并联电路，发给学生实验材料，试着用不同的方法连接电路，看看灯泡是否会亮，并进行小组讨论。在课的结尾，教师提出了两个问题："你能连接更多的小灯泡，让它们同时亮起来吗？""我们今天的小灯泡不够亮，你能想办法让小灯泡变得更亮吗？"其实这两个问题就属于分析性问题，只有厘清思路，认真分析可能的各种影响因素，才能更好地解决这两个问题。

4. 评价性提问

评价性提问要求学生进行价值判断，学生需要依据一定的标准或原则，对事物进行评价、判断。评价性提问包括对事物价值的评估、言行对错的判断、意见好坏的选择，以及对他人的观点、思想的评判等。例如，"如果你重新做一遍实验，你会做哪些修改呢""在这个实验中为什么没有达到预期的结果"。这类提问使学生处于一个选择、评判、估价、辩护及调整的位置，对学生思维活动的综合性、创造性、独立性、评判性要求更高，需要学生更独立、更深入地思考、阐述观点、评判价值。一位教师在带领学生学习"它们吸水吗"这节课时，首先，他让学生用看、摸、撕、折等方法观察一张白纸，并介绍了造纸的过程；其次，他让学生亲自做实验来造纸；最后，他提出一个问题："我们应该怎样处理用过的纸？"这其实就是一种评价性提问，因为学生通过实验可以知道纸是可以循环利用的，据此教师可以了解学生的保护环境、节约用纸的意识。

（二）科学教师课堂提问的策略

经调查发现，教师的课堂提问存在以下问题：提问简单（如"是不是""对不对"）、提问内容空泛（问题模糊不具体）、提问对象集中优生、提问方式单一、问题转换太快（学生思考时间短）等。那么，该如何优化科学课堂提问呢？其基本策略归纳如下①：

1. 充分准备，写好谈话提纲

教师课前应重视课堂问题的设计。没有事先设计好的课堂提问难以取得应有的教学效果。因此，教师在撰写教案时，要认真设计课堂提问，并按思维水平加以归类，设计不同层次的问题。要既有回忆性提问、理解性提问，又有一定的分析性提问和评价性提问。同时，需要对学生的经验背景、知识基础、发展水平与兴趣需要有一定的了解，才能设计有针对性的问题，才能把握问题的广度、深度和难度。总之，提问目的要明确，提问内容要有启发性，提问难度要恰当，提问对象要有针对性。

2. 课堂提问要简洁，把握提问时机

课堂提问要注意用词简洁明了，语义正确，通俗易懂。对小学科学教

① 陈华彬，梁玲．小学科学教育概论［M］．北京：高等教育出版社，2003：77-80.

育而言，要考虑到小学生的心理特征，使用小学生能理解的语言，对一些“关键词”的选择更要适应小学生的理解水平，不能简单使用抽象的科学术语、名词。“同学们你们知道什么是动物吗？”“鸟的结构与功能是怎样的？”“什么是遗传基因？”如果以这样的问题作为开场白，小学生还没有学这些概念，则难以回答。因此科学课堂提问应通俗易懂、富有启发性。例如，在介绍“密度”概念时，不宜直接问：“同学们你们知道什么叫密度吗？”不如问：“同学们，你们在平时生活中有没有注意到有一些东西虽然它们大小一样，可质量相差很大？”这样的提问能引起同学们的共鸣，调动他们的学习积极性。

同时，要把握提问的时机。提问的时机可分为以下几种：第一，在开讲时提问，引入新课，将旧知识和新知识联系起来；第二，在过渡或转折时提问，将教材结构和知识系统联系起来；第三，在小结归纳时提问，将理解和记忆结合起来；第四，在关键处提问，将兴趣和知识重点结合起来；第五，在总结规律时提问，将求同思维和求异思维的培养结合起来。在具体讲授过程中，不宜频繁提问，也不宜边讲边问、边问边讲，更不能一问到底。

3. 提问要面向全体

在一些科学课堂上，教师往往叫成绩好的同学起来回答问题的次数较多，叫男同学起来回答问题的次数比女同学要多。有些教师提问成绩比较差的同学时往往缺乏耐心，常常会流露出不耐烦等表情。一旦学生回答有错，教师就马上打断他们的回答，叫他们坐下。相反，对那些成绩好的同学，即使他们回答问题时遇到困难，教师也往往会“热情”引导和启发。课堂提问应面向全体学生，要注意唤起全班每一个同学的参与和思考。在学生正确回答后，有经验的教师往往会把答案再重复一遍，以保证全班同学都能理解，对一些关键性的问题还可做一些重复性抽问；对一些平时成绩较差的同学更要注意他们的反应，如果发现他们仍然不清楚，可在课内或课外适当辅导。

4. 留有足够的等待时间

提问的等待时间包括教师在提问后等待学生回答的时间和学生回答问题后教师做出反应前的时间。美国教育心理学家罗（Rowe）的研究表明，教师在提问后等待学生做出回答这段时间平均不到 1 秒钟，学生回答问题后教师也通常只等 1 秒钟就对学生的回答做出反应，而且常常用一些十分简单的评语，如“很好”“嗯”“不错”来结束。罗的研究表明，不管是哪一段时间，增加等待时间常常会收到意想不到的效果。他发现，若把等待时间增加3~5倍（3~5秒钟），学生回答内容就会增加4~8倍，做出正确回答的学生人数也大为增加。同时，学生的自信心也会增长，学生今后回答问题就会更积极，而且延长等待时间能吸引更多的成绩较差的学生参加。教师也要学会更耐心地听取学生的回答。对一些站起来回答问题的学生，教师要留给他们一定的时间去思考、组织、调整自己的想法。罗的研究表明，学生在回答问题这段时间往往是他们心理活动最活跃的时间，也是锻炼他们思维能力的大好时机，我们不应为了获得答案急于打断学生的思路，或者转向另一个同学，由此会伤害学生的自信心和自尊心。因此，作为学生科学学习的引导者，教师需要倾听学生的回答，多给学生一些认真思考问题的时间，促使学生对信息进行深加工，培养学生良好的思维习惯。当学生不能回答时，教师应继续给予学生提示或线索。当学生的回答不完全正确时，教师需要向学生提供额外的信息，帮助学生逐步找到正确答案。教师应运用多种方法启发学生深入思考，促进学生的深度学习，使学生获得更显著的成功体验。

5. 鼓励学生提问

除了教师向学生提问，也应鼓励、指导学生发问，发展学生的思维能力，包括指导学生倾听问题、学会表述问题、分析问题，鼓励学生勇于提问、善于提问。一些研究者对学生问题意识进行调查后发现，学生存在以下问题：学生没有问题、不敢提问、想不出问题、不善于提问。那么，该如何培养学生的问题意识？基本策略有：加强学生的双基训练与能力培养，让学生“有问”；营造良好的教学氛围，让学生“敢问”；优化教学设计，让学生“想问”；教会学生质疑的方法，让学生“善问”；等等。

三、科学讨论（辩论）

（一）什么是科学讨论（辩论）

科学讨论主要是围绕着科学问题，让学生展开讨论、相互启发、相互交流、相互补充来获取科学事实，形成基本的科学概念，从中培养和发展学生的科学探究能力、科学情感、科学态度、科学价值观。讨论要求学生各抒己见，从问题的不同方面发表意见，展开充分的思考和深入的探索。交流与讨论的区别在于：交流是彼此把自己有的供给对方，而讨论是就某一问题交换意见。科学讨论就是在教师指导下，围绕着一个问题各自依据自己的认知水平发表看法，从而进行相互学习的一种方式。科学辩论则是围绕大家共同关心的问题或议题，双方或多方发表看法，展开交流、支持、辩护、反驳，形成共识或深化对问题、议题复杂性的认识。科学辩论可分为两种基本类型：对峙式辩论与协作式辩论。前者是观点各异、针锋相对的论辩，后者不是对抗与挑衅，而是协作探讨、共同工作、解决问题、达成一致。

科学讨论（辩论）适用于不便在课堂上通过观察、实验来获取基本事实、观点的内容。学生对学习的内容略知一二，但又不全知，不能形成基本的概念，此时适合采用科学讨论或辩论。适合科学讨论或辩论的内容一般为开放性的问题，如“恐龙灭绝的原因”；也可能是社会生活、科技发展中的问题或议题，如“克隆技术的利与弊” “拦水发电项目与生态保护”等。

（二）科学讨论（辩论）的意义

科学讨论与辩论有利于对概念的深层理解。科学讨论与辩论的内容一般为较为复杂的科学概念，这些概念具有较大的讨论空间，如英国科学发展史上的两大争论：光是一种波还是一种粒子，这就是波动说与粒子说。不同的科学家围绕该问题展开了旷日持久的争论，该争论最终深化了人们对光的认识。

科学讨论与辩论有助于发展学生的思考能力。科学讨论与辩论包含阐述、推理和反思等活动，要求参与者投入其中，阐明观点，收集证据，基于证据进行严格的逻辑推理，支持自己的观点与看法。同时，还要回应他人的质疑与批判，对他人观点或对立观点进行审慎思考，在此过程中深化自己的理解。可以说，参与讨论与辩论能够帮助学生学会独立地、批判地、审慎地思考，发展学生的思考能力。

科学讨论与辩论有利于发展学生的社会知觉与协作意识。无论是科学讨论还是科学辩论，都是一个人际互动、交流、争辩的过程，需要双方或多方尊重他人，学会倾听，学会表达。同时，还需要换位思考，进行一定的沟通、协作、磋商甚至妥协，减少喋喋不休或相互谩骂，使科学讨论或辩论能够持续下去并走向深入，这一过程可以发展学生的社会知觉、合作意识与协作能力。

（三）科学讨论课（辩论课）的策略

科学教学过程中的讨论（辩论）的流程可大致划分为三个阶段：提出问题，引发讨论；收集信息，交流碰撞；得出结论，运用知识。其基本策略有：

确定讨论（辩论）的问题。不是所有的内容都适合作为讨论或辩论的论题，那些封闭性的问题显然不宜作为讨论或辩论的题目，可选择那些开放性问题，且便于收集资料、适应学生发展水平的问题作为讨论或辩论的题目。如，“是否可以虐待动物?”“搬家时可以扔掉自己不喜欢的小猫吗?”

创造条件，促进学生参与讨论。这包括：创设宽松的课堂气氛，允许学生质疑问难；引导学生进一步明确自己的观点、立场，不能模棱两可、摇摆不定；进行恰当的分工，明确各自的职责与任务；指导学生通过书籍、期刊、网络收集相关资料，明确自己的观点与主张，寻找支持自己观点的足够证据；撰写发言草稿，基于证据进行合乎逻辑的推理。

采用合理的辩论阶段。如何安排辩论活动，英国哲学家与教育家图尔敏（Toulmin）1958 年将科学辩论分为 6 个环节：论点、论据、论证、佐证、修饰、反驳，可资参考（见表 7-1）。

表 7-1　科学辩论的 6 个环节

环节	释义	举例
论点	陈述立场或结论	旨在减缓全球变暖的《京都议定书》是必要的。
论据	论点所基于的事实或观点	20 世纪以来，由于温室气体的排放，地球温度持续上升。
论证	使用数据来支持论点，提供辩护	科学家一致认为温度上升再没有其他的原因。
佐证	选择性地提供具体的信息支撑论证	科学家已明确温室气体如何引发地球表面变暖的大气机制。
修饰	用于提高结论的可信度，指出辩论者所提出的论点的深度	然而，我们已经发现地球的温度在一段地质年代内会波动，甚至在一些情况下没有什么明显的诱因。
反驳	对论点提出反例	如果世界上的国家已经减少了温室气体的排放量，那么就没有必要制定《京都议定书》。

因势利导，引导讨论步步深入。采用澄清、聚焦、转向、推进等方式，将问题讨论引向深入；指导学生清晰陈述自己的观点，用足够的证据支撑自己的观点，在证据与主张之间建立逻辑联系，避免缺乏证据的观点或想象，避免主观化、情绪化；安排恰当的讨论与辩论程序，给各方提供发言的机会；引导学生尊重他人观点，有理有据地回应他人的观点；当学生的讨论或辩论偏离主题或卡壳时，教师应帮助学生澄清主题或分解主题，以便回归论题；如学生发生争吵或恶语伤人时，可暂时叫停，申明规则。

文献提示

杰里·安德里森:《辩论学习》,见索耶主编《剑桥学习科学手册》,徐晓东等译,教育科学出版社,2010.

四、科学阅读

（一）科学阅读的含义与价值

阅读是指从图书页面抽取视觉信息、理解篇章意义的过程。阅读指导是一种基本的语言类教学方法，它是教师指导学生通过阅读课本和课外读物，获取知识、发展智力的方法。科学阅读有利于帮助学生从科学的多种表征形式（如语言、符号、数学运算、图表图标及其他可视化资源）中获取科技信息，建构知识的意义。那些难以观察和体验的自然对象、现象与领域，如宏观的宇宙演进、天体运动，微观的细胞、微生物，或者历时久远的地质演变、生物进化，或者发展速度太快的细胞分裂、细菌繁殖，等等，特别适合借助科普材料、课本、绘本、图谱（纸质类文本读物）、科技视频、电影、纪录片（电子类观赏读物）进行科学阅读与观赏。

科学阅读是指在科学课堂教学前、课堂教学中及课堂教学后，学生通过阅读科学符号、图表、运算文本，包括科学普及读物、科学文章、科学故事、科学童话等文字形式。科学影像视频阅读，包括观看与课程内容相关的、具有科学意义的科学电影、视频、纪录片等资源，获得科学技术发展的信息，增进对文本内容的认知，促进科学学习。

科学阅读对于丰富学生的科学知识，使学生理解科学概念、拓展科学眼界，培养学生的科学想象与逻辑思维，有着积极的促进作用。

（二）科学阅读指导

1. 选择阅读资料

教科书阅读包括：科学概念解析，解释某一科学概念的含义；科学家、发明家的事迹，介绍科学发现或技术发明的故事及取得的成就；重大科学事件，介绍对人类生产和生活产生重大影响的科学事件；科学技术的应用，介绍科学技术在人类生产和生活中的应用，以及它们带来的影响；教学内容的补充，呈现与课程内容密切相关却难以在课堂上展示的内容。

课内阅读资料，包括与课堂上学生所学科学知识或所经历的科学探究活动紧密相关的材料，如科学概念、科学探究、科学史资料。课外阅读材料，包括补充和延伸课内所学的科学知识，即难度适宜、丰富有趣、符合学生兴趣的文本资源和影像资源。

2. 指导阅读方法

教师指导学生进行科学阅读，是指在课堂教学过程中或利用课余时间，根据文本的特点对学生的科学阅读方法进行指导。科学阅读指导包括：（1）精读指导，精读需要全身心地投入，调动多种感官参与，进行深度学习。精读时需要先浏览科学阅读文本，这样既能掌握科学阅读文本的脉络、框架，又能对科学阅读文本所展示的内容有一定的了解。科学阅读方法可分为比较性阅读、求解性阅读、质疑性阅读、创造性阅读（见表 7-2）。其步骤包括：初次通读，了解大意；再次阅读，摘要笔记，深入理解；读后思考，完善笔记。（2）略读指导，略读是一种快速阅读的方法，其目的是使学生快速地了解文本的内容和思想。科学阅读中的略读需要根据所给出的文本，提示学生先浏览阅读材料，找出需要搜索的“主题”或“要素”，然后进行选择性阅读。（3）笔记指导，指导学生做好阅读记录，阅读记录包括以概念为核心的笔记、以信息为核心的笔记、以反思为核心的笔记等方式。

表 7-2 科学阅读方法①

阅读方法	操作方法	实现功能
比较性阅读	将科学读物的内容、形式、观点等进行细致的比较	使学生更深入地把握文章的脉络及作者的态度，提高阅读深刻性，并从比较中学习，提高思维的灵活性、深刻性、启发性、缜密性，激发思维的创造性
求解性阅读	根据一定要求带着问题去文章中寻找答案。不是单纯地、机械式地去文章中寻找解题答案，而是对问题产生兴趣，带着兴趣去文章中寻找答案	相比传统阅读，更有阅读的欲望且容易打开思路，甚至是自发地展开讨论来促进求解性阅读的进行
质疑性阅读	在阅读中发现问题，并找到解决方法	质疑能力是培养科学精神的关键，也是科学阅读的重要能力之一
创造性阅读	学生在阅读时不能一味地追求正确答案，应该多层次、多角度地去思考，不止思考“能够怎样”，还要多思考“还能怎样”	发散思维还能一定程度上刺激学生的质疑问难，鼓励学生在思考中发现问题，并在问题中发散思维

3. 组织阅读与交流活动

教师可以利用课程学习时间或课外时间，组织开展多式多样的读书活动，如在课堂上引导学生阅读课本中的文字、图表。具体内容包括：科学概念、原理、假设、理论，操作指南，结构性文字和图片、机制性文字和图片、过程性文字和图片，科学史话，等等。指导学生在家庭或社区图书馆阅读科学绘本、科普读物、科学家传记、科技画册。为了培养学生深度

① 徐杰．加强科学阅读，提升学生素养［J］．小学科学（教师论坛），2011（4）：19-21.

阅读的能力，在阅读活动中，教师可以指导学生选择阅读材料、改进阅读方法，让学生学会阅读、学会思考，感受阅读带来的成长，享受阅读的快乐，养成良好的科学阅读习惯，培养阅读能力。

开展班级阅读交流活动，分享阅读经验，展示阅读成果。科学教师或班主任，可组织学生开展科学读书交流会，每 1~2 月一次。在读书交流会上，引导学生围绕以下方面进行交流讨论：介绍所读科学读物的主要内容、基本观点与研究结论，说说自己的阅读体验，反思自己的阅读方法，提出阅读中存在的困惑与问题，也可展示自己的阅读笔记、阅读卡片、阅读心得体会，还可向其他同学推荐新的科学读物、科技视频，并且简单说明推荐的理由。

第三节　科学知识的教学模式

科学概念、科学观念是科学知识教学的基础，科学知识教学的探索与研究聚焦于科学概念的教学，特别是核心概念与跨学科概念的教学。科学知识的教学模式主要有 CAT（学习环）教学、5E 教学、概念图教学、抛锚式教学、STS 教育、HPS 教育等模式。

一、CAT（学习环）教学模式

在 20 世纪五六十年代，物理学家卡普拉斯（Robert Karplus）主持了“科学课程改进研究”（Science Curriculum Improvement Study，SCIS），并开发出 SCIS 课程。随后，亚特金（J. Myron Atkin）开始在教学中融入卡普拉斯的科学教育思想。他们认为，学生通常无法发现或自我构建科学概念，需要教师为他们提供一定的时间，让他们运用先前概念来探索新的科学概念，然后再由教师分析相应的观点，引入科学概念，并最终使学生构建科学概念。基于这种理念，他们在 SCIS 教师用书中提出了由“初步探究”（exploration）、“概念引入”（term introduction）和“概念应用”（concept application）三个环节构成的教学模式。初步探究即学生对自然现象有最初的体验和探究。概念引入即教师引入关于所学主题的新概念（或术语）。概念应用即学生在新情境中使用术语和应用概念，在此基础上形成了学习环模式理论。

CAT（学习环）模式认为，科学概念学习必须经历认知冲突（cognitive conflict）、抽象概括（abstract & generalization）和迁移运用（transfer practice）三个基本环节，三个环节螺旋递进，构成一个学习环，循序渐进地推进学生科学概念的进阶发展（见图 7-1）。其基本策略为：创设学生学习科学概念的学习共同体，搭建学生学习科学概念的脚手架。

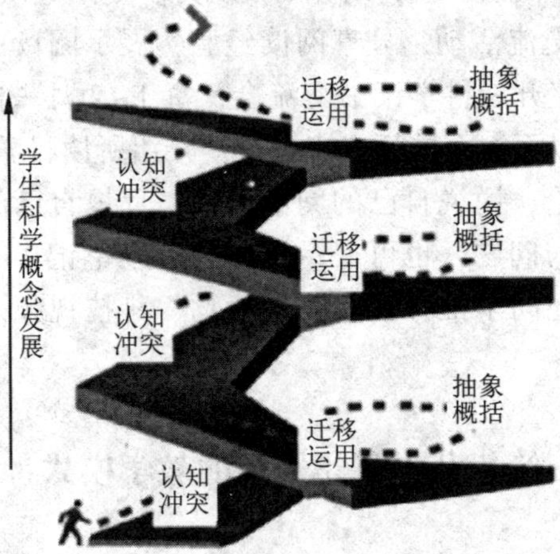

图 7-1　CAT（学习环）模式图

案例

“弹力” CAT 学习环①

1. 引发学生认知冲突（C）

教师播放一段小朋友玩蹦蹦床的视频让学生“看一看”，迅速组织学生进入“弹力”的教学。同时请学生“想一想”：玩过蹦蹦床吗？有什么感受？教师在学生充分交流、表达日常玩蹦蹦床的体会之后，再提问：为什么在蹦蹦床上能跳得很高呢？学生对此的解释不一，引发认知冲突。学生会提到弹力或弹性，教师不用纠正，进而问学生，生活中是否还有类似的现象。

2. 促进学生抽象概括（A）

抽象概括环节活动一：认识运动中的弹力。教师给学生提供 4 个视频，以运动项目中的弹力应用为例，让学生初步感知弹力。视频一：撑竿跳高。学生观看视频时需要思考：运动员是受到什么力跳得那么高的？这个力是在什么时候产生的？视频二：跳板跳水。学生需要思考：运动员是受到什么力在跳板上跳起来的？能描述一下跳板在运动员跳水前后的变化吗？视频三：射箭视频。学生需要思考箭为什么能射得那么远？要想用同一把弓将箭射得更远，有什么办法吗？视频四：蹦床比赛。学生需要思考；运动员是受到什么力跳得那么高？跳得越来越高时，受到的力的大小有变化吗？通过此环节的活动，学生认识到弹力是一种力。

① 林静．CAT：科学概念的教与学［M］．北京：高等教育出版社，2018：41-42.

抽象概括环节活动二：感受弹力。教师提供一个动画视频，呈现4种运动装置——跳台跳板、弓箭、蹦蹦床和撑竿。学生可点击视频，感受物体受力发生形变，继而恢复形变产生的弹力。通过此环节的活动，学生观察到形变，也体验到弹力作为力的存在。

抽象概括环节活动三：教师组织学生利用身边的一些材料自己动手模拟4种运动中的弹力的产生，亲身感受弹力的存在及其产生过程。这些材料有皮筋、绷在杯口的橡皮膜、竹棍和塑料尺。让学生通过各种动作分别使这些材料发生形变，再感受撤销外力作用后，这些材料恢复形状而产生的力。在学生活动后进行表述的过程中，教师有意识地引导学生区分弹力与弹性，指出弹力是力，而弹性是物体的一种性质。在本环节的活动中，学生认识到弹力是有大小的。

3. 组织学生迁移运用（T）

教师提供给学生4张图片，请学生分析其中力的作用。4张图片分别呈现的是学生踢足球、学生提水桶、学生坐在凳子上、学生用弹簧秤称量物品的画面。通过分析与比较，学生进一步了解弹力与其他力的区别。

二、5E模式教学

5E模式教学由美国生物学课程研究会（Biological Sciences Curriculum Study，BSCS）在20世纪80年代提出的。BSCS认为，若要有效地进行科学教学，并帮助学生构建科学概念，教师不仅要让学生进行探索，而且要了解学生针对特定教学内容的先前概念，通过创设特定的情境，或提出相应的问题，让学生展示和暴露已有概念，进而在此基础上进行探究。基于以上考虑，他们参照建构主义理论和概念转变理论，于1989年开发了小学科学和健康课程的研究项目，在CAT（学习环）模式基础上增加了“引入”和“评价”两个环节，成为5E教学模式。5E教学模式包括五个教学环节，即引入（engage）、探究（explore）、解释（explain）、精致（elaborate）和评价（evaluate）。其中，“探究”“解释”和“精致”与原来的“初步探究”“概念引入”和“概念应用”相对应，实质意义相同。5E教学模式指向学生科学概念的构建。与传统的教学模式相比，它更有利于学生学业成就的提高和学习兴趣的培养。5E教学环节与策略见表7-3①。

---

① 王健，李秀菊.5E教学模式的内涵及其对我国理科教育的启示［J］.生物学通报，2012，47（3）：39-42.

表 7-3　5E 教学环节与策略

环节	要点	教学策略
引入	教师首先提供有意义的学习活动，以吸引学生的学习兴趣。学生要针对教师提供的实物、问题、情境或现象进行思考，联系已有的知识和经验，并暴露出错误概念，这是学习科学概念的重要基础和前提。在“引入”环节，学生的已有知识与教师创设的情境之间产生了认知冲突，这是实现概念转变的重要策略之一	这个环节的教学活动形式多样，可以是教师提问、展示相异事件（discrepant event）或提供问题情境，其主要目的就是吸引学生的注意力和激发学生的学习兴趣。这里所说的“活动”不仅指学生动手活动，同时还包括动脑思考
探究	在探究环节，学生要针对特定的内容进行探究活动，他们要观察现象、建立事物之间的联系、概括规律、识别变量，这是引入新概念或术语的重要前提	在此过程中，教师的主要角色是学习的促进者，要鼓励学生操作，不直接说明答案，教师扮演聆听、观察的角色，必要时通过问题或建议的形式给予学生恰当引导
解释	探究完成后，学生要用自己的语言解释探究结果，形成初步解释。然后，教师直接给出科学的解释、术语或概念。这是使新概念、过程或方法明确化和可理解化的过程。需要注意的是，教师要使学生在前两个环节的经历与新的解释或概念之间建立联系，而且给出的新概念应简洁、清晰和直接，为下一环节做好铺垫	在教学策略方面，讲授是最常用的策略之一。此外，教师还可以通过视频、多媒体软件等多种方式辅助新概念的阐释
精致（迁移）	学生在获得新的概念后，需要利用这些概念尝试解决问题或解释新现象。因此，教师应该为学生提供时间和空间，让他们参与讨论和获取信息，以加强对新概念的理解，这个过程就是新概念不断精致化的过程，教师应注意引导学生对相应的概念、过程和方法进行归纳总结，使其从术语到内涵全方位地理解新概念	首先，教师要给学生安排一个新的学习任务。例如，提出一个问题，要求学生以小组合作学习的形式进行讨论，制订解决方案。然后，学生可以从教师、书籍、专家、网络资源、数据库、实施实验等多种渠道获取信息，进而解决问题。学生需要应用到在上个环节中学习到的新概念或新方法，从而使其内化到其认知结构中
评价	在这一环节中，教师需要观察学生如何应用新的概念和方法来解决问题，并提出开放性的问题来评价学生对新概念或方法的理解和应用情况。同时，教师还应鼓励学生进行自评和互评	教师可以通过提问、小组讨论、记录学生的动手操作能力、纸笔评价等多种形式对学生进行综合评价

在学习生物的进化时，美国 BSCS 教材的科学与技术（Science & Technology）版本提供了如下探究活动①：

> 把学生分成每四人一组，每组提供钳子、镊子、汤匙和起钉器等工具，每人使用一种工具分别用来取食木棍洞中的米粒、葵花子（要磕开）、藏在纸屑中的橡皮虫、漂在水中的泡沫塑料粒、硬纸剪的兔子（要撕下硬纸块）。要求学生记录下自己所用的工具在规定时间内取食的食物数量，进行统计，画出图表。让他们确定用哪种工具最适合于“取食”哪种特定的食物。然后让他们比较实际的不同类型的鸟喙与所用的工具：秃鹫—起钉器，蜡嘴雀—钳子，火烈鸟—汤匙，沙锥鸟—镊子，模仿鸟—镊子；比较实际环境中的食物与所取“食物”：树洞中的虫子——木棍洞中的米粒，池塘中的浮游动物——水中的塑料末，田野中的种子——葵花子，新鲜的刚杀死的兔子——硬纸剪的兔子，草丛里的虫子——橡皮虫。
>
> 接着，全班或分组讨论假如环境发生改变，如干旱发生时以不同食物为食的鸟类是怎样受影响的，接受学生的所有能以证据支持的答案。可以用以下提问引导学生讨论：
>
> 1. 干旱期间，许多水体干涸，以上 5 种鸟中哪种在水体和河床干枯时不能获得食物？
>
> 2. 干旱期间，一些开花结果的植物也会死亡，哪一种鸟首先受影响？
>
> 3. 假设在干旱期，一只小沙锥鸟不像种群中的其他鸟，这只鸟有较短的喙，能磕开一些种子，对鸟儿来说这种喙有什么优点？
>
> 本活动的目的是提供给学生具体的经验，帮助学生感受和探究鸟类在进化过程中是怎样通过自然选择适应环境的。通过比较不同种类的鸟喙的优缺点，学生能更好地理解自然选择的机制。

后来，有学者认为，在 5E 教学模式中，教师在解释阶段讲解方式单一，于是在解释阶段和精致阶段之间增加了表达（express）阶段，让每个学生都有机会展示自己的学习收获，更正头脑中的错误概念，并据此确认

① 马文奎．美国 BSCS 教材中的“5E”教学模式［J］．外国中小学教育，2002（4）：39-40.

学生是否达到教学目标，评估教学效果，形成 6E 教学模式。还一些研究者以 5E 教学模式为基础，在引入阶段前加入了暴露（elicit）阶段，在精致阶段和评价阶段之间增加了拓展（extend）阶段，旨在突出学生前概念暴露和新知识迁移，形成 7E 教学模式[①]。

三、概念图教学模式

科学概念犹如科学知识、科学技能、科学原理的细胞，它不仅是组成科学教材的基本元素，也是发展学生科学素养的基石。20 世纪 60 年代，美国教育家布鲁纳提出结构主义课程理论，他强调学科的基本结构，即一门学科的基本概念、原理与态度。在他看来，掌握一门学科的知识就是掌握该门学科的基本结构，因为基本结构有助于知识的记忆、理解与迁移。奥苏贝尔强调新概念与学生原有知识结构之间的关系，让学生形成认知结构，促进知识的理解与迁移。因此，教师必须使学生掌握科学知识的最基本的结构，让他们看到这些科学概念不是一个个孤立存在的单元，而是一个相互关联的整体，每一个概念都能在这整体中找到它的位置。学生只有看到这个概念在整体结构中的联系，才能对这个概念有更深刻的理解。正如化学元素性质只有在元素周期表中才能获得真正的理解。在科学教学中，加强新概念之间、新旧概念之间的联系，可以促进学生举一反三。基于布鲁纳的结构主义理论和奥苏贝尔的有意义言语学习理论，美国的诺瓦克（Joseph D. Novak）在 20 世纪 70 年代于康奈尔大学开发出“概念图”教学模式。

（一）概念图的含义

“概念图”简单地讲就是一种能形象表达命题网络中一系列概念含义及其关系的图解，它用图表形象地把某一单元中包括的所有概念，用连接词及箭头连接起来，使学生能较清楚地看到各概念之间的联系，促进意义学习的发生。概念图中节点表示概念，连线表示概念之间的关系。概念图能引导学生将新学习的概念和原有的概念进行沟通，它强调从事物的关系中把握概念本身。如，围绕物质的性质问题，可制作概念图（见图 7-2）。

文献提示

诺瓦克等:《意义学习的概念图》,见诺瓦克、高温《学会学习》, 方展画等译,湖北教育出版社,1989.

---

① 胡久华，高冲 .5E 教学模式在我国的教学实践及其国外研究进展评析［J］. 化学教育，2017，38（1）：5-9.

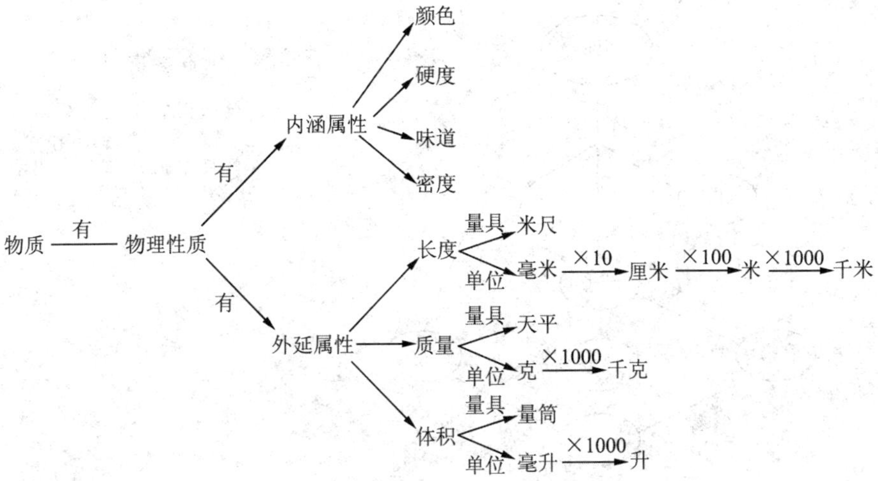

图 7-2　物质的概念图

（二）概念图制作的步骤

首先，把某单元中所有的概念都罗列出来，不仅包括新的和旧的，也可以包括那些和这单元关系十分密切的概念。需要注意的是，只需罗列出这些概念的名称，不要任何解释，也不要包括任何形容词和动词。

其次，在这些概念中先找出那些较基本的及带普遍意义的概念，从这些概念出发，寻求各概念之间的联系，然后按一定的逻辑将它们整理归类，并用箭头将所有概念连接起来。

最后，在箭头上方用连接词表明两个概念之间的关系，例如，“具有”“含有”“帮助”“连接”这些连接词通常是单个的词，当然也可用一些其他词类，但要简洁明了。

制作概念图时，需要注意五点：（1）概念图要力求简洁，不要用太多的箭头。（2）最基本概念放在最顶部，如果概念图是横向的，就放在最左面，然后逐级展开。（3）概念图整个图面（各分支）尽量保持平衡。（4）对同一个单元，不同人按自己的思路可有不同的构思，不能强求统一，也没必要统一，主要看每人的思路是否合理，是否有逻辑性。（5）概念图既可作为教师备课的一部分，帮助教师更有效地组织教学，也可作为一种学习方式，帮助学生掌握知识的结构，促进知识的理解和掌握①。下面是四年级学生制作的“植物”概念图（见图 7-3），该概念图将植物的结构、功能等知识直观地呈现了出来。

① 陈华彬，梁玲．小学科学教育概论［M］．北京：高等教育出版社，2003：91.

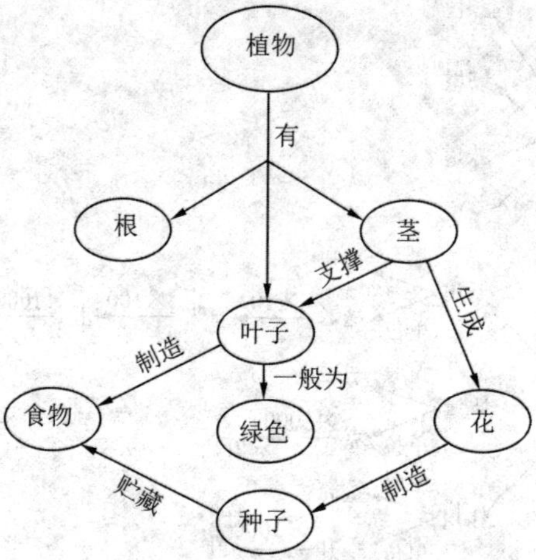

图 7-3　“植物”概念图

> **文献提示**
>
> “概念图制作”，见盛群力主编《现代教学设计论》(修订本)，浙江教育出版社，2010.

四、抛锚式教学模式

建构主义认为，知识是具有情境性的，知识是活动、背景和文化产品的一部分，并在活动中、情境中、文化中不断得到运用和发展。情境学习理论着眼于解决生活中的实际问题，主张借助丰富的学习资源，在具体情境中将所学知识与真实任务情境挂钩，让学生合作解决问题。基于情境学习理论，美国温特贝尔特大学认知技术课题组在 20 世纪 90 年代开发出抛锚式教学模式。

抛锚式教学是指教师为学生创设富有真实事件或真实问题的学习情境，引导学生亲身体验从识别问题、提出策略到实现目标的全过程，学生在探究事件或解决问题的过程中自主地建构知识的意义。抛锚式教学以真实事件或真实问题为基础（作为“锚”），强调具体情境对知识建构的作用。抛锚式教学的主要目的是使学生在一个完整、真实的问题情境中，产生学习的需要，并通过学习共同体成员之间的互动、交流、协作学习，凭借学生主动探索、亲身体验，完成对知识的意义建构过程。它具有真实性、互助性、无序性、情境性等特点。下面以“抵抗弯曲”为例，说明抛锚式教学模式的一般程序①。

创设情境。使学习能在与现实情境基本一致或相类似的情境中发生，这一环节为“引锚”。如，在“抵抗弯曲”一课的教学中，教师可以首先通

① 李岩．抛锚式教学在小学科学教学中的应用［J］．小学教学研究，2020（23）：79-81.

过真实情景（或图片），展示各种不同构造但有不同载重限制的桥，引导学生聚焦每座桥的载重量。

确定问题。选择与当前学习主题相关的真实事件或真实问题，作为学习的中心内容。选取出的事件或问题就是“锚”，这一环节为“抛锚”。如，提问学生:“日常生活中桥的限载到底是什么意思，为什么桥都有一个最大载重量?”以此激发学生的探究欲望。

自主学习。由教师向学生提供解决问题的有关线索，让学生通过自主探索解决问题。用纸替代桥，让学生自主探究纸的宽度与抗弯曲能力间的关系。启发学生思考:“控制哪些条件（如纸的长度、纸的宽度、纸张的材料等），改变哪些条件，以便探究和测量。”“1 倍、2 倍、4 倍宽同种纸张的纸条，其抵抗弯曲的效果怎样?”学生独立思考、探索，自主完成实验变量的控制。

协作学习。小组合作探究，讨论交流，通过不同观点的交锋、补充、修正，加深学生对当前问题的理解。小组合作完成纸的宽度与抗弯曲能力的实验。首先，各小组领取材料按要求完成对 1 倍、2 倍和 4 倍宽纸的承重能力的测试并做好记录。比较实测数据与预测数据，讨论写出自己的发现。其次，各小组上台展示小组的实验数据和发现。如果数据差别较大，则请该小组上台演示实验，其他小组观察并帮助找原因。最后，全班一起总结出纸的宽度与抗弯曲能力间的关系。

评价效果。这包括学生个人的自我评价和学习小组对个人学习的评价。可以让学生介绍自己的研究方案和作品，总结自己小组的方案和作品，找出其中的优点与不足，相互学习评价；也可制作简明的评价表格，让学生进行反思与评价。

五、STS 教育

STS 教育即科学、技术与社会教育（science、technology and society），兴起于 20 世纪 60 年代末，主要针对 20 世纪以来科技的迅猛发展所带来的环境问题和社会问题，旨在研究科学、技术、社会三者间的相互关系，培养具备科学技术素养、能参与科技决策、全面发展的新型公民。STS 教育内容非常丰富，具有哲学、历史学和社会学等方面的理论来源。STS 教育课型有：以科学概念和科学原理等基本知识主导的 STS 课程；以科学知识和社会问题交融的 STS 课程；以社会问题为主导的 STS 课程。它具有目标的多元性、情境性，内容的综合性、问题性，实施的实践性、灵活性等特点。我国自 20 世纪 80 年代中期开始大量介绍并引进西方 STS 教育，并在一些中小学开展了大量的实验研究。STS 教育的实施有以下策略。

关注全球性、区域性问题。STS 教育探究课题是科学技术与社会的相互关系，以及科学技术在社会生产、生活和发展中的应用，关注任何国家都面临的全球性、区域性问题，如臭氧层破坏、温室效应、气候变暖、农药使用、环境污染等。要使学生意识到，我们赖以生存的地球只有一个，要鼓励学生关心世界时事、地方时事，参加一些全球性、区域性问题的讨论。随着互联网、电子邮件等现代通信手段的普及，传统教室的围墙开始“消失”，学生应加强与校外、省外甚至国外学生的联系，共同关心、讨论全球性社会、科技发展问题，提高自己的参与意识。

进行跨学科、跨领域教学。STS 教育内容广泛，涉及科学、技术、工程、伦理、社会、道德、艺术等多个方面，其课题大都是当今社会和未来社会所关心的全球性、区域性问题，而不是传统教科书中的经典定律、原理和公式，因此它没有固定的教材，不强调系统性。从教学形式上看，除了知识教授，STS 教育常常需要从课题出发，组织学生围绕大家共同关注的问题展开讨论。STS 教育不放弃科学教育中的基本概念、基本规律和基本定律，更多的是把这些知识放在一个特定的环境中，让学生结合实际问题自主探索，教学形式和内容更加灵活多样，培养学生运用多学科、多领域的知识解决实际问题的能力。在学生探索和讨论实际问题的过程中，教师要注意引导他们严格地遵循和使用科学的研究方法，综合地、跨学科地研究与解决问题，培养学生严谨、负责的态度和精神。

强调学生亲身参与。STS 教育强调学生直接参与、亲身体验。STS 教育中所讨论的内容不再是纯粹的理论知识，而是直接针对学生自己今后利益的具体问题，是他们现在正在经历、即将面临的“真实的”课题，他们有责任也应该亲身投入其中，参与讨论。教师首先要让每个学生清楚地认识到自己的责任，鼓励他们以主人翁的态度积极地、全身心地投入相关活动。

就小学 STS 教育而言，“角色扮演”和“社会调查”是最常用的方法。

角色扮演就是用演出、辩论、对话的方式进行教学。角色扮演的优点是：学生可以亲身投入，充分发挥学生的学习积极性；学会听取别人的意见，学会从不同的角度来看待同一个问题（小学生对事情的看法具有“自我中心”的倾向，且较主观，易感情用事，角色扮演为他们提供了学习听取别人意见、学习客观判断事物的机会）；学会如何收集证据，如何用证据来支持自己的论点，学会如何分析论据得出结论。角色扮演的实施策略包括：教师首先按照某一课题的要求由学生自选或由教师指定角色。角色的数目依课题而定，一般在 6~8 人，每一个学生按照自己扮演角色的特定环境和位置，针对这个特定的课题发表意见或表演，其他同学可当观众。在表演和辩论中，教师要给予正确的引导；在课堂的最后，教师要组织全班讨论。如果讨论不能达成一致意见，也应充分发挥民主，允许学生保留他们自己的意见。

社会调查是一种走出课堂直接体验生活来调查科学技术对社会影响的有效方法。其实施策略有：社会调查前，需要明确的调查课题、任务，调查的课题最好由学生自己经过讨论后产生，这样学生就会更投入；做好调查前的准备工作，包括联系相关单位、部门、人员，协商有关事项，确定具体时间，安排交通工具，进行安全教育；社会调查中，适当分组，落实安全责任，明确各个小组的调查任务，有序开展各项调查活动；调查结束后，组织各个小组报告调查结果，进行交流讨论，鼓励学生在讨论基础上撰写调查报告，给社区或街道发布倡议，或向报纸或杂志投稿，参与相关问题的公众讨论。此外，还可组织学生课外采集、鉴定化石标本和动植物标本，撰写调查报告，等等。

拓展阅读 7-2

“酸雨”单元教学大纲

教学目的：

理解“酸雨”的概念，了解“酸雨”的形成过程和“酸雨”对生态系统及整个人类社会发展的危害性。讨论酸雨污染和学生实际生活的联系、酸雨现象的起因、酸雨对日常生活的影响、今后要采取什么措施来预防和治理等。

第一课　酸和碱

用 pH 试纸去测定各种家庭日常化学物品，例如食醋、小苏打、胃舒平、柠檬汁及一些厨房清洁剂等。把测试的结果和蒸馏水的 pH 相比较，并在数轴上标明，使学生对酸和碱的概念及 pH 有一个初步的了解，懂得什么是酸性，什么是碱性，如何用 pH 来区分它们。注意，并不要求学生理解“酸”和“碱”严格、完整的科学定义。

第二课　酸性水溶液对植物生长的影响

学生动手实验。选择一些易发芽的菜籽或亚类籽，如萝卜籽、白菜籽、黄豆、倭豆等种在相同的泥土中，放在相同的地方，只是用不同的水溶液（pH3～6）进行浇灌，要求学生观察记录，并每隔三天将植物的生长高度记下，最后制表作图，分析数据后写出实验结论。

第三课　酸雨的形成和危害

课前做一个小实验，先测试蒸馏水的 pH，然后让学生用吸管在蒸馏水中吹气，再测试 pH 的变化。教师在实验基础上讲解酸雨形成的原因。联系第二课的实验结果，教师讲解植物生长的条件及酸雨对植物的危害性。中间还可穿插一些小的演示实验，例如酸性溶液对一些植物叶子的影响等。

第四课　酸雨的来源

教师的讲解与社会调查相结合。在教师讲述“酸雨”的主要污染源后，学生走出教室，访问工厂，观察学校食堂的烟囱，收集雨水样本、汽车尾气等并测试 pH。

第五课　酸雨对全国及世界各地的影响

学生收集资料，为讨论及演讲做准备。学生可去图书馆或上互联网收集酸雨对全国及世界各地的影响的资料。教师在学生活动前提出明确要求，资料不仅要包括事实、统计数字，最好还要包括图片、录像，并积极鼓励学生用电子邮件、互联网与外省市或外国同年龄学生联系，讨论有关“酸雨”的问题。

第六课　我们的责任

每个学生（或小组）汇报自己的调查结果，教师在同学们演讲的基础上组织讨论。中心课题是作为未来社会的主人，我们应担负起什么样的历史责任，我们现在应该干什么？我们现在能做什么？讨论结束后，可鼓励学生以全班名义向报社、杂志社投稿。

（陈华彬，梁玲．小学科学教育概论［M］．北京：高等教育出版社，2003：274－275.）

六、HPS 教育

英国科学教育学者孟克（M. Monk）和奥斯本（J. Osborne）于 1997 年在总结科学教育的历史经验的基础上，首次提出把 HPS 融入科学课程与教学中的新模式。HPS 教育（history of science，philosophy of science，sociology of science）要求把科学学习置于广阔的社会文化背景中，将科学史、科学哲学和科学社会学的有关内容引入中小学科学课程与教学，促进学生对科学本质的理解，培养学生的科学精神和创造才能。HPS 教育有助于克服科学教育中学生缺乏学习动机、缺乏对科学在历史文化和社会中的地位理解不足等问题，帮助学生更好地把握科学本质，让学生懂得科学究竟是什么、科学知识是怎样产生的、科学在社会发展和进步中的作用，以及科学和科学方法的优点与局限性。实施 HPS 教育的基本前提是，所学课题必须是科学史上某一科学家曾经研究的自然现象，如落体运动、植物的向光性、食物的消化等。该模式的教学程序包括六个环节，这里以“摆的研究”为例加以说明①。

提出问题。教师给学生演示某一自然现象，学生通过观察现象，产生一个需要解决的问题。上课前，教师先准备好几个相同的、能自由摆动的教具——摆锤。上课时，教师先将一个摆锤放置于高处，使班级学生都能看见。摆动摆锤，让学生观察其中的现象，并抛出问题："不同摆锤自由摆动的快慢一样吗？""摆锤摆动的快慢与什么因素有关？"激发小学生的学习兴趣和好奇心。

引出观念。教师鼓励学生发挥想象力和创造力，启发学生对该现象提出自己的观点和解释，促使学生各抒己见、发表不同的看法，引导学生进行思维碰撞。如，A 同学认为，摆锤摆动快慢与摆动的幅度有关；B 同学认为，摆锤摆动快慢与摆锤重量有关；C 同学则认为，摆锤摆动快慢与摆绳的长短有关。

学习历史。介绍早期科学家对于该现象的思考与研究实例，供学生研究参照；举例说明当时其他科学家的不同观念；引导学生讨论或探究这些观念产生的背景、条件，让学生能设身处地地体验以往科学家的探究与思考，认识到科学认识的历史制约性。在上例中，教师可通过 PPT 展示并讲述摆的研究历史：

在很早之前，古希腊哲学家亚里士多德在对摆的研究中提出，摆经过一个短弧要比经过长弧快些。近两千年后，一名年轻人推翻了这一说法，他后来成为一名伟大的科学家，他就是伽利略。伽利略从小热爱数学、物理学等自然科学，时常细心观察周边的事物，并且思考其中的原理，他还以怀疑的眼光看待那些自古以来被人们奉为经典的学说。在一次细心观察中，伽利略发现比萨大教堂上吊灯摆一次的时间总是一样的，而无关圆弧大小。发现这个问题后，伽利略找了不同长度的绳子、铁链、铁球、木球，用沙漏记下摆动的时间，并重复进行这个试验。最后，伽利略大胆地得出这样的结论：亚里士多德的结论是错误的，决定摆动周期的，是绳子的长度，和它末端物体的重量没有关系，且摆绳长度相同的摆，其摆动周期是一样的。

设计实验。教师要求学生设计实验。如，在上例中，教师提问："你们

① 徐怡冰，陈志明．HPS 教学模式在小学科学中的应用：以"摆的研究"为例［J］．实验教学与仪器，2021（7）：123-124．

认同哪一位科学家的观点?”“能不能通过实验验证这一观点?”然后，教师把班级学生分成几个不同小组，每个小组3~4人，进行分组实验。学生共设计了三组实验：一组是改变摆锤重量的实验，一组是改变摆绳长度的实验，一组是改变摆动弧度的实验。由此，来验证亚里士多德和伽利略得出的结论是否正确。

实验检验。由教师讲解当代的科学观念，从而为学生实现观念转变提供契机和可能：学生对科学观念进行实验检验，由实验现象的观察、资料的收集与整理，最终得出结论，形成科学观念，即实现由前概念向科学概念的转变。在上例实验过程中，学生感觉到自己就如同伽利略一样，成为一名小小科学家。教师提醒学生控制变量，完成教材中的实验记录表。通过实验，学生认识到，任何实验结论的得出都需要有严谨、可靠的实验数据作为支撑，他们从实验中体验到科学学习的乐趣、严谨的科学精神和科学态度。

评价总结。实验完成后，学生上台展示实验数据和结论，发表自己小组的观点、质疑，然后进行讨论。展示完成后，教师给出相应的评价。教师讲述：“后人的不断试验，证明伽利略得出的结论是正确的，摆的快慢和摆绳长度有关，和摆动弧度、摆的重量无关。”通过总结评价，学生能深刻地理解科学探究的本质，理解科学家的探究过程和科学观念。

文献提示

沃森:《发现DNA结构的故事》,见文池主编《宇宙简史》,线装书局,2002.

本章内容小结：

科学知识是通过科学探究活动所获得的关于自然的理性认识，科学知识包括科学事实、科学概念、科学定律、科学假说、科学理论等。科学知识学习是科学能力和情感培养的基础。

科学知识教学方法包括知识讲授、课堂问答、科学讨论（辩论）、科学阅读等。

科学知识教学模式主要有CAT（学习环）教学、5E教学、概念图教学、抛锚式教学、STS教育、HPS教育等。

本章问题研究：

1. 简述科学知识的基本构成，谈谈科学知识掌握对学生科学学习及个体发展的意义。

2. 阅读美国《互动科学》第4册第6章第2课“岩石是如何分层的”中的“沉积岩”材料（图略），说说科学阅读的意义及其指导方法。

沉积岩[①]

查看这些页面上显示的砂岩峭壁（图略）。你注意到了什么？悬崖可能看起来像一堆煎饼或几张纸。这些层表明悬崖是由沉积岩构成的，当沉积物一层又一层沉积并硬化时，就会形成沉积岩。

沉积物由土壤、贝壳、岩石碎片，以及死去的动植物组成。

水、风、冰和重力使沉积物从一个地方移动到另一个地方，随着时间的流逝，沉积物会陆续沉积在陆地上或海洋、河流和湖泊的底部，较新的层将较旧的层压在一起。层的重量，沉积物中的黏性黏土矿物和天然化学物质将颗粒黏合在一起。

科学家根据沉积物中的物质对沉积岩进行分类。一些沉积岩是由曾经是生物的材料形成的，例如，石灰岩通常由很久以前生活在海洋中动物的坚硬骨架和贝壳形成；砂岩是另一类沉积岩，它通常由石英块组成，每个石英块的大小都相当于一粒沙的大小；第三类沉积岩石是由非常小的颗粒组成的，这些颗粒通常沉淀在湖泊或海洋的底部，页岩和泥岩是这类岩石的两个例子。

查看上一页的沉积岩样品（图略），砾岩和砂岩在哪些方面相似？它们有何不同？

在这些页上（图略）标出悬崖上的一层沉积岩。

在这些砂岩峭壁上很容易看到沉积岩层。

3. 以“动物”概念为例，按照概念图教学的基本规范与要求，为小学生制作一份较为完整的“动物”学习概念图。

4. 参照抛锚式教学模式的基本流程，以“玻恩牧场的营救任务”材料为例（或“杠杆”单元为例），设计一份基于抛锚式教学模式的“玻恩牧场的营救任务”（或“杠杆”）教学过程。

玻恩牧场的营救任务

杰斯帕的朋友拉瑞在教另一个朋友艾米莉怎样驾驶超轻型的飞机。然后，杰斯帕和他的朋友们讨论去玻恩牧场野营。在旅途中，杰斯帕发现了一只受了重伤的鹰需要急救。对学生的挑战是帮助艾米莉选择能以最快速度营救受伤的鹰的路线。在解决这个问题的过程中，必须考虑营救路线、交通运输方式、速度、燃料事宜、飞机的有效载荷、着陆场地，以及引航员等（该问题适用于六年级及更高年级的学生）。

---

① ILLIOIS G. Interactive Science［M］. New York：Pearson Education，Inc.，2016：248-249.

本章参考文献：

1. ［美］J. D. 诺瓦克，［美］D. P. 高温．学会学习［M］. 方展画，等译．武汉：湖北教育出版社，1989.

2. 高文．教学模式论［M］. 上海：上海教育出版社，2002.

3. ［美］大卫·杰纳·马丁．走进中小学科学课·建构主义教学方法［M］. 2 版．于力华，华瑞年，贾志宏，等译．长春：长春出版社，2003.

4. 盛群力．现代教学设计论（修订本）［M］. 杭州：浙江教育出版社，2010.

5. ［美］戴维·保罗·奥苏贝尔．意义学习新论：获得与保持知识的认知观［M］. 毛伟，译．杭州：浙江教育出版社，2018.

6. 林静．CAT：科学概念的教与学［M］. 北京：高等教育出版社，2018.

第八章

科学技能的教学

科学技能是完成科学研究任务的基本条件，缺乏科学技能，科学研究无法展开，预期的研究任务无法完成。科学探究训练建立在科学知识理解与科学技能掌握的基础上，科学技能与科学研究的关系尤为密切，本章主要阐述科学技能的概念、价值与教学策略。

第一节　科学技能概述

技能是主体在已有知识经验的基础上，经练习形成的执行某种任务的活动方式。技能的本质是知识的运用，即程序性知识的运用。科学技能是一种与从事科学活动直接相关的能力，小学生科学技能的教学，对于学生科学素养的发展具有重要的意义。

一、基本含义

有别于作为陈述性知识的科学知识，科学技能与科学过程、科学方法、科学操作有关，因此，有时它又叫“科学过程技能”（processing skills）。科学过程、科学方法、批判性思维、科学技能是科学素养的重要组成部分，它们均涉及知如何（know-how）、知谁（know-who），认知心理学将它们归入程序性知识，可笼统地称为“科学技能”。由于科学技能与科学过程、科学家的研究能力密切相关，而科学能力是指人们从事科学研究活动中必须具备的并直接影响科学研究效率的各种生理、心理和行为条件。因此，科学技能可以被定义为：一组具有广泛迁移力的、适合科学家工作性质所需要的能力。美国20世纪60年代的基础科学课程计划SAPA课程将科学过程技能视为一系列可以广泛迁移的能力，适用于许多理科课程，能够反映出科学家的行为。科学过程技能涉及进行科学研究的过程。这些技能因所从事的研究类型不同而不同，但是通常都会包括通过科学方法而进行的工作，这些工作既包括实验研究，也包括历史研究。阿尔纳（Aerna）认为，科学过程技能就是科学家在进行科学研究时所发生的一系列事件①。

虽然对科学过程技能有不同的定义方式，但是一个共同之处是：科学过程技能是指进行科学研究所涉及的一系列技能，是一些在科学探究过程中必备的最基本的思维方法和操作方法。因此，我们认为，科学过程技能是学习者在参与科学探究过程中的具体行为，是在科学探究活动中所采取的相应的行为方式。

二、基本类型

20世纪60年代美国兴起改进科学教育的热潮，美国科学促进协会（American Association for the Advancement of Science，AAAS）自1961年开始考查及分析科学家进行科学研究工作的过程及行为，考查科学家在实验室或野外从事科学研究工作时做些什么、怎么做。经过9年的研究与开发，研究者将这些科学工作过程加以解析，共列出13项科学过程技能。8项为基本过程技能：观察、分类、测量、推理、交流、使用数据、预测、运用时空关系。5项为综合过程技能：对照实验、下可操作性定义、形成假设、解释数据、进行实验。基本过程技能是综合技能的基础，而综合技能是在基本过程技能的基础上发展起来的。基本过程技能和综合技能相互支持与促进。博特顿（Borhterton）和普里斯（Preece）列出18项技能，12项基本过程技能为：观察、分类、推理、交流、记录、使用数据、预测、运用时空关系、控制变量、收集数据、测量、科学思维；6项综合过程技能为：制作图表、作出假设、解释数据、建立模型、进行实验和下可操作性定义等。

我国2001年《标准》将科学探究的过程概括为提出问题、收集证据、分析与解释、交流与质疑、结论与拓展五个方面，明确提出学生的探究过程涉及观察、测量、分类、推理、预测、猜想与假设、识别与控制变量、建立模型等过程技能。我国2017年《标准》主要从提出问题、作出假设、制订计划、搜集证据、处理信息、得出结论、表达交流、反思评价这八个要素来描述科学探究在各个不同学段的具体目标，涉及观察、比较、假设、计划、实验、调查、图表、分类、讨论、交流、评价等过程技能。我国2022年《标准》提出：掌握观察、实验、测量、推理、解释等基本的科学

---

① 王健，刘恩山．生物学教育中的科学过程技能［J］．生物学通报，2007（11）：33-35.

方法；理解科学探究，涉及提出问题、作出假设、制订计划、搜集证据、处理信息、得出结论、表达交流和反思评价等要素，具有初步的科学探究能力；理解技术与工程，涉及明确问题、设计方案、实施计划、检验作品、改进完善、发布成果等要素，具有初步的技术与工程实践能力。陈华彬、梁玲在《小学科学教育概论》一书中将科学过程技能分为：观察、推断与预测、分类、测量、确认变量、制作图表、假设、实验实施和结果分析。

结合以上研究，考虑我国小学生的特点，我们将科学技能分为：观察、测量、分类、推断、变量、假设、实验、模型八种技能。其中，观察、测量、分类、推断是基本技能，变量、假设、实验、模型是综合技能。

三、学习意义

科学技能是科学素养的重要组成部分，培养学生的科学技能必然是学校科学教育的重要任务。科学技能的教育价值体现为：

科学技能的学习有助于形成学生的科学研究能力。观察、测量、实验是基本的科学技能，是从事科学研究需要具备的基本素养。科学技能的学习与训练，可以帮助学生掌握从事科学研究的方法、技能、规范、策略，形成科学研究的初步能力。科学过程技能的学习可让学生学习像科学家一样思考，像科学家一样研究，像科学家一样观察、实验、测量、收集资料、提出假设、进行推理、解释数据、得出结论。与古代静观的、旁观的科学不同，现代科学是实验科学，研究者必须主动干预、“涉入”研究对象，与研究对象互涉，才能获得研究资料，缺乏相应的科学过程技能，便无法获得基本的研究资料，科学研究也就无从说起。发展学生的科学研究能力，除了传授科学知识与原理，还需要对学生进行科学技能的训练，使学生经历科学研究的过程，掌握科学研究的基本方法。

科学技能的学习有助于形成学生解决实际问题的能力。无论是在学校，还是步入社会，学生都会面临各种各样的、需要解决的问题。学生通过解决与科学相关的生活实际问题，可以获得解决问题的知识和能力，并将其迁移到对生活、社会、工作的问题解决之中。科学过程技能与实际问题的解决关系密切，科学技能为问题解决提供思维方法、操作方法，有助于培养学生解决实际问题的能力。如，大侦探福尔摩斯具有敏锐的观察能力和逻辑推理能力，他能通过外部特征的观察，迅速地辨别一个人的职业与经历。在“血字的研究”一案中，福尔摩斯对华生说：“这一位先生，具有医务工作者的风度，但却是一副军人气概。那么，显见他是个军医。他是刚从热带回来，因为他脸色黝黑，但是，从他手腕的皮肤黑白分明看来，这并不是他原来的肤色。他面容憔悴，这就清楚地说明他是久病初愈而又历尽了艰苦。他左臂受过伤，现在动作起来还有些僵硬不便。试问，一个英国的军医在热带地方历尽艰苦，并且臂部负过伤，这能在什么地方呢？自然只有在阿富汗了。”

科学技能的学习有助于学生理解科学的本质。正如本书绪论中所说，科学是一种系统知识，科学是一种探究过程，科学是一种思维方法，科学是一种社会文化，科学过程技能更能体现科学的探究本质。科学不是绝对真理，而是人们对自然的探索，科学是得到证据支持的假说，随着研究的深入与新的证据的不断出现，科学结论不断修正完善。1985 年美国《普及科学——2061 计划》总报告在“科学的性质”部分写道：“科学是一个产生知识的过程。这个过程要依靠仔细地观察现象，并从观察中发现能成立的理论。知识变化是不可避免的，因为，新的观察发现可以对流行的理论提出挑战。不论一种理论对一组现象的解释多么完美，可能还有其他理论同样适用，甚至更好，适用范围更广泛。在科学界，不管理论新旧，总是不断地进行理论验证、修改，有时还会抛弃。科学家认为，即使如果没有什么能够保证至善至美和绝对正确的真理，当思考这个世界及其怎样运转时，拿出日益精确的近似真理还是可以做到的。”通过科学观察、实验、测量，借助科学假说、推理、猜想，学生能更深入地理解科学的性质，避免对科学的盲目崇拜，更好地参与科学研究。

第二节　科学技能的教学方法

如上所述，科学技能是科学活动、科学研究的基本方法、策略，下面探讨观察、测量、分类、推断、变量、假设、实验、模型八种技能教学的问题。

一、观察

我国 2022 年《标准》对学生观察能力的培养提出了具体要求。如 3~4 年级是“能运用感官和选择恰当的工具、仪器，观察并描述对象的外部形态特征及现象，用较准确的科学词汇、统计图表等记录和整理信息，并运用分析、比较、推理、概括等方法，分析结果，得出结论。初步具有描述对象外部特征和现象，以及分析处理信息并得出结论的能力”。观察技能在科学技能中具有基础性地位。

1. 观察的含义

观察（observe）是一种有目的、有计划、比较持久的知觉活动。观察是利用人的多种感官，或借助一定的工具，在自然存在的条件下，对自然事物的外部形态、特征等进行有目的、有计划、系统地感知和描述，获得关于自然事物的感性认识。根据不同的标准，可将观察分为多种类型，如直接观察和间接观察（借助仪器的观察）、定性观察（对事物性质的描述）和定量观察（对物体的数量特征进行具体描述，如这棵树苗有三片叶子）、全面观察和重点观察、短期观察和长期观察、动态观察和静态观察等。从观察对象与内容来看，观察可分为对观察事物形状的观察、对事物颜色的观察、对事物气味的观察、对事物声音的观察、对动物习性的观察、对事物结构的观察、对事物功能的观察等。

观察具有自身的特点。首先，观察是一种感性的认识活动。人们使用感官（视觉、触觉、味觉、听觉、嗅觉）获得关于个体自身及外部世界的经验知识，通过人的感官进行直接认知，记录和报道事实，为自然科学的研究提供经验事实材料。其次，观察具有一定的目的性和计划性。观察不是盲目的搜索，也不是走马观花，它需要根据特定的研究任务，明确观察的对象、角度、步骤，进行有目的、有计划的知觉，收集系统的观察资料。第三，观察具有客观性，观察结果应直接来源于人的感官，不能渗入任何个人主观的判断。在课堂上，一位学生说“这根蜡烛已经用过了”，这一表述是基于“灯芯是黑的”这个观察结果做出的推断，不是观察陈述。区分观察与推断之间的差别需要长期反复地练习。

需要指出的是，人的感官的感知能力存在局限性，对于运动变化极缓慢或极快的物体，人的感官难以觉察。需要借助观察仪器拓展人们观察自然界的广度和深度，提升人们的观察能力，如借助显微镜可以察看微观的世界，使用天文望远镜可以观察距我们100亿光年的星体。在此意义上，仪器可视为人的感官的延伸。

2. 观察的价值

观察是科学探究的重要基础工作。达尔文曾说：“我没有突出的理解力，也没有过人的机智，只是在觉察那些稍纵即逝的事物并对他们进行精细观察的能力上，我可能是中上之人。”俄国生理学家巴甫洛夫把“观察、观察、再观察”作为自己的座右铭。我国地质学家李四光认为“观察是得到知识的一个首要步骤”。只有同时通过仔细的科学观察和认真的测量，科学研究才能获得可靠的基础。正是通过科学观察，科学家才能获得大量感性材料，进而为下一步科学探究打下基础，以获得规律性知识。

观察是人类认识世界的最基本途径，也是中小学生初步认识自然、了解自然世界与人工世界的重要途径。英国教育家赫胥黎说："科学教育的最大特点，就是使心智直接与事实联系，并且以最完善的归纳方法来训练心智；也就是说，从对自然界的直接观察而获知的一些个别事实中得出结论。由于科学教育具有这样重要的特点，其他任何教育是无法代替它的。"① 在美丽广阔的大自然中，有许许多多值得细心观察的事物。比如什么花在春天到来时最先开放，哪些动物在夏天时总在树上叫，秋天来临时白天时间变得短了还是长了，冬天下雪时冷还是雪融化时冷，等等。科学观察有助于孩子们积累更多的经验，更好地认识世界。

3. 学生科学观察的指导

小学生观察能力和观察技巧的培养策略为：

指导学生运用多种感官进行观察。除了靠眼睛观察，还需要运用其他器官，让学生理解多种感官在认识事物中的作用。如以观察蚯蚓为例，可以问学生们：你注意到了蚯蚓的哪些特征？它的体表是湿润的还是干燥的？把它放在纸上爬，可以听到什么声音？这样学生就会明白，用多种感官观察才能获得事物全面的特征。亦可进行单一感官的观察训练②。

视觉：种子的观察。让学生观察浸泡以后的黄豆、花生等不同种子，讲出植物种子三个基本组成部分，并比较各类种子的相同点与不同点。

味觉：舌部的味觉区。准备两小杯水，一杯加入糖，一杯加入盐，让学生用棉签两头沾不同的溶液放在舌头的不同区域，体会舌部不同区域对甜、咸敏感度的不同。

触觉："你能猜出袋里是什么东西吗？"在一个布袋中放入不同物品，要求学生仅凭手的感觉判断物品。该实验可在不同小组同时进行，看看规定时间内哪一小组正确讲出的物品的名称多。

味觉与嗅觉："你吃的是什么东西？"把学生分成两组。要求第一组学生蒙上眼睛，给他们吃一些平常吃的东西，如苹果、梨、芹菜……第二组学生同样蒙上眼睛，也给他们吃一些平时常吃的东西，但吃的时候必须捏住鼻子，然后比较两组学生猜对的概率。学生会很有趣地发现，捏住鼻子的小组猜对的比例要小。这说明

---

① ［英］托·亨·赫胥黎. 科学与教育［M］. 2版. 单中惠，等译. 北京：人民教育出版社，2004：90.

② 陈华彬，梁玲. 小学科学教育概论［M］. 北京：高等教育出版社，2003：137-138.

了嗅觉在人们进食时的作用。

听觉：“衣架上的座钟声。”取一个钢丝衣架（或一个大号不锈钢调羹）把它系在一根绳子（或粗毛线，大约80厘米长）的中间，绳子两头分别缠绕在左右手的食指上，再用两个食指塞住耳朵孔，弯下腰让衣架去撞击椅子或桌面。你会听到意想不到的清脆悦耳的座钟声。这也说明了声音在固体中的传播速度和效率大于在空气中的传播速度和效率。

指导学生不只是用感官观察，还可使用各种观察工具。在指导学生进行观察时，首先让学生自己观察。可以提出他们用感官观察回答不了的问题，然后再叫他们用恰当的工具观察。如让他们观察水体中的草履虫、观察月亮上的阴影，如果没有望远镜、显微镜等工具，这些观察显然是难以完成的。这样，学生就会理解工具和仪器能帮助我们拓宽视野，获得更多的信息。

指导学生观察时不只是收集信息，还要用工具记录信息。指导他们用文字、图表对观察到的信息进行记录。在指导学生进行自然观察时，自然笔记就是一种非常适合儿童的信息记录方式——让孩子们将他们看到的东西画下来，用文字进行描绘，还可以写下自己的感受和收获。

指导学生观察时不只需要借助于工具，还需要相关的知识，并运用恰当的观察方法。任何观察都是在相关知识的基础上进行的，即“观察渗透理论”。比如，如果缺乏相关的知识背景，我们可能只能看到物理实验中的不同颜色的光，但不能理解这种颜色的科学含义。常见的观察方法有：(1) 顺序观察法，即按照自然事物和自然现象的时空顺序进行观察，包括方位顺序法与时间顺序法。方位顺序法包括：由整体到部分或由部分到整体；先上后下或先下后上；由左至右或由右至左；由近及远或由远及近；先中间后两边或先四周后中间；定点观察或移点观察。时间顺序法是指按照对象的先后发展顺序进行观察。如指导学生观察一天中太阳下的物体影子的变化、观察蝌蚪的发育过程、观察蚕一生的变化、观察月亮在不同日期同一时刻在天空中位置的变化等。(2) 比较观察法，即用对照、比较的方式去观察两个或两个以上的事物，找出自然事物或现象之间的异同，以获得清晰的印象。如讲述“鸟类动物的特征”时，可以利用幻灯片或挂图指导学生观察鹰、野鸭、鹤、鹦鹉、喜鹊、家燕、大雁、啄木鸟等外形上的特征，再通过比较，发现它们的共同特征——身体都长有羽毛、属于有卵繁殖，从而形成鸟的概念。

课堂教学（片段）：观察水①

师：为了上今天的课，老师给大家带来一些礼物，准备专门送给上课表现出色的小组。大家看这是什么？（教师依次出示酸奶、可乐、芬达，接着出示用酒瓶装着的纯净水，让学生猜。）

生：雪碧、酒、醋、水……

师：这一瓶液体到底是什么呢？我们今天就来研究这瓶液体，你们准备怎样来研究它？

生：我们可以用嘴尝一尝（教师提示液体没毒，可以尝），用鼻子闻一闻，用眼看一看，用手摸一摸……

（教师在每个桌子上都给学生准备了同样的液体，告诉学生用刚才所讲的方法来研究，看它到底是什么，并把自己的发现记录在记录纸上。）

> 记录纸
>
> 在下面的括号中填上你认为最为合理的观察顺序的序号，并把观察到的内容填在下面的横线上。
>
> （　　）我用眼睛看。
>
> （　　）我用舌头尝。
>
> （　　）我用鼻子闻。
>
> （　　）我用手观察。
>
> 通过观察，我认为它是____颜色，____味道，____气味的液体。
>
> 我认为它是____。

学生观察，教师巡视。

学生汇报研究结果。教师选择性地板书：没有味道、没有气味、没有颜色……

师：它是一种没有味道、没有气味、没有颜色……的液体，那大家说说它是什么呢？

生：是水。

观察教学应注意以下几个方面：（1）观察目的要明确；（2）一次观察活动只针对一个科学问题，所观察对象的变量要少，一般不超过两个；

① 曾宝俊．微亦足道：小学科学课堂细节研究［M］．北京：高等教育出版社，2018：65.

（3）观察一定要配合记录与描述，强调观察记录的客观性和准确性；（4）观察教学与思维活动要结合起来；（5）注意发展学生的观察品质，如观察的客观性、全面性、持久性、敏锐性等。

二、测量

1. 测量法的含义

测量法（measurement method）是指依据一定的测量原理，采用计量器具，在一定的测量条件下对事物做出量化的描述。换言之，测量是借助不同类型的工具对研究对象的某一方面或某一特征的一种定量观察和精确描述。对小学生而言，长度、体积、重量、温度、时间都是他们在日常生活中常常遇到的概念，也是发展他们测量技能的最主要的五个方面。

在小学科学教育领域，测量可以分为精确测量和粗略测量两种类型。

精确测量。用直尺测量较短物体的长度，用卷尺测量较长物体的长度，这都叫精确测量。我们用不同的工具测量物体的长度，其精细程度不同。如，我们说货轮上的窗户高150厘米，而航天飞机上的小窗户高200毫米，这是因为两者所需要的精度要求不同。在小学科学实验中，测量的数据值一般会保留一位“估计值”。

用直尺测量铅笔长度（见图8-1），我们可以明显看出图中这支笔的长度超过5厘米但不到5.5厘米，所以本次测量得出的5厘米是个确定值。仔细观察图中的刻度表，可以读出为5.1厘米或者5.2厘米，到底是5.1厘米还是5.2厘米则不好确定，最后一位数值就是我们说的估计值。

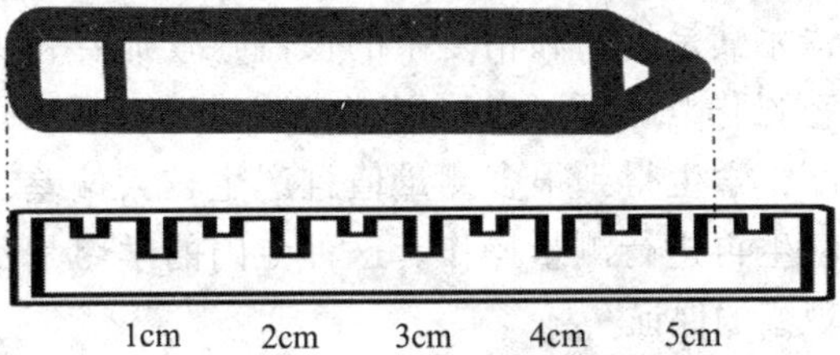

图8-1　铅笔长度的测量

粗略测量。在一些特殊情况下，不需要或者无法立刻获得精确数值时，我们采用粗略测量。粗略测量不等于随意测量，粗略测量要按照科学合理的方法进行。常用的方法就是样本法，即从测量对象中选取一部分作为小样本，计算小样本的量，再以小样本为依据推断测量对象的数值。如，求一袋1公斤（1000克）的大米有多少颗米粒，可以有两种估算方法。第一，质量估算法：从袋装米中称出 100 克的米；仔细数出 100 克米的颗粒数；100 克米的颗粒数乘以 10，推断出这袋米的总颗粒数。第二，体积估算法：选取大小合适的量杯，量取一定体积的大米；仔细数出量杯中米的颗粒数；用量杯测量一袋米的体积，计算得出一袋米的估计颗粒数。

2. 测量的意义

测量对自然科学、工程技术的发展，以及日常生活具有重要的意义。科学家非常注重科学测量。例如，丹麦天文学家第谷长期进行天体的观察与测量，积累了大量的天文学数据，正是在这些数据的基础上，开普勒才提出著名的行星运动三定律。麦克斯韦是创立电磁场理论的著名理论物理学家，他非常重视科学测量。在担任剑桥大学卡文迪许实验室主任时，他和研究助手花了大量的时间去精确测量各种金属材料的电阻值，并为卡文迪许实验室制定了自制测试仪器和“自己去做”的研究原则。在生产生活中，测量无处不在。比如通过测量温度来感知春夏秋冬的四季变换；房屋装修贴瓷砖时，需要估算大概需要多少块瓷砖。

测量是小学生通过数据来感知自然、了解物体与世界的重要方法。对于小学生而言，就是利用身边常见的工具对日常生活中的物体进行测量。例如，用卷尺丈量身体的高度、用温度计测量水的温度、用电子秤测量自己的体重、用秒表测量自己的百米跑步时间等，测量是学生科学实验中数据收集、比较分析的基础。此外，测量要求规范操作、准确记录测量数据，这有利于养成学生严谨、认真的学习习惯和科学态度。

3. 发展小学生测量技能的要领

教师的讲解与示范。测量仪器的使用和操作的规范，显然不能由小学生进行摸索获得，尤其是易损和稍复杂的仪器，教师要利用专门的时间进行集中讲解并示范操作。教师可以采用“尝试错误”方法，如先让学生用直尺测量某个长度，学生得到很多测量值且产生较大偏差，然后教师讲解测量规范要求，学生再进行测量操作。这种专门的学习是不能缺少的，它是学生进行精确观察的保证①。

工具测量。在小学生完成比较测量后，提出进一步的问题。比如，你比桌子高多少、你比同学重（轻）多少等问题。教会学生使用测量工具并了解具体数值的意义，让小学生跟课桌比一比，看比课桌高出多少。比较时先找到相同的高度部分，再找到相差的部分。另外，还要引导孩子说出“我比桌子高”，以及高多少厘米。再如，引导学生使用工具测量一枚片状

① 叶宝生．小学科学教育的理论和方法［M］．北京：首都师范大学出版社，2012：149.

树叶的面积。

借助图表呈现测量结果。测量要进行记录，要求学生进行客观、真实的记录，不要因主观要求涂改数据，不同寻常的数据有可能导致新的发现。测量时可引导学生：我们可以用图表的形式来显示测量的结果。如用表格记录两组儿童身高、体重的测量数据，用曲线图、折线图呈现黄豆芽一周内的生长高度的变化趋势，用直线图、饼状图呈现一月内的晴天、阴天、雨天的分布状况。

三、分类

1. 分类的含义

在信息时代，大量信息每天向我们扑面而来，从杂乱无章、五花八门的信息中归类、整理、提取出有价值的信息，已成为当代社会人们的一项基本技能。分类（classification）是指按照一定的标准对物体或事件进行分组或排序。基本的分类依据包括：大小、形状、性质、用途等。分类的方法包括：顺序排列法、多级二分法、双名法等。

顺序排列法。顺序排列法就是把一些事物按照某一个属性，如大小、轻重、形状等依次排列，如把全班同学按照身高进行排序。顺序排列法需要有统一的度量单位，如长度单位厘米或米、重量单位千克或吨等。为了直观起见，顺序排列法的表示方法可采用箭头。例如，10 位同学的身高可按照高矮排列（厘米），从低到高或从高到低依次进行排序，并在学生姓名下面用箭头与文字指示排序方向。

多级二分法。多级二分法是指按一定标准每次把事物分为两类，直到不能区分为止。多级二分法是依据事物之间的不同之处按照同一标准将所有事物分为两个类别，接着按照另一标准又将同一类事物分为两个类别，依此类推。采用多级二分法时，分类标准可由学生自定，确定标准后按照“是”或“不是”进行区分。如用多级二分法把下列事物分类：蛇、卵石、电话、猫、狗、西瓜、桌子、月季花（见图 8-2）。

双名法。自然界生物种类繁多，每种生物都有自己的名字，生物学家为了学术交流方便，对生物做出系统的分类。瑞典植物学家林奈在《自然系统》这本书中提出了对植物物种分类和命名的新方法——双名（有人称之为“学名”或“拉丁文名”）法。双名法提出每个物种的名称由两部分组成，第一部分是属名，第二部分是种加词（也称种名），种加词后面还有命名者的姓名或姓名缩写（有时省略）。在此基础上，人们发展出了界、门、纲、目、科、属、种的生物分类法。双名法揭示了生物之间的亲缘关系，对研究生物的进化有着重要的意义。

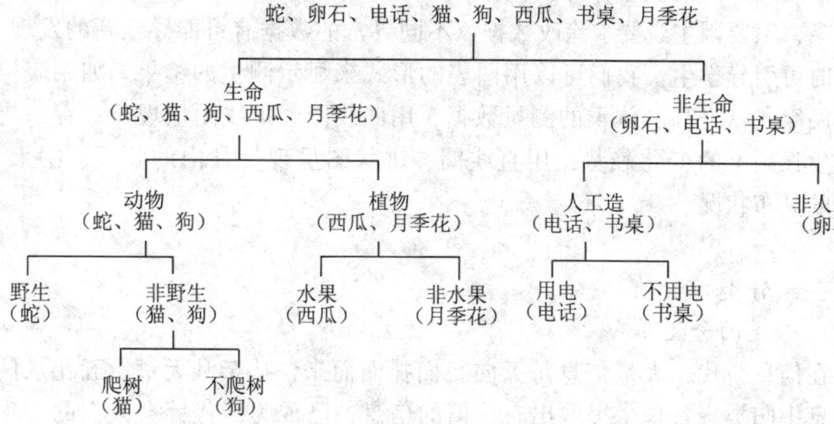

图 8-2　四级二分法①

2. 分类的意义

分类是科学探究中不可缺少的一种基本技能。分类是对信息的处理和整理的方式，它可以使大量繁杂的材料系统化、条理化，对一类事物的共同特征进行概括性的描述，这样就便于寻找事物之间的本质区别和联系，显示事物的性质与意义。分类还可以使研究对象之间建立起从属关系，形成反映事物内部规律性联系的科学分类系统，从而推理某些未发现事物的性质，指导科学新发现。

分类是磨炼小学生概括推理能力、提高他们思维能力的有力手段。根据事物的内在相似之处进行分类，更能反映各种数据、现象或事件的内涵，这就为发展学生较强的概括和推理能力提供了机会。同时，由于学生可以自由选择分类标准，按照他们的生活经验随意选择和创造分类标准，可以为他们发展想象能力和创造能力提供较大空间。

3. 分类的教学要领

有意识引导学生注意分类的标准。确立分类的标准可能并不困难，但在实际分类的过程中容易无意识地改变分类标准，因此，教师要告诉学生，分类标准一旦确定，在同一层次上，就应该严格按照同一标准进行分类。

教师应有意识地引导学生观察事物内在的相似性，培养学生较强的概括和推理能力。按照事物内在的相似性进行分类对低年级学生可能存在一

① 陈华彬，梁玲．小学科学教育概论［M］．北京：高等教育出版社，2003：146．图稍有变动。

定的难度，在实际教学中，教师不能仅仅讲授，还要通过多种分类训练，引导学生迅速、准确地寻找出事物的相同或相似特征，顺利完成相应的分类任务，帮助学生学会分类的方法。例如，一位教师播放课件动画：森林里，动物们到兔宝宝的超市购物。商品杂乱地放在柜台上，兔宝宝东找西找，忙得满头大汗。教师提问学生：你们可以帮助兔宝宝把相同的东西摆在一起，它找起来就会方便了。学生交流：将蔬菜、零食、生活用品等分开摆放。教师概括：把具有相同或相似特征的事物归于一类，这种做法就叫分类。揭示课题：分类①。

指导学生进行科学分类需要遵循的分类规则：（1）必须按同一标准分类。事物的属性或关系是多方面的，分类的标准也是多方面的。但是每一次分类只能按照同一标准，否则就会出现分类重叠或分类过宽的错误。（2）各子项之和等于母项。各子项都是缺一不可的，否则就会犯子项无穷尽的错误。（3）必须按层次逐级进行。分类必须按照一定的层次逐级进行，否则就会犯越级划分的错误。分类随着比较的深化而逐级深入。（4）划分的子项必须互相排斥，不能相容。

四、推断

1. 推断的含义

推断（inference）与推理、预测、观察均有密切的联系。推断是人们根据个人的经验和知识，对观察结果所做的理解和解释。推理是基于一定的观察证据、依据某些原理得出结论。推理比推断更复杂一些（如 CER 教学所显示的那样）。预测是借助于个人经验和知识对事物未来发展的推断，如“今晚会下雨”。观察则是借助感觉器官（视、听、嗅、味、触）或测量工具（尺子、天平）获得的对外界事物的系统知觉，如“科学教师讲课的声音很轻”“这棵树苗高 1.26 米”。观察的结果是客观的，观察结果具有单一性，而推断、预测结果是主观的，其结果具有多重性。当你对观察到的现象做出解释时，就是在进行推断、推理或推论，如“课堂上孩子们很兴奋”“孩子们盼望着下课”就是基于对孩子们课堂行为的观察所做的推断。

2. 推断的意义

推断是科学探究中思维活动的开始。科学研究始于观察，通过观察（或借助科学实验）获得第一手研究资料。处理研究资料，除了整理、分类，还需要开展思维活动，进行逻辑推理。推断是我们基于个人经验和相

---

① 曾宝俊．微亦足道：小学科学课堂细节研究［M］．北京：高等教育出版社，2018：66-67.

关知识，超越观察资料，从已知推出未知，在观察资料与科学主张之间建立逻辑联系，揭示事物本质与联系的过程。

推断、预测可以培养学生的科学思维能力，训练学生的思维技能。英国教育家赫胥黎说："确定无疑地，如果科学教育不是作为一种智力训练，不是建立在对于事实的直接的感性认识，以及实际运用对于事物的观察能力和逻辑思维能力的基础上，那么，这种教育是毫无价值的。即使在对结构的理解这样一个简单问题上，如果你问一个经验丰富和知识广博的学者，在他从书本上了解的某个结构与他目睹的同样结构之间有什么区别，他会告诉你，这两者是不能相比的——它们之间有着天壤之别。"[①] 在推断过程中，学生需要收集相关资料，从现有资料中提取信息，运用一定的逻辑，做出合理的推论。这一过程就是对学生极好的思维训练。

3. 发展小学生推断技能的要领

推断必须以观察事实、知识经验做基础。推断不仅取决于观察结果，也取决于学生过去的经验和知识，它不能漫无目的地猜测和无根据地想象。因此，在课堂教学中，教师的知识讲解与问题讨论应有意识地引导学生在原有知识、经验基础上进行推断，理解新的知识。如，学生在看到蔚蓝色的天空可能会问"天为什么是蓝色的"，教师就应该鼓励学生将他们已有的经验与课堂上曾经学到的有关光的知识（蓝色光的频率、波长，光的折射，空气的成分……）联系起来，做出合理的推断。在此基础上，教师还可以引导学生展开进一步的讨论："太阳下山时的彩虹为什么那么绚丽多彩""为什么下雨天时云的颜色是灰色的"……通过讨论逐步提高他们的推理能力。

推断必须具有较强的逻辑性。推断应该是一个严密、细致的思维过程，犹如解一道几何证明题。如果没有一步步的逻辑推理，是不可能获得结论的。如大侦探福尔摩斯的推断就是建立在敏锐的观察力与严密的逻辑推理之上的，在"血字的研究"一案中，他能根据一些蛛丝马迹，迅速地对嫌疑人的体征进行推断。"以后，我就开始把这间屋子进行了一番仔细的检查。检查结果，使我肯定认为凶手是个高个子，并且还发现了其他一些细节：例如印度雪茄烟，凶手的长指甲等。因为屋中并没有揪打的迹象，因此当时又得出了这样的一个结论：地板上的血迹是凶手在他激动的时候流的鼻血。我发觉，凡是有血迹的地方，就有他的足迹。除非是个血液旺盛的人，一般很少有人会在感情激动时这样大量流血的。所以，我就大胆地

---

① ［英］托·亨·赫胥黎．科学与教育［M］．2 版．单中惠，等译．北京：人民教育出版社，2004：146.

认为，这个罪犯可能是个身强力壮的赤面人。后来事实果然证明了我的判断是正确的。”当然，小学生难以进行如此严密的逻辑推理，但提醒学生注意推断的逻辑性是必要的。

注意培养学生的逻辑思维能力。逻辑是进行正确、可靠的推理的规则。一般来讲，常见的有归纳法和演绎法，从这两类逻辑推理方法派生出来的还有类比法、反证法等。所谓归纳法就是通过多次重复观察得到相同的观察结果，然后将这一观察结果推论到今后类似的情况。如：今天我们看到冬青的树叶是绿色的，明天看到冬青的树叶是绿色的；今天在上海看到冬青的树叶是绿色的，明天在芝加哥看到的冬青的树叶仍然是绿色的……多次重复观察后可以推论：世界上的冬青的树叶都是绿色的。演绎法是从一般的不证自明的公理或理论出发，推导出一个具体的知识，预见一个具体的事实或现象。如，从“所有的昆虫都有6条腿”（大前提）和“蜜蜂是一种昆虫”（小前提）推出：蜜蜂有6条腿。当然，这里的大前提还是通过无数次归纳得出的。

注意避免常见的逻辑错误。在日常生活中，我们常常会不知不觉地犯如下错误：从一次观察中得出普遍性的结论；简单地将前后相继的事件解释为因果关系；等等。我们在每一次探究活动中都会得出一个结果。如，对两盆凤仙花做生长量对比实验，一盆浇水，一盆不浇水。一周后，浇水的长了10厘米，不浇水的长了5厘米。但是否可以将这个结果推广开来，得出“凤仙花浇水后可以在1周内多长5厘米”的结论呢？显然不能，因为影响凤仙花生长量的因素很多，除了水分以外，还有日照、温度等因素。此外，要注意排除不合逻辑的信息。一些科学教师的课信息量大、知识点多，但包含了不合逻辑的信息。例如，在学习“对蜗牛的观察”中，有的教师让三年级的孩子去收集图书资料中的信息，甚至连“雌雄同体”的特性都写进了观察报告之中①。

推断的训练。将一个几何体和一个玻璃球封闭在一个小盒内，做成所谓“暗盒”。学生通过转动小盒，根据玻璃球滚动和撞击的声音，判断几何体形状。要求小组合作，进行预测、讨论、交流、推理，反复验证。

五、变量

1. 变量的含义

变量（variable）是相对于定量而言的，简单地说，变量就是在科学实

---

① 张红霞．科学究竟是什么［M］．北京：教育科学出版社，2003：86-87.

验中数据会随着外界环境的变化而变化的一种量。如水的温度会随气温改变，这里水的温度是变量。相反，定量就是不管什么情况都保持恒定的一种量。水在1个大气压下在0℃会结冰，这里水在正常状态下的冰点就是定量。在科学实验中，通常有三种变量：自变量、因变量和控制变量。

自变量（independent variable）又称操作变量（manipulated variable），是实验者可以自由操作、控制的变量。因变量（responding variable）是随着自变量改变而改变的一种变量，其变化只是对自变量变化的一种反应。当然，自然事物是非常复杂的，在绝大多数的情况下，自变量的改变会引发因变量的改变。例如，阳光会影响植物生长，但阳光不是影响植物生长的唯一因素。许多其他因素如水分、肥料、泥土……也都会影响植物生长状况。所以，我们要把其他影响因变量的变量“控制”起来，使它们保持不变。而这些变量可以称为“控制变量”（controlled variable），或称为“中介变量”，它们在自变量与因变量之间起中介作用。如此一来，我们可以不断改变自变量，使中介变量保持恒定，观察因变量是否发生相应的改变，从而研究自变量与因变量之间的关系。又如，研究摆球的摆动，识别变量（摆线长短、摆球轻重、摆角大小、摆球摆动快慢）。其中，摆球摆动快慢为因变量，摆线长短、摆球轻重、摆角大小为自变量（操作变量）。考察摆线长短对摆动快慢的影响，保持摆球轻重、摆角大小不变，改变摆线长度，测量摆动周期。这时摆角轻重、摆角大小为控制变量。

2. 变量的意义

变量是整个科学实验的基础。科学实验通过创设特别的环境，运用一定的仪器、设备等物质手段，人为地使某一现象发生，寻找各种变量之间的关系，揭示事物发展、变化的因果关系。尽管在实验活动中，实验者操作仪器，控制实验条件，采取隔离、介入、追迹等方法改造着对象的形态，直接干预、参与了自然的形成过程，而且随着科学技术的发展和社会的进步，科学实验的范围和深度不断扩大和深化，但寻求影响事物变化的因素、条件、机制是科学实验的根本目的，探讨各种变量之间的关系成为科学实验的核心所在。可以说，科学实验建立在变量的设置、操纵、控制、改变的基础上，理解变量成为科学实验的前提与基础。

变量是学习自然科学的基础。由于变量是科学实验依据的基础，只有理解变量，才能理解科学实验及其意义，才能从事真正的科学实验活动，因此小学生需要理解变量的概念。尽管对小学生来说，理解自变量、因变量和控制变量等概念有一定难度，但科学教师还是应该在科学教学过程中，通过讲解、演示、实验、说明等活动，向学生解释变量的含义。例如，通过询问学生“实验公平不公平”“如何做到实验的公平性”，使学生认识自变量、因变量和控制变量等概念的差异及其意义，学会在实验中自觉地区分多种变量，并据此开展实验活动。

3. 小学生确认变量的指导要领

指导学生自觉使用三种变量的名称。在表述三种变量名称时，小学生往往会用句子代替。如，在“温度对面包上霉菌繁殖的影响”实验中，当教师问实验中什么是自变量时，很多同学可能会说“我想我会改变温度”，或者“温度变高了，面包就会更容易霉变”，这些都是不正确的。虽然在小学阶段不要求严格掌握“自变量”“控制变量”“因变量”这些术语，但是我们要引导他们寻找变量名称，更确切地使用“自变量”（变化的条件）、“控制变量”（不变的条件）、“因变量”（改变后的变化）这些名词，这是确认变量的关键。如指出自变量（变化的条件）应是“温度”，因变量（随之改变的）应是“霉变”，控制变量应是“湿度”“阳光”“面包”……这样可以帮助学生对这三种变量的本质及其意义有更深入的了解，也对今后的制表作图及数据分析有所帮助。

文献提示

“课例9　单摆”，见张红霞《科学究竟是什么》，教育科学出版社，2003.

在科学实验中体会、感受、区分三类变量。借助科学实验明确变量的含义及其意义，是帮助学生理解变量的重要途径。实验前，可分别向学生提出类推问题：“你能讲出在每一个实验中什么是变化的、什么是随变化而变化的、什么是不变的吗?”通过问题，让学生回忆不同变量的含义，组织学生讨论，领会不同变量的含义及其对科学实验的实际意义，在实验中掌握变量的概念。如表8-1中三个实验的问题，对于学生明确理解自变量、因变量和控制变量的具体含义，大有助益。

表8-1　三类变量的具体运用

	实验1：阳光对向日葵成长高度的影响	实验2：斜坡高低对小球滑行距离的影响	实验3：学生体重对弹跳高度的影响
自变量	（光照）小时数	（斜坡）高度或角度	体重
控制变量	泥土、水分、肥料、土壤酸碱度……	斜面的质地、小球、有没有初速……	学生的质量、性别、可穿鞋子的类型……
因变量	高度	（滑行）距离	（弹跳）高度

拓展阅读 8-1

温度对面包上霉菌繁殖的影响

我们今天的课题是研究温度对在面包上霉菌繁殖的影响。请确定自变量、因变量、控制变量，并阐述如何进行控制（以下为讨论题目，括号内为可能答案）。① 我们今天的课题仅仅想知道温度对霉菌在面包上繁殖的影响。所以什么是我们想改变的变量？（温度）② 我们能不能随意改变每次实验时的温度？（能）③ 在这个实验中哪个是自变量？（温度）④ 我们如何来改变这个变量？（把面包放在 10℃，20℃，30℃，40℃，50℃……的环境中）⑤ 温度改变了，面包的霉变情况会不会改变？（会）⑥ 这个实验中什么是因变量？（面包霉变的情况）⑦ 我们如何来测量霉变的情况？（从实验开始到面包出现霉点的小时数）⑧ 除了温度以外，还有什么因素会导致面包变质？（同学们可能列出下列因素：阳光照射，面包的品种，面包新鲜程度，面包的成分，面包有没有被污染，空气的湿度……）⑨ 这次实验我们仅针对温度对霉变情况的影响。我们如何来排除其他因素的影响呢？（每次温度变化时，其他因素必须保持不变。比如，湿度都控制在 50%，没有阳光照射，用同样品牌的面包，保证没有被污染，同时出厂的面包……）⑩ 如果我们不对这些变量做控制，会造成什么后果？（读者可回答该问题）

（陈华彬，梁玲．小学科学教育概论［M］. 北京：高等教育出版社，2003：157-158.）

六、假设

1. 假设的含义

假设（assuming）是开展科学研究和调查之前的预测。换句话说，假设属于预测，是对实验和调查结果的一种推断。但这种预测不仅是对实验结果的期望，而且是对科学研究中各变量之间关系的明确认识。这种对实验结果的科学预测我们称之为“假设”。假设不同于一般的推断、预测，更不同于随意猜测。

假设具有下述特征：（1）推断、预测的结论基于某一特定的事物或事件，所以带有很大的特殊性及局部性；而“假设”是描述两个变量之间的一般关系，所以带有普遍性、科学性与可推广性。（2）假设必须经过论证，不经过论证的假设在科学上没有多大意义。（3）假设中一般应包含自变量、应变量和控制变量及三者之间的关系。（4）假设一般不能被证明，只能被“支持”或“否定”。预测的事件尚未发生，而假设的事件可能发生过，也可能未发生。（5）假设经过论证被“支持”以后，经过反复考验最后上升到科学定律或理论，所以假设的论证是科学理论发展最强大的原动力。

2. 假设的价值

假设是科学研究的起点。科学研究需要想象，其源于问题，始于对自然的好奇，而问题、好奇只有转化为具体的假设才具有科学研究的意义。因为假设包含自变量、控制变量、因变量，这样的科学预测才具有可操作性，才能得到科学实验的检验（支持或否定）。没有明确而具体的科学假设，就没有严格的科学实验，科学理论就无从产生与发展。可以说，假设的论证是科学理论发展最强大的原动力。在爱因斯坦看来，提出有调查价值的假设是科学极其重要的一部分，“对可能性的想象”在科学中扮演着重要的角色。诺贝尔奖获得者彼得·梅达沃（Peter Medawar）爵士在强调对可能性进行想象的重要性时说：“与其他实验过程一样，（科学方法）只有在事实和想象、实际和可能之间；在可能的真理和实实在在的现实之间的对话中才能突显。科学探究的目的不在于编撰有关实际信息的目录清单，也不是要构建一幅关于自然法则（natural laws）的极权主义的世界图景，在这幅图景中每一自由的事件都受到了钳制。我们应该把它看作是一种对‘可能性世界’（possible world）可证实信念的特殊逻辑结构——一个由我们发明、批判，并且在我们前进的过程中不断对它进行修正的故事，结果是它终结于存在，我们几近于能够创造它，创造一个关于真实生活的故事。”①

对于学生而言，提出假设是科学思维训练的基本途径。假设是一种重要的科学过程技能，是科学研究不可缺少的技能。认识假设的含义与价值，学会表述假设、检验假设，有助于掌握科学研究的方法，理解科学定律、科学原理，也有助于学生理解科学的探究本质。

3. 引导学生提出假设的教学要领

指导学生认识与区分自变量、因变量、控制变量。要理解假设，首先需要能区分自变量和因变量的差异，能理解控制变量的含义、范围、作用，知道影响因变量的多种因素。而假设是要确定自变量和因变量的关系，因此需要使控制变量保持恒定，以显示自变量和因变量的独特关系。如果不能区分自变量、因变量与控制变量，不能理解它们之间的关系，就无法理解假设的意义。

指导学生认识和区分观察、推断、预测与假设。推断、预测与假设都

① [美] 多诺万，[美] 布兰思福特. 学生是如何学习的：课堂中的科学 [M]. 宋时春，译. 桂林：广西师范大学出版社，2011：11-12.

是猜测，而推断与预测都建立在观察的基础上。因此，认识和区分观察、推断、预测与假设的差异，有助于理解假设。例如，将面包在教室里放几天以后，让学生研究面包上的霉菌情况，发表意见与主张。下面是有关面包上的霉菌的陈述，请学生在各个陈述句后的括号里填写恰当的词语："观察""推断""预测""假设"。

1. 面包上有三个绿色斑点。(　　)
2. 面包闻起来有霉味。(　　)
3. 面包摸上去很干。(　　)
4. 教室的温度是25℃。(　　)
5. 天太热了，导致面包变质。(　　)
6. 吃了这个面包会拉肚子。(　　)
7. 这绿色斑点可能是霉菌。(　　)
8. 明天绿色斑点会增多。(　　)
9. 再过一个星期，这面包会变成粉末。(　　)
10. 温度越高，面包上出现霉菌的速度越快。(　　)

通过上述练习，学生可以看出，所有的推断与预测都是观察的结果，它们仅针对某一特定情况而言，不带普遍性，亦无须证明，而且对同一事件的观察结果，每个人可能有自己的推论。与推断、预测不同，假设揭示了自变量（温度）与因变量（霉变速度）之间的普遍关系。由于这种普遍意义，我们就不得不去检验它的科学性。从理论上讲，假设不能被完全证明，除非能检验所有的可能性（这是不可能的）。尽管我们不可能去检验世界上所有面包的霉变情况，但我们仍然可以通过取样的方式对这个假设进行论证，做出"接受"或"拒绝"的结论。

鼓励学生猜想。假设是对科学现象或科学结果产生原因的推断，是对科学结果与产生原因之间关系的判断。猜想是进行假设的基础，对猜想的结果进行归纳、分析，可能会用到逻辑的方法。一般情况下，有经验支持和逻辑依据的猜想结果，有助于形成假设。如，一棵树的树叶变黄了。为什么这棵树的树叶黄了？学生可能做出如下猜想：天气变冷了；树上有虫害；树缺水；树已经老了；树经常被同学们摇晃；等等。猜想是否合理，还需要验证。又如，对影响"摆球"摆动快慢的因素进行猜想，经过分析、比较、判断，做出影响"摆球"摆动快慢的假设，并设计验证假设的实验。也可对造成"空气流动"的原因做出假设，设计验证假设的实验。

七、实验

1. 实验的含义

实验（experiment）是人们为了实现预定目的，在人工控制条件下研究客体的一种科学方法。它是人类获得知识、检验知识的一种实践形式。以前科学实验主要指的是自然科学领域中的受控实验，现在人们已经在社会科学领域运用实验方法，研究社会现象与问题。

科学实验有着自己鲜明的特点。第一，科学以认识事物的本质及规律为直接目的，它试图通过控制和干预自然，进而获得有关自然事物和现象的各种科学知识。第二，科学实验具有纯化和强化观察对象的条件的作用，科学实验可以制造自然界中无法直接控制而在生产过程中又需要实现的特殊条件，如超高温、超低温、超高压等。第三，科学实验是一种物化的理性活动，科学实验对任何客观现象进行的干预和控制，都需要借助一定的物质手段。第四，科学实验具有可重复性的特点，如果实验无法重复，则会受到学界同行的怀疑。

科学实验可分为不同的类型。根据实验环境，可以分为实验室实验和自然实验。根据实验目的，可以分为验证性实验和探究性实验。根据实验是否定量，可以分为定性实验和定量实验。根据实验时间长短，可以分为短周期实验与长周期实验。小学科学实验难度相对较低，除了连续性的种植、养殖实验外，课内实验时间不会太长。

2. 实验教学的价值

实验在现代科学中占据着十分重要的地位。首先，科学实验能够使人获得丰富的感性认识和规律性认识。如在微生物学的发展过程中，正是巴斯德设计的曲颈瓶实验推翻了人们长期相信的“自然发生说”，使人们认识到微观生命的存在。其次，科学实验是创立科学理论的基础和先导。科学史上的每一次重大发现都是以实验为基础的，正是伽利略创造并示范了的新的科学实验传统，将近代科学引上了历史的舞台①；孟德尔所做的豌豆实验，开创了遗传学研究新的路径；拉瓦锡所做的燃烧实验，推翻了“燃素说”，奠定了化学学科的发展基础。最后，科学实验是检验科学假说和理论的重要方式。

科学实验也在促进学生认知和实践能力发展方面具有无比的重要性。在教学中进行实验可以激发学生对科学的热爱，有效训练学生的思维，提高学生的科学素质，发展学生的能力。实验教学对于学生终身的科学学习

---

① 吴国盛．科学的历程［M］．2 版．北京：北京大学出版社，2002：197.

也是至关重要的①。具体言之，科学实验的基本意义在于：（1）科学实验有助于小学生对科学概念的掌握。科学实验为小学生掌握科学概念提供了丰富的感应材料，为小学生运用科学概念和科学原理分析及解决设计问题提供了有效的途径，有助于小学生在运用中加深对科学概念和科学原理的理解，学以致用。（2）科学实验有助于小学生进行科学方法的训练。科学观察和科学实验，是自然科学最基本、最重要的两种方法。实验教学能有效地对小学生进行科学方法的训练。学生在实验中学习如何观察、如何使用仪器和工具、如何设计实验方案，这些方法与技能的运用，都是培养科学探究能力、提高学生科学素养的重要途径。（3）科学实验有助于形成小学生的科学态度。在科学实验中，要求小学生必须严格依据实验数据，尊重客观事实，不能有弄虚作假行为，以便小学生养成实事求是的科学态度和严肃认真的习惯。同时，科学实验有着直观、具体、形象和生动的特点，因此能深深吸引小学生，激发小学生学习科学的兴趣。

3. 实验教学的要领

小学科学实验教学是一个提出探究问题，经过实验设计、实施操作与观察记录，分析实验数据得出实验结论的过程。实验过程一般包括提出实验问题、制订实验方案、实施实验计划、解释实验数据、交流实验结论等五大环节。

（1）提出实验问题。创设情景，激发学生的学习兴趣。在教师的引导下，学生提出需要用实验加以检验和解决的问题。实验问题应明确、具体，学生对解决问题的途径有一定的猜想（假设），并做好实验探究的准备。

（2）制订实验方案。学生基于问题提出假设（因变量、自变量及它们之间的关系），确定需要观察的现象、需要测量的数据；设计具体的实验计划（包括操作步骤），并进行讨论与改进，优化实验计划；选择实验需要的仪器、设备、药品；设计实验结果的处理方式；等等。教师要引导学生根据实验目的设计、优化实验方案，理解、支持实验的科学原理，了解实验需要使用的仪器和工具。

（3）实施实验计划。学生动手操作，进行实验并观察与记录，收集实验现象与数据。实验实施过程中，教师要协助、引导学生规范操作，督促学生完整、准确地获得实验数据；指导学生分组完成实验，发现实验中存在的问题指导学生解决实验中的问题和填写实验报告。

---

① ［美］马西娅·C. 林，［以］巴特-舍瓦·艾伦. 学科科学和教科学：利用技术促进知识整合［M］. 裴新宁，刘新阳，等译. 上海：华东师范大学出版社，2015：157.

（4）解释实验数据。学生对实验过程中得到的数据、信息进行整理，通过判断和分析得出合乎逻辑的结论，进而将实验结果与实验假设进行对照，判断实验是否验证了对问题的假设。

（5）交流实验结论。指导学生对实验过程、数据、结论进行整理，形成书面或口头报告，在全班进行交流和讨论。让学生简要陈述本人或本小组的实验过程与结论，并对他人或其他小组的实验进行评价。实验总结阶段，指导学生反思实验过程与结果，认识实验存在的问题，明确改进实验的方向。

此外，实验教学应注意以下问题：重视对学生实验能力的培养，明确实验要求（能认识一些常用的仪器或实验器材，并知道其用法；掌握一些基本的实验技能，会做一些简单的实验；会设计一些简单的实验；会写简单的实验报告）；明确实验目的，找准实验中的难点；做好实验的准备工作；注意培养学生良好的品质或习惯。

拓展阅读 8-2

阳光对植物生长的影响实验流程

第一步，变量：自变量是阳光，因变量是植物的高度。

第二步，假设：阳光照得越多，植物长得越高。

第三步，罗列植物生长的变量——什么样的植物、土壤、浇水量、温度、肥料……将所有这些"控制变量"在整个实验过程中保持不变（用同一种植物，用同样的土壤，每天浇同样的水，保持一样的温度，都不用肥料或用相同的肥料）。

第四步，设计实验步骤，实施计划。取三组同样高的植物，第一组植物每天照 30 分钟阳光，第二组植物每天照 60 分钟阳光，第三组植物每天照 180 分钟阳光。这个实验持续 30 天。

第五步，记下实验结果，制表作图。

八、模型

1. 模型的含义

模型（patterns）是对事物、现象和过程的简化模拟，它不是事物与现象本身，而是对事物、现象、过程、结构、机制的简单描述与呈现。"科学模型是人们按照特定的科学研究目的，在一定的假设条件下，用物质形式或思维形式再现原型客体的某种本质特征，诸如客体的某种结构属性、功能、关系、过程，等等。"① 众所周知，事物、现象都是复杂的，是诸多成

① 孙小礼．模型：现代科学的核心方法［J］．哲学研究，1993（2）：20-26.

分、要素、过程的统一体。面对这些事物、现象的外表，我们容易感到迷惘、困惑甚至恐惧，简化了的模型似乎揭开了事物的“神秘面纱”，将事物、现象背后的或内在的要素构成及其关系直观地显现出来，如此一来，神秘难解的事物就能为我们部分地认识、理解与掌握。模型是“一种对某个系统的简化的表达方式。这种对科学现象的表征主要突出科学现象中的一些复杂的概念、对象、事件或过程等”①。科学家开展科学观察、科学实验，对世界进行描述并提供模型，世界在一定程度上得以“祛魅”，并处于人类部分的掌控之中，从而获得安全感、成就感。美国 2011 年的《K—12 科学教育框架：实践、跨学科概念和核心观念》指出，“模型无处不在。在规律出现的形状或结构中，在重复的事件和关系中。例如，在花卉和雪花的对称性、季节的循环重复中、DNA 的碱基对中，模型都是可识别的”。不同学科对世界的描述与模拟，为我们提供了各具特色的世界模型，它们让我们能从不同的角度去观察、理解我们居住其中的宇宙、地球、自然、社会、社区。如物理学中的力学模型、电磁学模型、原子核模型，生物学中的进化模型、双螺旋模型，化学中的化学反应方程式、电子云模型，地理学中的大陆漂移说、地图、沙盘。很多模型能以简洁、生动而形象的语言、符号、公式、结构图、流程图加以表达。运用这些模型，我们可以获得不同面貌的世界图景。不同学科提供的模型并行不悖，相互补充，共同谱写了一幅丰富多彩、姿态万千的世界画卷。

2. 模型的类型

美国《普及科学——2061 计划》报告将模型分为三种类型：物理模型、数学模型、概念模型。模型也可以分为对象模型、条件模型和过程模型。

对象模型。在现实世界中，我们的研究对象往往非常复杂，通过模型能适当简化。如在进行光线经过凸透镜和凹透镜的实验中，可以利用绘画来呈现光线的传播。首先，忽视灯泡的尺寸、型号、灯珠等差异，将灯泡简化为一个发光的点，简称“点光源”。其次，忽视光的强度、颜色等特征，用一条带箭头的直线来展示光的直线传播，简称“光线”。最后，引导小学生观察边缘厚、中间薄的凹透镜和中间厚、边缘薄的凸透镜，用两个简化的图形符号来代表凹透镜、凸透镜。在这里，“点光源”、光线、凹透镜、凸透镜图形等属于对象模型。

条件模型。在小学科学实验中，很多实验都处于条件多样的场景中，

① 张宝辉，等. 计算机模型建构与学习者为中心的科学学习的研究进展及启示［J］. 课程·教材·教法，2008（8）：87-91.

为了便于实验操作及理解，一般我们将这些外在因素理想化。如，我们在演示滑轮的受力分析时，如果绳子的重量很轻，对结果影响很小，我们就可以忽略不计。

过程模型。现实的天体是在一个条件复杂的宇宙环境当中运动，我们无法实时观察，为了方便，我们可以将这些条件适当简化。如“日食与月食”的教学过程，可以通过建模，引导学生创作太阳、地球和月球的模型，用图简化描述太阳、地球和月球的关系（见图 8-3）。

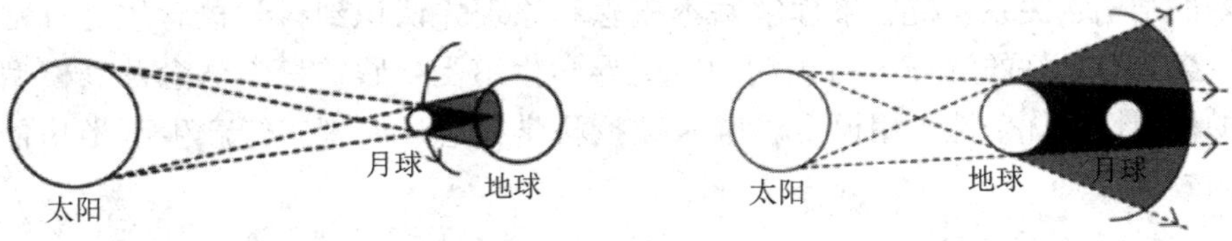

图 8-3 日食与月食

3. 模型的意义

模型具有重要的科学意义。自然世界复杂神秘，变幻莫测，在巨大的自然力面前，人类是多么渺小、无助，自然灾害给人类造成的危害、灾难，让人们倍感恐怖。模型思维就是将复杂的东西简单化，它通过寻找事物的关键因素、重要关系、基本特征来“抓住”事物，并用语言、符号、公式、结构来表征自然事物与现象，以“经济”的方式表达对自然、社会的认识成就。借助这些模型，科学家们可以交流成果，讨论问题，深化与完善对事物的认识。简化了的模型运用“奥卡姆剃刀”剪掉多余的东西，达到思维经济，简洁、对称、奇异的审美准则成为科学研究及其表达的理想追求。物理学之所以成为科学的典范，就在于它为我们揭开了自然之谜，以简驭繁，为我们提供众多有效的、精致、优美而简要、明晰的物理学模型。模型思维是科学研究的重要的思维方式，有助于促进、优化科学研究观察、实验及其成果表达。正如《K—12 科学教育框架：实践、跨学科概念和核心观念》指出的那样：“科学家寻求观察模型及其内部相似性和多样性的解释。工程师也经常寻找和分析模型。例如，他们可以诊断被测设计系统的故障模型，以改进设计，或者他们可以分析日常和季节性的用电模型，以设计一个可以满足不断变化的需求的系统。”

模型对于学生的科学学习亦具有重要意义。学生在日常生活中基于日常经验获得一些初步的模型，如“地平面”“垂直”，这些模型往往粗糙、狭隘。进入学校后学习科学，需要进行修正、补充甚至替换，将日常概念、模型转化为科学的概念、模型，实现从前概念、迷思概念到科学概念的转变，深化对自然的认识，进而理解、运用科学的知识与思想，这是科学学习的重要任务。同时，科学模型的学习有助于促进科学知识的理解，特别是促进科学概念的获得。一些研究表明，许多学生对科学概念的学习仅仅是为了应付考试，他们能背诵科学概念或解答习题并通过考试，但没有真正掌握科学概念，不能解释日常生活中的自然现象。让学生真正掌握科学概念，模型思维的教学是一种行之有效的途径。教师要从模型的高度来教授科学概念，而不是就概念而概念地填鸭式教学，要让学生有意识地从事物的结构、关系、机制来理解基本概念和原理并认识到科学概念较之日常概念具有更好的解释力与预测力，引导学生感受、欣赏科学概念及其模型的优越性、优美性。用模型思维来教授科学概念、原理，能产生事半功倍的效果。

4. 模型的构建

模型在小学科学教学中的应用主要表现在运用模型进行科学知识与技能的教学，指导学生建模，借助于与原型相似的物质模型，间接地研究客体原型的性质和规律。通过引入模型（符号、公式、表格、实物等），解释那些难以直接观察到的事物的内部构造、事物的变化及事物之间的关系，化抽象为直观。在小学科学教学领域，模型主要应用在研究太阳系的组成与运动、地震的影响、火山的爆发等主题的教学之中。引导小学生去构建研究对象的微缩模型，帮助小学生去理解那些抽象知识，丰富他们的感知，使他们形成空间观念，发展他们的想象能力。

发展学生模型思维时，应做到科学据实。模型虽然是学生经过自我思考后加工出来的，但是必须与实际相符合。例如，研究太阳系行星的运动时，学生利用现有的材料制作行星运动模型。如果学生随意制作行星模型的大小，把木星制作得最小，把地球制作得最大，那么在后续的科学实验中就会遇到很多问题。因此，在引导学生制作模型时，应尊重科学事实，依据提供的科学数据进行模型构建。

演示模型实验时，应逻辑合理。我们在利用模型演示实验过程时，会改变某一因素，从而发现变量带来的影响。通过对多次类似实验结果的分析，可以得出某个结论，那么这个结论就必须符合实验逻辑，而不是随意推断。例如，在摩擦力实验中，木块所在的平面越光滑，滑动的距离就越远，那么可以依据这些明显的实验现象得出：物体在滑动时，受到的摩擦力越小，滑动的距离就越远。

指导学生建模活动时，应创设情境。比如，把彩色橡皮泥揉搓成若干小球，将这些不同颜色的小球混合后放在桌面上，用书本向下压，制作出一种岩石模型用来解释这种岩石的形成原因。利用一个小地球仪和一个手电筒制成一个能表示昼夜交替变化的模型，解释中国北京是白天时美国纽约是黑夜的现象。

第三节　科学探究的教学模式

科学探究与科学技能联系密切。科学探究不仅要求学生使用观察、推理、假设等一些科学过程技能，而且强调用逻辑、想象及以证据为基础的思维来形成并修正科学解释，识别和分析各种模型，交流并捍卫自己得出的科学结论。换言之，科学探究不仅包括科学调查研究技能，也强调科学思想和证据①。本节主要讨论科学探究的概念、科学探究的程序与教学指导，以及科学探究的实施模式问题。

一、科学探究概述

1. 科学探究的含义

探究可以被视为认识世界的一种方式，也是对现有知识或理论的一种开放态度。科学探究是以自然及认识自然的科学方法作为特定对象的探究，是人们通过一定的过程和方法对客观事物和现象开展的探索、质疑和研究活动。

声音

科学教育领域中的“探究”有多种含义，有作为目标的探究，有作为方法的探究，也有作为原则的探究，还有作为课程的探究（如研究型课程、研究性学习等）。在这里，我们主要把探究作为一种学习方式。探究学习实质上是将科学领域的探究引入课堂，使学生通过类似科学家的探究过程掌握科学概念，理解科学的探究本质，培养学生的探究能力。一些研究者分析了科学探究学习的特点：重复前人的探究，探究方法比较简单，探究结果的具体化，需要教师进行组织和给予一定的指导，探究行为不断完善，同学合作的比例较大②。

2. 科学探究的类型

科学探究有多种类型，根据科学探究要素，可将科学探究分为完全探究和部分探究；根据探究活动的难易程度、学生的知识能力水平及教师的

① 魏冰．美国“国家科学教育标准”：一项富有挑战性的科学教育改革方案［J］．外国教育研究，2000（3）：22.

② 卢新祁．小学科学教学法［M］．长春：东北师范大学出版社，2005：99.

指导程度，可将科学探究分为指导型探究和开放型探究，或分为结构型探究、半结构型探究和开放型探究。美国教育家施瓦布根据探究目的与方法的不同，把科学探究分为稳态的探究和动态的探究。

3. 科学探究对儿童成长的意义

"儿童是天生的探究者"，儿童通过他们自发的或者是在他人指导下的探究活动不断感受世界，不断加深对世界的认识。可以说，科学探究是儿童发展的不竭动力。

科学探究是儿童已有经验的重要来源。几乎所有的动物都具有探究的本能。为了生存需要，为了适应环境，我们几乎无时无刻不在进行探究。儿童无需学习如何提出问题、如何探究内部的结构、如何表达他们的发现，他们天生是"讨厌的"提问者、"可气的"拆卸者、"可恶的"破坏者、"可恨的"涂鸦者和"烦人的"唠叨者。随着年龄的增长和兴趣的不断扩张，儿童探究的深度和广度也在不断增加，他们不仅能依靠身体的感觉器官进行探究，还逐渐学会了使用工具和方法对世界进行更加深入的科学探究。

科学探究为儿童提供认识事物的方法。科学探究是一种过程，有一定的活动程序。探究源于一个新颖的问题、情景或材料，需要经历一些阶段（如观察，提出问题，做出预测、猜测或假设，设计并实施研究方案，收集解释数据，验证假设等），运用一般的方法（主要有观察、调查、实验、测量与统计等），开展基本的推理（如归纳与概括、比较与分类、分析与综合等）。无论是儿童自发的探究，还是在教师指导下的探究，都能为儿童提供认识事物的途径与方法。

科学探究为儿童未来发展提供支撑。通过科学探究，儿童会获得满足感、兴奋感和自信心，焕发出内在的生命活力，主动获取知识；通过科学探究，儿童会寻求真理，增进能力，提高智慧；通过科学探究，儿童会经历挫折与失败、曲折与迂回，养成坚强意志，走向自我完善。

文献提示

夏尔帕主编：《动手做：法国小学科学教学实验计划》，黄颖、苏文平、安延译，人民教育出版社，2003.

"引领孩子去亲历科学"，见张洪鸣主编《引领孩子们亲历科学：小学科学教学案例解读》，江苏教育出版社，2001.

二、科学探究的程序与教学指导

1. 科学探究的程序

对于科学的探究过程，美国1995年发布的《国家科学教育标准》提出，科学探究的过程主要包括：进行观察；提出问题；查阅书籍和其他信息资源来寻找已有知识；利用各种工具搜集、分析并解释数据；做出答案、解释或预言；交流结果。科学探究包括猜想与解释、实验与操作、记录信息、交流结论等。科学探究的基本环节可划分为提出问题、形成假设、制订计划、实施计划、解释与结论、表达与交流等六个环节。

(1) 提出问题。创设特定的情境，提出值得探究的科学问题。例如，光是沿直线传播的吗？敲鼓为什么会发出声音？为什么会有白天和黑夜？

(2) 形成假设。根据已有的知识和经验，对提出的问题做出初步的猜想或假设。比如探究种子的萌发条件时，可以让学生根据自己已有的经验进行猜想。

(3) 制订计划。在猜想或假设的基础上，查阅相关文献，制订出较详细的探究计划，明确所要收集的证据及收集证据的方法。

(4) 实施计划。开展多种途径和形式的探究活动，如进行科学观测、科学实验、科学调查，开展设计与制作活动，实施研究计划。

(5) 解释与结论。在观察实验等探究活动的基础上，对所收集的证据进行筛选、归类、统计、列表分析，运用证据和已有知识，对问题做出科学的解释，得出符合证据的结论。

(6) 表达与交流。通过口头表达、撰写小论文和调查报告、举办辩论会或展览等形式，表达自己或小组的探究结果，分享学习成果与探究经验。

2. 科学探究的教学指导

依据科学探究的一般程序，可以提出科学探究的指导策略①，主要包括以下策略。

创设问题情景的策略。创设情景的目的是开拓学生思维，引发学生提出自己的问题，以便确定探究的问题和对象。创设情景的方法多种多样，教师可以把学生带到与探究内容相关的特定场所，让学生身临其境，面对研究对象提出疑问。如探究水污染的原因时，教师把学生带到被污染的河流旁，学生便会自然地提出诸多问题。教师还可以通过布置环境，引发学生提出问题。教师也可以利用录像、投影、图画、音乐等现代化教学手段制造情景。如探究果实的形成或构造时，教师可以在教室里展现丰收的景象和丰硕的果实，引发学生对果实质疑。此外，教师的形象化语言也能创设情景，如在探究雷电的成因时，教师朗诵一首描写雷电的小诗能激发起学生的探究兴趣，引发疑问。

确定探究问题的策略。科学问题通常包括“是什么”与“怎么样”两种，前一种问题探明客观现象的根源，后一种问题探明因果或功能。在课堂上，提出一个有一定难度又能引发探究并能有所收获的问题至关重要。

---

① 卢新祁．小学科学教学法［M］．长春：东北师范大学出版社，2005：104-107.

最初的问题可以来自学生、教师、教材、书籍、网络，在指导学生确定探究的问题时，教师应发挥重要作用。学生经常提出“为什么”的问题，许多“为什么”的问题可以转化为“怎么样”的问题，继而引发学生进行探究。这种转化可以缩小问题的范围，使探究的问题变得明确，让学生可以探究起来。在具体的教学中，教师可以采用追问的方法帮助学生筛选问题、确定探究的问题。如“你的问题可以变成这样吗”“你观察过这种现象吗”“你觉得我们现在可以开始研究吗”“你的看法是什么，有什么根据”等。

引导做出猜想与假设的策略。猜想与假设是制订探究计划、设计实验方案的基础，教师应让小学生体验猜想与假设在整个探究活动中的重要作用，鼓励学生主动、大胆地对可能的答案做出猜想或假设。通过猜想和假设，学生将会学习一般的认识策略和智慧技能，领略到科学的本质和科学家工作的真谛。即使学生的猜想与假设看起来非常幼稚，教师也不要对学生进行过多的干涉。如果学生的注意偏离了问题的本身，教师不妨给以简单的提醒。对于低年级学生，教师可以用“猜一猜”“想一想”“你觉得”来代替“假设”，或说“让我们来……”“你的假设（猜想）是什么”。

指导制订探究计划的策略。探究计划是学生实施验证活动的准备，其科学性、可行性直接关系到验证活动的成败。在小学中低年级，学生的计划通常由小组合作完成，到了高年级可指导学生独立制订计划。学生个人或小组计划制订后，还要让他们在班级进行交流，在讨论中找出不足，完善计划。教师也可以普通一员的身份参与学生的讨论，帮助学生完善。一个完整的探究计划应包括探究主题、人员、时间、器具、步骤、结论、展现形式、交流方法等内容。在学生刚开始学习科学探究时，可以先指导他们制订最简单的计划，以后再指导他们制订较为详细的计划。

指导实施探究计划的策略。科学探究主要有观察、实验、设计、制作等方式，教师应尽量为学生提供充足的探究条件。如果是科学实验或科技制作，教师还要准备实验设备，提供材料与工具，说明或启发学生讨论观察、实验、制作的注意事项，介绍使用方法和操作细则，解答或解决操作中的一些问题。有经验的教师会根据自己对学生的了解预见到学生需要哪些器材，让学生尽可能地自己准备一些，教师也准备一些，师生共同完成器材的准备。教师准备的器材可以放在学生座位上，放在学生实验桌的抽屉里，或集中放在讲台上，需要时再发给学生，也可把实验器材集中放在一起，让学生根据自己的需要自行挑选。在探究计划实施过程中，教师可参与到学生或小组的活动中去，为学生的探究提供鼓励、支持和帮助。

指导信息整理的策略。随着探究活动的进行，学生在观察、实验、制作过程中不断获得信息，但来自感官的信息（如眼睛看到的、鼻子闻到的、耳朵听到的、皮肤感觉到的）容易稍纵即逝，教师应有意识地提醒，要求学生以文字、图画或表格的形式将这些信息记录下来，以备回忆、查找和整理。教师也可设计一些表格供学生记录使用，提醒学生边观察边记录，以防学生错失现象和数据。如果现象变化较快，可让学生分工合作，一些学生负责观察，一些学生负责记录。整理信息是一个去伪求真、获得发现的过程，其结果有可能是肯定假设，也有可能是否定假设。有的信息能比较直接地反映出结果，如大小变化、速度变化、形态变化、位置改变、冷热转换、声音变化、存在与消失等。而有的信息则不能直接反映出结果，如变化的趋势、变化的规律、变化的多少、变化的条件、物体的成分、事物的组成要素等。教师应该给学生以指导，有效地组织学生整理。在小学科学探究中，整理信息的主要方法是排序和一一对应，排序能发现事物变化的规律，一一对应能表现条件与结果之间的关系。教师指导的方法主要有：设计好整理的方式，让学生汇报，进行记录；引导学生绘制统计图表，发现规律性；组织集体讨论。

指导解释和交流的策略。在小学生的科学探究中，解释和交流常常难以分开。在此教学环节中，教师应承担组织者、倾听者、提示者、质疑者的角色。作为组织者，教师应允许并倡导交流形式的多样化，要有意识地给学生安排好解释和交流的时间、场地、器材，帮助学生使用必要的设备。在学生出现意见分歧时，教师还要组织好大家轮流发言，进行辩论。作为倾听者，教师要注意聆听学生的发言，即使学生的解释比较幼稚，也要尊重学生的探究成果。作为提示者，在学生表达或展现不充分时，教师要善意地提醒学生“还有哪些方面没有说”“你的依据还没有讲”“这说明了什么”“你认为是怎么回事”等，让学生补足、完善。作为质疑者，教师向学生提出疑问“还有别的可能吗”“你还能怎样解释这个现象”等，引导学生得出正确的结论。

指导探究总结的策略。探究小结的内容不应只是学生通过探究获得的知识，还应该包括学生的探究经历了哪些主要过程、遇到了哪些

文献提示

“科学课堂中的探究”，见美国国家研究理事会科学、数学及技术教育中心，《国家科学教育标准》科学探究附属读物编委会《科学探究与国家科学教育标准教与学的指南》，罗星凯等译，科学普及出版社，2004.

“课例 10　仓鼠威利”，见张红霞《科学究竟是什么》，教育科学出版社，2003.

雪莉·J.迈格努森等：“小学阶段促进‘光’的科学知识与推理能力形成的教学”，见多诺万、布兰思福特主编《学生是如何学习的：课堂中的科学》，宋时春译，广西师范大学出版社，2011.

困难、怎样克服困难的、还有哪些问题没有解决、又发现了哪些新问题值得去探究，以及学生表现出的种种探究品质等，帮助学生在科学探究中获得新的发展。此外，还可提示学生另找时间或课外拓展，继续探究相关问题。

三、科学探究的实施模式

科学探究的实施模式有多种，这里主要介绍兰本达的探究—研讨教学模式、萨奇曼（R. Suchman）的探究训练模式、CER 模式等。

（一）探究—研讨教学模式

探究—研讨是由美国哈佛大学兰本达教授在 20 世纪 40 年代创立的一种教学模式。该模式强调概念的学习，因为经验只是形成概念的材料，仅有零碎的概念还不够，还需要将它们组织成为“概念体系”。学生在操作有结构材料的基础上，开展个人探究与集体研讨，将分散的经验重新组织、提升，形成概念，并将这些概念构成“概念体系”。概念体系是关于宇宙自然界的最高的抽象。历史文化背景、人现实所处的直接环境、人的认知发展水平等会影响概念的形成。

探究—研讨教学模式认为，科学教育的目标不仅是让学生掌握一定的科学知识，而且要通过对具体材料的探索、发现和交流，形成科学概念，培养学生解决问题的能力。因为“形成概念是人类的一大成就。据了解这种能力是其他动物所没有的。概念的作用是把每天袭击我们各种感官的成千上万的信息，概括成为较大的总体。通过想象及后来在新情况下的应用，这些较大的总体就变得更加丰富和完整。从而，当现实事物不在眼前的时候，概念就在各种各样客观存在之间，起着重要的桥梁作用”。科学教学要给孩子们一个机会运用他们自己所选择的事实去思考，从而发现其中的关系和形式，获得解释，并建立关于自然界的概念。

探究—研讨教学模式认为，概念意味着一种思想运动的形式，一种属于抽象范畴的创造性思维。参照维果茨基语言与思维发展的理论，兰本达将儿童概念发展分为四个阶段：混合思维、复合思维、前概念思维、概念思维，强调教育干预在帮助儿童提高概念思维水平方面的关键作用。科学教学就是帮助儿童沿着概念发展的箭头前进，从经验上升到概念，获得科学概念的过程。“人们把外界信息通过一系列发展的过程编入较大的和更大的总体。自然每人随时都进行着某些这样的‘编织’概念的活动，因为这是生存所必需的；但通过教育的参与，非常丰富而强有力的概念结构就形成了。”①

探究—研讨教学模式包括探究与研讨两个阶段。在探究阶段，教师选择所教科学概念的“有结构”的材料，按层次提供给学生，让学生独立支配、探索。在研讨阶段，教师引导学生将已获得的认识用他们自己的语言表达出来，通过他们之间的互相交流、启发、补充和争论，使他们对纷繁复杂的关系有所了解，使已有的感性认识上升为理性认识，形成一定水平的科学概念。

关于材料的选择，探究—研讨模式认为：材料应能引起孩子们的兴趣；材料应有多种的相互作用；应该有较广的余地，能用许多不同的路子进行探索研究；每个孩子应有足够的材料②。关于集体研讨问题。集体研讨的目的在于：“要孩子们一块儿来思考，从大家互相交流感觉和思想过程中提高每一儿童的概念水平，帮助儿童沿着形成概念的方向（概念箭头）前进。因此孩子们必须自己想，并且把他们自己的思想用自己的语言表达出来。”为此，“教师要挑选和设计实物材料，根据课内进行的情况，挑选下一课时的教材，使概念进一步发展”，“教师还要设法使不爱讲话的学生讲出他的意见，使爱讲话的不要讲得太多。要鼓励孩子们相互之间讲，对大家讲，而不总是对老师讲（‘研讨的意义’就是‘在一块儿讲’）”，“为了进一步贯彻这个原则，教师和孩子们围成一个圆圈坐下。这样师生全都能面对面地看到每一个人，而且是处于同等地位。教师另一个重要职能是要非常注意地去倾听。部分原因是去了解每一个儿童的思想，另一部分原因是要在儿童的发言中挑出矛盾。教师要使儿童对矛盾有警觉，并要儿童自己解决矛盾。他们是能够解决矛盾的。最重要的是教师既不要对儿童所说的话进行推断，也不要给他们回答问题或解释。教师主要的职责是非常敏感地倾听。当讨论进入死胡同时，教师可提出一些改变讨论方向的问题”③。在这些过程中，需要努力为儿童建立探究情境，精心设计探究的问题。

---

① ［美］兰本达．社会、教育与概念的形成：1982 年 5 月在北京师范大学的演讲（修订稿）［J］．胡梦玉，译．课程・教材・教法，1983（2）：60.

② ［美］兰本达，［美］布莱克伍德，［美］布兰德韦恩，等．小学科学教育的“探究—研讨”教学法［M］．陈德璋，张泰金，译．北京：人民教育出版社，1983：33.

③ ［美］兰本达．社会、教育与概念的形成（续）：1982 年 5 月在北京师范大学的演讲（修订稿）［J］．胡梦玉，译．课程・教材・教法，1983（3）：56-59.

拓展阅读 8-3

液体—固体的相互作用（教案）

对象：处于复合思维较高水平的儿童

此岸——原有知识水平

儿童须知某些物质在水中虽然“看不见了”，但“仍然存在”，还有一些物质不溶于水。为了达到本教案规定的目标，儿童应对液体有过接触，并知道液体的某些主要性质。他们接触过的固体应包括沙子、碎石、盐粒、面粉等大小不等的颗粒状的物质。

彼岸——教学目的

沿概念箭头各阶段通向对下列各点的理解：1. 溶解于水的固体经过蒸发便可重新获得；2. 有些物质表观上相似，可通过与其他物质的相互作用予以鉴别；3. 即使上述物质存在于另一物质之中，或与其他物质混合，前项提到的相互作用中产生的反应也能鉴别该种物质。

踏脚石——教学步骤

本单元的教学如何开始，合适的方法很多，而且各种材料妥善地搭配的方式也是多种多样的。教师需要估计儿童有过的经历，并把他们会乱忙瞎忙计算在内。“玩水中的好运气”是针对无经验的幼儿的好方法。有些儿童开始接触数种固体和液体，进展较快；另一些儿童用一种液体和两三种固体作为开始，效果更佳；还有些儿童用一种固体和数种液体试剂，进展更快些。在盛固体的纸杯上标上字码，有助于儿童研讨时准确地说明各种现象。

结构化材料与儿童的活动

	供儿童探究用的材料	期望儿童进行的活动
A	儿童两人一组，最好隔桌对坐。桌子中央放1个纸盘，上有3个小纸碗。碗中分别盛食用苏打、盐、熟石膏。另有12根吸管。一名儿童面前放3个塑料药杯，每个里面放5毫升清水。另一名儿童面前的3个塑料药杯中各放5毫升白醋。此外，另用容器盛装苏打、盐、熟石膏，另备吸管、小纸碗、塑料匙、水、醋，并在水和醋中各放两个滴管	儿童用吸管将3种粉末分别投入液体中，并加以搅拌。再加粉末，仍用那儿根吸管，最后将碗里的粉末都做成了“汤”。儿童可能会要求再要一套用品，再做一次。他们应扔掉小纸碗，彻底洗涤药杯，然后再从备用品中取东西。有的教师喜欢让儿童自己决定是否要换
B	水和醋（同A），小纸碗分别盛白糖、石灰岩、面粉，分别标上字母A、B、C做标记，吸管	做法同A很相似。如这是儿童第二次或第三次做，他们就会减少盲目性，增强目的性

续表

	供儿童探究用的材料	期望儿童进行的活动
C	每名儿童有3个药杯，每个药杯中放1毫升清水。每一对儿童有3个小纸碗，分别装上压成粉末的酵母片、食用苏打、柠檬粉加苏打，并给予吸管。另有上述各种粉末、水和吸管备用	儿童把水兑入粉中，看到其中两种产生嘶嘶声感到惊讶。接着他们便会再要一份材料，互相掺和，再次实验
D	两名儿童中，一名在3个药杯中放溴百里酚蓝稀释液；另一名的3个药杯中放石蕊稀溶液或粉红及蓝石蕊试纸加清水。3个小纸碗，分别盛上硼酸、食用苏打和柠檬酸，并用A、B、C字母标明	儿童将粉末放进水中，看到了颜色的变化。他们通常会将有些粉末混合，从而得到相反的颜色反应
E	两名儿童一组，其中一名3个药杯内都放入溴百里酚蓝稀溶液；另一名的3个药杯中放石蕊稀溶液，或粉红及蓝石蕊试纸加水。3个小纸碗分别标上A、B、C字母，放入四分之一匙的加柠檬的速溶茶、清速溶茶和柠檬粉	儿童将粉末投入水中，比较各自杯中的颜色变化。然后，比较对面同伴杯中液体的变化。如果以前还做过别的类似实验，亦可加以比较
F	每两名儿童有1个塑料袋，内盛1茶匙食用苏打。将2盎司白醋放在纸杯中，滴入足够量的溴百里酚蓝（12滴）使醋呈黄色。挤出袋中空气并加以密封。另有塑料袋、溴百里酚蓝、杯子、醋、苏打和系袋线备用	儿童将醋倒入苏打中，欣赏所发生的种种反应。他们或许会要重复试验。他们可从备用品中取来东西再做，看看自己能得出什么结果
G	（做本实验时，要将液体滴在固体上。）每名儿童有1个纸盘，盘上写上A、B、C、D、E 5个字母，每个字母对着1个药杯。盘子用塑料薄膜覆盖。一小撮粉末A放在盘子上A字附近，一小撮粉末B放在盘子上B字附近，其余依此类推。药杯里放着面粉、盐末、玉米淀粉、苏打、白糖。每杯里各放1根吸管。4名儿童一桌，桌上放4个盘子。中央放1个罐子，内盛稀碘溶液和4个滴管，或用4段直径较大的吸管亦可	儿童将碘溶液滴在盘子里的粉末上。他们又加上其他粉末（并不都按字母标志放置）并滴上碘溶液。他们议论哪些粉末起化学反应，哪些没有反应。这时，他们会意识到他们没有仔细地做好记录。因而要准备更多的塑料薄膜，以便让儿童们扔掉重来

续表

	供儿童探究用的材料	期望儿童进行的活动
H	4名儿童为一组，4只盖有塑料薄膜的盘子，中央另放一盘子，上放小堆的带淀粉食品，如豌豆、大豆、玉米（新鲜、不冻或浸泡过的）、小片香蕉、麦片等，以及不带淀粉的食品，如硬煮蛋白、莴苣、干酪等，移动食品用的牙签，1个罐子，内盛稀碘溶液，4个滴管或吸管	儿童把食品先后放到自己盘子上，滴上碘溶液
I	4名儿童为一组：4个小纸碗，内分别盛上一茶匙的沙子、铁屑、盐、果珍；每个杯子中放1根吸管；1打小药杯，杯中各放5毫升清水；纸巾。 提示卡：将每种固体放入水中，然后共同商量找出将固体重新和水分开的办法	儿童将固体放入水中，然后将部分混合物倒在纸巾上滤过，再要一块磁铁。他们会表现出极大的智慧，例如要等着看水果汁在纸巾上变干等
J	每名儿童有1台6至8倍的放大镜和一块显微镜的载片。每4名儿童中央放热的浓盐水、浓泻盐水、浓硼酸水、果汁水。每种水里放一滴管或一段吸管。一盆清水（洗刷玻璃载片用）、纸巾、薄绵纸。也可在盘子上放薄塑料来代替玻璃片和水	儿童将溶液滴在玻璃载片上，并观察其结晶形状

教师的理论根据——如何思考和表达本教案中遇到的现象

概念体系B

宇宙中的质量和能量的总量守恒。

前概念思维。在化学变化和物理变化中，物质总的质量是守恒的。物质表现形式的变化伴随着分子运动的变化。

复合思维。物体通常以固体、液体、气体的形态存在。

上述各种实验的中心概念是：物质各有特性，这些特性是可以为感官所发现的，涉及比单纯的看、摸、嗅更为复杂的活动。由于儿童的活动产生了各种相互作用，他们发现了或者重视了许许多多科学研究的程序：做记录、取少量的东西做实验、为保持高纯度就要使物品不相混杂。处于较高复合思维水平的儿童已能开始领会一种反应的一贯性。起初，他们不理解。例如，碘加在含淀粉食品上时变成深蓝或黑色，低年级儿童不会想到这是用碘在测试食品是否含淀粉。

本单元教学基于这样的前概念，即“在化学变化和物理变化中，物质总的质量是守恒的”。即使思维能力发展较高的儿童也还理解不了这概念的全部意义，但他们能开始懂得溶解在溶液中的固体能够重新分离出来。他们开始知道反应的可逆性，比如酸—碱指示剂的可逆显色现象就是。

……

儿童可能形成的模型——概念箭头的指向和可能学到的科学程序。

A. 系统中的物体：（1）食用苏打和水；（2）食用苏打和醋；（3）盐和水；（4）盐和醋；（5）熟石膏和水；（6）熟石膏和醋。

现象：（1）苏打消失在水中；（2）苏打发出嘶嘶声，并放出二氧化碳；（3）和（4）消失而没有嘶嘶声；（5）和（6）两者都硬结成石头般的物质。

解释相互作用的模型：醋的作用与水同，唯与苏打（化学名为碳酸氢钠）放在一起是个例外。醋与苏打作用时发出嘶嘶声，并放出一种气体。盐溶于水。熟石膏硬结。

对蕴含的科学程序的学习：由于使用同一根吸管从多种混合物中取东西而造成的物品成分的混杂，或者有意使物品混杂以观察结果，这就使讨论时列举的事实大有出入。

在回答“你认为为什么会有如此不同的结果”这一问题时，儿童很容易看出是粉末和液体遭到了污染。他们就会想办法保持物质的纯净。开始他们的建议不一定行得通，但是再经过一次讨论，全班可能会提出一些精彩的规定。儿童会想把醋和水都试一下，他们或许从而会得出结论——醋里就有水。在以后的课内，儿童可能安排出自己取物品的程序。

即使把各种物品分开放置，儿童也常常忘记他们用了什么粉末。这是要求做记录的最好的时机！根据儿童的能力，他们可以制作自己的记录表，也可由教师印发表格，表格中可有下列项目：物品名称、与何物混合、相互作用。儿童常给物品起名字。正确的叫法常产生于班上某个儿童，但也可能出现不太正确的名称。这时候，教师可给以正确的名称。把食用苏打改称为碳酸氢钠有助于使儿童把它看作与酸发生了典型作用的碳酸盐。

B. 系统中的物体：（1）石灰岩与水；（2）石灰岩与醋；（3）白糖与水；（4）白糖与醋；（5）面粉与水；（6）面粉与醋。

现象：石灰岩在水中保持原样，但在醋中有细微的嘶嘶声。白糖在水或醋中当然都消失了。面粉在水和醋中都变成了黏性的浆糊。

解释相互作用的模型：石灰岩是碳酸钙，因此加酸后放出二氧化碳。加醋时该气体慢慢放出。儿童们会提出这嘶嘶声好像他们喝的汽水。他们不知道这种气体叫什么，可以把名字告诉他们。这时他们或许会以为释放气体的汽水里有醋。在这里，儿童们还不知道一般称之为酸的东西。不过，汽水放出的二氧化碳是用压力压进瓶里的，是给塞进水里的。如果教师提出下列问题：“在盖子盖着的时候，汽水为什么不嘶嘶冒气呢？”儿童常常能自己捉摸出道理来。

对蕴含的科学程序的学习：同 A。

C-J. 系统中的物体（从略）

（［美］兰本达，［美］布莱克伍德，［美］布兰德韦恩，等．小学科学教育的“探究—研讨”教学法［M］．陈德璋，张泰金，译．北京：人民教育出版社，1983：217-225.）

（二）探究训练模式

探究训练模式是萨奇曼 1986 年设计的。萨奇曼考察了科学家的创造性的探究活动，并从中提炼出科学研究过程的基本要素和程序，结合教学法的要求，概括出一套探究训练程序。这套探究训练程序重在训练学生通过搜集事实来建立理论的科学思维能力，并交给学生一些学术研究技巧和语言，教会学生调查和解释异常现象。该模式的实质是引导学生面对某一领域的实际问题，帮助他们运用一定的概念或方法，激励他们设想出解决这一问题的具体方案。学生由此体验到知识产生的过程，获得对知识的准确理解，既看到其可靠性又了解其局限性。

探究训练模式起源于培养学生独立学习的信念，其方法是要求学生积极参与到科学探究当中去，让学生运用经过训练的方法开展独立探究。它的基本目标是从学生的好奇心出发，帮助他们发展智力、提出问题并找出答案的技能。该模式利用学生充满好奇并渴望成长的探究欲望，让他们积极地参与到科学的探究之中，明确探究方向，发展探究能力。

探究训练模式以向学生提出一个令人疑惑的事件为开端，鼓励学生去解决它。萨奇曼相信学生会逐步意识到他们的探究过程，认为可以直接把科学程序教给他们。萨奇曼还认为，专家学者们所提出的种种理论及观点，若干年后就会被新的理论所取代，永恒的答案是不存在的。我们总能使自己的解释更圆满，而且绝大部分问题都可以用几个似乎合理的解释来解决。因此，需要帮助学生形成所有的知识都是暂时的这样的认识。但必须使学生意识到，真正的科学探究必定会带有一定的模糊性，别人的观点能丰富我们自己的思想。如果我们能学会容忍不同的观点，那么来自同事的帮助和意见就会促进自己知识的发展。萨奇曼理论的要点为：（1）当学生面对疑惑时会本能地开始探究。（2）学生能够意识到自己的思维策略并且能够学会分析它们。（3）新的思维策略可以直接传授给学生并且和他们原有的策略融为一体。（4）合作性的探究能丰富学生们的思想，帮助他们懂得知识的暂时性，并且使他们能够理解并接受不同的解释。美国 20 世纪 60 年代的生物科学课程研究（Biological Science Curriculum Study，BSCS）较好地体现了该模式的精神。

拓展阅读 8-4

BSCS 的科学观

检查一下传统的中学课本就会发现，它主要或全部由一系列绝对的肯定性陈述句构成："有那么多种哺乳动物""器官 A 由 3 种组织构成""呼吸按以下步骤发生""基因是遗传的单位"及"A 的功能是 X"。

这种提供结论的表述方法长期以来一直是教科书的写作标准，甚至大学课本也是这样。它有许多优点，至少可以说简洁和节约空间，然而对此也有一些严厉的批评意见。它的简略性和权威性给人们描绘了一幅虚假而误导的关于科学本质的图像。权威性、结论性的表述带给了学生两种不幸的影响。首先，它给人造成这样一种印象：科学由不可更改的、确定的真理组成。然而事实并非如此，近年来加速发展的知识告诉了我们一个明确的事实：科学知识在不断地变化，它只是一个暂时的手稿，随着新资料对旧资料的取代而不断地被重新修改着。

结论性的表述还会传达这样一种想法：科学是完美的。因此，科学研究仍在继续，而且是以一种大大加快的速度进行着的，这一事实就会造成学生无法理解的困惑。

可以这样来说明这种结论性的、简略性的表述方法的错误：它不能显示出，科学知识并不是一份关于所观察事物的简单的报告，而是从原始材料中尝试性地、一点点地锤炼出来的结果。它不能显示出，这些原始材料和资料来自精心计划的观察与实验。它不能显示出，这些观察与实验的计划来自人们遇到的问题，而这些问题转回头来又来自于总结了早期知识的概念。最后，很重要的是，结论性的表述方法不能显示出，科学家也像其他人一样会犯错误，大部分的科学探究都是与对错误的纠正分不开的。最重要的是，结论性的表述不能显示出，我们那些总结性的概念会被它们自身提出问题的结果所检验，并根据这一检验而被修改或代替。

把科学当作一种探究过程来教学，其实质在于要使科学结论在不断地被提出并被检验的背景中来揭示。这意味着要告诉学生目前已提出了哪些思想，已进行过了哪些实验，对已取得的实验资料进行解释，并根据对资料的解释将其转化成科学知识。

（[美] 乔伊斯，等．教学模式［M］. 7 版．荆建华，等译．北京：中国轻工业出版社，2009：67-68.）

探究训练模式其基本程序[①]。

① [美] 乔伊斯，等．教学模式［M］. 7 版．荆建华，等译．北京：中国轻工业出版社，2009：76-77.

阶段1：面对问题，了解程序。首先，提供问题情境，给学生提供一个问题情境，该问题应包含与我们的观念或现实相冲突的事件，如果某个疑惑的解答并不需要新的概念，就没有对它进行探究的必要。其次，向学生讲解探究的步骤，说明探究的过程要领。

阶段2：搜集资料，确认问题。搜集资料与提出假设是紧密相连的。学生可以先提出假设再搜集资料，也可以先搜集资料再提出假设，还可以边搜集资料边提出假设。学生需要在“提出假设—搜集资料”中循环往复。教师充当资料的提供者，对学生提出的问题，教师只回答“是”或“否”。在最初阶段，学生搜集资料有一定的盲目性，随着经验的积累，他们越来越倾向于有意识地为验证假设而搜集资料。在确认问题的过程中，学生提出的问题可能会涉及对象、事件、条件和性质等方面，教师应予以指导。

阶段3：收集资料，开展实验。学生进行实验，将新的条件引入问题情境，观察事物是否会发生不同的变化。或通过实验收集资料，验证某一假设。当然，几乎没有什么理论能够在仅仅做完一项实验后就被推翻，教师的任务之一就是提醒学生，实验已认定某一变量无用，而实际情况并非如此。教师的作用还在于帮助学生拓宽探究的范围。

阶段4：组织资料，提出解释。教师要求学生组织资料并做出解释。从理解搜集到的信息到得出一个清晰的解释，存在着较大的智力跳跃。有些学生可能会感到困难，他们给出的可能是不充分的解释，或者忽略了实质性的细节。要求学生陈述他们的解释，有助于使可能的假设清晰起来。把学生的解释集中起来，可以形成一个对问题情境的充分的解释。

阶段5：分析探究过程。要求学生分析自己的探究方式，确认哪些问题最有效或无效，找出他们最需要的及没有得到的信息的类型。学生分析和认识他们探究的过程，能为今后改善探究过程提供依据。

探究训练模式的实施技巧。使用表现科学探索性本质的表述，如“我们不知道”“我们不能确认这是怎样发生的”“关于它的证明是矛盾的”等；用探究叙述方法来取代结论性表述，直接叙述科学探究的过程；用实验室工作来引导学生研究问题，而不是仅仅举例说明课本中的内容；精心设计实验程序，使学生处于一种解决实际问题的环境，模仿科学家的研究活动。

教学实例：

一天上午，哈里森老师的四年级学生正要做算术作业，她要求他们集中注意力。学生们抬头望着她时，讲台正上方的灯突然熄灭，整个教室一片黑暗。

一个孩子问道："发生了什么事？"

"你没看到吗？灯泡坏了。"另一个孩子说道。"是的，但那意味着什么？"又一个孩子问。"我们看到过许多灯泡熄灭，不过这究竟意味着什么？发生了什么事？"

哈里森老师拧下灯泡举起来。孩子们聚集在她的周围。她把灯泡传给大家观察。当灯泡又传回来时她提问说："你们为什么不试着猜猜看发生了什么事情呢？"

一个孩子问道："玻璃里是什么？"

"我恐怕不能回答这个问题，"她反问道，"你能换个方式吗？"

"有空气在里面吗？"有人问。

"没有。"

"是有一种气体在里面吗？"另一个问。

"是的。"

孩子们迷惑地互相看着。最后，有人问道："是充到里面的吗？"

"是的。"哈里森老师点点头。

"那截电线是由什么制成的？"一个学生问。

"我不能回答这个问题，"老师说，"能换个方式吗？"

"它是金属的吗？"

"是的。"她回答道。

在提出了一些诸如此类的问题之后，孩子们逐渐明白了灯泡的材料和发生了什么事。最后，他们开始提出假设。提出四五个假设后，他们又借助参考书努力地验证它们。

（三）CER 模式

CER 教学模式即主张（claim）、证据（evidence）、推理（reason）的教学模式，它是近年来美国科学教育中一种影响较大的模式。CER 教学模式关注在科学课程的教学中指导学生开展有关科学问题的谈话与写作，进行基于证据的科学推理，以促进学生对科学概念的理解，培养学生的科学素养。

CER 教学模式以建构主义与批判理性主义为理论基础。建构主义科学观认为，科学不是对周围世界的简单"镜观"和机械反映，而是科学家积极、主动建构的过程及其成果。科学家通过科学调查、实验，不断更新科学数据与资料，当新的发现与已有的结论冲突时，原有认识需要调整、修正，从而建构对自然更为深刻、全面的认识。批判理性主义认为，科学探究是一种理性的活动，它寻求对自然的理性解释和深度理解。由于自然的复杂性与变化性，以及人自身的有限性与局限性，人对自然的认识不可能一次性完成，其间避免不了错误。科学正是在不断试误的过程中前行的。“科学是一种批评活动。我们批评地检查我们的假定。我们批评它们以便能发现错误，希望消除错误从而更接近真理。”①

CER 教学模式的主要功能有：（1）理解科学概念。CER 教学模式基于适当的、充分的证据的运用，借助逻辑推理，帮助学生形成概念性的、原理性的科学主张，获得对科学概念与原理的深度理解，有助于形成学生的科学概念，帮助学生把握自然事物的本质特征。（2）发展科学思维。CER 教学模式强调收集相关数据、资料、事实，在足够证据的基础上，通过逻辑推理，对科学主张、假设进行检验，有助于发展学生的逻辑思维。（3）培养科学精神。CER 教学模式倡导猜想与想象，鼓励学生大胆假设，围绕某一问题、现象提出自己的主张，培养学生的创新意识。同时，CER 教学模式强调基于证据的科学证明，学生从多个方面收集数据、资料，通过推理，对自己的主张与假设进行逻辑检验，不唯上，不唯书，养成实证精神。

CER 教学模式的基本要素为：主张、证据、推理，其基本框架如图 8-4。

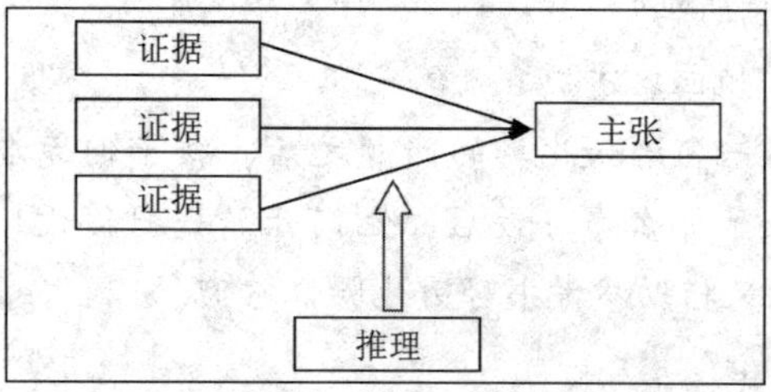

图 8-4　主张、证据和推理的基本框架

主张即对一个问题（或困难）的回答或所做结论的陈述。通常情况下，主张表现为学生关于某个现象、一组数据的看法。这些数据可能是学生收集的，也可能是教师提供给学生并要求他们从中提出相关假设或猜测。

证据即支持某种主张的科学数据、材料与信息。数据是对自然环境（如鸟类行为）的观察和测量，以及来自控制实验的信息。学生可以自己收集第

① ［英］卡尔·波普尔．通过知识获得解放：波普尔关于哲学、历史与艺术的讲演和论文集［M］．范景中，李本正，译．北京：中国美术学院出版社，1996：44.

一手数据，也可以由教师提供二手数据，如数据表、阅读资料或数据库。学生应该使用他们的数据，并以此为证据，提出对原始问题或难题的主张。

推理即将证据与主张联系起来所做的论证。在主张、证据和推理三个部分之中，推理是最困难的一步，因为它涉及证据和主张之间的逻辑联系。一般情况下，推理需要对适当的科学原理进行讨论，因为科学数据的选择和使用，实际上包含了我们对科学原理的理解，推理则是清晰地阐述数据选择背后所隐含的逻辑。因此，对小学生而言，推理具有相当的挑战性。下面是里昂先生的八年级的科学课（片段）。

拓展阅读8-5

化学反应

里昂（Lyon）先生的八年级科学课研究化学反应意味着什么，也就是说发现化学反应产生一种不同性质的新物质。学生小组将白色粉末溶解在水中，形成清澈透明的溶液，然后将另一种白色粉末溶于水中，形成另一种清澈透明的溶液。随后，学生再将两种透明液体倒在一起，看到一种厚厚的黄色固体物质聚集在试管底部。里昂先生听到几个学生说，“酷！”“那些东西是从哪里来的？”里昂先生要求小组一起工作，写出科学解释回答问题：当两种溶液倒在一起的时候是产生了一种新物质吗？他在黑板上写道：

一个科学的解释有三个部分：

主张：问题或困难的结论

证据：支持主张的科学数据

推理：将证据与主张联系起来的论证（使用科学原理证明主张）

他让全班同学分组写下解释，并把它们放在字幕片上。学生讨论并完成解释的写作后，里昂先生要求其中一个小组分享他们的科学解释。托尼娅（Tonya）、肖恩（Shawn）和米基（Miki）自愿分享他们的解释。他们把自己的解释放在字幕片上，大声念道：

我们认为生成了一种新物质，这是因为把两种溶液混合在一起产生了一种固体的黄色物质。

里昂先生询问他们三个：“你们的主张是什么？”米基回答，“我们的说法是一种新的物质产生了。”里昂先生圈出了他们的部分解释，询问学生是否同意这种说法。所有学生小组齐声回答：“是的。”

我们认为生成了[一种新物质]，因为把两种溶液混合在一起时产生了一种固体的黄色物质。

里昂先生接着问他们三个：“你们的证据是什么？”肖恩回答说：“一个黄色的固体物质产生了。”

里昂先生强调了他们的这一解释，并问全班同学："你们同意他们的证据吗？还有什么证据要补充的吗？"几个学生举起了手。

我们认为生成了一种新物质，因为把两种溶液混合在一起产生了一种固体的黄色物质。

欧文（Owen）说："他们还需要补充的是，在此之前溶液里并没有固体。这显示从溶液到固体的变化。而且，溶液一开始很清澈，黄色表示颜色的变化。"

里昂先生继续问："你们的推理是什么？"托尼娅回答："我们忘了归纳推理。"米基补充说："你可以看出，因为你圈出了主张，并在证据下划线，没有什么可以推理的了。"里昂先生再次询问他们："你们可以加些什么作为推理呢？为什么你们的证据能支持你们的主张？包含科学原理。"米基自愿回答："固体黄色物质性质不同。"里昂先生问："还有别的吗？"小组低声地答道："我们不这么认为。"里昂先生然后询问班级，是否要补充其他内容，几组人举手。

（K. L. McNeill，J. S. Krajcik. Supporting grade 5－8 students in constructing explanations in science：The Claim，Evidence，and Reasoning Framework for Talk and Writing，New York：Pearson Education，Inc.，2011：18－19.）

CER 教学模式

CER 教学模式的实施策略为：（1）使用适当和充分的证据，区分日常经验与科学证据。学生在使用证据时，往往依靠自己的意见或个人经验，而不是使用自己收集的数据或教师提供的数据。教师要帮助学生思考他们收集的所有数据，并向学生提出这样的引导性问题：是否有足够的数据来支持我的主张？（2）加强基本概念的教学，为科学推理提供支撑。学生在科学解释过程中，推理是最难的部分。当学生提供证据来支持他们的主张时，他们往往很难清楚地说明为什么证据支持他们的主张。因此，教师应加强科学概念与科学原理的教学，为学生提供推理的前提，并引导学生考虑：为什么证据支持这种主张？什么科学概念能将我的证据与我的主张联系起来？（3）考虑其他解释，学会反驳。CER 教学模式的高级阶段是增加反驳，除了基于证据进行论证，还要考虑为什么另一种解释是否合适。但学生在研究某一特定现象时都很难发现对同一现象可能有多种不同的解释方式。教师可引导学生考虑以下问题：其他解释可能是什么？我还需要什么证据来检验其他的解释？是否有证据或推理表明另一种解释是不恰当的？指导学生进行实验与推理，学习基于证据进行反驳。

本章内容小结：

科学过程技能是学习者在参与科学探究过程中所从事的具体行为，是在科学探究活动中所采取的相应的行为方式。科学技能分为基本技能（如观察、测量、分类、推断等）和综合技能（变量、假设、实验、模型等）。科学技能的学习有助于形成学生的科学研究能力，有助于形成学生解决实际问题的能力，有助于学生理解科学的本质。

科学技能的教学可对观察、测量、分类、推断、变量、假设、实验、模型等技能进行单项训练，亦可结合具体科学实践项目进行综合训练。

科学探究以自然及认识自然的科学方法作为特定对象，是人们通过一定的过程和方法对客观事物和现象开展的探索、质疑和研究活动。科学探究的类型可分为：完全探究和部分探究；指导型探究和开放型探究；结构型探究、半结构型探究和开放型探究。科学探究的基本环节包括：提出问题、形成假设、制订计划、实施计划、解释与结论、表达与交流。科学探究的实施模式主要有：兰本达的探究—研讨教学模式、萨奇曼的探究训练模式、CER 教学模式等。

本章问题研究：

1. 以个人或小组为单位，设计一份科学观察计划（如观察植物的生长、观察月相、观察太阳的影子），该计划包括观察对象、观察目标、观察指标、观察时间点、观察工具、记录方式等，并开展为期 2~4 周的实地观察，观察活动结束后在全班报告、交流。

2. 科学实验是一项复杂的实验技能，请在互联网上选择一项具体的实验方案（或实验报告），说说该实验涉及哪些科学过程技能。

3. 根据如下材料“黄粉蝶幼虫”，参照兰本达“探究—研讨教学法”的框架及其思想，补充 3~5 项“供儿童探究用的材料”“期望儿童进行的活动”。

对象：处于前概念思维水平的儿童

此岸——原有知识水平

儿童须知活的生物体都要再现出生、成长、死亡及腐烂的循环。必须提醒他们，并使他们体会到动物体有感觉，对刺激产生正反应或负反应。

彼岸——教学目的

沿概念箭头各阶段通向对下列各点的理解：

（1）黄粉蝶处于幼虫阶段：它会变成静态的蛹，以后又变成成虫。

（2）黄粉蝶幼虫具有人所有的许多器官，但形态不同。

（3）黄粉蝶幼虫在黑暗的干燥谷物堆这样的特殊环境下生活、生长。

（4）成虫交配、产卵：卵变成幼虫。

（5）黄粉蝶幼虫在长大过程中要蜕皮。

（6）黄粉蝶幼虫的生活包括吃食、排泄、呼吸、对刺激做出反应。

（7）幼虫的反应变化多端。

踏脚石——教学步骤

每一对儿童配置一套基本用品，再根据需要补充其他用品。基本物品有：黄粉蝶幼虫、容器一个、取黄粉蝶幼虫用的小纸片、麸糠及普通的放大镜。

	供儿童探究用的材料	期望儿童进行的活动
A		
B		
C		
D		

4. 阅读《学生是如何学习的：课堂中的科学》一书中的一段材料，回答下述问题，并尝试提出新的实验。

一群生物学家对来自世界范围内的数据进行了对比，指出在青蛙数量多得惊人的地区，它们似乎快要消失殆尽了。他们对此感到深深的忧虑，因为青蛙这一物种是一张“晴雨表”，能够反映出可能给我们带来伤害的环境变化。这些生物学家思考了关于青蛙消失的许多假设，其中之一是由于大量紫外线穿透了大气层。

一组研究人员决定验证有关紫外线的假设。他们使用了五种不同类型的青蛙（雌性和雄性数量相等）。其中，一半青蛙持续接受紫外线的照射长达四个月之久，这是实验组。另一半青蛙为控制组，它们受到保护，没有接受紫外线的照射。

四个月后，生物学家发现实验组和控制组青蛙的死亡率没有差别。这一发现揭示出紫外线可能并不是青蛙死亡的原因。

你是怎么看待生物学家的实验和结论的呢？在接受他们的结论之前你还有疑问吗？你想提议进行新的实验吗？

5. 请参照某个探究教学模式的实施框架，以“影子”（或其他自然现象）为例，设计一份探究教学计划。

本章参考文献：

1. ［美］兰本达，［美］布莱克伍德，［美］布兰德韦恩，等．小学科学教育的“探究—研讨”教学法［M］．陈德璋，张泰金，译．北京：人民教育出版社，1983.

2. 陈华彬，梁玲．小学科学教育概论［M］．北京：高等教育出版社，2003.

3. 美国国家科学基金会教育与人力资源部中小学及校外教育处．探究：小学科学教学的思想、观点与策略［M］．罗星凯，李萍昌，吴娴，等译．北京：人民教育出版社，2003.

4. 美国国家研究理事会科学、数学及技术教育中心，《国家科学教育标准》科学探究附属读物编委会．科学探究与国家科学教育标准：教与学的指南［M］．罗星凯，张琴美，吴娴，等译．北京：科学普及出版社，2004.

5. ［美］奥斯特伦（Dr. Karenl. Ostlund）．科学探究过程技能评价手册［M］．王春华，主译．北京：高等教育出版社，2004.

6. 卢新祁．小学科学教学法［M］．长春：东北师范大学出版社，2005.

7. ［美］马丁（Martin，D. J）．建构儿童的科学：探究过程导向的科学教育［M］．杨彩霞，等译．北京：北京师范大学出版社，2006.

8. ［美］阿瑟·A. 卡琳（Arthur A. Carin），等．教作为探究的科学［M］．北京：人民教育出版社，2008.

9. ［美］乔伊斯（B. Joyce），等．教学模式［M］．7版．荆建华，等译．北京：中国轻工业出版社，2009.

10. 韦冬余．科学本质与科学教学：施瓦布科学探究教学思想研究［M］．南京：南京大学出版社，2016.

第九章

工程技术的教学

从古至今，人类社会的每一次巨大变革都与科学技术息息相关。联合国教科文组织在2015年年底通过的《教育2030：行动框架》中明确提出：加强科学、技术、工程和数学（STEM）教育，鼓励学生尽早接触STEM领域。技术与工程教育已经逐渐成为国际教育界普遍关注的热点前沿话题。

第一节　工程技术概述

如果说科学是关于世界运行原理的认识和解读，技术是为了满足人类的需求而对自然界进行改变之操作方法和技能，那么工程则是为了达成人的需求而进行产品和工艺等改造的系统方法。科学领域是通过大量探索解决为什么、是什么的问题，工程技术领域则是围绕实践的行动和规则，解决科学活动中如何做的问题。

一、技术与工程的含义

(一) 技术的概念、要素与基本形态

1. 技术的概念

技术（technology）源于希腊语“techne”，意思是艺术、手工制品或技艺。此时的“技术”指的是主观性因素，随着自然科学理论运用于技术，技能、经验等主观性因素不再占有主导性地位，“技术”一词有了“学问”“学说”的意思。技术的解释有多种。从广义上说，技术是为了满足人类需求而进行的对自然状态的修改或对世界的改造。这个定义强调技术围绕人为世界，从简单的手工制品到复杂的飞船上天系统，帮助人们工作，改变世界面貌。技术涵盖了诸如空间技术、建造技术、显微技术、生物技术、

计算机技术及农业技术等领域。从狭义上说，技术是根据生产实践和自然科学原理发展而成的各种工艺操作方法和技能。从哲学角度来说，技术有两大传统：工程技术传统和人文技术传统。前者关注技术内部分析和逻辑关系，倾向于分析技术；后者强调对技术与社会的互动与批判，倾向于人文。总之，技术已经成为变革世界的重要力量。

对技术定义的界说有如下四种观点：一是技能说。将技术等同于操作技术，即技艺、手艺、技巧，是手艺人的活动、技能。“技”即“操作技巧”，“术”即“规范和标准”。二是手段说。强调技术在技术活动中的思维运用，即技术是处理事物的方法和手段，以如何处理得巧妙为重点。三是物质说。即将技术产品作为技术。其实，单纯的技术产品并不能作为技术，只是产品经由使用演化为对人类有用的技术。四是知识说。即认为技术是一套包含设计、制造、调整、监控人工事物与过程的特殊知识体系，主要倾向于专门技术工作者、工程师的知识储备。

综上所述，我们认为，技术是人类为了满足社会需要，依靠自然规律和自然界的物质、能量、信息等，进行创造、控制、应用和改进人工自然系统的方法和手段，是人工世界产品创造的活动、秩序、模式和机制的总和。从内涵来说，技术定义要概括揭示技术的内在本质；从外延来说，技术定义要划定技术的边界。技术概念要对纷繁复杂的技术现象做出抽象与概括，给技术下一个人人都认可的定义不太容易。上述定义都是基于一定的经验事实，从某一侧面揭示技术现象的本质，但又都是片面的、不完整的[1]。上述认识告知我们，技术是人类在适应自然、改善生活条件的过程中产生的，技术定义了时代。物化技术的复杂程度，成为衡量技术发展的重要标志，从无到有，从低级到高级，技术经历了基于躯体动作技能的发展、基于工具体系的技术发展、基于制动控制体系的技术发展这三个阶段。技术分为基础技术（通用技术）和职业技术，前者强调的是基本技术素养的获得，后者更加强调专门技术技能的习得，本书所谈及的是基础技术。

文献提示

“技术是什么”，见孙宏安《科学教育概论》，辽宁师范大学出版社，2002.

2. 技术的要素

陈昌曙先生在《技术哲学引论》一书中指出，技术活动包括三个要素[2]。

---

① 叶宝生．小学科学课程中技术与工程内容分析：从本体论、认识论、方法论加以甄别［J］．湖北教育（科学课），2018（2）：60-63.

② 陈昌曙．技术哲学引论［M］．北京：科学出版社，1999：96.

一是客体要素，也称实体要素，包括工具、机器、设备等。王伯鲁在《技术究竟是什么：广义技术世界的理论阐释》中根据技术形态的发展进一步指出：工具是指早期手工工具，是以技能技巧为标志的古代技术实体要素；机器是以设计为标志的近代技术实体要素；设备是以技术理论为标志的现代实体要素①。二是主体要素，也称智能要素，包括知识、经验和技能。知识是对事物共性、规律性的认识；经验是指被总结、概括、记载表述和传递的技能体验；技能是赋存于个体体内的技能体验。三是结构要素，也称工艺要素，是把工具、机器、设备等客体与知识、经验、技能等主体要素相结合而形成的过程与方法；工艺要素也称为加工工艺流程，可以进一步理解为对经验技巧和工艺流程的思维构建，即设计。技术的构成要素亦可分为经验技能、实体工具、相关知识。

3. 技术的基本形态

按照技术系统的建构过程，技术在形态逻辑上分为三类：设计技术形态、制作技术形态和操作技术形态。设计技术形态是在思维中对未来目的性活动序列的实现构思、筹划与安排，实现人工物及其制造过程的落地，是智力技术的表现；制作技术形态是设计制作形态的物化，既包括外在的设备、人员和组织等，也包括内在的操作法和运转程序等；操作技术形态是指人们操作或驾驭物化技术体系的动作技能、措施、方法和程序等因素构成的技术系统。

从人类基本活动的领域和目的来说，技术在形态上可以分为三类：思维技术形态、自然技术形态和社会技术形态。思维技术形态是思维推演的路径、方法、程序和规则等因素构成的序列或方式，很多时候表现为历时性结构的流程技术形态；自然技术形态是在自然里展开的有形的目的性活动序列或方式，主要表现为产业技术、医疗技术和科学实验技术等；社会技术形态是人们在长期社会实践中创造出的以促使社会进步和良性运转为目标的各种目的性活动序列和方式，其技术系统是以个人或团体为基本建构单元。现代技术可分为基本技术、劳动过程技术、产业技术三个大类。

从具体行业来说，技术形态又可以分为农业技术、建筑技术、运输技术、交通技术、通信技术、能源技术和医学技术等。这里简要介绍农业技术、建筑技术、运输技术三种技术形态。农业技术指应用于种植业、林业、畜牧业、渔业的科研成果和实用技术，包括良种繁育、施用肥料、病虫害

---

① 王伯鲁．技术究竟是什么：广义技术世界的理论阐释［M］．北京：科学出版社，2006：71-77.

防治、栽培和养殖技术，农副产品加工、保鲜、贮运技术，农业机械技术和农用航空技术，农田水利、土壤改良与水土保持技术，农村供水、农村能源利用和农业环境保护技术，农业气象技术及农业经营管理技术等。建筑技术指从事建筑安装的物质生产部门，是第二产业的重要门类。按照建筑活动的特点，可以分为构筑物技术形态和建筑工艺流程技术形态。在建筑技术发展过程中，逐渐生发出了建材技术、建筑设计技术和建筑施工技术为主干的建筑技术发展体系。运输技术指以运输线路为中心线索，将运载工具、港口、车站、道路等技术单元贯穿而成的复杂系统。空运、水运技术系统主要由岗站技术和航线技术两大部分构成，管线运输技术是一种特殊的运输技术形态。

文献提示

"技术三态论"，见王大洲《技术、工程与哲学》，科学出版社，2013.

（二）工程的概念与构成

1. 工程与工程系统的概念

从词源上来说，工程的英语词为 engineering，它的词根是 engine（发动机），和单词 ingenious（创造能力）都来源于相同的拉丁语的词根 ingenerare，都包含"创造"的意思，古英语动词 engine 的意思就是设计、发明。工程作为一个独立概念首次出现是在中世纪，后来概念被用于民用领域。《现代汉语词典》（第 7 版）这样解释工程："① 土木建筑或其他生产、制造部门用比较大而复杂的设备来进行的工作，如土木工程、机械工程、化学工程、采矿工程、水利工程等，也指具体的建设工程项目。② 泛指某项需要投入巨大人力和物力的工作：菜篮子工程。"即工程是应用科学、技术、数学领域的概念来系统地解决复杂问题，是设计人为世界的过程。简而言之，工程是对技术的选择、集成与管理，工程涉及系统和整体，强调的是对技术的宏观把握，技术则着眼于技术本身的微观提升。在小学科学教育领域，工程可以定义为：以具体情境为目标，运用相关的科学知识、技术手段、数学思维，通过有组织的团队，对现有实体（自然的或人造的）进行反复设计、决策、建模、分析，产生具有预期使用价值的人造产品的系统过程。工程主要涉及"设计""优化""制造""系统"等。

工程系统是由一个个或大或小的系统组成的。所谓系统，就是相互影响的任何事物的集成而形成的一个有机整体。一个系统是由一组互相联系的单元组成的，它们按照设计来工作，以实现希望的目标。工程就是一个比较巨大的系统，而且系统各部分的要素只有合在一起工作才能完成一个目标。工程系统是工程师在完成工程建造的过程中的若干技术子系统的集合。系统通常分为开环系统和闭环系统两种类型。开环系统没有自动控制过程，闭环系统增加了一个自动反馈环，目的是可以调控系统，如在空调里装上恒温器，当房间里的温度达到固定的指标数时，空调系统就会开启制冷或制热功能，空调系统得以激活和运行。此外，系统还包含了交互系统、动力系统、运输系统、生产系统、传动系统、电气系统、控制系统等。

2. 工程思维与工程资源

工程思维是工程技术领域特有的思维方式，要求学生像工程师一样思考。一些研究指出：中小学生在工程技术领域主要培养5种思维，即系统思维、创造思维、技术理解与批判思维、合作交流思维、技术伦理思维。系统思维要求学生从系统整体的角度来思考问题，而非从个体孤立的角度来思考复杂的工程问题；创造思维不是凭空产生的，而是在设计的反复优化中出现的；技术理解与批判思维指的是对技术的优劣评判的思维，是基于具体问题情境而言的；合作与交流思维要求学生知道复杂的工程问题个人是无法完成的，需要各个领域的专家的帮助，需要合作协力完成；技术伦理思维要求学生在工程决策和价值判断中，不仅要考虑经济、实用等因素，还要考虑技术伦理对人的影响问题。

工程资源主要包括7类：人力、能源、资金、信息、工具和机器、材料、时间。以下简要介绍人力、能源、材料和时间这4种资源。没有人力，就没有工程或者技术，人类有很多技巧技能是富有创造性的，所以人力是最重要的技术资源。能源提供消耗的能量，分为可再生能源、不可再生能源和取之不尽的能源。石油、天然气是不可再生的能源；用大豆、玉米、甘蔗制造可替代汽油的乙醇是可再生能源；太阳、风、水、地热是取之不尽的能源。面对这些有限的或者无限的能源，人类如何合理加以利用，就涉及技术问题，如太阳能热水器、风能涡轮发电机、三峡水力发电站，都离不开技术。工业革命以来，人类对能源的开发和利用随着技术的进步而不断提升。材料分为天然材料和人造材料。工程师必须对材料的性质和特征有深刻的了解，人们常常通过改变原材料的性态来制造新的人造材料，如塑料就是由石油加工而成的。时间是工程学中的一个关键资源，前期设计、开发、培训、制造和运输都需要时间，我们往往看到一个产品本身并不值钱，可是价格不便宜，一个重要的因素就是时间的投入。上述工程资源很多时候成为工程的限制，使得工程受到影响。

3. 科学、技术、工程

科学强调发现，技术关注发明，工程突出建造。对科学与技术的关系，美国《国家科学教育标准》中强调科学和技术的本质区别是："二者的目标不同，科学的目标是探知自然界，技术的目标则是改造自然世界使之适应人类之需”。前者是理论和原理，后者是方法和手段，科学与技术往往合为一体，密不可分。2011 年美国发布《K—12 科学教育框架：实践、跨学科概念和核心概念》，提出“科学与工程实践”概念，强调工程技术与科学融合。

科学、技术、工程的区别如表 9-1 所列①。

表 9-1　科学、技术、工程的区别

项目	科学	技术	工程
对象	自然界客观规律	手段、方法和过程	改造世界的建造过程
核心	发现	发明	建造
角色	科学家	发明家	工程师
知识	概念、原理、假说、定律、解释模型	技术原理、操作方法	工程原理、设计和施工方案
方法	科学探究	发明、拓展、重组、创新	设计、制造、计划、预算、执行、管理、评估
验证	反复验证	反复验证	一次性

二、工程技术教育的内涵

工程技术成就了一个新的造物世界，使得自然世界和人工世界共存。工程是一项人们综合运用科学理论和技术手段、方法，有组织、系统化改造客观世界的具体实践活动。工程技术教育是以工程和技术的基础知识和基本技能为目标，通过工程实践活动培养学生工程技术素养的教育教学活动。工程技术课程着力于像工程师一样实践和学习，侧重于培养学生解决实际问题的能力、创造性思维和技术决策的能力。工程技术教育是为人类提供优良产品、进行探究和创造的教育实践活动。

工程技术教学活动是为了解决生活实际情境问题而创制产品的教学。从横向上看，教学活动之间互相串联，构成了一个完整的工程技术项目，通过项目化学习解决工程技术问题。教学活动背后涵盖了工程科学概念的建构，工程探究与技术实践的尝试，甚至还有跨学科概念学习目标的达成。从纵向上看，工程技术教学活动要经历问题的理解、任务的界定、方案的探索、模型的设计与修订等，尝试实现对工程问题的解决。在此过程中，侧重于对工程与技术内在因素的训练与熏陶，诸如调查、分析、评估、改进等环节的参与，使得学生对工程师参与产品开发、设计、定型的基本流程有丰富的体验和尝试机会。

---

① 张军霞．把握技术与工程领域的教学［J］．科教导刊，2021（24）：24-28.

三、工程技术教育的意义

在传统认识中，工程技术需要大量的专业知识，小学生不具备工程技术学习的基础；工程技术教育具有明确的职业导向，小学阶段不需要专门的职业训练。随着学习科学和教育理论的发展，人们认为，即使年龄很小的小学生也能理解复杂、深奥的工程技术。工程技术教育已经从高等教育和职业教育走向基础教育，成为培养学生基础性工程素养的载体。工程技术教育的意义主要体现为：

工程技术教育的实施能增强小学生对社会发展中工程技术的认识。当下社会高速发展，现代社会第一、二、三产业都涉及工程技术项目，技术的运用与发展已经成为一个国家和地区经济与社会发展的重要标志。很多工程项目涉及的领域十分广阔，工艺复杂，已经不是个人、几家企业、几家科研院所、几家工程单位能够解决的问题了，需要国家组织众多部门、单位的参与和协作。例如我国的登月工程，牵涉火箭发射、登月系统、返回系统、生命系统等多个专业和领域的密切合作。甚至有些工程项目需要世界多个国家的合作，如波音 747 飞机就是由 6 个国家、1500 多家大型企业、15000 多家中小型企业通力协作完成生产的。工程技术项目已经成为产业革命、经济发展和社会进步的强大杠杆。工程技术教育能够将当下社会前沿信息与教育内容相结合，让学生把握社会发展、技术进步的脉搏，理解工程技术的价值。

加强小学阶段工程技术教育也是当代教育内涵升级的需要。21 世纪是知识经济全球化的时代，教育要面向未来多变的社会，综合性、跨学科的知识能力越发重要。通过工程技术这样的跨学科教育，能增强学生的系统性思维，促进学生跨学科思维的发展。加强小学工程技术教育已经成为世界各国教育研究和政策制定者的共识，开展工程技术教育，必将促进基础教育领域学生的学习与创新，提高学生的工程素养，满足未来国家产业转型对高级技术专业人才的需要。

可以看出，小学阶段的工程技术教育是一项基础性教育，在小学科学课程中安排工程技术内容，能够满足时代和社会对未来人才培养的需求。通过简单的工程技术项目的实践和体验，增强学生对跨学科学习的认识和理解，能够更好地帮助他们解决生活中的一些实际问题，让他们获得基本的工程技术素养，以适应未来社会、生产、科技的发展需要。

文献提示

“科学、技术与工程”，见王银玲主编《工程技术概论》，清华大学出版社，2013.

第二节　工程技术的教学方法

自然界包括动物、植物、云层、山川、河流、海洋等自然状态物，人工世界则包括了建筑物、飞机、微波炉、冰箱、电视机等再造物。工程技术教学是对人工世界的理解和学习，学生在工程技术模拟活动中，能够创造性解决真实情境中的问题，其中设计和制作是工程技术实践活动的内核。我国 2022 年《标准》对工程与技术领域有两条核心概念：工程技术与社会、工程设计和物化。

一、工程技术素养

（一）工程技术素养的含义

工程技术教育的目的是培养学生的工程技术素养，工程技术素养是工程技术教育的核心。所谓工程技术素养，就是指个体对工程技术的使用、管理、评价和理解能力。发展核心素养可以从价值观、必备品格和关键能力 3 个维度去判断。用通俗的话语来表述，工程技术素养就是学生在解决工程技术问题的过程中所拥有的能力素质。小学生工程技术素养就是他们在解决工程技术问题中表现出来的工程技术设计的科学性与规范性、工程建造的牢固性与美观性、技术迭代的实践性与创造性等。在工程技术教育过程中，应着力通过工程技术实践来提升学生的工程技术素养。

（二）工程技术素养的构成

对工程技术素养的构成，不同的国家和地区有不一样的认识。美国国家工程院和国家研究理事会把工程技术素养划分为 3 个相互依存的维度：知识体系、思维和行为方式、技术能力。其中，知识体系是包括技术在内的知识和关于技术的知识；思维和行为方式是技术素养的导向，包括技术本身固有的思维方式，也是思考、解决技术问题的方式和方法；技术能力是技术素养的核心，包括对技术的使用和利用技术原理解决技术问题的能力。此外，技术素养还可分成理解技术、选择技术、使用技术、管理技术 4 项要素。荷兰国家教育测量研究院则从技术与社会、技术产品与系统、产品设计与制作 3 个方面对学生技术素养进行测量。新西兰将“技术”学习领域中 1—13 年级技术教育的内容分为 8 个水平，通过技术实践（technological practice）、技术知识（technological knowledge）和技术的性质（nature of technology）来组织。

我国学者提出了技术素养结构的四维模型：技术知识、技术行为能力、技术思想和方法、技术情感态度。其中，技术知识为技术素养的基础，技术行为能力为技术素养的核心，技术思想和方法为技术素养的灵魂，技术情感态度为技术素养的导向。这一观点既外显为行为能力，又内隐为心理品质，同时与社会、历史、文化、组织紧密联系，是一个多维的复杂体①。

综上所述，工程技术素养是现代公民的必备素养，重视启蒙阶段儿童工程技术教育是世界上大多数国家的共识。科学教育侧重于“科学探究”，工程技术教育侧重于“设计制作”。我国 2001 年《标准》提及了技术学习，但是未能专门予以界定。2017 年《标准》在吸收国内外技术发展和教育经验的基础上，专门设置了“工程与技术领域”，对工程技术领域的教学有了专项的介入。2022 年《标准》的 13 条学科核心概念中有 2 条涉及工程技术。当下，我国基础教育阶段课程改革正在向纵深推进，需要对于技术素养的界定及评估展开深入研究与实践。

二、工程技术教育内容

工程技术教育是指在基础教育阶段，在教师的引导之下，学生独立或合作经历设计、制作、创造过程，以培养学生工程和技术素养的教育活动。工程技术主要在劳动技术课、科学技术课、信息技术课等课程中实施，其中小学科学课程是实施工程技术教育的基本课程。

课程内容是各个学科中特定的事实、观点、原理和问题及其处理方式，它是学习的对象。工程技术教育内容是学生在工程技术学习过程中的主题、概念，以及跨学科概念等。从课程内容的跨度上看，教学内容来源于生活的方方面面；从课程内容的类别上看，教学内容涉及工程学中的基础知识，以及数学、技术、科学等知识；从课程内容的时代特征来看，教学内容既有传统的力学、机械、建筑学等知识，也有现代的互联网、传感器、数字化等知识。

不同的国家和地区对工程技术教育的内容也有着不同的表达。1996 年《美国国家科学教育标准》将 K—12 年级分成幼儿园到 4 年级、5—8 年级、9—12 年级 3 个学段，阐述了每个阶段中的 8 个主题领域的学习内容：（1）科学的统一概念和过程；（2）作为探究过程的科学；（3）物质科学；（4）生命科学；（5）地球与空间科学；（6）科学与技术；（7）从个人和社会视角所见的科学；（8）科学的历史与本质。在“科学与技术”领域，将

① 杨国海，张增常．技术素养的内涵及测评框架［J］．湖北民族学院学报（哲学社会科学版），2012，30（2）：149-152.

技术教育内容设置为技术设计的能力、技术的作用、技术与科学的关系、技术和科学的历史与性质、统一的概念和过程这五大方面。2013 年美国《新一代科学教育标准》（NGSS）中每个学习主题均包括 3 个维度：科学与工程实践、跨学科概念、学科核心观念，并设置了相应的“预期成果”，提出了学习内容的评价要求。

澳大利亚《K—10 年级科学（草案）》的技术教育内容主要体现在技术与技能、人为环境（即人类设计的世界）之中。人为环境中的技术教育内容又包括建筑环境、信息、产品三大内容模块。该国通过早期阶段、阶段 1、阶段 2、阶段 3 这四个阶段实施技术教育。

新西兰《国家课程》设置了独立的技术教育与科学教育模块，并从技术实践、技术知识和技术的性质 3 个维度细化了技术教育的内容。技术实践包括实践计划、发展概要、发展与评价成果 3 个模块；技术知识包括技术模型、技术产品、技术系统 3 个方面内容；技术的性质包含技术的特征、技术成果的特征两方面的知识内容。

《加拿大（1—8 年级）科学与技术》围绕课程的三大目标［将科学与技术和社会与环境（science and technology，society and environment，简写为 STSE）相联系；发展学生进行科学探究和解决技术性问题的技能、策略和思维习惯；理解与科学技术有关的基本概念］来组织科学与技术学习内容，并从知道与理解、思考和探究、交流、应用 4 个方面来评价学生知识技能的掌握情况①。

上述国家技术教育内容各有特色，思维方式和呈现形式有别，值得我国科学教师学习、参考与借鉴。小学的工程与技术课堂教学内容可以分为 4 类：第一类是认识身边的技术与工程领域的产品；第二类是使用常见的技术工具；第三类是根据简单的技术原理进行简单的科学科技作品的制作和工程设计；最后是了解简单的科技史。我国 2022 年《标准》从学科核心概念和跨学科概念两个层面建构了科学课程内容结构，工程技术教育内容融于其中。涉及工程技术教育内容的有两条核心概念：一是技术、工程与社会，二是工程设计与物化。“技术、工程与社会”包括技术与工程的性质、特点，技术与工程对人们生活的影响；“工程设计与物化”强调对工程流程的理解和工程产品制作、迭代的实践与评估。我国《标准》有关工程技术的教育内容及要求有待切实实施。

① 李芬．国外中小学科学课程标准中的技术教育内容比较及启示［D］．重庆师范大学，2013：25-36.

三、工程技术教育素养导向的教学策略

1. 教学中创设真实的工程情境

教学情境是学生学习内驱激发的因素之一，真实情境有利于学生真正进入学习环境，感受到知识的实际使用价值。如在“制造污水过滤装置”教学中，教师可创设诸如污水处理厂需要处理污水、脏水，以及在大自然中水是如何变干净的等多种学习情境。一位老师以为空间站研究和设计一套污水过滤装置、完成从污水中过滤肉眼可见微粒的挑战为教学情境，让学生扮演工程师助力国家航天事业发展，这样的情境能够激发学生对污水过滤装置设置研究的兴趣，因为这涉及人类在太空中水循环方案的问题，具有极大的创造性和挑战性，深深地吸引了学生。

2. 关注建模教学活动的实施

基于模型的学习活动能够促进学习者在深化概念的理解的同时，发展学生的思维。建立模型的教学不仅要成为工程技术学习的方式，还要成为理解工程技术特征的教学方式。在工程技术建模教学活动中，有两点需要关注：一是在建模过程中注意原型和模型之间的内在联系，从模型所表征的现象中，寻找模型和原型两者之间的关系，促进学生科学素养和创新素养的形成；二是在教学过程中，要将模型设计实物化视为建模教学的核心之一，将设计思维和成本意识、操作能力融入教学。教师需要注意提供给学生可以选择的模型材料，并且让小组进行模型设计方案的阐述，说明模型选材和结构之间的相关性。在设计并制作模型的过程中，需要学生们充分调动和发散自己的思维，尽可能多地提出解决问题的方案，并在小组内展开合作探讨，集合组内成员的智慧。这些环节在“技术与工程”领域课程的教学中起着相当重要的作用。

3. 关注工程技术思维的渗透

在工程与技术教学活动中，我们往往为技术活动和工程产品等物化的产品所遮蔽，难以顾及学生技术思维的培养。其实，工具、机器或其他设备只是技术的一种物化形态，是形于外的现象，而藏于内的本质——技术原理，制造、使用和维修的方式方法，人们则看不见，摸不着，只有靠理论思维才能把握。所有的技术都是人对自己的超越，人的双手的动作不准确、不精确，技术追求的就是一准二精。手工技术时代，这种准确性和精确性的提高不是通过工具，而是通过劳动者的苦练得来的。即所谓的“熟能生巧”，这“巧”是手之巧，靠的是熟练。手工技能是由人的双手动作的准和精表现出来的，它在一定程度上超越了人的生理局限；技术思维则强调在人工精准的基础上形成更多的关联和创造，形成新的发明，在思维推

动下形成再造和迭代，要理解技术思维对于生活改善的意义。

4. 推进项目化学习

国外“技术与工程”领域的教学经常采用项目化学习方式。项目化学习方式是通过集中关注学科或跨学科的核心概念和主题，设计驱动性问题，在学生自主或合作进行基于项目任务的问题解决过程中，积极学习和自主建构，生成知识和培养素养的一种教学方式。其需要从6个维度来回答学习的问题：（1）核心知识是什么？（2）用怎样的驱动性问题让学生投入？（3）引发怎样的高阶认知？（4）经历怎样持续的学习实践？（5）产生了怎样的公开成果？（6）如何评价学生的学习成果？这6个维度也是项目化学习的6个步骤。在工程技术领域的教学中，来自科学技术领域中的真实问题和现象可以成为承载概念的项目载体，也就是项目化学习中的驱动性问题。在完成工程技术学习的过程中，可以对人类生活种种困难有个全面体察，了解技术进步给人类生活带来的巨大影响。

5. 开展工程实践活动

工程实践和科学探究可以说是科学学习的两大法宝，在工程技术教学活动中要特别注重实践活动的开展，多一些实践体验和尝试，少一些纸上谈兵，在实践中才能实现工程流程设计的落地、迭代的优化和真正的反思。以“制作立体小菜园”为例，工程任务的目标是：要求学生设计一个立体的小菜园，在长度为372cm、宽度为130cm、高度为282cm的阳台上落地，要求所种植的蔬菜能够满足三口之家每周两次的汤菜要求。工程要求如下：每次汤菜不能重复，要求用废旧材料搭建立体菜园，工期为两周。学生设计汤菜品种，选择种植的菜盆，设计小菜园支架的草图。工程项目最大的困难在于选择废旧材料和搭建菜园，这里涉及材料、连接、尺寸等问题，高年级学生还需要考虑到成本的问题。在搭建的过程中，也需要学生具备基础的技术技能，如钉钉子、拧铁丝、拧螺丝、锯锯子、量距离等，凡此种种，参与工程建设的整个过程。

在工程实践活动过程中，教师需要注意的是：一是要给学生提供适当的实践材料。俗话说“巧妇难为无米之炊”，材料是学生工程技术体验的重要因素，离开材料，学生无法真正理解工程技术概念的内涵，也无法实现工程素养的积累。有些材料可以是学生自己带来的，有些材料则需要教师统一提供。特别需要提醒的是，教师在工程实践之前要自己“下水”实践，确认材料能够保证工程实践活动的预期效果，因为往往一个材料细节问题就会造成工程项目的延期和失败。二是要坚持学生自己动手做。工程实践活动耗费的时间比较长，课堂时间难以满足需求，这就需要学生借助课余时间完成，不能让家长过多插手工程产品的施工，否则学生就成为“假项目经理”。同时，教师的指导不能缺位，教师要恰当介入，该放手时也要放手，不能包办代替，一定要让学生在工程项目实践中“滚一滚”，这样才能帮助学生积累工程经验，形成工程意识，提升技术素养。三是要对工程产品进行交流展示和优化改进。要鼓励学生用属于自己的拙劣的甚至失败的“半成品”加入交流展示活动，从“不足”和“失败”中发现问题，分析原因，不断提升学生工程实践的反思能力和学习素养。

6. 注重学科融合的工程技术教育

尽管我国开始重视工程技术教育在小学的实施和推进，但是很多学校由于专职科学教师数量不足，教师专业理念缺乏等，在实践中很多工程课程只是将工程技术看作科学实验的一种策略，未能遵从工程、技术、科学等元素的融合，未实现多学科跨学科教学。基于此现状，可以从以下几方面尝试学科融合：一是将工程技术教育融入数学教学，利用数学概念或数据收集、整理作为工程技术教学的支撑；二是进行科学教学和工程技术教学的融合，借助科学原理的使用，设计改善生活的工程产品；三是与信息技术教学进行融合，突显时代对工程技术的支持，利用数字化、集成化的技术来提升工程的内涵。总之，要充分联结工程技术与其他学科，通过解决实际问题的体验，尝试打通学科界限，实现主题性的跨学科教学。

拓展阅读 9-1

小学生在低年级阶段，要通过对身边具象的工具认识，知道工具是帮助人类完成任务的简单物体，理解工具具有特定的功能，选择适合的工具可以使得任务变得更加简单。比如在厨房里，学生可以寻找到各种各样的工具：锅、碗、瓢、盆使得食物的加工和存储变得更加方便，比徒手完成效率高；烤箱、蒸箱、洗碗机等厨房工具的介入，使得人类的生活更便捷。在很小的时候，学生就明白不同的工具具有不同的作用，不能用蒸箱代替烤箱完成烧烤串的加工。这对于增强他们对工具之于工程技术的理解，具有很好的切入作用。

到了中年级阶段，孩子的理解能力增强，随之对系统的概念的理解有所提升。把重点放在系统的概念、资源和制约条件上，熟悉这些技术概念，有助于学生对工程技术学习全貌的把握。比如对资源的认识，他们可以知道家里、小区、商店有哪些资源、哪些工具和机器可供调整和使用。在此过程中，学生……慢慢明白工程和技术的核心概念，明白世界都是由一个一个的系统组成的，几个子系统组成一个大的系统。如家里的自来水系统有个阀门，阀门外连接的是小区自来水系统，小区水系统与城市水系统相连，城市水系统源自地球水资源，这样，学生逐步扩展对工程范围的认识。

在高年级阶段，学生通过对杠杆、滑轮、轮轴、斜面等的了解，会使用杠杆、滑轮、轮轴、斜面等简单机械来解决生活中的一些实际问题。学生在理解科学原理的基础上，要能够运用工程技术对科学进行转化，对于产品中的传递、控制物体的运动状态这些内容，了解即可；如果有专门的课时，教师可以做更加深入的、系统的设计、加工、制作、迭代，以简易的工程作品的制作为例，不断磨炼学生的工程技术素养。

（曾宝俊．小学工程与技术教育系列解读．格致教育工作坊）

第三节　工程技术的教学模式

教无定法，贵在得法。“探究课”和“工程技术课”是科学教育中的两种基本课型。“探究课”主要是学生模拟科学家“探索”自然世界的过程，获得科学知识，理解科学的本质；“工程技术课”主要是学生经历“设计”为核心的类似工程师满足人类制造物的制造过程，知道技术产品是如何产生的，理解技术的性质。工程与技术领域的教学既要遵循一般课型教学的要求，也要运用一些独特的教学模式。

一、工程技术的基本课型

技术学习分为3种类型：科学的技术、应用的技术、经验的技术。相应地，小学阶段的科学课分为3种类型，分别是技术制作类课、技术应用类课、技术认知类课。

1. 技术制作类课

技术制作课的目的是使学生了解技术的全部过程，重点是设计和制造技术产品。其基本教学流程如下：（1）模型示范——学生通过分析现有的技术产品，了解这类产品的结构、功能和用途；（2）明确小组制作主题——明确制作目的，明晰评估标准；（3）规划设计方案——在此基础上，提出多种设计方案，对产品的结构设计、制作流程设计、制作材料设计、制作预期效果评价、制作工具选择等做出规划；（4）进行制作——主要体现为对照设计图进行制作，进行制作时做到成员的合理分工；（5）成品的调试、改进、完善、评价——要向他组介绍本组的制作经验和不足之处，通过作品展示，制作经验反思等，解决制作要求和作品成品之间的匹配度问题。

这类课型强调技术产品的制作和呈现。

2. 技术应用类课

技术应用课主要针对技术产品，学生没有亲身经历制作过程，主要通过对产品的观察和使用，体验产品的结构和功能，通过“应用”来理解技术。其基本流程如下：（1）模型示范——学生需要了解产品的功能和应用，应用需要模型的示范；（2）技术产品的使用说明——学生通过阅读了解技术产品的使用要求、操作规范、安全防护等；（3）练习使用——学生应尝试在不同情境中练习使用技术产品，并对技术产品的使用效果作出评价。这类课程强调对技术产品的实践体验。

3. 技术认知类课

在针对技术产品的学习中，如果既没有经历技术制作，也没有经历产品使用，重点在观察技术产品的应用与使用，体会产品的结构与功能，这类课称为技术认知课，如对飞行器、空间站等技术的认识等。这类课的基本流程如下：（1）展示技术产品的发展史——技术认知课要求学生能够认识技术目的和技术产品之间的联系，认识到人与技术之间的关系；（2）呈现技术产品的模型、视频、图片——教师说明它们的功能与应用，学生要了解技术对生活的影响；（3）技术评价——技术产品在满足人类特定需求的同时，也有使用条件和适用范围，引导学生从正反两面来看待技术①。

二、工程技术教学的一般模式

所谓教学模式是指在一定的教学思想和教学理论指导下建立起来的较为稳定的教学活动框架和活动程序。工程技术作为和科学探究并重的实践性教学内容，也有相对稳定的教学模式。

1. 8 步模式

美国教育界对工程技术的教学主要提出了 8 类实践：（1）提出问题和定义问题；（2）开发和使用模型；（3）计划和开展研究；（4）分析和解读数据；（5）使用数学和计算思维；（6）建构解释和设计假设方案；（7）参与基于证据的论证；（8）获取、评价和交流信息。上述类型亦可视为一种框架或模式，可供我国中小学工程技术教学借鉴、参考。当然，该模式的实施方法、策略有待优化完善。

---

① 叶宝生．小学科学课程中的技术教育因素及教学策略［J］．课程・教材・教法，2015，35（10）：79-83.

2. 6 步模式

基于“科学探究”和“工程技术使用”两者关系，教师可采用如下模式：(1) 在情境任务中提出并定义问题；(2) 头脑风暴、评估与选择解决方案；(3) 设计并制作模型；(4) 测试解决方案；(5) 基于测试结果或数据分析，再检查与调整；(6) 交流总结。

(1) 在情境任务中提出并定义问题。该环节由生活情境导入，引发学生思考。工程师的工作往往是复杂交织的，教学情境只是对当时模糊的问题进行高度概括提炼而形成清晰的问题。明确问题本身和解决问题本质上是同步的，人们之所以不能解决问题主要是因为人们对问题情境理解还不够清晰，当人们抽丝剥茧地弄明白问题的内核时，便有了解决问题的思路和途径。工程问题往往是由若干个子系统构成的，如何在理解问题时，做到抓大放小，直击问题的核心，定义问题是关键。工程师在生活中面对的往往是含糊不清的问题，需要通过全面仔细地倾听、询问和解释之后，重新定义问题，并将这个问题展示出来。生活化的学习情境有利于问题和工程知识的糅合，任务的明晰需要从具体情境中厘清问题。

(2) 头脑风暴、评估与选择解决方案。工程问题并没有标准答案，很多优秀的工程技术创意源自众人的智慧，不同的人对问题有不同的认识，反复讨论可贯穿于工程设计全过程。在评估某一方案是否对标问题时，教师要带领学生像工程师一样，通过反复讨论和质疑，确定最终的方案思路。在头脑风暴讨论过程中，课堂教学要关注调研、约束条件、方法选择 3 个要点。教师要通过课前筹备资料、素材、文本等资源，让学生参与采访、问卷调查、试验和观察得到的原始信息，记录整理这些信息，为解决问题提供基础。限制条件一般并不为学生课堂上所关注，教师要通过反问或者互相质疑的方式对工程周期、工程成本、工程限制等因素进行答辩和交流，提升学生的工程思维水平。在若干个方案中，如何选出最优方案需要方法的介入，课堂上教师可以采用矩阵法或者表格罗列法来落实不同意见，在充分民主和集中的基础上，最终形成解决问题的方案。

(3) 设计并制作模型。该环节要求学生：根据材料特点设计产品，画出设计图；介绍材料、选择材料；利用所选材料和工具，参照设计图，进行制作；在设计教学过程中，教师要关注学生对设计图的制作和交流，要引导学生通过制作草图和横截面图、分解图等形式，充分把握他们对设计图的功能认识，同时要引导他们用具有比例尺的设计图表达自己的思考，尽量做到精准化。必要时，学生可以借助计算机辅助软件进行设计图的制作，充分表现工程师在设计过程中参数化建模的意义所在。在制作环节，学生要把握和利用各种工具来完成实际任务，通过工具完成切割、成型、接合、精加工的流程；要根据材料和部件的功能特征和审美品质，完成更广泛的材料和组件、配料的选择，从而达到产品工艺的提升。

（4）测试解决方案。对所制作的产品提出有效的测试方案，根据方案进行性能测试。通过测试反馈解决问题方案的可行性。检测过程中学生可以采用对零件及结构加压的方式，并对检测中产生的数据进行记录、整理和分析。

（5）基于测试结果或数据分析，再检查与调整。根据测试的结果，学生应对材料、结构、外形等进行改进，综合环境环保等因素完善成品。评估中学生需要对产品的设计标准有足够的认识，借助具体某件产品的观察和对比，把握设计中的关键事件，从而获得塑造世界的工程技术技巧。

（6）交流总结。学生最终以成型的作品展示、方案设计报告等形式展示小组系列研究过程及成果。

上述模式基于技术与工程领域课程内容的特点，从生活情境出发，发现问题，认识和选择材料，构图设计并制作，最后对制作的产品进行检测和完善。整个过程需要严谨的思维，教学过程中需要教师关注每个学生遇到的问题及创意亮点。

三、STEM 工程实践教学模式

STEM 教育是中小学工程技术教学实践中的重要模式之一。STEM 教育采用了学科融合教育的方式，融合了科学、工程、技术、数学 4 个学科的内容，以项目化学习的方式推进，随着我国课程改革的深度推进，STEM 教育必将我国科学教育推向一个新的高度。

STEM 工程实践教学以工程任务为主题，以工程设计为核心，以工程实践联动科学探究、数学计算、数学模型等科学实践、数学实践要素建构教学流程，真正做到“科学—技术—工程—数学”的联动，使得学生的 STEM 素养得以养成与发展。

STEM 工程实践教学模式主要包含 7 个步骤：（1）提出与明确要求；（2）界定问题；（3）科学探究/数学模型；（4）设计；（5）建造；（6）测试、评价与改进；（7）展示、交流（示意图见 9-1）。这一模式突显了工程设计前科学探究和数学模型的介入，凸显了科学探究和数学模型为工程设计服务的思想，使工程实践、科学探究、数学模型得以有效融合，深刻地反映了当前科学课程对科学实践的理念与要义[①]。

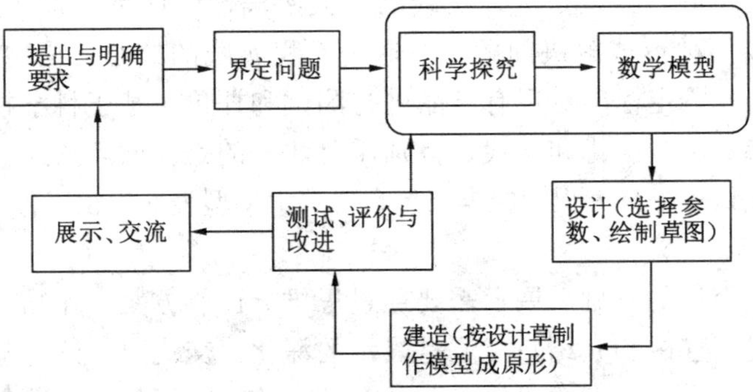

图 9-1　STEM 工程实践教学模式示意图

1. 提出与明确要求

它是 STEM 工程项目的介入的起点，也是对现实世界中种种不便捷、不满意、未经历项目挑战的开始，对工程任务的明确便于后期的设计与施工，否则小学生会边学边变，不断脱离既定预设的目标，转而成为自娱自乐的玩要活动。

2. 界定问题

主要包含对问题的核心、层级、边界 3 个要素的把握。要善于通过思维导图将核心问题进行分类、分解、分层，问题得以完整呈现，使得限制和困难得以发现，评估和限制的要点在此过程中得以深入认识。该环节涉及将问题情境中的问题细化成“做什么？怎么做？为何这样做？”用工程思维来对待问题的界定，促进工程思维的发展、形成和内化。

3. 科学探究/数学模型

科学探究为工程设计服务，为工程模型测试提供数据支撑。在这里，科学探究可以淡化或者舍弃部分环节，直奔重点环节——数学参数。数学参数是工程设计的标准确定、方案优化的重要参考。建构与分析数学模型是教学的难点，教师需要结合学生实际数学水平，采用搭建学习支架，进行数据计算、数据处理、数据运用、数据分析、数据转化等学习，利用图标模型或者结构模型的方式表达对数据的运用。这一过程是 STEM 工程实践教学模式区别于其他 STEM 教学模式的核心环节之一，体现了工程和数学之间的高度融合特征。

① 黄晓冬，俞如旺. STEM 工程教学模式：涵义、构建与应用 [J]. 教育科学研究，2020（7）：60-66.

4. 设计、建造、测试

设计、建造、测试是工程实践的三大阶段。设计是工程实践的关键，涉及工程以何种形式解决问题。建造是工程实践的核心，是物化的活动。测试要求根据既定标准对现有产品进行测试和评价，基于科学技术原理和数学模型参数进行优化和迭代。特别需要注意的是，循环的迭代和改进是对数学数据认识上最大程度的丰富，是对数学模型表征优化完善的追求。

5. 展示、交流

展示是交流的基础。展示需要通过思维导图、方案、作品、海报等形式对他人进行宣讲和介绍。交流是展示的深化，交流要杜绝浅显化、程式化、表面化，采用有高阶思维参与的分析、论证、评价、创造等活动，让思维互动成为交流的核心。

在使用 STEM 工程实践教学模式的过程中，教师要对现有的科学学习内容进行 STEM 化改造，形成序列化的 STEM 工程实践主题。要强调思维建构，更要强调工程实践。还要借助真实情境的创设，促进 STEM 工程实践教学活动材料与数字化、智能化学习的接轨，实现工程技术从课堂走向生活，从当下走向未来。

文献提示

"美国中小学工程教育的目标与标准"，见王新燕《美国中小学工程教育研究》,华东师范大学博士学位论文,2017.

本章内容小结：

技术是人类为了满足社会需要，依靠自然规律和自然界的物质、能量、信息等，进行创造、控制、应用和改进人工自然系统的方法和手段，是人工世界产品创造的活动、秩序、模式和机制的总和。技术发展经历了基于躯体动作技能、基于工具体系的技术、基于制动控制体系的技术三个阶段。技术在形态逻辑上分为设计技术形态、制作技术形态、操作技术形态。工程是人们以具体情境为目标，应用相关的科学知识、技术手段、数学思维，通过有组织的团队，对现有实体（自然的或人造的）进行反复设计、决策、建模、分析，产生具有预期使用价值的人造产品的系统过程。

工程技术教育素养导向的教学策略有：教学中创设真实的工程情境，关注建模教学活动的实施，关注工程技术思维的渗透，推进项目化学习，开展工程实践活动，注重学科融合的工程技术教育。

技术学习课程分为 3 种类型：技术制作课、技术应用课、技术认知课。工程技术教学的一般模式包括：8 步模式（提出问题和定义问题；开发和使用模型；计划和开展研究；分析和解读数据；使用数学和计算思维；建构解释和设计假设方案；参与基于证据的论证；获取、评价和交流信息）、6步模式（在情境任务中提出并定义问题；头脑风暴、评估与选择解决方案；设计并制作模型；测试解决方案；基于测试结果或数据分析，再检查与调整；交流总结）。另外还有STEM（科学、技术、工程与数学）模式。

本章问题研究：

1. 什么叫技术、工程？简述科学、工程、技术三者的联系与区别。

2. 工程技术教学过程中的基本策略有哪些？STEM工程实践教学模式与其他教学模式有何区别？

3. 阅读下列材料，分析搭扑克牌的教学过程及其特点。

用扑克牌搭建高塔

五年级学生学习了“形状与结构”单元之后，对这方面的内容产生了浓厚的兴趣，特别是在课堂上进行了框架结构的设计和比赛之后，学习劲头更高，学生纷纷要求再组织一次类似的活动。怎样组织一次既跟教材内容相联系，又具有趣味性、挑战性的活动呢？后来，教师在玩扑克牌的时候，灵机一动：能不能用一副扑克牌来搭建一个高塔呢？一副扑克牌，不能增加其他材料，这样材料是限定的，学生在有限的材料中，发挥想象力搭建高塔，既要考虑成本，又要考虑时间，更要考虑形状与受力、重心的问题，这些适合五年级学生的水平。

教师提供给每一个小组的材料是一副扑克牌（只能用54张牌），可以用剪刀，时间限定为20分钟。课前教师经过仔细测算，确定搭建的塔高达到100cm的为优秀，80~90cm的为良好，60~79cm的为较好，60cm以下的尚需努力。

扑克牌搭建高塔的活动开始了，只见有的小组采用搭桥形式，打好基础，层层向上；有的小组剪开扑克牌，相互卡在一起往上叠；有的小组先对折竖立，再平放一张牌，再对折竖立放置，一层一层向上叠；有的小组先悄悄讨论，再合作叠牌……他们各显神通，不时发出惊叹声和惋惜声。有一个小组的塔高超过了100cm，全组成员都兴奋不已；另一个小组的塔高已经达到90cm了，但是还没来得及测量高度，高塔倒塌，小组成员懊悔不已。最后，一个小组以112cm的高度夺得扑克牌高塔搭建的冠军，赢得全班学生的热烈掌声。

（曾宝俊．微亦足道：小学科学课堂细节研究［M］．北京：高等教育出版社，2018：139-140.）

4. 请你以“自动水位系统设计与开发”为主题，结合传感器等信息技术，设计一个体现 STEM 工程实践教学模式特色的教学方案。

本章参考文献：

1. 陈昌曙．技术哲学引论［M］．北京：科学出版社，1999.

2. 段联合，曹胜斌．科学技术哲学教程［M］．北京：科学出版社，2003.

3. 王伯鲁．技术究竟是什么：广义技术世界的理论阐释［M］．北京：科学出版社，2006.

4. 王银玲．工程技术概论［M］．北京：清华大学出版社，2013.

5. 王大洲．技术、工程与哲学［M］．北京：科学出版社，2013.

6. 赵继辰．小学科学技术与工程领域教学资源开发［M］．长春：长春出版社，2021.

第十章

小学科学教学评价

科学教学评价是科学教学工作不可缺少的一个环节，同时也常常作为科学教学活动要素渗透在教学过程之中。小学科学教学评价对小学科学教学过程具有导向、反馈、甄别、激励等作用，调节、控制着小学科学教学活动的开展，影响着小学科学教学目标的达成。本章主要讨论小学科学教学评价的含义与类型、小学生科学学习成就评价、小学科学教师课堂教学质量评价等问题。

第一节　小学科学教学评价的含义与类型

小学科学教学评价内涵颇为丰富，类型多种多样，准确理解小学科学教学评价的含义与类型是恰当运用小学科学教学评价的前提。

一、教学评价的含义

关于“评价”的含义，《现代汉语词典》（第 7 版）的解释是：① 评定价值高低，如评价文学作品；② 评定的价值，如这部电影获得很高的评价。在日常生活中，人们一般把评价定义为“泛指衡量、判断人物或事物的价值”，即评价主体对事物或活动价值的一种认识。评价活动是人们对人、事、物的价值大小进行分析、衡量和判断的过程。可见，评价包含两个基本元素：“价值”和“判断”。评价建立在不同的价值取向上，是基于不同价值取向的认知判断。教学评价（instructional evaluation）就是对教学活动的价值判断，但对于教学评价的定义，人们有着不同的理解①。

① 潘洪建，陈云奔．课程与教学论基础［M］．2 版．镇江：江苏大学出版社，2020：287-288.

教学评价在本质上是一种价值判断活动。

教学评价是指收集整个教学系统或某个侧面的信息并基于所获得的信息对教学效果作出客观衡量和判断的过程。

教学评价就是通过教学活动客观地把握学生发生了哪些变化，以便最大限度地求得教育效果。

教学评价是指着眼于改进教师教学行为、提高课堂教学质量而进行的对教师课堂教学的设计、过程及结果的评价。

教学评价就是对教学过程的各个方面及教学效果作出全面的价值判断。

教学评价是一项永无止境、以求善求美为最高旨趣的活动。

以上界定，有的强调评价判断，有的关注道德追求，也有的关注审美鉴赏。有的定义将教学评价等同于学生评价，认为教学评价是对学生知识、技能、情感、价值观等方面素养发展的评价；有的定义认为教学评价是指对教师教学工作质量的评价……不一而足。正是教学价值取向的多样性，导致人们对教学评价的界定存在差异，教学评价也因此具有多维性与复杂性。

总体上看，教学评价是对教育教学活动及其结果的价值判断，即判断教学活动是否或者在多大程度上满足了评价主体的需要。教学评价是根据教学目标（价值取向），采用可行的评价标准（指标）与工具（观察、访谈、问卷、测验、考试），在系统收集各种教学信息、资料和证据的基础上，对教学活动的内在价值（本身固有的价值）和外在价值（满足人们需要的程度）做出判断，进而推动教学活动不断改进的一种活动。需要指出的是，由于评价建立在不同的价值取向上，测验、考试只能理解为评价的手段，只有借助这些手段对收集的信息做出价值大小的判断才是评价，因此，不能把考试、测验与评价本身简单等同，教学评价的本质是一种价值判断。

教学评价是对教学价值的判断，价值判断的复杂性决定了教学评价的复杂性。要深入把握教学评价概念，需要从以下三个方面进行理解。

第一，开展评价标准研究，提出一种适合评价对象的价值标准。一些事物（如学校设备、办学条件）的好坏标准容易判定，而一些事物、活动的价值标准有时不太容易确立，可能存在多种价值取向。如一幅油画、一首乐曲的艺术价值，一个地区的整体教学质量，一所学校的办学水平，一堂课的教学质量，一个学生的能力水平，其价值评判标准往往不是唯一的，而是多元的。教学评价需要事先进行价值标准的研究，确立一个符合评价宗旨的价值标准。价值标准确立后，还需要对它们进行分解、细化，列出具体的评价指标，形成指标体系，才能操作和实施。

第二，开展信息收集研究，提出一种既符合评价对象实际，又可供评价者操作实施的办法。评价信息可以分为定量信息与定性信息。定量信息是指有现成数据可以备查，或者有测量工具可以检测的信息，如学校的固定资产，学生基本情况、学业成绩，教师的年龄、学历、职称、构成等。收集定量信息的关键是测量工具的确定和运用要客观、正确。定性信息是指用文字、音像技术等手段记录的信息，如学生的创新意识、创造能力、个性发展、综合素质、审美情趣，教师的生活观念、教学风格等。这些事物无法用数据表示，需要收集定性信息。收集定性信息的主要办法是资料查询、座谈、随访、现场考察和实录等。

第三，开展价值判断方法研究，提出一种符合评价目的、能得出有意义的评价结果的价值判断方法。价值判断的方法可大致分为量化判断与定性判断。量化判断（如统计描述、统计推断）的最大优点是便于比较，总体描述或推断事物的共同特征。但是，好的评价不一定都要有量化结果。假如评价目的不是进行比较的话，一般不要用量化判断的方法，可选用定性判断（如道德判断、审美判断、艺术判断等），因为定性判断的结果更能揭示教育活动丰富的内涵，展示教学活动的多维精彩。同时，定性判断更能给予评价对象有价值的反馈，帮助他们检视和反思自己的教学工作、改进教学过程、提高教学艺术水平①。

二、教学评价的类型

根据不同的标准，可将教学评价分为多种类型。

(一) 标准参照评价与常模参照评价（依据评价目标）

标准参照评价（criteria-referenced assessment）把教学目标作为参照标准，将教学结果和预期目标（课程标准中有关学生学习的目标规定和描述）进行比较，判断课程目标达成的程度，即教学活动在多大程度上实现了预期的学习目标。标准参照评价通常以课程目标为标准，评价标准统一，不同群体的测验结果可以进行比较，因此又称为目标参照评价或绝对评价。标准参照评价紧扣课程学习目标，编制测试题目，检查学生达到预定目标的程度，以便下一步加以改进和调整。在科学课程教学中，单元小测验、

① 卢新祁．小学科学教学法［M］．长春：东北师范大学出版社，2005：175.

期中考试、期末考试属于目标参照性测验，试题与课程标准、教学目标密切相关，可以评估科学学习目标的达成度。

常模参照评价（norm-reference assessment）一般以某个群体测验的中值（如平均分、百分位数、中位数）为标准，判断某个对象在特定群体中的相对位置。常模参照评价以特定群体中的均数为参照，不同群体测验的结果无法比较，评价结果仅仅适用于该群体，具有相对性，因此又称为相对评价或相对参照评价。如智力测验就属于常模评价，不同群体的智力测验原始分数无法进行比较，个体原始分数只能与该群体的常模进行对照后才有意义。智力测验缺乏超越群体的共同标准，它属于常模参照测验。教育领域中的期末考试、毕业考试属于目标参照评价，而摸底测验、美国的大学入学考试（SAT）、GRE 考试、TOFEL 考试，则属于常模参照评价。常模参照测验不一定与教学目标对应，它以检验学生在一个团体中的相对位置为主，用于区分学生的优劣程度。学科知识竞赛、单项比赛属于常模参照测验，需要考虑试题的区分度，用于分出学生的水平。

（二）诊断性评价、形成性评价与终结性评价（依据评价功能）

诊断性评价（diagnostic evaluation）即诊断学生学习准备的学情评价，通常在一门课程教学的开始前进行，用于了解学生的课程学习基础。形成性评价（formative evaluation）即在教学过程中了解学生学习进展的评价，如通过课堂观察、课堂提问、平时作业、成长记录袋、典型事件记录等方式进行的评价。终结性评价（summative evaluation）即总结性评价，一般属于目标参照评价，如对科学知识学习、科学探究能力发展、科学态度养成的评价，其评价方式包括考试与测验、代表作等。

拓展阅读 10-1

过程性评价的技术

在科学课程实施中，老师们常常有这样一种埋怨：一堂课短短 40 分钟，有很大容量的学习内容，还要实施评价，怎么忙得过来！实际上，掌握各种过程性评价技术，灵活运用，能在有限的时间内反映学生实际学习和发展状况，改进教学、促进学习。

教师观察。科学教师应注意观察学生的科学学习表现，据此安排教学内容、调整教学进度、改善教学方法，必要时开展个别教学指导。长期、系统的观察应有记录，将教学中有特殊意义或价值的内容（如学生的超常表现、独特见解、科学创意等）及时记录在案，可供终结性评价参考。当然，观察法容易受评价者水平和情绪的影响，不够客观准确。因而，这种方法主要用于对学生过程技能和科学态度的评价。

与学生面谈。科学教师以平等的身份向学生提出一些开放性的问题，了解学生对这些问题的看法或想法。如果在观察的同时，提出一些能探测学生是如何进行思考的问题，教师的收获会更大。有时我们观察到的行为表现并不十分清晰，可以通过谈话的方法在互动中发现学生的真实水平和状态，它可以帮助我们了解到学生的知识基础和思维过程。开放性的问题引导学生说出自己的想法（如“观察这些气泡时你注意到了些什么?”），相比那些只需让学生对教师的暗示做出反应的问题要好得多（如“你看到气泡的颜色了吗?”）。以学生为主的问题直接探寻学生的想法（如“你为什么认为储藏室里的豆苗长得快一点呢?”），相比那些集中在某一知识点上的提问（如“为什么放在储藏室里的豆苗长得快一些呢?”）要好得多。在学习活动中提出诸如此类的问题意味着教师能收集到许多涉及学生的理解、技能及态度等方面的证据或信息。

阶段性测验。一是在学习开始前对学生的已有知识经验进行摸底；二是在学习告一段落时对学生的学习结果进行总结。要改变过去以知识记忆为主的书面考试方法，注意情景的运用，针对不同的要求，创设不同的真实的问题情境，综合运用口试、笔试、现场操作等方法，着重检查学生对概念、知识的掌握程度以及分析、解决实际问题的能力。

作业法。教师向学生提供一项作业任务，然后从学生完成该作业的质量情况，判断其有关能力的发展水平。作业法从形式上可分为短周期与长周期两种。短周期作业，是指教师提供某一项作业任务，学生当堂完成。教师通过现场观察其完成作业的速度、质量与效果，评价其某些方面的水平与能力。长周期作业，是指教师布置作业任务，学生从设计、实施到报告可以经历一段时间（从几天到几个月），其间教师参与全程的观察与指导，并根据学生对指导的依赖性和表现，对其有关方面做出评价。

此外，还可采用学生成长档案袋、评定量表等。

（张红霞．小学科学课程与教学［M］．2 版．北京：高等教育出版社，2010：208-209.）

（三）量化评价与质性评价（依据评价资料的收集、整理与处理的方法）

量化评价（quantitative evaluation）是指收集数量化的评价资料，运用数据分析的方式处理评价资料，并获得精确而客观的评价结论的评价方法。量化评价有多种类型，按照测验的时间分为随堂测验、单元测验或阶段性测验；按照测验的形式分为口头测验、纸笔测验、操作测验等；按照施测对象的多少还可以分为个别化测验和团体测验。测验题目的选择应以课程标准为依据，全面考查学生在知识与技能、过程与方法、情感态度等方面的达标度。按照测验编制程序，测验可分为标准化测验和教师自编测验。全国英语 4 级或 6 级考试、汉语水平考试均属于标准化测验，学科学习测验一般是教师自编测验。测验试题可分为客观试题与主观试题。

质性评价（qualitative evaluation）也叫自然主义评价，它力图通过自然的调查，全面、充分地揭示和描述评价对象的各种特质，以彰显其中的意义，促进理解①。质性评价认为，量化评价方法片面强调以量化作为科学、客观的标志，把复杂的教育现象简单化、数量化，泯灭了教育现象的复杂性与学生发展的多样性，丢失了教育过程中的真实信息。质性评价方法的旨趣在于寻求事物的价值所在，发现事物潜在的价值，揭示事物的丰富意义，强调学生在教育活动中完整而真实的自我表现，全面反映学生发展的实际现状。质性评价在逻辑上是归纳的，它依赖于对事物的理解，归纳推理涉及叙事资料、谈话（口头、书面）资料等质性数据，强调被评价者的真实经历。质性评价方法有评语、无结构的参与观察、访谈法、学习日记、生活体验研究、情景测验和成长记录袋等。需要提醒的是，质性评价与定性评价是有区别的。定性评价是有价值做先导的，即在评价之前，评价者已经知道了价值标准的理想状态，评价的目的就是证实被评价者是否具有这种理想的标准所要求的价值；而质性评价在开展评价之前及在评价过程中是没有既定的标准可参考的，也就是没有理想的价值状态作为评价的标准。档案袋评价以学生的真实表现来进行价值判断，难以制定统一的标准，它主要属于质性评价。而表现性评价是建立在预设的评价标准之上的，需要根据预设的标准进行评价，因而主要属于定性评价。

（四）真实性评价与书面评价（依据评价的结构化程度）

真实性评价（authentic assessment）兴起于20世纪八九十年代的美国，逐渐受到国内外学者越来越多的关注。真实性评价通过给学生提供与现实生活相关领域类似的真实任务，让每个学生充分运用相关知识、技能及策略，表现其理解水平和知识应用能力。真实性评价既反映学生现实生活中的活动、表现或挑战，又与学生的学习目标及生活相联系。它要求学生在完成任务的过程中建构自己的行为，创造性地运用所学的知识和技能解决问题。

与通常结构化、模拟的书面评价不同，真实性评价有以下三个特点。（1）真实任务驱动。学生面对的不是虚拟的、简单的、片段式的、结构良好的任务，而是真实的或模拟真实的任务。积极主动地、全身心地参与整个过程，完成任务，学生能感受到学习的实际意义，学习的动机是直接的。（2）评价方式多元。真实性评价不是简单的纸笔测验，而是运用多种方法

---

① 张二庆，乔建生．小学科学课程与教学论［M］．北京：北京师范大学出版社，2016：171.

如观察、访谈、记录卡片、探究活动、档案袋评价、表现性活动等方式进行评价，评价过程更加丰富。（3）课程教学、学习和评价有机结合。真实性评价不是课程或单元结束后才进行，而是从一开始就与学习目标、学习内容、学习过程有机地融为一体，评价即学习，学习即评价，学习过程与评价过程合而为一。评价镶嵌于学习活动之中，更贴近学生的实际生活及社会生活，能更全面、更翔实地记录和反映小学生科学学习的真实情况，减少传统纸笔测验带来的焦虑，提高评价的信度。

真实性评价方法多种多样，如观察、访谈、随笔记录、记录卡片、学生日记、科学探究活动、档案袋评价、表现性评价、代表作评价、观察报告、小发明、小制作、小论文等。这些方法大多介于质性评价与定性评价之间。依据评价方法的假设、理念，以及数据收集与处理的差异，把它们归入不同的系统之中。例如，档案袋评价由于难以制定明确的评价标准，因此可以归入质性评价之中，而表现性评价既有驱动任务，又有评价标准，可以归入定性评价。活动产品分析可列入真实性评价之中。活动产品分析是对被评价对象的创作成果或其他作品进行分析，从而获得有用的评价信息。通过这些活动产品可以看到学生各种能力的发展水平及才能倾向。如评价一个学生时，可以分析他的科学笔记、科学图画、科学诗文、科学概念图、科学实验报告等，从中获得他的想象力、观察力、理解力及兴趣、性格等信息。

书面评价（paper-and-pencil assessment）是依据学生的纸笔测试、书面作业进行的评价。这种评价为结构良好的、非真实任务的测验，它根据科学标准的规定，编制规范的学科测验，以选择、填空、判断、名词解释、问题简答等形式测验学生的知识掌握状况。书面评价也可以通过考查学生的平时作业、读书笔记进行。一般来讲，书面评价有较为客观的标准，评价省时省力，但它主要用于评价学生对书面知识的掌握状况，难以考查学生的深度理解能力、高级思维能力和运用知识解决实际问题的能力。

此外，教学评价还可分为纸笔测验评价与实践活动评价①、自我评价与他人评价、内在评价与外在评价、目标参照评价与目标游离评价等。

---

① 实践活动评价主要是指对学生的实践活动（包括科学探究、科学实验、调查、设计、讨论、演讲、辩论、角色扮演、科技制作的过程及其产品）进行的评价，评价方式包括观察记录学生的活动表现，分析学生科技作品、调查报告、活动产品所体现的科学素养水平，并进行指导。

第二节　小学科学学习评价

小学科学学习评价是小学学科学习评价的重要部分，它涉及评价的理念、内容与标准、方法等诸多方面。

一、小学科学学习评价的理念

（一）关注科学素养发展

小学科学课程的根本宗旨是发展学生的科学素养。因此，科学教学的评价应以学生科学素养的发展为指针，评估学生科学素养发展的程度。课程目标是课程教学评价的根本标准，教学评价的依据必须是课程标准所规定的课程学习目标，正如一位教育家所指出的，“我们要评估我们要教的，而不是去教我们要评估的”。

因此，小学科学学习评价应关注科学素养发展，具体内容包括对学生科学知识和技能掌握的评价，如：评价学生是否掌握基本的科学知识，能否将掌握的知识运用到日常生活中去；评价学生能否用科学探究的方式去解决日常生活中遇到的困难，是否形成科学的思维习惯；评价学生能否运用已有知识对问题提出假设并制订科学的探究活动方案；评价学生能否科学地搜集信息，整理分析信息，进行实验，并根据实验信息得出结论，进行解释。小学科学学习评价还应包括：评价学生是否保持对周围世界的好奇心和求知欲，形成大胆想象、尊重证据、敢于创新的科学态度；评价学生是否亲近自然、欣赏自然、珍爱生命、积极参与资源和环境的保护；评价学生是否关心科技的新发展；等等。

（二）评价主体多元互动

长期以来，教师一直主导着教育评价，学生是被评价的对象。评价活动由教师主宰，评价活动由教师说了算。学生听从教师的安排，接受教师单方面的评价结论。在这种评价活动中，学生只能处于被动接受的状态，很难发挥参与评价的积极性，评价的激励作用难以体现。随着评价理论与实践的发展，评价对象的作用开始受到关注，作为评价第三方的学生、家长、社会科技人员开始参与评价过程，评价主体由一元走向多元，多元参与、互动对话的态势开始展现。

评价主体多元化是指主持评价活动的主角可以由多种人组成，不同评价主体的角色分工有所不同，具体言之：（1）从教师是唯一的评价者转变为教师不再是唯一的评价者。当然，在小学科学教学中，教师仍承担着重要的作用，教师应该是整个教学评价活动的发起者、策划者、协调者，成为学生科学学习评价的主持人。（2）学生从被评价者变为评价的参与者。在教师的指导下，学生依据师生共同制定的科学学习任务、目标和评价标准，开展自我评价，检查任务的完成进度与目标的达到程度，反思自己学习中存在的问题，以调整和改进学习。学生之间的相互评价将有利于学生之间互帮互学，培养学生的协作精神。（3）家长从评价的旁观者变为评价的参与者。家长参与对孩子科学学习的过程性评价，有利于家长了解孩子科学学习的具体情况，发现孩子科学学习中存在的问题，便于学校、学生、家长之间的沟通，共同促进孩子科学素养的提高。（4）社会科技人员加入科学学习评价队伍。学校可以聘请学校所在地的科学研究所、科技博览馆、科技展览馆、高等院校、高新技术公司及乡镇农技站的科研人员为校外科学辅导员，邀请他们参与指导学生的校外科技活动，并对学生的学习过程、活动表现进行评价。总之，教师、学生、家长、社会科技人员多元互动，多方参与学生的科学学习指导和评价，对学生的科学学习、科学活动过程与结果发表意见，提出建议，共同建构评价的意义，使评价过程同时成为一种经验分享、认知深化、情感交流的成长过程。

（三）评价内容全面化

评价内容的全面化是指小学科学学习评价的内容不仅是要考查学生对科学基础知识、科学基本技能的理解与掌握，还应考查学生科学探究能力、科学探究习惯的形成与发展，此外，还应涵盖学生的科学情感、态度与价值观的变化和进步。

我国 2022 年《标准》明确规定科学课程内容涉及生命世界、物质世界、地球与宇宙、技术与工程等领域，具体学习内容涉及物理、化学、生物、地理、天文、地质、数学、伦理、审美、艺术等学科知识，共 13 个核心概念和 4 个跨学科概念。为此，科学教师不仅需要关注科学概念的理解、科学技能的掌握，还要关注学生在情感、态度、价值观方面的发展，这些方面尽管难以测量，但它们是科学素养不可或缺的要素，是科学学习评价不能忽视的维度。

（四）评价方法多样化

评价方法的多样化是指采用多种形式、多种方法评价学生科学素养的发展水平。教师通过日常观察、与学生谈话、问卷调查、作品分析、学生成长记录袋、测验与考试（包含学生自评与互评的评议法、评定量表）等方法评价学生科学学习状况。只要有利于反映学生学习过程与发展状况的评价方法都是可取的，小学科学教师应创造性地使用和发展多种评价方法，尽量避免单纯的书面知识测试。

评价方法的多样化是由评价目标的多维性、评价主体的多元化、评价内容的全面化决定的。从科学课程目标来看，科学素养发展目标不仅包括知识维度的目标，还包括探究过程与方法维度的目标，以及情感、态度与价值观维度的目标。要评价学生多个维度的发展状况，就需要科学教师采用多种方法，如用量化评价方法评价学生的基础知识与基本技能，考查学生对知识的掌握情况。用质性评价方法考查学生对于科学学习的情感、态度与价值观方面的体验等。除了纸笔测验，教师还需要运用观察、谈话、讨论、成长记录袋等方式来评价学生的学习表现和素养发展。从评价主体看，不同的评价主体可以采用不同的评价方法，如：科学教师可采用观察、谈话、测验、成长记录袋评价学生科学学习成就；家长可采用日常观察、活动记录、录制视频、家庭科学制作等方式评价孩子的科学学习的态度和表现；参与青少年科技活动指导的社会科技工作者可采用观察记录、活动参与、情景体验等方式评价学生科学学习表现。科学课程不同领域、内容、主题的学习评价亦需要采用不同的评价方法，如：科学知识、科学概念学习的评价通常采用纸笔测验的方法；科学技能、探究能力学习的评价一般采用实验设计、操作的方法；技术与工程学习的评价需要采用设计、实施、制作的方法。

二、小学科学学习评价的内容与标准

小学科学课程的总目标是培养学生的科学素养，具体言之，科学学习目标包括科学知识（科学观念）、科学探究（过程技能）、科学态度三个维度，科学学习评价的内容与标准亦可从这三个方面加以展开①。

（一）科学知识（科学观念）的评价

1. 评价内容

小学科学知识内容主要涉及物质科学、生命科学、地球与宇宙科学等领域，每个领域又包括数量不等的主要概念。当然，小学科学课程不是系统地讲解不同领域的知识，而是结合科学探究活动，介绍那些与小学生日常生活有关的、身边常见的、最基础的知识，以及一些科学现象、事实与过程。系统、完整地掌握学科知识不是科学教学的主要目的，也不是科学学习评价的主要目标。具体而言，在生命世界领域里，主要是介绍生物的多样性、生命的共同特征、生物与环境、健康与生活四个方面；在物质世

① 卢新祁. 小学科学教学法 [M]. 长春：东北师范大学出版社，2005：180-182.

界领域里，则抓住物体与物质、运动与力和能量的表现形式进行阐述；在地球与宇宙领域里，主要介绍地球的概貌与物质、地球运动与所引起的变化、天空中的星体。科学知识的评价主要采用的评价方法有课堂观察、作业分析，以及必要的测验和专题考查。根据不同知识的学习目标要求，科学知识内容又可分为三大类型，不同类型的知识需要的评价方式有所不同。

第一类，需要学生了解的知识。这类知识一般不属于测验和考试的范围，评价的主要方法是听取学生对问题的回答和观察记录，考查学生是否知道或者能否说出。

第二类，需要学生领会的知识。主要涉及有关自然的现象、事实或过程的知识。如：繁殖是生命的共同特征，声音是由物体的振动产生的，地球的形状和大小，等等。这些内容可以通过各种测验检查学生掌握的程度，但要注意考试方式的情景性与灵活性，避免学生靠死记硬背过关。

第三类，需要学生经历的知识。这类知识的评价需要教师在课堂教学中进行观察和记录，记下学生在这些探究活动中的参与表现与探究结果，然后进行评价。如，通过栽培植物了解的种植知识，通过探究知道的怎样让杠杆保持平衡的知识。必要时通过设置专题操作实验进行考查，或者根据学生的长周期作业做出评价。

2. 评价标准

知识和概念的评价主要考查学生能否正确地掌握科学结论。掌握科学知识和科学概念的行为表现主要有：（1）合适地运用科学术语、科学概念描述事物；（2）能把握科学事物的主要特点；（3）能明确科学结论的适用条件；（4）能把科学结论与生活联系起来，进而改变自己的生活方式；（5）能够教别人理解或使用科学知识和科学概念。

（二）科学探究（过程技能）的评价

1. 评价内容

对学生科学探究过程技能的评价，可以从认识和参与科学探究的过程、方法两方面进行。其中，对学生参与科学探究的过程、方法，可以从三个方面进行评价：（1）学生参与科学学习活动是否积极，是否持之以恒，是否实事求是；（2）在科学学习和探究活动中，学生的观察是否全面，提问是否正确，假设是否恰当，计划是否合理，测量是否准确，表达是否清晰；（3）学生收集整理信息、进行合理解释的能力怎样，与同学之间交流、合作的能力怎样。

2. 评价标准

美国 1995 年发布的《美国国家科学教育标准》列举了学生在进行科学

过程与方法学习中各种方法技能的不同发展阶段的表现，这些表现及其发展阶段可供科学学习评价参照。(1) 观察：识别目标；使用一种以上感官；使用所有适当的感官；确切描述性质；进行定性的观察；进行定量的观察；描述观察对象的变化。(2) 分类：识别物体所具有的主要性质；识别所有物体所具有的共性；正确地将物体分为两组；以各种方式精确分类；形成亚组；建立自己的分类标准；为分类提供正确的理论基础；发展复杂的分类体系。(3) 交流：描述物体；进行确切描述，以使他人能识别某一未知物体；以口头或书面形式把信息精确传达给他人；用语言表达思维。(4) 测量：选择合适的测量类型（长度、体积、重量等）；选择合适的测量单位；正确使用测量仪器；适当使用测量技术；使用标准单位和非标准单位。(5) 预测：形成模型；延伸模型；进行简单的预测；在适当情形下使用预测过程；用语言表达自己预测的逻辑性；为了验证预测的准确性，建议进行测试；通过数据的添加进行预测；通过数据的删减进行预测。(6) 推断：描述所观察的事物和事件间的相互关系；在进行推断时，使用所有适当的信息；不使用非客观存在的信息；适当地分离出不必要的信息；用言辞展示推断的合理性；在合适情形下使用推断过程；解释图、表及其他实验数据。(7) 识别和控制变量：识别影响和不影响实验结果的因素；识别可以被操纵和被控制的变量。(8) 形成假说：对给定的问题形成假说；对自己的问题形成假说。(9) 解释数据：识别有意义的数据，知道如何去测量；采集有用的数据；建立数据表；进行有效的数据解释。(10) 操作定义：识别出某一变量是否可以用传统方法进行测量；理解操作性定义的必要性；描述如何以操作性定义对变量进行测量；用言语表达操作性定义和待测变量间的一致性。(11) 实验：遵循实验的每一个步骤；选择合理的方式去探讨某一问题；准备实验材料；进行重复实验；识别变量的可测性问题；设计自己的研究过程；形成合理的结论。(12) 建立模型：识别模型与实物的差异；准备设计模型所需的东西；按照实物解释模型；发展自己的准确、合适的模型。

科学探究（过程技能）的评价主要采用现场作业和观察记录的方式，即教师可以通过设定一系列科学探究活动的基本操作，让学生去做，看学生在完成任务的过程中表现出的操作水平和质量，然后做出评价。可以通过提出一项科学探究任务，让学生回答怎样完成。也可以让学生当场完成探究任务，针对学生提出的假设或当场完成的质量进行评价。除了集中评价外，教师可以在平时的教学过程中对学生有价值的行为和表现进行观察与随时记录，增强评价的可靠性与全面性。

总之，在小学生科学探究方面的评价中，应注意多鼓励他们参与探究活动，理解科学探究过程，体验科学探究的乐趣，逐步提高他们的科学探究能力及科学素养水平，而不能只强调科学探究的结果与结论。

（三）科学态度的评价

1. 评价内容

评价学生情感态度与价值观形成的重点是学生对待科学学习与科学探究活动的态度。相对于态度来说，情感、价值观更加内隐，很难直接进行评价。评价学生在科学课程学习与科学探究活动中的态度，主要包括：（1）对待科学学习的兴趣是否浓厚；学习动机是否强烈；学习是否认真。（2）对身边的各种自然现象与问题是否感兴趣；是否有想知道的欲望。（3）是不是乐于与其他同学合作和交流；能否采纳别人的意见改进自己的学习与探究。（4）在日常生活与学习中是否关心科学技术的新发展；能否积极参与各种社会性科技与科普活动；对科学、技术与社会相关的问题是否关心并表现出责任感；等等。

2. 评价标准

美国 1995 年《美国国家科学教育标准》中的科学态度评价标准包括下述表现：（1）认为科学是有趣的事；（2）利用额外时间主动进行科学探讨；（3）把科学课延伸到校外，自愿参加校外科学活动；（4）喜欢参观博物馆、天文馆、植物园和其他科学普及场所；（5）喜欢与科学工作者进行交谈；（6）自愿参与科学实验的准备工作和实验后的清扫工作；（7）在维护学校的科学活动中心、植物和动物等工作中扮演积极角色；（8）倾向于选择科学主题的电视节目进行观看。

科学态度的评价可归于表现性评价，评价时应以观察记录和学生自评、互评为主，观察学生的表现，一旦发现有价值的信息，及时记录在案，做好学生学业档案袋的信息收集和记录工作，为评价提供依据。当然，必要时亦可采用情景测验或对专题活动进行现场记录的方式进行评价，即由教师指定一种情景让学生参与活动，记录学生在活动中表现出的各种态度，并据此进行评价。这种评价方法主要用于补充平时观察记录的不足，或者是对特殊学生进行个案评价。

文献提示

“知识目标和领会目标的评价技术”“情感目标的评价技术”，见布卢姆等《教育评价》，华东师范大学出版社，1987.

“评估”，见大卫·杰纳·马丁《走进中小学科学课建构主义教学方法》（第二版），长春出版社，2003.

三、小学科学学习评价的方法

(一) 纸笔测验

纸笔测验（paper and pencil test）是学科学习评价的一种基本方法。学生科学学业成就评价一般以集体纸笔测验为主，为此，需要编写纸笔测验题目，提高试卷编制质量。

1. 测验题目的选择与编制

测验题目的选择应以课程标准为依据，全面考查学生在知识与技能、过程与方法、情感态度与价值观方面的达标度。测验题目的编制要根据课程标准确定考查内容与要求，注重试题素材的时代性，加强试题素材与生产、生活的联系，发挥不同类型试题的功能，注重提高命题水平。

2. 试题的类型与编写

(1) 客观试题的类型与编制要求

客观试题结构良好，对学生的反应限制较多。学生的回答只有对错之分，评分规则清楚明白，容易掌握。这类题目包括选择题、填空题、判断题和匹配题等。

选择题由题干和多个选项组成。题干可以是直接提问，也可以不完整句子的形式呈现。选项提供可供选择的答案，包括一个或多个正确答案以及干扰项或迷惑项。如：

1. 下列植物属于不完全花的是（　　）

A. 油菜花　　B. 桃花　　C. 南瓜花　　D. 凤仙花

2. 蚕豆长成茎和叶的是（　　）

A. 子叶　　B. 种皮　　C. 胚根　　D. 胚芽

3. 雨燕是具有物理特征的鸟，例如圆锥形的头部和细长的翅膀。这些特征有助于雨燕迅速、长距离飞行。上述物理特性主要是（　　）

雨燕

A. 增加升力和阻力

B. 降低升力和阻力

C. 增加升力和减少阻力

D. 降低升力和增加阻力

4. 如果该地区的青蛙（frog）数量减少，最有可能发生什么？（　　）

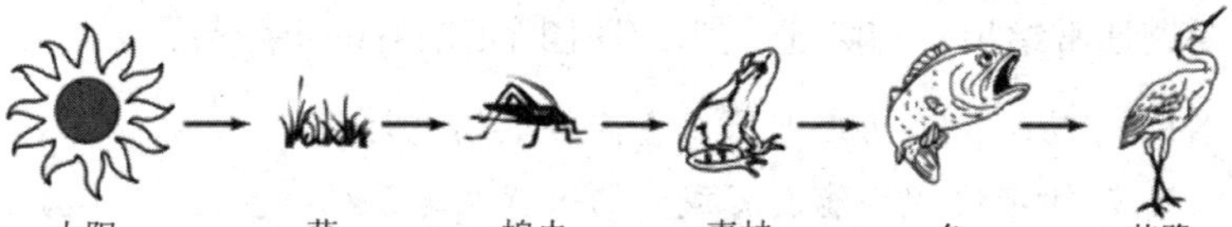

A. 草（grass）会长得更高

B. 苍鹭（heron）会有更多的鱼吃

C. 鱼（fish）数量会增加

D. 蝗虫（grasshopper）数量会增加

5. 下图显示了山坡上四个不同的岩层。

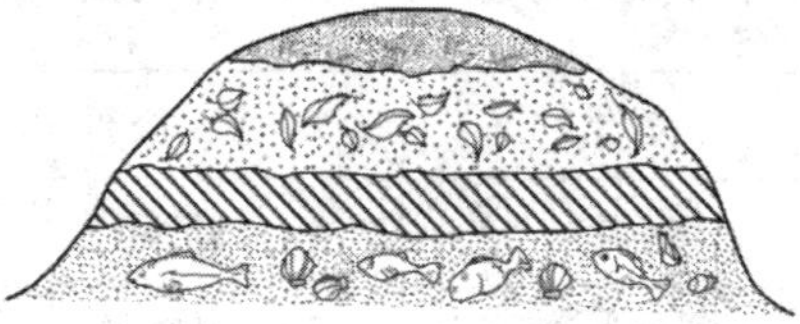

这些岩层中有一层是在海洋下面形成的最好证据是什么？（　　）

A. 岩层的厚度　　　　B. 岩层的化石类型

C. 岩层中洞穴的数量　　　　D. 岩层高于海平面的高度

填空题呈现给学生一句或一段不完整的话，要求学生简要作答，或陈述一种情景，让学生分析原因。填空题可用于考查学生对知识的记忆程度，考查学生对知识的理解、推理和判断能力。

1. 蒸发是在________温度下，把液态物体转变为________。

2. 皮尺用于测量________，天平用于测量________。

3. 黄金属性柔软，加入________可用于制造首饰，加入银或者白金可以增加________。

5. 植物花蕊中的雄蕊产生________传到雌蕊上的________上，使雌蕊子房里的________受精，受精的胚珠发育成________。

6. Kale 和 Tanya 想知道白天阴影的长度是如何变化的。他们在一天的不同时间测量旗杆的影子长度。

问题 1：大概在什么时候你会认为旗杆的影子最短？

□ 上午 9 点　　　　□ 中午 12 点

□ 下午 3 点　　　　□ 下午 5 点

问题 2：为什么旗杆影子的长度在白天会改变？

____

判断题通常给出一句陈述，要求学生断定内容的正确与否。

1. 劳动时，小明用湿抹布去擦带电的电灯。（　　）
2. 动物产的卵都能发育成新的一代生命。（　　）
3. 人体和大地都是导体。（　　）
4. 食品的保质期越长越是好食品。（　　）

匹配题通常给出两列词句：问题选项与反应选项。匹配题要求学生根据题意，按照某种关系将左右两列中的项目连接起来，或者让学生填写匹配项目。匹配题形式简单，能够测量学生对知识联系的掌握情况。

1. 将 A 列中的微生物与 B 列中引起的疾病进行匹配。

A：微生物	B：疾病
病毒	霍乱
细菌	锈
菌类	登革热

2. 透明对象与不透明对象有何不同？写下它们之间的两个区别。

透明物体	不透明物体

（2）主观试题的类型与编制要求

主观试题没有唯一的答案，允许、鼓励学生自己组织各种材料、表达各种观点，对学生的反应没有严格、明确的规定，学生的反应是开放、多样的，而评分规则一般比较模糊，操作性不强，评分的主观性、随意性较大。这类题型包括论述题、问题解决题等。

论述题要求学生用文字论述方式阐述相关观点，回答字数可以从几句话到一段话不等。论述题有限制式和开放式两种类型，科学课程学业成就测验一般采用限制式论述题。

限制式论述题对回答的内容和长度都有规定，它适合于考查学生对知识的记忆和理解程度，还可以测量学生对材料的概括能力。例如：

1. 制作果冻（making jelly）。果冻是将果冻晶体（jelly crystals）溶解在热水（hot water）中制成的。晶体溶解后，混合物冷却，使果冻凝固。果冻凝固后就可以吃了。

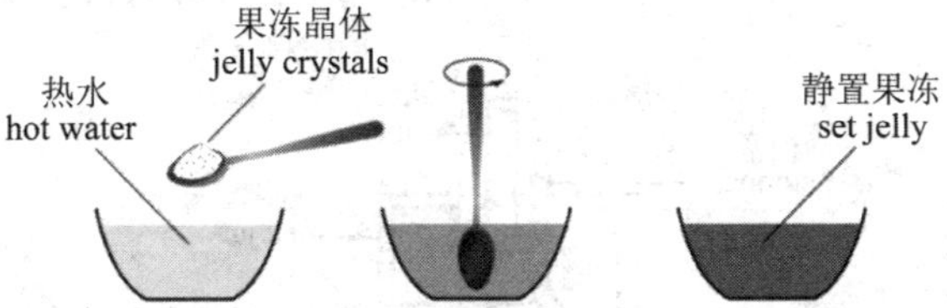

鲍勃用五个碗做果冻。他做了以下事情：A. 他在每个碗里装满两杯热水；B. 他在每个碗里加入果冻晶体；C. 他搅拌混合物；D. 他把碗盖好放进冰箱。

鲍勃量了量每碗果冻的凝固时间。他把结果记录在下表中。

碗	果冻晶体的数量（汤匙）	设定时间（分钟）
1	2	210
2	4	185
3	6	未记录
4	8	115
5	10	90

问题 1：鲍勃想回答什么问题？

___

问题 2：鲍勃做了一个结果图表。

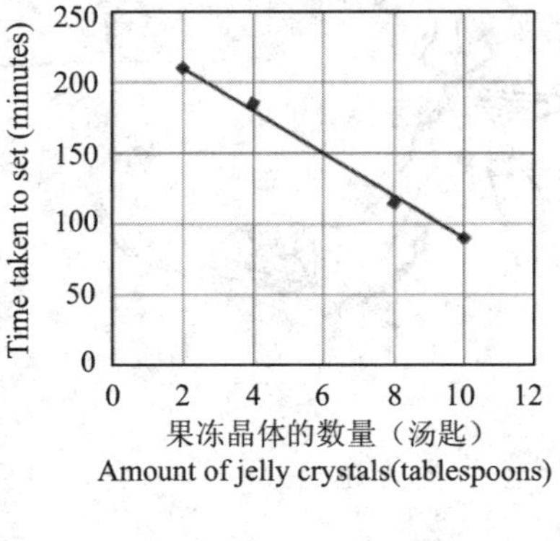

鲍勃忘了记录在碗3中凝固果冻需要多长时间。使用曲线图预测碗3中果冻的凝结时间。

________分钟。

问题3：鲍勃本可以做什么来改进他的调查？为什么？

____

2. 贝蒂用一些材料做了一个人体呼吸系统的模型。

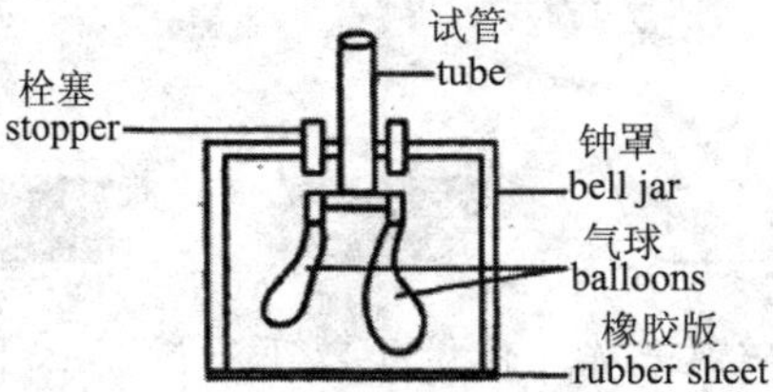

（a）说出模型代表的呼吸系统的部分。

____

（b）说明呼出气体和吸入气体的两个不同之处。

____

问题解决题向学生提供一定的问题情境和目标情境，要求学生通过对知识进行组织、选择和运用等来解决问题。它通常有间接测验与直接测验两种形式。

间接测验采用纸笔测验来评价学生的学业成就或能力。学生须写出若干步骤或过程，以展现他的思路，教师按照步骤记分。例如：

尼尔逊研究了生物A的生命周期，如下图所示。

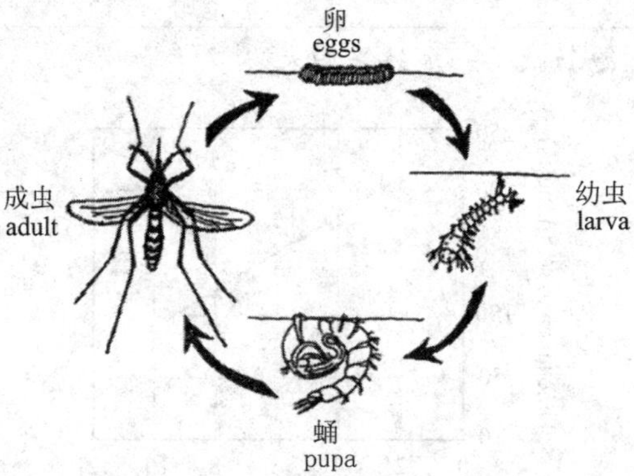

尼尔逊把生物A归类为昆虫。

(a) 陈述一个帮助尼尔逊把生物 A 作为昆虫的成虫（adult）的特征。

____

生物 A 一次产很多卵（eggs）。

(b) 解释每次产卵多少有助于生物 A 确保其物种的连续性。

____

尼尔逊研究了周围温度对生物 A 生命周期的影响，并将观察结果记录在下表中。

温度（℃）	一个完整生命周期的天数
20	27
25	18
30	11
35	9

(c) 根据尼尔逊的观察，温度会如何影响生物 A 一个完整周期的长度？

____

(d) 生物 A 的幼体生活在水里，而成体生活在陆地上，这表明幼体和成体生活在不同的环境中有一个优点。

____

直接测验又叫作操作测验。操作测验对于考查高级思维技能十分有效，但往往费时，主观性较大，有效度也经常受到质疑。例如：

玛丽用家里找到的一些普通物品做了一个弹弓。她想知道橡皮筋（elastic band）被拉长后，球（ball）走过的距离会受到什么影响。

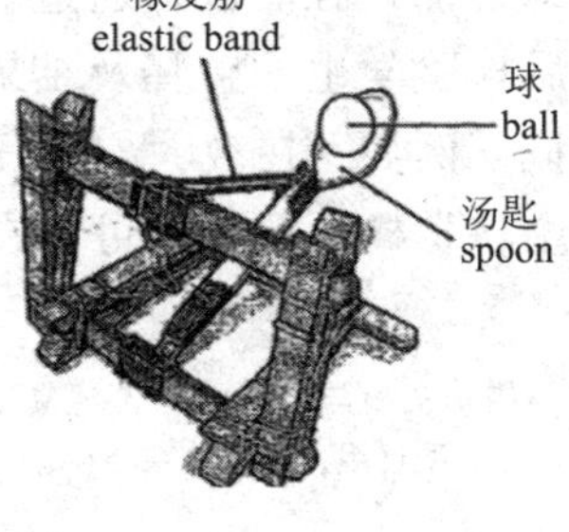

她做了一个实验，并将实验结果记录在下表中。

橡皮筋的长度（厘米）	球走过的距离（厘米）
3	16
4	23
5	31

（a）说出橡皮筋所具有的能量。

______

（b）被拉伸的橡皮筋的长度和球走过的距离之间是什么关系？

______

（c）玛丽想对弹弓做一些改变，使球飞得更远。在不改变橡皮筋的长度的情况下，建议她可以做一个什么样的改变，让同样的球走更远的距离？

______

（二）表现性评价

1. 表现性评价的含义

表现性评价（performance-based assessment）通过设计、创设相关情境，布置复杂任务，提出具体问题，让学生在实际情境中观察、实验、操作，以个体或小组活动的形式解决预设问题，完成一项完整的作业任务。学生完成一项完整的作业任务能反映学生科学学习的综合水平，因此表现性评价既能评估学生对待科学探究的兴趣和态度，也能评估学生掌握的科学探究的知识和技能。表现性评价就是在学生参加一些活动时，让他们实际表现出某些特定的技能，或者创造出符合某种特定标准的成果或作品，通过观察学生执行具体操作的过程，对其表现进行直接评价①。

该评价依据的不是书面的文字，而是学生具体的动作行为，如仪器操作、动手制作等外显行为标准。教师通常一开始给学生一个课题，然后要求学生自己设计完成这个课题的途径。教师通过观察学生的实际操作，审阅设计过程的合理性，最后检验学生的解释及结果。由于每个学生设计的途径不同，结果可能会不同。例如，在教“空气压力”概念时，学生可以用不同的小实验来印证这个科学概念，他们可以在饮料吸管上扎个洞而使

① ［美］斯蒂金斯．促进学习的学生参与式课堂评价［M］．4版．国家基础教育课程改革“促进教师发展与学生成长的评价研究”项目组，译．北京：中国轻工业出版社，2005：10.

吸管失去吸水功能，也可用湿纸片“粘”在玻璃窗上，还可用纸飞机的原理来说明空气压力的存在。虽然途径不同，所用的材料不同，却能说明同一原理，因而可以作为评价的依据。

表现性评价包括过程性的表现性评价与产品性的表现性评价。

过程性的表现性评价主要评价学生在实际科学活动中的过程技能，如评价学生的观察、讨论、辩论、演讲、测量、记录的实际技能。由于这些科学活动没有外化的作品与产品，需要观察其过程表现，进行实时评价。基本的科学过程技能包括比较、鉴别、分类、观察等，不同类型的过程技能表现有所不同。(1) 比较：要求学生用实验来比较两个或两个以上物体的性质。譬如给学生三种不同品牌厨房用的纸巾，让学生比较哪一种吸水能力最强。(2) 鉴别：要求学生测试某种或多种物质的组成部分。譬如给学生三种不同品牌厨房用的液体和粉末，要他们鉴别出哪一种物质是呈碱性的。(3) 分类：根据一定标准将东西分类。譬如给学生许多矿石，要求他们将这些矿石按它们的硬度（或光泽、比重等）分类。(4) 观察：观察某一种不能被操纵的现象（如太阳下山、大街上尾气排放情况），然后写出观察结果。

产品性的表现性评价通过评估、分析学生的科学活动作品，如学生的实验报告、观察记录、调查报告、科技设计、科技产品、科技论文，对学生的作品质量展开评价。因为学生的作品往往是反映学生学习表现的窗口，通过对学生作品的评价，可以比较准确地评估学生的学习态度，了解到学生在学习和探究活动中所具有的水平与存在的问题，有助于教师进一步判断学生的整体学习情况和质量。

2. 表现性评价的基本特征

表现性评价需要借助于一定的表现性任务，这个任务与学生所学的内容或生活实际密切联系。学生完全投入现实问题的解决当中，其积极性和主动性得以充分发挥。

表现性评价考查学生多方面的综合实际表现。对于实际的现实问题，学生往往需要具备多方面的知识与能力，并非掌握单一的知识和技能就可以解决的。而且，问题的答案也并非一个，也并不是让学生选择一个正确答案就可以完事，而是让学生亲自去摸索、去探究，让学生自己寻找、分析、创建问题解决的办法。表现性评价需要对学生的能力进行多角度、多侧面的考查。

表现性评价的标准要能够反映学生在发展上的差异。在真实的问题情境中，学生的表现有不同层次。高水平的学生可以挑战更高层次的问题，从而发挥他们的聪明智慧甚至是创造潜能。对于低水平的学生，可以让他们解决与其能力水平相当的问题，让他们在学习中有所收获和提高①。

3. 表现性评价的实施策略

表现性评价的实施需要提出表现性任务，制定行为表现评估标准，细化评分规则（量规、量表）。表现性任务、行为表现评估标准和评分规则是表现性评价实施的核心要素。

（1）表现性任务

表现性任务就是需要学生完成的真实的或模拟的实际情境与任务，它要求真实生动，具有一定的吸引力，能引发学生的兴趣。表现性任务提供具体的背景、材料、问题与要求，它不是纸笔测验式的结构化的简单题目，需要学生综合运用多种知识与技能才能解决。

（2）行为表现评估标准

评估前，需要明确学生达到标准的行为标志，这些标志是可以观察、测量的。行为表现评估标准即学生完成特定任务需要采用的外显行为（如观察、推断、测量、作图、假设、解释等），以及这些行为需要达到的标志。行为表现评估标准可以是质性的标准，也可以是数量标准；可以是简单描述，也可以是数量规定。过程型任务的行为表现评估标准为科学观察、科学讨论、科学辩论及其参与频率、投入程度、积极性、灵活性等方面；产品型任务的行为表现评估标准包括学生作业作品的立意、设计的新颖性，材料的正确性和完整性，数据的真实性、准确性，结论的科学性和独创性，产品的实际价值等方面。

（3）行为表现评分规则

表现性评价需要制定相应的等级标准或分数标准，描述该等级、分数的具体含义。应该看到，评分规则具体而微，十分细致，对于某些行为表现的评价是适切的，但对于一些创造性行为表现可能不适用。正如艺术作品评价一样，人们常常难以制定具体而微的评分规则。因此，表现性评价不宜太追求数量化，太细的评分规则可能违背表现性评价的初衷。过程技能的一般行为标志见表 10-1。

---

① 张二庆，乔建生．小学科学课程与教学论［M］．北京：北京师范大学出版社，2016：178.

表 10-1　过程技能的一般行为标志

过程技能	行为标志	过程技能	行为标志
观察	① 能用两种以上的感觉器官 ② 正确地描绘出物体的主要特征 ③ 观察结果客观，没有掺入个人见解 ④ 能用数字来描述物体特征	测量	① 能挑选合适的测量工具和测量单位 ② 测量结果能正确保留合适的数位 ③ 能正确使用测量工具 ④ 能学会用平均数法来求得最后结果 ⑤ 测量结果准确
推断	① 描述物体内在和物体之间的关系 ② 推断结果合理 ③ 推断过程符合逻辑 ④ 能使用两个以上的观察结果来推断 ⑤ 推断结果是基于观察结果的，而不是凭空想出来的	作图解图	① 正确辨认出自变量、应变量和控制变量 ② 能遵照制表和作图的规则 ③ 能正确画出理想光滑的曲线或直线 ④ 对图表的分析合理，合乎逻辑
分类	① 能用不同的方法来对同一组事物加以分类 ② 划分标准合理 ③ 能完成 15 个物体的完整的二分法分类 ④ 能依据物体的主要特征进行分类	假设	① 对假设有正确的表达，假设中包括自变量和应变量 ② 论证过程设计合理 ③ 对主要的控制变量做了周密的考虑 ④ 结论推断正确 ⑤ 结论基于实验结果，没有另加个人看法

案例一："物质性质"课堂教学实例①

表现性任务：教师提供材料，要求学生写出物体的性质，分辨物质的状态及其变化。

行为表现评估标准：物质三态的转变，物理变化。

行为表现评分规则：在课堂中设立 4 个评估点。每个评估点都有一个具体要求。

1. 评估点 A。物质的基本属性。给学生提供盘式天平、尺及不同的物体，如玩具绒布狗熊、充气玩具鸭子、学习文具等，要

① 陈华彬，梁玲．小学科学教育概论［M］．北京：高等教育出版社，2003：219-220.

学生写出每个物体 2~3 个物理性质（例如：一个学生在他的报告中指出充气后的玩具鸭是黄色的，表面很光滑，重 20 克，高 18 cm；另一个学生在报告中说学生用的胶水是白色的，很稠，没有固定的形状）。

2. 评估点 B。物质的三态。陈列着许多不同种类的物质。要求学生列表分辨出哪几个是固体，哪几个是液体，哪几个是气体。如，一位同学的报告如下：

物质的三态		
固体	液体	气体
球	醋	充气玩具鸭子中的空气
杯子	酒精	醋瓶里的空气
石块		
桌子		

3. 评估点 C。分子运动。要求学生用点或小圈的稠密度来表示出分子在三种相态中运动的情况。如，一位同学的报告如下：

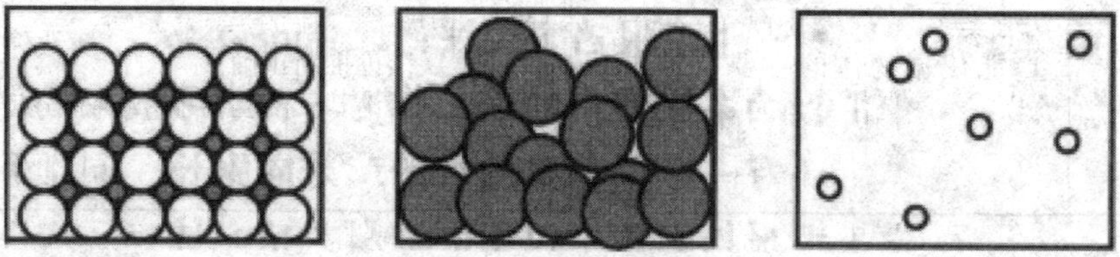

4. 评估点 D。物质状态的变化。给学生提供一些蜡烛、冰块、小苏打粉、巧克力、榔头及电吹风等，让学生设计一套方法去显示出固体到液体，液体到气体的转变。

本案例将学生置于一个真实的情境之中，向他们提出真实、复杂的任务，要求学生判断物质的形态，模拟分子在三种相态中的运动情况。最后给出一些物体，要求学生设计方案，显示物质状态的转变，具有一定的挑战性。

案例二：制作雨量器①

教师在上课时，出示预先制作的雨量器，以引起学生的兴趣。然后，组织学生分组讨论如何制作一个精巧的雨量器。

教师要求学生通过讨论解决以下问题：

用什么材料：如可乐瓶等。

用什么工具：如要比较精确地画刻度，要用直尺；如利用瓶颈做雨水积聚口时，要用切割工具。

达到什么目标：如要测量方便，要画上刻度等。

确定工作计划：要求学生用文字或图画来表示制作计划，明确分工和完成日期。

师生共同讨论制作过程中几个关键的技术问题：如何确定刻度、如何切割瓶体。在这些技术性问题上，学生可以有很大的创造空间。

在制作完成雨量器后，在班级里举行一次展览，让学生自行编制评价方案。

以小组为单位设计评价表，各组经过讨论要确定一份统一的评价表，评价表中的项目可以有：是否稳定牢固；是否能简便地测量雨量；刻度线是否美观；等等。每项内容均有不同的分值。然后让学生做评委，评选出最佳的作品。

本案例通过创设情境，提出具体的任务“制作雨量器”，对需要解决的问题提出明确的指导和要求。为了培养学生自我评价的能力，让学生掌握评价方法，本案例指导学生自己讨论、确定评价细目及其规则，包括分解评价项目，明确各个项目的评价分值，体现了表现性评价的基本理念。尽管评价还比较粗糙，但具有积极的探索意义。如果能从作品的科学性、独创性、现实价值性等方面进行评价，更能显示真实性评价的特色。

---

① 卢新祁．小学科学教学法［M］．长春：东北师范大学出版社，2005：192.

拓展阅读 10-2

动物栖息地①

表现期望：观察植物和动物，并比较不同栖息地生物的多样性。

[澄清说明：重点是各种不同栖息地中生物的多样性]

[评估范围：评估不包括特定栖息地中特定的动植物名称。]

所需材料：① 每个学生一张栖息地表（黑白或彩色）。如果栖息地表（habitat sheet）是黑白的，则教师应投影彩色的栖息地照片或打印足够的彩色副本以供学生查看。② 每个学生一张维恩图纸（Venn Diagram sheet）。③ 每位学生一张学生记录纸。

时间：此任务可能需要 10 到 15 分钟。根据学生所处的年级和学生的写作能力，可能需要更长的时间。

管理任务：① 为学生提供栖息地表格，以观察和记录他们可能对栖息地及栖息地中的生物所做的任何观察。② 学生使用他们的栖息地表和观察结果来完成维恩图，以比较每个栖息地中生物之间的异同（维恩图上记录情况将被计分）。③ 学生使用学生描述工作表（SEP 记录表）列出有助于所列动物在其栖息地中生存的特征/适应性，以及这些事物为何有助于这些动物的生存。

计分任务：① 在任务的两个部分上给学生打分——学生在维恩图中写的内容，以及在学生描述工作表（SEP 记录表）上建立的连接。② 专栏建议学生应该达到 1、2、3 或更高的分数。

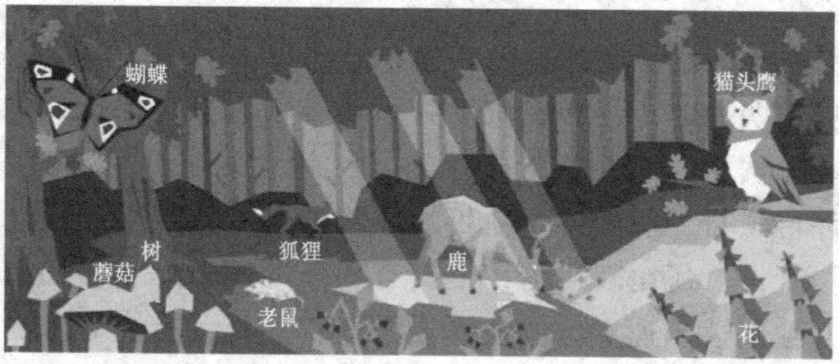

您对上图栖息地中的生物有何发现？

1. ______________________________

2. ______________________________

① ADUMAT S，HOFFMAN Elsh，HOFFMAN Elissa. Classroom Science Assessment Examples [EB/OL]. https：//dpi. wi. gov/science/assessment/examples.

您对上图栖息地中的生物有何发现？

1. ______________________________

2. ______________________________

学生描述工作表（SEP 记录表）

森林栖息地	列出有助于这些动物在其栖息地中生存的特征/适应性，以及这些特征/适应性有助于这些动物生存的原因
狐狸 	
鹿 	
猫头鹰 	
鸟 	

续表

北极熊幼崽 	
鱼 	

维恩图

两个栖息地中的动植物有何相同和不同之处？

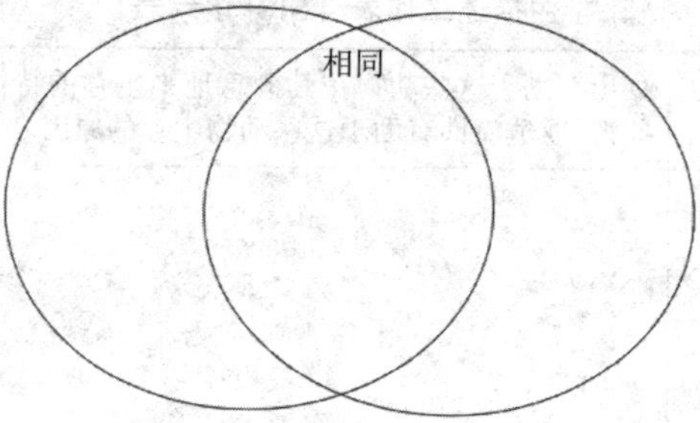

学生记录纸（略）

评价标准

观察植物和动物，以比较不同栖息地中生物的多样性（来自维恩图）			
1	2	3	4
陈述仅在一个栖息地（林地或极地）中观察到的动植物的情况；在“相同”类别中没有列出一个比较	陈述每个栖息地（林地和极地）至少两次对植物/动物的观测结果；在“相同”类别中列出一个准确的比较（例如“需要食物”“有住所”或“水”）	陈述每个栖息地（林地和极地）至少两次对植物/动物的观测结果；在“相同”类别中至少列出两个准确的比较，并提供示例（例如“需要食物——列出食物”“需要庇护所——列出庇护所”或“有水”）	陈述每个栖息地（林地和极地）动植物的观测结果；在“相同”类别中列出两个以上准确的比较，并提供示例

SEP：参与证据论证（来自 SEP 记录表）			
1	2	3	4
评论两种栖息地中一种动物的特征；在陈述有助于动物在该栖息地生存的因素（例如“可爱”）时，仅依靠观点而不是证据；在陈述有助于动物在该栖息地中生存的因素（例如“人猎鹿”）时，找出错误的证据	评论每个栖息地中所有动物的特征；为每种动物使用准确的证据，但证据可能不包括为什么该动物适合环境（例如“有毛皮”“游泳”，有翼）；将食物、住所、水和空气以外的财产列为这些栖息地中生物的相似方面，或提及另一种栖息地，以及它们如何与该栖息地中的生活进行比较	评论每个栖息地中所有动物的特征；为每种动物使用准确的证据，证据包括为什么该动物适合至少两种动物的环境（例如“毛皮保暖”“可以游泳觅食并避开食肉动物”“颜色有助于躲避在其环境中的食肉动物”）	评论每个栖息地中所有动物的全面特征；明确地将每种动物的证据与为什么它有助于在那种环境中生存联系起来（例如“可以快速逃避陆地上的掠食者，但是不能游泳以避免在水中的危险”“具有较厚的皮毛可以抵御寒冷，但在炎热的沙漠中会太热”）

以上是一个科学考察的表现性评价的案例，提出了明确的表现任务与要求，制定了表现性评价的等级量规，据此可评价学生科学学习成就。该评估涉及要素较多，周期较长，具有一定的难度。

（三）档案袋评价（成长记录袋评价）

1. 档案袋评价的含义

档案袋评价（portfolio assessment）又称成长记录袋评价，是指教师和学生有意地将各种有关学生表现的材料收集起来，并进行合理的分析与解释。学生成长记录袋评价是教学领域“质”的评价的一种常用模式，可以反映学生在学习与发展过程中的努力、进步状况及成就，促进学生学习的改进与发展。

档案袋的内容较为丰富，但并不意味着学生档案袋里应有尽有。档案袋里究竟放些什么，哪些材料进入档案袋，需要一个选择的过程。选择之前，需要明确档案袋制作的目的是什么、适用的对象是谁、追求哪些功能等问题。这些问题需要由学生和教师协商决定。根据档案袋的功能，可以将档案袋评价大致分为两种类型：学生成长过程型档案袋评价、学习成果展示型档案袋评价。

学生成长过程型档案袋评价主要以学生在整个学习阶段中不断成长、进步作为评价依据，通过评价促进学生学习的反思与改进。因此，要注意档案资料的日期，以便进行历时性比较。档案资料不仅包括学生平时作业、测验、考试，也要包括学生在情感态度（日记、科学教育周记、自我评价等）及小发明、小创造等方面的资料。

学习成果展示型档案袋评价的目的就是向家长、同学和全校展示汇报自己的学习成果，证明自己的学习成就。因此，需要精心选择档案材料，所选材料应该包括能代表学生最高水平的作品和成果。

近年来，计算机及各种多媒体硬件及软件的发展，为学生档案袋的建立和储存提供了新的形式。借助于计算机技术，我们不仅可以将一些文字材料扫描转换成图片文件，还可将一些图片、照片、录音、视频转换成计算机文件加以储存，以文件夹的形式保存到学生的个人电脑之中。我们也可以借助CD刻录技术，将大量的资料转录在一张光盘上，便于携带和保存。与普通档案袋相比，电子档案袋储存方便，容量极大，资料的分类、管理、传输、评估、分享十分便利。

2. 档案袋评价的基本特征

档案袋评价属于过程性评价，它的最大优势是向教师、家长和学生展示出一个真实、丰富的学习过程。它比纸笔测试评价和其他传统评价更能说明学生知道什么和能够做什么（特别是学习成果展示型档案袋，能代表学生的真实水平），评估资料真实可靠。同时，档案袋评价属于过程性评价，它分散在学生平时的学习过程之中，在学习时留下自己的足迹，无需专门的准备，可以消除评价带来的紧张与焦虑，因而评价的信度较高。

档案袋评价属于发展性评价。与传统评价中的总结性评价相比，档案袋评价（特别是学生成长过程型档案袋的评价）关注评价资料和作品的收集、整理、反思过程，学生经历档案袋制作与评价的全过程，学生在学习与反思过程中可以看到自己的成就，正视自己的不足，通过问题反思，寻找解决问题的对策，改进学习方式，有助于激发学生的学习热情，提升动机水平，促进学生的发展。

档案袋评价属于协作性评价。档案袋评价改变了传统的由教师主宰的评价过程，学生不再是被动地接受他者的评价，而是积极主动地参与对自己的评价，师生之间形成合作的评价关系。在档案袋作品的收集、整理、评价全过程中，学生开始介入评价过程，甚至成为他们自己档案袋的主人，担负起收集资料、整理资料的主要工作。学生同教师一道参与作品选择、项目制定、标准确

文献提示

“档案袋评价法”，见胡中锋主编《教育评价学》(第二版)，中国人民大学出版社，2013.

定等活动，围绕一些具体问题交换意见，讨论看法，这有利于教师与学生之间的彼此交流、深度合作，有利于形成学生的合作意识与协作精神。

3. 档案袋评价的实施过程

（1）组织计划阶段

组织计划阶段包括四个步骤。第一，教师向学生阐明档案袋评价的含义，解释档案袋的作用，说明是否需要打分、是否排名次，教师还可以向学生展示档案袋评价的样例。第二，确定评价的目标，为学生收集资料信息提供方向。目标的确定需要师生共同参与，也可以由教师先广泛征求学生的意见和想法，然后做出决定。第三，确定评价的内容和范围，教师需要确定哪些是需要评价的，不仅包括活动的内容、方案与过程的记录，还包括学生学习的信息和资料、学习的结果、自我评价与他评的结果等。第四，常与家长进行沟通。小学科学课程资源丰富多彩，小学科学学习评价需要家长的理解与支持，家长对学生的鼓励与支持有助于实施档案评价。

组织计划阶段的指导有两方面。一是封面设计。档案袋的封面主题可以不拘一格，如小小科学家、蜜蜂集、七彩阳光等。在档案袋的封面上，学生可以根据自己的兴趣设计图案，可以出现学生的姓名、年级、班级、兴趣、特长、编号等信息，甚至可以附上学生的艺术照等。档案袋的形式制作最好能够统一，可以是相册，也可以是资料袋或文件夹，让学生把各种学习情况分门别类地放入各个小袋子里边，如小组讨论袋、特长表现袋、观察记录袋等。总之，教师应指导学生对各种信息有条理地进行收集和存放，以便今后查找和评价。二是内容设计。教师可以根据实际需要灵活决定档案袋的内容。可以放入档案袋的材料有：反映学生学习情况的测验成绩，教师对学生的日常学习行为表现的评价，同伴的观察与评价，学生自我反省、自我评价和自我认识的相关信息，展现学生兴趣的作品，学生自认为最优秀的作品或成绩，学生学习过程中在学习态度、兴趣或技能等方面的改变或成长的记录，等等。

（2）资料收集阶段

在档案袋资料收集阶段，教师需要与学生经常进行沟通与交流，及时了解学生的学习进展和学习方面取得的进步，并为学生下一步的学习和评价确定目标。为此，教师可以用头脑风暴法、小组讨论法、交谈法等方式，启发学生思维，鼓励学生对自己的学习进行反思，如：“你通过这个活动学到了什么，知道了什么，明白了什么？”“你最大的收获是什么？”“你遇到的困难有哪些？”“你还希望自己可以做些什么？”通过各种活动和问题引导学生对自己的学习困难、学习收获、学习进展等情况进行深入思考和反省，培养学生的反省思维、发散思维和创造精神。同时，指导学生存放档案资料，学生可以将档案袋放在自己家中，让家长协助保管，需要的时候再带回学校使用。学生也可以将档案袋内容做成电子版本，或者刻录成光盘，也可以通过其他形式进行存储。

（3）成果展示阶段

教师让学生把自己收集的有关学习过程和学习成果的档案袋信息以汇报、会演等方式展示出来，以便学生体验学习成就，感受学习带来的快乐。当然，学生成果展示可以邀请家长、同伴等相关人员参与，得到大家的认可与鼓励。学生档案袋的成果展示可以一个学期举行 1~2 次。学生可从成果展示中获得成功和喜悦，并与他人分享，也会得到教师和同学的赞赏，获得改进学习的建议。

（4）档案袋的定期评定

档案袋的内容很多，教师可以分别对各个内容进行定期评价，一个月一次，两个月一次，或一个学期一次。评价量规可以按照 A、B、C、D、E 五个等级（或按照及格、良好、优秀的等级）进行评定。档案袋的评价标准不宜太细太繁，易于理解和操作即可。同时，可以采取多元主体评价的方式，如学生自评、教师评价、小组评价、家长评价等，如表 10-2 所示①。

表 10-2　档案袋内容的综合评价方式

评价方式	书面作业	小测试	小论文	课堂观察	实验记录	设计制作
自评						
教师评						
小组评						
家长评						
总结性描述						

一些教师在小学科学教学评价中对档案袋评价的综合适用进行了有益的探索。表 10-3 是浙江省杭州市余杭区亭趾实验学校王媛制作的档案袋评价表②。

① 张二庆，乔建生．小学科学课程与教学论［M］．北京：北京师范大学出版社，2016：176.
② 卢新祁．小学科学教学法［M］．长春：东北师范大学出版社，2005：196.

表 10-3 单元学习档案（地球与宇宙）

第三章　地球与宇宙	姓名：韩雪（化名）
我学会了这些内容	科学内容：
我学会了这些方法	科学方法：
我遇到过的疑难与解答	星星的视运动照片中能看到流星吗？ 可以，那些粗细不均匀的线条就有可能是流星
精彩的课堂发言	每堂课都能积极发言，如：发生月食部分的月球并非全黑，而是呈暗弱古铜色
优秀作业	“第五节　月相”的作业完成得很好（有附件）
被否定过的观点	星星是在一个平面上的
科技制作、观察与发现、小论文	活动星图的制作获得优秀（有附件）；撰写了小论文《月相与古诗》（有附件）
知识小竞赛	优胜
反思与自评	我的天文知识还很欠缺，应通过课外阅读加以丰富。我知道有一个天文爱好者网站，另外，《科学画报》《大自然探索》两本杂志里有我需要的很多知识
小组评价	在学习中有很多想法，能积极参与各项活动，爱动脑、爱动手
教师评价	老师很喜欢你的发言和作品，它们都很有创造性。在学习上你能知难而上，学习途径较多，非常好
家长评价	平时喜欢动手，比较好动。回家能认真完成作业

拓展阅读 10-3

国际科学教育评价项目 PISA、TIMSS

国际学生评估项目（Program for International Student Assessment，PISA）是一项由经济合作与发展组织（Organization for Economic Co－operation and Development，OECD）在 2000 年启动的学生能力国际评估计划。主要对完成基础教育的 15 岁学生进行数学、阅读、科学评估，测试学生们能否掌握参与社会所需要的知识与技能。PISA 测试三年一个周期。科学领域的评价包括“科学知识”和“关于科学的知识”两大方面。“科学知识”是指横跨物理、化学、生物科学、地球和空间科学及科学技术等主要学科的自然世界知识。“关于科学的知识”是指对科学探究过程与方法、科学本质理解的知识。

国际数学与科学趋势研究（Trends in International Mathematics and Science Study，TIMSS）是国际教育成就评价协会（the International Association for the Evaluation of Educational Achievement，IEA）于1995年发起和组织的国际教育评价研究与评测活动项目。TIMSS是一项对四年级和八年级学生进行的数学和科学的国际评估，自1995年以来每四年进行一次。TIMSS 2015是TIMSS系列的第六次评估，它针对不同年级的科学课程内容展开评估。该项目是通过对参与国正在使用的课程政策、教科书和其他课程材料的分析而制定的。它主要考查学生在面临与科学相关的问题时能否做出明智的决定。该框架围绕两个维度组织：一个是内容维度，指定要评估的内容；一个是认知维度，指定要评估的思维过程。基本内容为：对科学的一些基本思想、原理和理论的一般理解；关于科学知识产生、验证和传播方式的一些知识；有一定的理解科学数据并评估其有效性和可靠性的能力；批判性地理解科学和技术的目的和目标，包括它们的历史根源和它们所体现的价值；了解科学、技术、社会和环境之间的相互关系；对科学的兴趣；在未来更新与获得新科学知识和技术知识的能力。TIMSS评估包含近800个评估项目，每个课程领域、每个年级约200个。TIMSS的大部分项目评估的是学生的应用和推理能力。

此外还有一些国家或区域性的评价，如加拿大的SAIP科学评估、澳大利亚的NAP-SL测试和印度的EAM评价。

（About TIMSS 2015，Downloaded from timss2015. org/download-center Lynch School of Education，IEA International Study Center，Boston College.）

第三节　小学科学课堂教学评价

科学课堂教学评价，是以教师的科学课堂教学为评价对象，对教师科学课程的教学过程及其行为进行的评价。科学课堂教学评价有利于科学教师树立正确的科学教育观念，提升科学教师授课质量，有利于推动科学课堂教学的发展与变革。

一、科学课堂教学评价的理念

（一）科学课堂教学评价即专业发展

教学评价不仅可以促进学生的科学素养发展，还可以有效促进教师的专业发展。日常听课、评课是教师常规工作中的一部分。科学课堂教学评价活动可以起到促进、提升教师的专业水平的作用。对于评价者来说，科学课堂教学评价并不局限于固定的评价指标，还需要结合科学课堂教学的具体情况分析教学的特色与问题。对于被评价者来说，根据评价者的评价结论，可以清楚地了解到自己的教学特点、优点与不足，深入反思科学教学中存在的不足，多角度思考教学的提升路径。科学课堂教学评价可以给教师提供相互学习的机会，促进教师的专业发展。

（二）科学课堂教学评价即交流对话

在科学课堂教学评价中，评价者与被评价者处在平等的地位，可以进行充分的对话与交流，只有这样才能真正发挥科学课堂教学评价的发展性功能。访谈评价时，评价者与被评价者可以就科学课堂教学过程中存在的疑惑、问题直接对话，深入讨论，深化对科学教学的认识。被评价者还可陈述自己的教学设计意图、重要环节的处理缘由，避免由理解偏差导致的评价不当。

（三）科学课堂教学评价即教学改进

教学评价是为了发现科学课堂教学中可能存在的问题，并为解决问题、改进教学提供价值判断。教学评价的目的在于改进教学，提高教学质量。科学课堂教学评价可以创新教学过程，提高科学教育教学质量，推动科学教学改革。例如，教学评价时对科学教学中游戏教学的肯定，能给增强小学低年级段科学教学的趣味性与有效性指明方向。学校常规听课、评课，家长开放日的听课、评课，教师之间的听课、评课，这些活动的开展能为教师改进科学课堂教学提供机遇。

二、科学课堂教学评价的程序

教学评价是一项复杂的活动，需要遵循一定的程序。科学课堂教学评价的程序分为五个阶段。

1. 评价的准备阶段

（1）建立评价小组

评价小组可以由校内的科学教学名师、骨干教师和学校领导组成，也可以由校外的科学教学名师、骨干教师和校外专家组成。评价小组人员应该有明确的分工。

（2）阐明评价目的

科学课堂教学评价是一种有目的的活动，评价目的不同，采用的评价标准与方法会有差异。例如，科学教师教学技能大赛需要采用高效能教学标准，为了促进科学教师的专业成长则可以采用常规教学标准。

（3）制订评价方案和选择评价样本

科学课堂教学评价方案的制订，是科学课堂教学评价准备阶段的主要工作。根据不同目的可以选择不同的教学评价样本，例如：以赛教评优为目的，被评价者通常为学校的青年科学教师、科学骨干教师，评价场所往往包括外校班级；在以提升科学教师专业成长为目的的评价中，选择的被评价者可能涉及全体科学教师，评价场所常为学校内部的班级。

2. 评价资料的收集阶段

科学教学评价的资料收集方法主要有课堂观察法（主要收集的是教师科学教学活动的资料）、文献法（通过收集教师的科学教案、学生活动手册、实验报告等方面的信息）、调查法（主要是通过调查问卷和访谈）和测验法（主要用于获取科学课堂教学效果方面的资料）。收集评价资料通常耗时耗力，但它是评价工作中的基础性工作。

3. 评价资料的分析阶段

科学课堂教学评价资料收集完成后，需要及时将这些资料加以整理，对其做进一步的分析与判断。对于收集到的资料，可以分为描述性的质性资料和数据性的量化资料。质性资料可用分类、编码、归纳、综合等方法进行整理、分析。量化资料通常需要用统计方法和分析工具进行分析处理。

4. 得出评价结论阶段

评价资料整理分析后，可以按照科学课堂教学评价标准，对被评价的教师的科学课堂教学活动进行分析综合，得出评价结论。在这个阶段，评价人员一定要遵循公正、客观、全面的原则，既要有对优点的肯定，也要有对存在的不足和失误方面的提示，辅之以建议。评价者应实事求是地给出客观而深入的评价结论。

5. 信息反馈阶段

得出科学课堂教学评价结论后，评价人员需要及时将评价的结论反馈给被评价的教师。进行评价结果反馈时，需要注意反馈的方式和场所，态度诚恳、语气平和的方式和安静的场所有利于做好反馈。本着促进教学的原则、保持客观公正的态度，这样才能让被评价的教师从内心深处感受评价的初衷，为教师的科学课堂教学的改进与提升起到鞭策作用，实现以评促教。

三、科学课堂教学评价的类型及实施

（一）量化评价方法

量化评价方法是将事实与价值相分离，对科学课堂教学中各因素进行优劣量化考核，再根据各项得分或等级进行综合分析，最终得出评价结论的方法。量化评价强调精度、信度和效度，它主要采用观察、实验、调查、统计等方法，力图将复杂的科学课堂教学量化为数据，进而对数据进行处理分析，得出评价结论。由于量化评价的方法简单易行，它具有具体性、精确性和可验证性等特点，所以在日常科学课堂教学评价中处于支配地位。

1. 评价量表法

（1）评价量表法的含义

评价量表法是通过使用评价量表，对科学课堂教学各个评价维度的具体表现水平与对应的分值或等级进行评判。评价量表一般包括四个部分：项目描述（项目）、评价标尺（成就水平，可采取等级或分值的形式）、评价维度（项目所涉及技能/知识的分解）和对每个项目表现水平构成要素的描述（具体反馈）。评价量表可分为评分指南评价量表和等级导向型评价量表。

（2）评价量表法的特点

评价量表法方便、快捷、易操作，所以在日常的教学评价中得以广泛应用。评价量表中对各维度的表现水平都有详细的描述，科学教师可以根据得分明确自己存在的问题与后续改善提升的方向。需要指出的是，评价量表法需要与课堂观察评价等方法结合应用于科学教学评价中。

（3）评价量表的编制

评价量表的编制需要构建教育评价指标体系。教育评价指标体系是由教育评价指标、教育评价标准、评价指标权重和量化符号构成的，它规定着教育评价的范围、内容和尺度，是进行教育评价的基本依据①。其中，评价指标可分为一级指标、二级指标。由于小学科学课堂教学有别于其他学科教学，例如，教学中存在的实验操作有其特殊性，因此，其评价指标、评价标准、指标权重、量化符号与其他学科有所不同。

① 设计评价指标。评价指标是依据评价目标、由评价对象分解出来、能够反映评价对象某方面本质特征的具体化、行为化的标准，是对评价对象进行价值判断的依据。布卢姆等人曾把课程目标分为可能达到的目标和期望达到的目标两类。科学课堂教学评价指标亦可分为必达指标和期望指标，必达指标是达标下限，而期望指标为达标上限。就小学科学而言，其评价指标有别于其他学科的评价指标，需要考虑实验操作、实验演示、实验安全、安全教育等指标的设置。在科学探究教学评价中，评价指标的设计还需要考虑教学对学生的科学知识、参与科学探

---

① 胡中锋．教育评价学［M］．2版．北京：中国人民大学出版社，2013：21-24.

究的过程与方法、实验技能、科学情感态度与价值观，以及探究能力等方面的影响。

② 设计评价标准。评价标准是衡量评价对象在每个评价指标方面达到的水平或程度的具体要求。评价时由评价者根据被评价对象的表现，在一定分值或级别内给出相应的分数或等级。那么，如何设计科学教学评价标准呢？其方法主要有：一是分解科学教学评价指标所包含的主要内容，并以优秀、中等、及格方式进行描述。二是确定评价等级数量，一般 3~5 个为宜，也可以给出每项指标的满分值。三是确定标度，标度是达到标准的程度，它说明什么样的程度达到什么样的等级。例如，将每项指标评定等级确定为非常符合、比较符合、不太符合、不符合，其标度分别为 4、3、2、1。

③ 确定指标权重。指标权重是标明各个评价指标在指标体系中重要性的数值，当需要对价值客体做出综合的数量化评定时，权重系数是不可缺少的。如果将科学课堂教学各个评价指标之和视为 1，那么每个指标的权重在 0.1~1，称为权重系数，它是为了显示该指标在指标体系中的重要程度。权重系数的大小与评价指标的重要程度有关，所以各指标的权重系数必须根据实际情况做出合理的规定。例如在小学科学课堂教学中，实验操作就是比较重要的一个评价指标，它势必比教师的教态、板书等评价指标的权重系数大。

④ 规定量化符号。量化符号是教育评价指标体系中不可忽略的部分，一般可分为权数和分数两类，可以反映被评价对象在整体中的相对地位。在科学课堂教学评价中，我们常常使用分数的形式，具体以指标赋分来呈现，如同一级指标赋分，满分值为 100 分，及格分值为 60 分。

浙江省小学科学特级教师袁优红以问题引发活动，以活动构建教材与课堂，以解决核心问题引领学生开展有结构的科学活动，根据核心问题设置问题链，根据问题链设置对应的活动链，以活动链为明线、以问题链为暗线进行科学探究教学，据此构建了小学科学“问题—活动化”课堂教学评价量表（见表 10-4）①。

---

① 袁优红．新课程背景下小学科学有效教学探索：上学生喜欢的科学课［M］．上海：上海交通大学出版社，2018：93.

表 10-4 “问题—活动化”课堂教学评价量表

<table>
<tr><td>执教</td><td></td><td>学校</td><td></td><td>班级</td><td colspan="4"></td><td>时间</td><td></td></tr>
<tr><td>课题</td><td colspan="3"></td><td>课型</td><td colspan="4"></td><td>课时</td><td></td></tr>
<tr><td rowspan="2">项目</td><td colspan="4" rowspan="2">评价内容</td><td colspan="4">等级</td><td rowspan="2">权重</td><td rowspan="2">得分</td></tr>
<tr><td>优</td><td>良</td><td>中</td><td>差</td></tr>
<tr><td rowspan="3">教学目标</td><td colspan="4">教学三维目标的设定</td><td></td><td></td><td></td><td></td><td rowspan="3">0. 20</td><td rowspan="3"></td></tr>
<tr><td colspan="4">课堂核心问题的确定，活动化重难点定位</td><td></td><td></td><td></td><td></td></tr>
<tr><td colspan="4">教学理念与学习方法的选择符合学生需要</td><td></td><td></td><td></td><td></td></tr>
<tr><td rowspan="3">教材处理</td><td colspan="4">课堂活动链设置合理，活动数量安排恰当</td><td></td><td></td><td></td><td></td><td rowspan="3">0. 25</td><td rowspan="3"></td></tr>
<tr><td colspan="4">活动链安排以生为本，符合科学认知逻辑，体现科学本质</td><td></td><td></td><td></td><td></td></tr>
<tr><td colspan="4">课堂学习问题链设置有思维逻辑，与活动链相匹配</td><td></td><td></td><td></td><td></td></tr>
<tr><td rowspan="8">教学过程</td><td colspan="4">学生活动化时间不小于 15 分钟，学生参与活动化的过程有兴趣，主动性强，参与度大</td><td></td><td></td><td></td><td></td><td rowspan="8">0. 40</td><td rowspan="8"></td></tr>
<tr><td colspan="4">师生平等协作，师生、生生多方互动，体现积极交流的氛围</td><td></td><td></td><td></td><td></td></tr>
<tr><td colspan="4">活动驱动问题设置难度适中，体现科学性、层次性、逻辑性</td><td></td><td></td><td></td><td></td></tr>
<tr><td colspan="4">自评、互评、他评</td><td></td><td></td><td></td><td></td></tr>
<tr><td colspan="4">学习活动化有亮点，有创新性环节</td><td></td><td></td><td></td><td></td></tr>
<tr><td colspan="4">教师组织引导学生“问题—活动化”学习方法得当，有艺术性</td><td></td><td></td><td></td><td></td></tr>
<tr><td colspan="4">情感、价值观的渗透水到渠成</td><td></td><td></td><td></td><td></td></tr>
<tr><td colspan="4">多媒体整合运用恰当</td><td></td><td></td><td></td><td></td></tr>
<tr><td>教学效果</td><td colspan="4">教学目标有效达成</td><td></td><td></td><td></td><td></td><td>0. 15</td><td></td></tr>
<tr><td>综合评价</td><td colspan="4"></td><td colspan="4"></td><td>总分</td><td></td></tr>
</table>

2. 问卷评价法

（1）问卷评价法的含义

问卷评价法是评价者以书面提出问题的方式向被评价者收集资料的一种评价方法，即评价者通过向被评价者发放问卷的方式来收集资料，然后对收集的资料进行数据统计、分析，以了解教师科学课堂教学质量。

（2）问卷评价法的特点

一般来讲，问卷的客观性、时效性、科学性都比较强，而且回收率高、花费少，在教师科学课堂教学评价中应用广、易操作。但问卷评价法缺乏个性，对问题的剖析不够深入；问卷编制质量的好坏，直接影响评价结论的准确性；问卷的编制需要经过反复测试、修改，耗时费力；被评价者的态度和认知水平也会影响问卷填答的质量。

（3）问卷的设计

问卷题目的设计关系到问卷的科学水平，设计问题时应注意以下几个方面。① 问题的内容一定要与主题紧密相关且不重复。② 问题的数量适度，问题过多使人烦躁且可能无法获得真实的答案，问题过少使问卷评价不够全面深入。一般来讲，教师问卷的问题数量在 30~40 个为宜，小学生问卷的问题数量在 5~8 个为宜。③ 问题的表述要简明扼要、通俗易懂、无歧义。④ 问题排列的顺序要逻辑层次清晰。⑤ 问题不得带有暗示性。

在科学课堂教学评价中，教师的问卷评价可以使用问题表格的形式来设计，问卷可以将结构式与非结构式相结合，以封闭性的问题为主，开放性问题可以设计一些，但不宜过多。既要有主观题，也要有能力、态度和情感方面的问题。如针对小学三年级学生的调查问卷：

你喜欢上科学课吗？

A. 喜欢　　B. 不确定　　C. 不喜欢

科学课中，你和同学们有讨论吗？

A. 很少讨论　B. 没有讨论　C. 经常讨论

科学课的学习内容，好理解吗？

A. 好理解　　B. 不确定　　C. 难理解

科学课中老师组织你们做实验多吗？

A. 很少做　　B. 不做　　C. 经常做

这个学期的科学课，你学到了哪些科学知识？

____

除了科学知识，科学课还给你带来哪些收获？

____

需要说明的是，问卷亦可采取利克特量表的形式。利克特量表是美国社会心理学家利克特于1932年提出的一种最典型的总加量表，是测量态度最常用的方法之一，目前广泛用于情感态度领域的评价。表10-5通过测量学生科学课程态度可以反映出学生对于科学课堂教学的态度，10个陈述中的非常同意为5分，同意为4分，不确定为3分，不同意为2分，非常不同意为1分，根据学生选项的得分来进行分析，每个项目得分越高即项目对应的态度越强烈，即可从侧面反映出教师的科学课堂教学对学生科学学习态度的影响。

表10-5　测量学生科学课程态度的利克特量表

序号	题目	SA	A	U	D	SD
1	科学课是非常有趣的					
2	科学实验是枯燥而又令人厌烦的					
3	探讨科学问题非常有趣					
4	课堂活动安排得比较好					
5	阅读教科书是浪费时间的					
6	实验室实验比较有趣					
7	绝大多数课堂作业单调无味					
8	我喜欢阅读教科书					
9	我们学习的东西并不重要					
10	对于上科学课，我没有太大的兴趣					

说明：SA—非常同意，A—同意，U—不确定，D—不同意，SD—非常不同意。

（［美］林，［美］格朗伦德．教学中的测验与评价［M］．北京：中国轻工业出版社，2003：244.）

3. 结构性课堂观察评价法

课堂观察是教师用于收集学生资料、分析教学方法的有效性、了解教学与学习行为的基本途径。课堂观察评价不单可以用于了解学生学习的状态和效果，还可以用于评价教师的教学质量。课堂观察评价通过观察对课堂教学的运行状况进行记录、分析和评价，促进教师专业发展。

（1）结构性课堂观察评价法的含义

结构性课堂观察评价法就是观察评价者带着明确的观察评价目的，凭借自身感官和视听工具及事先准备好的观察项目清单和课堂观察量表进入课堂教学、收集信息、进行数据分析、得出评价结论的课堂教学评价法。此评价法包括课前会议确定观察评价的点、进入课堂开展观察和课后会议进行分析评价三个阶段。这种课堂观察评价的目的是通过数据揭示出科学课堂教学的焦点问题，并在数据分析的基础上进行教学评价，再进行教学反思，寻找改进教学的策略。

（2）结构性课堂观察评价法的特点

结构性课堂观察评价需要教师的广泛、长时参与，需要分工合作，观察点多且必须详细记录，方能得出大量真实详尽的数据。结构性课堂观察评价的目的更多地指向对课堂教学的提升，更像是一种课堂教学的研究。结构性课堂观察评价的研制耗费的时间、人力、物力、财力较多，对设备和技术也有较高要求，该方法对观察评价者的素养要求很高，需要前期培训。

（3）结构性课堂观察评价法的程序

结构性课堂观察评价法是一个复杂的系统工程，类型多样，观察点多元①。它的实施程序是课前会议、课堂观察、课后会议分析反馈信息。课前会议指的是在进行课堂观察前，由观察评价者与被观察者集中时间研究课堂观察的目的、重点和课堂观察量表的制作等。课堂观察指的是观察评价者进入教学现场，在课堂中根据课堂观察量表进行详尽的信息记录。课后会议分析评价是在课堂观察结束后，观察评价者与被观察者针对科学课堂教学的实际情况和数据进行研讨、分析，从而得出评价结论。信息反馈指的是观察评价者就评价结论与被观察者以提升教学为目的进行对话交流，并为后续科学课堂教学提出具体的改进建议。

课堂观察量表的设计编制在结构性课堂观察评价中具有重要的意义，表10-6就是一份结构性课堂观察表，在实际操作时，还要将各项观察点细化，制作观察分表，以便评课教师分工记录。

① 沈毅，崔允漷．课堂观察：走向专业的听评课［M］．上海：华东师范大学出版社，2008：78.

表 10-6　结构性课堂观察表

维度：教师教学	
视角	观察点
环节	• 教学环节是怎样构成（依据/逻辑关系/时间分配）的？ • 教学环节是怎样围绕目标展开的？又是怎样促进学生学习的？
呈示	• 课堂讲解（清晰/结构/契合主题/简洁/语速/音量/节奏）怎样？ • 板书呈现了什么？是怎样促进学生学习的？ • 动作（实验/制作/示范动作）呈现了什么？是怎样呈现的？体现了哪些规范？
对话	• 提问的时机、对象、次数和问题的类型、结构、认知难度怎样？ • 候答时间多少？理答方式、内容怎样？有哪些辅助方式？ • 有哪些话题？话题与学习目标的关系怎样？
指导	• 怎样指导学生自主学习（读图/读文/作业/活动）？ • 怎样指导学生合作学习（分工/讨论/活动/作业）？ • 怎样指导学生探究学习（实验/课题研究/作业）？
机智	• 教学设计有哪些调整？ • 如何处理来自学生或情境的突发事件？ • 呈现哪些非言语行为（表情/移动/体态语/沉默）？

（沈毅，崔允漷．课堂观察：走向专业的听评课［M］．上海：华东师范大学出版社，2008：105.）

（二）质性评价方法

质性评价方法就是评价者直接深入教学现场，通过亲自体验或交流了解评价对象，在收集第一手资料的基础上对课堂教学进行分析、评价的一种教学评价方法。质性评价法重视观察或进入科学课堂教学现场，对科学课堂教学进行全面、深入的揭示。日常课堂教学评价中使用得较多的非结构性课堂观察评价法与访谈评价法属于质性评价方法。课堂观察评价法根据是否运用定量的、结构化的记录方式，分为结构性课堂观察评价法和非结构性课堂观察评价法两种。结构性课堂观察评价法属于量化评价方法，非结构性课堂观察评价法属于质性评价方法。

1. 非结构性课堂观察评价法

非结构性课堂观察评价法在一线教学评价中得到广泛应用，日常的随堂听课、评课就属于非结构性课堂观察评价法。

（1）非结构性课堂观察评价的含义

课堂观察评价法是评价者带着明确的目的，凭借自身感官及辅助工具（例如录像机、手机、录音笔等视听工具和纸笔）及时记录，直接、间接从课堂中收集资料，并依据资料做相应分析、评价的一种课堂教学评价方法。非结构性课堂观察评价法要求在一段时间内，尽可能地连续记录教师在科学课堂教学过程中的所有表现或活动，从而进行科学课堂教学评价的方法。这种评价方法的目的是无选择地记录被评价者和活动中的全部细节，获得对这些行为或现象的详细的、客观的描述，以进行评价。

按照课堂观察的方式，课堂观察评价可分为直接课堂观察评价和间接课堂观察评价两种。直接课堂观察评价法指的是评价者进入科学课堂教学现场，直接对科学课堂教学质量进行感知和描述，进而进行教学评价。间接课堂观察评价法是利用一定的仪器或技术手段，对科学课堂教学进行录音、录像，收集评价资料，以进行评价。

课堂观察评价一般可分为随堂教室观察、教学录像和教学观摩三种，其实质在于通过观察来了解教师科学课堂教学实际情形并进行分析和判断，进而为改进教师的科学课堂教学和促进教师专业成长提供资料。

（2）非结构性课堂观察的特点

非结构性课堂观察内容具体明确，教师通过观察自己的科学课堂教学实录，直接对科学课堂教学进行观察，获取可靠的信息资料，了解课堂教学中存在的具体问题，经过深入的教学反思，改进日常的科学教学，提高科学教学水平。课堂观察评价对于记录技术要求较高，花费的人力和时间较多，需要采用现代化的录音或录像技术，将现场实况全部记录下来，搜集有代表性的样本，作为后期进行反复研究和质性分析的依据。

非结构性课堂观察评价法在运用时可结合一定的开放性问题实施。如科学探究课具有创设情境、提出问题、自主探究、合作交流、总结反思、应用迁移 6 个基本要素①。可根据科学探究课的基本要素，设计非结构性课堂观察评价问题：

本节科学探究课具有哪些基本要素？

教学中创设了怎样的情境？效果如何？

教师提出的问题指向性如何？

教学中如何指导学生进行自主探究？

教师如何引导学生进行合作交流？

总结反思了哪些内容？

应用了哪些事例进行应用迁移？

① 胡卫平．教师教学能力评价初探［J］．中国考试，2021（10）：12-17.

2. 访谈评价法

(1) 访谈评价法的含义

访谈评价法是通过与评价者面对面的谈话，了解评价者对科学教师教学的看法、意见和建议。访谈评价法有结构式访谈、半结构式访谈和非结构式访谈三种。结构式访谈需要事先拟好访谈提纲；半结构式访谈有一些固定的访谈问题，却不必拘泥于此，可根据被访者的情况灵活调整；非结构式访谈中只有访谈的议题，并没有访谈提纲，一般是开放性的问题，可以深入了解被访者的全面情况。值得注意的是，无论进行哪种访谈，我们在访谈时都需要注意被访者的非言语行为，例如被访者的语气、神态、动作、说话时停顿和沉默的时长等细微表现，这些非言语行为可以给访谈者传递很多信息，为访谈增加信度。

访谈可以一对一进行，也可以是集体访谈，这就需要安排好物质空间。在征得被访者同意的前提下，可以使用录音的方式，遵照被访者的语言习惯进行记录，整理资料时也要使用被访者的语言，不可凭主观进行加工。

(2) 访谈评价法的特点

由于访谈是面对面地交流，所以访谈评价法可以深入了解被访者对科学教师教学的看法。被访者不太清楚之处，我们可以为之解释；与被访者的谈话中出现模糊不清的观点时，还可以采用追问的方式加以澄清，同时也可以了解被访者自身对科学教学的理解，避免产生误解。访谈评价法还有一个突出优势是可以灵活掌握调查形式和时间，在较短时间内获取我们所需要的信息和材料。访谈评价法同样也存在不足：时间与场所的选择是否合适，会影响资料的收集效果；访谈者的身份会在很大程度上影响被访者的真实表达，毕竟“局外人”和“局内人”的立场是不一样的；对于收集的资料，访谈者需要及时进行专业的编码、分析；在访谈时需要访谈者有较好的提问技术、善于洞察被访者的心理变化、善于随机应变。可见，访谈评价法对访谈者的要求比较高。

(3) 访谈提纲的设计

在进行访谈评价前，需要先设计一份访谈提纲，访谈提纲应根据评价的主题进行粗线条的设计，尽可能地涵盖主要问题和覆盖内容范围。访谈提纲中的问题应尽量地开放，使被访者有足够的余地选择谈话的方向和内容。访谈问题一定要通俗易懂、简明扼要、可操作性强①。需要注意的是，访谈提纲不是一成不变的，访谈者在使用访谈提纲时一定要灵活，访谈提

① 陈向明. 质的研究方法与社会科学研究 [M]. 北京：教育科学出版社，2000：176.

纲可随时进行修改，针对不同的被访者或访问情况进行调整，根据具体情况进行灵活变通。下面为针对学生科学前概念状况所设计的访谈提纲：

学生的科学前概念对学生的科学学习有怎样的影响？

您平时是通过什么途径了解学生的科学前概念的？

学生的科学前概念对您的教学有怎样的影响？

同年级中学生的科学前概念情况相似度如何？

了解学生的科学前概念后，对您的教学设计有什么帮助？

上述评价方法既有优点也存在不足，我们在选择评价方法时，可以采取多种方法，以获取更全面、准确的评价信息，只有这样才能发挥科学教学评价的多种功能。课堂观察评价法与访谈评价法的结合，可以客观、完整地评价科学教师的教学。

本章内容小结：

教学评价是对教育教学活动及其结果的价值判断，价值判断的复杂性决定了教学评价的复杂性。教学评价研究包括评价标准研究、信息收集研究、价值判断方法研究等。根据不同的标准，可将教学评价分为多种类型，如标准参照评价与常模参照评价，诊断性评价、形成性评价与终结性评价，量化评价与质性评价，真实性评价与书面评价。

小学科学学习评价的理念包括：关注科学素养发展、评价主体多元互动、评价内容全面化、评价方法多样化。小学科学学习评价的内容包括科学知识（科学观念）的评价、科学探究（过程技能）的评价、科学态度的评价。小学科学学习评价的方法一般包括纸笔测验、表现性评价、档案袋评价等类型。

科学课堂教学评价要确立评价即专业发展、评价即交流对话、评价即教学改进等理念。教师课堂教学评价可分为量化评价与质性评价两大类。量化评价方法常用评价量表法、问卷评价法、结构性课堂观察评价法等方法，它简单易行，具有具体性、精确性和可验证性等特点。质性评价方法使用较多的是非结构性课堂观察评价法与访谈评价法，旨在对课堂教学及其意义进行全面、深入的观察与揭示。

本章问题研究：

1. 阅读下面的资料，思考和讨论我国小学科学教科书应如何增加教学评价的内容，发挥其评价功能。

加拿大科学教材中的评价策略

加拿大安大略省科学课程标准中将科学教学的内容分为四个领域：基本概念的理解，探究与设计能力，知识的交流，科学技术与社会生活的联系。标准中有学生成绩水平表，将每个领域分为四个等级，教师据此确定学生在各方面的发展程度。在此课程标准指导下编写的科学教材非常注重评价工作，每个测评都是围绕课程标准规定的四个领域中的一个或几个来设计的。

这套教材每本书一个主题（单元），每个主题有10课，在学生用书后附有测评表，几乎每课都设测评活动。1~3年级的测评是每一课的单独考核，以测评量表为主，多数分四个水平级。除教师评价外，学生可以进行自我评价。此外，还有一些测试题：匹配题、简答题、排序题、选择题（有的与量表类似）。4~6年级书后主要是提供各种测评量表和统计表，如个人贡献比例图、小组测评表、学生测评表、1~10课评价成绩统计表、学生学习进展表等。此外，还有一些测试题或行为性的作业题。

教师用书中每课都有具体、细致的评价建议，对教师使用哪一页测量表、评价的重点、如何评价等提出具体建议。从4年级开始，学生有“记录与启示”本和科学课文件夹，记录学习进展情况。4年级以后，除单独考核外，更注重学生的发展和进步，学生自我评价、小组评价和教师评价同时进行，互为参照。

2. 收集1~2份小学科学期末试卷，分析其中试题的类型及其构成，指出该试卷的合理性和局限性。

3. 参看表10-4，说说该评价表还存在哪些问题，并提出改进与完善意见。

4. 扫描“热的传递”二维码或上网选择1~2节小学高年级科学课堂教学录像，运用相应的评价方法与指标，尝试评价该节科学课的授课质量。

热的传递

本章参考文献：

1. ［美］布卢姆，等. 教育评价［M］. 邱渊，王钢，夏孝川，等译. 上海：华东师范大学出版社，1987.

2. 瞿葆奎. 教育学文集·教育评价［M］. 北京：人民教育出版社，1989.

3. 陈瑶．课堂观察指导［M］．北京：教育科学出版社，2002.

4. ［美］安德森，等．学习、教学和评估的分类学：布卢姆教育目标分类学修订版［M］．皮连生，主译．上海：华东师范大学出版社，2007.

5. 沈毅，崔允漷．课堂观察：走向专业的听评课［M］．上海：华东师范大学出版社，2008.

6. 刘德华．小学科学课程与教学［M］．北京：中国人民大学出版社，2009.

7. 胡中锋．教育评价学［M］．2版．北京：中国人民大学出版社，2013.

8. 陈多仁．课堂教学评价［M］．北京：高等教育出版社，2017.

第十一章

小学科学教学设计

教学活动是一种多因素相互交织、相互作用的复杂多样、动态变化的过程。教学工作的复杂性、多变性决定了教学实施不能仅凭借感觉与经验，而是需要运用一定的理论、模式、方法、技术，对教学工作进行预设，对教学活动进行合理规划和系统安排。可以说，教学设计是教学工作中首要的、基本的环节，它直接影响教师的教学行为，制约教学质量的水平，对学生的学习过程及其成就表现具有直接而现实的影响。

第一节　教学设计概述

教学设计源于斯金纳的程序教学。1924 年，美国学者普莱西（Pressey）在程序教学基础上研制出最早的教学机器，标志着教学设计的早期探索。第二次世界大战期间，教学设计进入实质性应用阶段，随后获得长足进展。在今天，教学设计已成为教育科学中的“显学”。

一、教学设计的基本内容

教学设计是 20 世纪 60 年代在美国逐渐形成和发展起来的一项重要的教学技术。随着相关学科的发展，教育技术学、教育心理学、教学论等领域的学者开始涉足教学设计的研究，并形成不同风格的研究成果，对教学理论与实践均产生了重要影响。有别于传统的备课，教学设计是对教学活动诸多因素的系统观照和精心安排，它力图突破备课的经验性、守旧性，追求教学的科学化、系统化和高效化，实现教学理论的操作化和教学系统的优化。

（一）教学设计的含义

何谓教学设计？不同的学者有不同的理解。美国学者肯普（G. E. Kemp）把教学设计界定为用系统的方法分析教学问题，研究问题解决途径，评价教学结果的计划过程或系统规划。加涅认为，教学设计旨在支持学习过程。在《教学设计原理》中，加涅等人对教学设计的理想进行了非常精辟的表达①：

> 任何一个“教学系统”也能称为“学习环境”，因为两者都是指促进和支持学习互动过程中的一组相关要素。有人可能会提出异议说：教学系统带有“授受主义”的性质，重在向学习者灌输知识和技能；学习环境的重心是通过组织各种机会探寻和开发学习者自身的潜力，因而符合建构主义或者人本主义的主张。然而，我们的看法是要求能够做到兼收并蓄，不管是授受主义教学还是建构主义学习环境，都属于教学系统，因为两者都是用来激发和支持学习，不管其重点是落在帮助学习者掌握预期的学习目标还是侧重学习者的自我发现和智力开发。

可见，教学设计的目的在于创设一个有效的教学系统，支持和促进学习者的学习。

我们认为，教学设计（或称教学系统设计、教学开发），是应用学习理论、教学理论、系统科学理论、传播学理论及相关技术，分析教学问题和教学需求，确定教学目标，制订教学策略与方案，试行并评价教学方案，并对教学方案进行修改的一系列科学化的操作过程。

教学设计具有不同的层次，可大致分为宏观的教学设计、中观的教学设计和微观的教学设计②。

宏观的教学设计是从教育、社会、人三者之间的关系入手，致力于教学体制的创设。如当代国际著名教学设计专家赖格卢特（Charles M. Reigeluth）曾经提出：工业社会教育的特征是“时间固定、结果可变”，即每个人在同样的时间学习同样的内容甚至还提出了同样的要求，在同样的时间升学或者毕业，但是并没有达到同样的结果，培养的人才质量参差不齐；信息社会教育的特征则是“时间可变，结果稳定”，即根据不同学习者的需要量身定制，发挥每一个人的发展潜力。教学设计就是创设有利于

---

① GAGNÉ R M，WAGER W W，GOLAS K C，et al. Principles of Instructional Design［M］. 5th ed. Belmont，CA：Wadsworth Publishing Company，Inc.，2005：20.

② 盛群力．教学设计的涵义与价值［J］. 浙江教育学院学报，2008（3）：45-49.

创造性人才成长的教学系统。

中观的教学设计主要是在学科或者若干单元的层面上进行的。它不仅涉及教学活动的设计，还包括课程与教学材料的开发。因此，中观的教学设计可以等同于“课程设计”或者“课程开发”，也可以称为“学科教学设计”。

微观的教学设计主要面对某一门学科中的单元、模块和课时，甚至还可以包括教学片段设计。微观教学设计的面最广，应用也最普遍。本章主要聚焦于单元与课时层面的教学设计。

此外，需要指出的是，教学设计不仅可以规范运用在各级各类正规学校教育中，也可以运用在各行各业的培训和继续教育中。本章主要讨论小学科学教育中的教学设计问题。

（二）教学设计的特征

与传统备课不同，教学设计具有如下特征。

教学设计旨在促进学生的发展。教学的目的是帮助学生的学习，学校教育系统的重要功能就是促进有目的的学习，以便达成许多在非教学条件下可能需要更长时间才能达成的目标。教学设计旨在开发促进学生有效发展的学习经验和学习环境。梅瑞尔（Merrill）等人认为，教学设计是一种用以开发学习经验和学习环境的技术，这些学习经验和学习环境有利于学生获得特定的知识和技能。因此，教学设计是围绕着学习者个人进行的。学生是学习的主体，是知识意义的积极建构者。教学设计基于学习者的学习与发展进行设计，它分析学习者的年龄特征、个性差异、发展需求，重视每一个学习者的认知过程及动机，是为了面向学生的学习而设计的。

教学设计坚持目标导向。尽管一门科目涉及众多目标，但对于具体的教学而言，在有限的时间内只能达成一定的目标，因此教学设计特别是课时教学设计必须坚持目标导向原则。目标导向的教学设计有利于增强教学设计的针对性，提高教学设计与实施的效率。正是通过一个个子目标的实现，才能最终达成学科总目标。

教学设计是对教学系统进行的整体规划。教学设计强调利用系统理论的观点和方法，对学习过程和学习资源进行详尽规划，使每个学生的学习都获得成功。教学设计时要从整体出发，对教学过程的构成要素及各要素之间的相互关系进行结构分析，寻求教学各要素之间及教学与其所处环境之间的协调，以达到优化教学结构的目的，取得最佳教学效果。

教学设计是针对学习问题而进行的设计。教学设计直面学生学习过程中存在的问题，强调发现问题、确定解决问题的方案、实施和评价方案、修改方案。这是一个面对学生学习的问题，把教学原理转换成教学材料和教学活动计划的过程，这个过程需要不断尝试和调整。教学设计不仅仅是教学理想的表达或教学模式的应用，更是针对学生学习中的任务、问题、困难，来分析学习者特征与学情、确定教学目标、选择教学材料、制定教学策略、创造性地解决问题的过程。教学设计具有任务驱动性和问题解决性。

教学设计的具体产物是系统的实施方案。如同工程设计一样，教学设计有着自己的产品，即我们常说的“教案”，它是教学活动具体实施应遵循的教学“处方”。教学设计是学习理论、教学理论和教学实践连接与转化的桥梁，需要基于学生学习中存在的问题，运用相关的学习理论与教学原理，采用教学媒体，制定教学目标、过程、方法，进行检测评价，形成完整、可行、有效的教学方案。教学活动方案由多种要素构成，有着特定的规范与要求，教师可以基于不同的学科、任务、问题，选择恰当的表达形式。

二、教学设计的理论基础

教学设计的理论基础较多，主要涉及学习理论、教学理论、系统理论等，下面分别加以阐述。

1. 学习理论

教学设计是在学习研究的基础上发展而来的，学习理论是教学设计的首要基础，对教学设计的发展影响显著。概括地讲，学习理论的发展经历了行为主义、认知主义、建构主义等不同阶段，由此形成了具有不同特色的教学设计。根据学习理论的发展，人们把教学设计理论发展分为不同的阶段。

首先是20世纪50年代后期以行为主义联结学习为理论基础的第一代教学设计，坚持目标导向，以教为中心来进行设计。斯金纳在20世纪50年代中期提出以新行为主义学习理论为基础的程序教学思想，引发了美国20世纪60年代的“程序教学运动”，形成了程序教学设计理论。

从20世纪70年代开始，以认知主义学习理论为指导思想的第二代教学设计产生。如加涅以“联结—认知”学习作为理论基础，将自己的教学设计理论与认知理论相结合，通过强调学习结果的5种类型及其学习的条件来弥补传统教学设计的缺陷。此外，还有梅瑞尔在加涅的基础上提出的成分展现理论、梅瑞尔和赖格卢特的精细加工论、斯堪杜拉（Joseph Scandura）的结构学习理论等。

拓展阅读 11-1

加涅的教学设计观

我们把教学定义为嵌于有目的活动中以促进学习的一系列事件。通常我们认为这些事件是外在于学习者的，如体现在印刷页面的呈现、教员的讲解或一组学生的活动中的事件。但也存在着内部的心理事件，如指引注意、复述、反思与监控进展的情况。教育心理学家假设了这些事件的性质，从那些研究中导出了关于学习过程的原理。教学设计者运用这些原理来设计我们称之为教学的外部事件。例如，一个得到普遍接受的原理是短时记忆的容量是有限的。记住了这一原理就会发现，将信息分块或分类组织能促进学习。

（[美] 加涅，等. 教学设计原理 [M]. 王小明，等译. 上海：华东师范大学出版社，2007：3.）

20 世纪 90 年代末到 21 世纪初，以建构主义学习理论为基础的第三代教学设计初现端倪。建构主义学习理论和情境认知理论强调以学生为中心，不仅要求学生由外部刺激的被动接受者和知识的灌输对象转变为信息加工的主体、知识意义的主动建构者，而且强调学习总是与一定的社会文化背景即“情境”相联系的。它关注学习情境设计、问题教学设计、学习任务设计等，初步形成了众多的教学设计模式，如布兰斯福德（John Bransford）的抛锚式教学设计、香克（Roger Schank）的基于目标的剧情教学设计等。当然，亦有学者认为，基于建构主义的第三代教学设计尚未定型，目前还在形成之中。

2. 教学理论

教学设计是对教学过程、教学活动的系统规划、组织与安排，有关教学活动的一般理论成为教学设计的重要基础。人们基于不同的教学理论，可以设计不同特色、风格、水平的教学过程与活动。

教学理论是关于教学过程、教学活动的系统的、理性化的认识。教学活动要素包括教学目标、教学内容、教学方法、教学模式、教学组织、教学评价等，据此形成了诸多教学理论。如，教学目标理论有布卢姆（Bloom）的学习目标分类理论、加涅（Robert Gagné）的学习结果分类理论、马杰（R. F. Mager）的行为目标表述理论、艾斯纳（E. W. Eisner）的表现性目标概念。在教学内容的选择与组织方面，泰勒、斯滕豪斯（Lawrence Stenhouse）提出不同的理论。在教学模式与方法方面，主要有斯金纳的程序教学理论、布鲁纳的发现学习理论、施瓦布的探究学习理论、赞科夫（JI. B. 3aHKOB）等人的发展性教学理论、巴班斯基的最优化教学理论、奥苏贝尔的意义学习理论、布卢姆的掌握学习理论、罗杰斯（Carl Rogers）的非指导教学理论、卢扎诺夫（G. Lozanov）的暗示教学理论、库伯（Darud Kolb）的体验学习理论、皮亚杰的活动教学理论等。在教学评价方面的教学理论有泰勒的目标评价理论、斯克里文（M. Scriven）的目标游离评价理论、斯塔佛尔比姆（D. L. Stuffiebeam）的 CIPP 评价理论、布卢姆的形成性评价理论等。有侧重知识传授的教学理论，有侧重智力开发的教学模式，也有侧重情感培育的教学理论，还有指向学生全面发展的教学理论。

上述理论为教学设计提供了重要的理论基础和操作范式，涉及如何撰写目标、组织内容、安排教学过程与活动、选择教学方法与策略、进行教学评价等。没有教学理论的指导与参照，教学设计难以突破经验的限制与习惯的藩篱，难以达到科学化、系统化、有效化。

3. 系统理论

系统论、信息论、控制论简称“三论”，主要研究系统中的信息传递及其控制，以保证系统的运行与发展。系统论把所研究和处理的对象当作一个系统，分析系统的结构和功能，研究系统、要素、环境三者的相互关系和变动的规律。系统论认为，整体性、关联性，等级结构性、动态平衡性、时序性等是所有系统的共同特征。这些特征具有方法论的意义，为教学设计提供了基本的方法论基础。随着系统论研究的深入，系统论从研究简单系统向研究复杂系统迈进。有学者提出教学设计中的两种系统思维：硬系统思维和软系统思维。硬系统思维把教学系统看成理想化的线性的输入、输出过程，并运用控制，为系统提供反馈，对系统做出调整；软系统思维抛弃了普适化、确定性追求，强调情境性、生成性，扩展了教学系统设计研究视野，为教学设计开辟了新的前景。教学是由教师、学生、教学情境等各种要素的关系产生的复杂系统，需要运用系统思维的方法进行研究与设计。运用系统思维方法论进行教学设计的代表性成果有乔纳森（Jonassen）提出的基于良构和劣构问题求解的教学设计模式、班娜（Bannan-Ritland）的“整合学习设计框架”、杰伦·范梅里恩伯尔（Jeroen J. G. van Merriënboer）的综合学习设计。这些设计需要运用不同的系统思维方法。

此外，传播学、媒体学、哲学认识论、教育哲学也能为教学设计提供众多的思想资源，拓展教学设计的研究视野，丰富教学设计的研究领域。这里需要指出的是，“教学设计过程”可列入教学设计的理论基础，教学设计过程是指教师如何规划教学过程，可称为“教学系统开发”或“教学开发模式”，它为教学设计提供设计路线与设计框架。而“教学设计理论”关注教学应该像什么，即教学应该采用什么样的教学方法，教学活动怎样组织，教学过程如何展开。在此意义上讲，“教学设计过程”包含“教学设计理论”，因为教学过程的设计仅仅是教学设计框架中的一个部分。不过，二者也是密不可分的，有时教学设计理论需要特定的教学设计过程，即某一教学设计理论需要特别的设计框架。

第二节　小学科学教学设计

教学过程是一种复杂、开放、动态的系统，是认识、发展、交往三位一体的活动系统，是教师与学生为完成特定的教学任务，以认识为基础、以发展为目的、以交往为手段的活动系统。学生发展是教学的根本追求，在此意义上讲，科学教学就是引导、促进、激励学生学习科学、理解科学、实践科学和培养学生科学素养的教育过程。“小学科学教学是以科学探究为中心，以培养学生科学素养为宗旨，借助一定的教学方法和手段，培养学生对科学的兴趣，并促进学生学习科学知识，理解科学价值，掌握科学方法，认识科学本质，理解科学、技术与社会的关系，最终促进师生双方共同发展的交往过程。”① 教学设计就是助力学生科学学习活动，为学生的科学学习开发资源、组织活动、提供支持、进行评价，培养学生全面的科学素养。

一、小学科学教学设计的理念

（一）关注学生基础，设计科学教学

小学科学教学设计要基于学生的认知水平，联系学生已有的知识和经验，充分利用学校、家庭、社区等各种资源，创设良好的学习环境，引导学生认知、探究、实践、创新，突出学生的主体地位。科学教师要围绕学生的科学学习展开设计，为学生学习创设系列活动，激发学生的探究热情，组织科学探究与工程实践活动，支持学生的科学学习。

同时，由于学生之间的经验背景、学习风格、知识结构存在较大差异，科学教师需要了解学生的年龄特点、智力水平、心理状态、知识基础、生活经验、兴趣爱好，进行适切性教学设计。教师应关注学生之间的个体差异，满足不同学生的需要，适应他们不同的学习风格与多元智能，设计差别化科学学习方案，为学生的个性化发展提供必要的帮助与支持。

---

① 林长春，彭蜀晋．小学科学课程与教学［M］．重庆：西南师范大学出版社，2019：42.

（二）面向全体学生，发展科学素养

小学科学课程对于形成学生的科学素养，培养创新精神、实践能力、态度责任具有重要的价值。每个学生都要学习科学、学好科学。小学科学教学要面向全体学生，适应学生个性发展的需要，促进他们在基础性发展的同时获得个性化成长。无论学生之间存在着怎样的地区、民族、经济和文化背景的差异，或者性别、个性等个体条件的不同，小学科学教学都要为全体学生提供适合的、公平的学习和发展机会。

小学科学课程要落实立德树人的根本任务，就要立足学生核心素养发展，帮助学生了解物质科学、生命科学、地球与宇宙科学、技术与工程等领域常见的基础知识，初步形成基本的科学观念，发展学生的科学思维能力、科学探究能力、工程实践能力，以及引导学生养成基本的科学态度与社会责任。教师应以科学课程核心素养发展为根本目标，进行科学教学的设计。教师不仅要关注科学事实、概念、原理的教学，关注科学过程与方法，提高学生的科学探究能力，还要关注科学精神、情感、态度的养成，实施素养导向的教学，并多方面评估学生的学业成就。

（三）基于核心概念，学习内容综合化

小学科学课程是一门跨学科、跨领域课程，课程内容具有综合性。但科学课程内容又不能机械地堆砌，需要以科学概念为基础，突出核心概念，通过核心概念融通相关学科、领域的知识和技能，以主题单元为基本形式，将物理、化学、生物、地质、天文、技术、工程、数学、艺术有机地交织融合。教学内容的设计既要突出科学的核心概念、基本原理，体现科学课程的学科特征，又要关注核心概念、基本原理在日常生活、生产中的实际运用，实施包含科学、技术、工程与社会要素的跨学科教学。在学生学习活动的设计中，可以借鉴美国加利福尼亚州小学科学教学的做法，在学生科学学习过程中穿插一些跨学科的学习活动，如安排科学阅读、科学写作、科技制作、科学中的数学、科学中的艺术、科学中的社会等活动，实施跨学科内容的科学教学。通过科学与人文的结合，培养学生基本的科学伦理精神和热爱科学的品质。

（四）经历科学探究，学习方式多样化

科学探究是人们探索大自然、获得科学知识的重要方法。以证据为基础，进行逻辑推理，得出暂时性结论，并公开研究结果，接受公众质疑，是科学探究的主要特点。小学科学课程的学习方式是多种多样的，探究式学习是学生学习科学的重要方式。教师应指导、组织、支持和激励学生经历科学探究的过程，获取科学知识，学习科学方法，领悟科学思想，认识科学探究的本质。

小学科学课程倡导以探究式学习为基础的多样化学习方式，促进学生主动参与、动手动脑、经历体验。为此，教师要突出学生的主体地位，利用学校、家庭、社区的各种资源，为学生提供更多自主选择的学习空间和充分的探究机会。通过创设良好的学习情境，提出适宜的探究问题，引发学生的认知冲突，激发学生的积极思维。强调做中学和学中思，通过合作与探究，逐步培养学生提出科学问题的能力、收集和处理信息的能力、获取新知识的能力、分析问题和解决问题的能力，以及交流与合作的能力等，提升学生的批判性思维能力和科学想象力。为此，应设计多种科学学习活动（如观察、实验、测量、考察、种植、饲养、调查、设计、制作、阅读、讨论等活动），实现学习方式多样化，让学生经历科学知识形成的过程，激发学生科学学习的热情与兴趣，培养学生多种素养。

二、小学科学教学设计的基本框架

教学设计模式多种多样，如迪克（W. Dick）和凯里（L. Carey）的目标模式、肯普（G. E. Kemp）的过程模式、史密斯（P. L. Smith）和瑞根（T. G. Regan）的教学设计模式等，这些模式与框架有着不同的特色与功能，可供选择。这里主要在单元或课时层面，探讨教学设计的基本要素与框架。单元或课时层面的教学设计要素主要有前期分析（学情分析、任务分析等）、教学目标及其测评（评价前置）、教学资源与媒体、教学过程及其活动、后续拓展活动（课外）等。

（一）学情分析

1. 学情分析的意义

教学设计是面向学习者的设计，是为学习者的学习而进行的设计，学习者的认知水平、认知方式、情感动机直接或间接地影响学习目标的实现。因此，学习者特征分析是教学设计前期分析的一项重要工作。学情分析的目的是通过了解、分析学习者的一般特征、个性差异、初始能力，确定教学起点，分析任务，选择教学策略。

现代教学设计强调从学生的学习需要分析出发，即任何教学活动都要以满足学习者的学习需要为出发点，而不能只关注覆盖了多少教学内容。学习者的需要体现为“实际是什么”和“应该是什么”之间的差距。“实际是什么”反映的是教学活动开始前学生在认知、态度和心理动作等方面已经达到的现有状态，这一状态标志着学生已经能做什么、说什么、写什么、读什么等，在科学课程学习中表现为学生的前概念，这是学生完成科学学习任务的起点和前提条件。只有从了解学生的先行概念、经验状态出发，我们才有可能提出切合实际的教学任务与具体目标。“应该是什么”反映科学教学活动结束后学生在科学观念、科学技能、科学态度方面必须达到的状态，它常常体现在科学课程标准和教材的要求之中，对“应该是什么”的把握最终会转化为确定教学任务与陈述具体学习目标。

2. 学情分析的内容

学情分析的内容具体包括：（1）了解学生学习新任务的先决条件或预备状态，主要涉及学生在认知、心理动作技能方面是否做好了铺垫工作。（2）了解学生对目标状态是娴熟于心、有所涉猎还是一无所知，主要涉及学生在学习新任务时有无障碍。（3）了解学生对学习新任务的情感态度，主要涉及学生的学习愿望、毅力、动机、兴趣、时间精力投入的可能性等。（4）了解学生对学习新任务的自我监控能力，主要涉及学生的学习习惯、方法、策略及风格等。

了解学生学习需要的手段或途径多种多样，主要包括：（1）听课观察。（2）与班主任或其他教师、家长联系。（3）检查与批改课后作业。（4）专项测试。（5）结构性谈话或问卷。当然，在实际工作中，可根据实际情况加以选择，获得足够的信息即可①。

拓展阅读 11-2

材料学习的学情

对二年级学生而言，材料的概念既熟悉又陌生。幼儿园阶段，他们用积木搭房子，用卡纸做手工，用泥巴捏泥人……故他们对一些具体材料不陌生。但他们很少会用到“材料”这个名词，对“材料有什么特点”“各种物品与材料之间有什么关系”这样的问题也未有过思考，故他们对材料又是陌生的。对学生做前概念调查时发现，学生对某些材料的正确指认率较低，尤其对金属这类材料的认识不清晰，对材料的简单特点及其利用也不太关注。这些都成为材料单元学习的认知起点。

（郝京华．科学教师教学用书（二年级下册）[M]．南京：江苏凤凰教育出版社，2018.）

（二）任务分析

1. 任务分析的意义

任务分析的实质是确定“目标状态”的性质、类型和结构。当目标状态主要以课程标准、教材为主要来源时，钻研教材与任务分析的范围相近。

① 盛群力．现代教学设计论（修订本）[M]．杭州：浙江教育出版社，2010：345-346.

不过，教材内容是为完成一定的教学任务而编选的，内容是载体，任务是目的。“钻研教材”主要不在于分析教材内容，而是要真正把握教学任务的范围及其序列。任务分析包括确定任务的难点和重点、确定任务的类型、分析任务的结构。通过任务分析，为教学目标、教学内容的设计提供依据，同时确定教学活动的起点。

拓展阅读 11-3

材料学习的任务

物质、物体、材料是物质科学领域最基本的三个概念。物体是具象化了的物质，材料是功能化了的物质。《课程标准》中要求，从低年级开始引导学生认识常见材料的基本性能和主要用途，随着年级的升高，逐渐理解物体具有一定的特征、材料具有一定的性能这些概念。在此基础上，促使学生逐步建立“世界是物质的”这一大概念。

本单元作为学生系统认识材料的起始单元，需要从学生身边最常见、最熟悉的材料开始，引导他们在观察中比较，在体验中感知，从而对材料的简单特点、材料对人们生活的重要影响，以及新材料的神奇功能，都有一个初步的认识。

（郝京华．科学教师教学用书（二年级下册）[M]．南京：江苏凤凰教育出版社，2018.）

2. 任务分析的要领

确定任务的重点和难点。从学生已有的状态和学科内容的逻辑进程来看任务的重点和难点。任务重点是在全部学习任务中必须优先完成的任务，需要在教学时间、精力投入和条件创设方面予以充分的保障。任务难点不仅是学科逻辑中的瓶颈所在，也是学生理解上的困难之处。当学科逻辑与心理逻辑相矛盾甚至截然相反时，心理逻辑（即心理意义的理解）应被置于优先的位置。学生理解的难易同他们对新任务的熟悉程度有关，任务分析时应关注学生有多少旧经验可以用来支撑接受新经验。

确定任务的类型。教学设计服务于学生的学习，应根据不同的学习任务类型，设计相应的教学策略，创设适宜的教学条件。不同的学科蕴含着同样的学习任务类型，相同的学科体现了不同的学习任务类型。根据加涅的学习结果分类思想，科学学习结果的类型亦可分为科学知识、科学技能（智慧技能、运动技能）、认知策略、情感态度。在分析任务时，除了考虑因人施教和因学科内容差异施教，还要考虑科学课程内容背后隐含的学习任务类型，对课程学习内容做出恰当的归类，根据不同学习结果的类型选择相应的教学策略，创设不同的教学条件。

分析任务的结构。任务分析方式有“信息加工分析”“层级分析”“程序分析”“归类分析”等，较为复杂、烦琐。简而言之，我们不妨将任务结构分为要素式任务结构和层级式任务结构两大类。要素式任务结构分析相对简单，只需对任务要素进行罗列归类即可。层级式任务结构分析要确定终点任务、子任务和前提知能之间的关系，具体做法大致是：（1）根据对学生现有状态的了解及其对目标状态的期待，确定一个具体清晰的终点目标。（2）自我提问：“为了达成终点目标，学生必须先掌握哪些过渡目标？”（3）排定这些过渡目标之间的先后序列关系。（4）考虑每一个过渡目标下所需要支撑的前提知能是什么。（5）根据学生已经掌握的前提知能（起点行为）确定“可能的教学起始点”。（6）根据对学生情况的分析，将“可能的教学起始点”转化为“真正的教学起始点”①。

文献提示

“学习者”“学习任务分析”，见加涅等《教学设计原理》，王小明等译，华东师范大学出版社，2007.

（三）确定教学目标

1. 拟定教学目标的意义

在分析学情和聚焦任务之后，接下来的工作是陈述具体的教学目标（instructional objectives）。教学具体目标不是笼统宽泛的教学目的、意图，它具体规定了学生在教学活动结束后究竟能够表现出什么样的学业行为（performance），体现为学生学习活动结束时应该掌握哪些知识或技能，应该形成怎样的态度和认识。教学活动是围绕目标进行的，因此，教学设计必须是目标导向的。

在教育目标领域，1956 年布卢姆创立了教育目标分类学，他把教育目标分为认知领域目标、情感领域目标和心理动作领域目标。加涅在 20 世纪 70 年代总结了五种学习结果，即言语信息、智慧技能、动作技能、认知策略、态度。豪恩斯坦（A. Dean Hauenstein）在 1999 年对布卢姆等人的教育目标三领域进行了改造，均分为五个层次。安德森（Lorin W. Anderson）等人 2001 年出版了对布卢姆认知目标分类全面修订的成果。他们提出二维认知目标框架：知识维度（事实、概念、程序和元认知）和认知过程维度（记忆、理解、应用、分析、评价和创造）。新的分类学将学习、教学和评价紧密联系起来，突出课程、教学和评价的一致性。布卢姆认知目标修订二维分类见表 11-1。

---

① 盛群力．现代教学设计论（修订本）［M］．杭州：浙江教育出版社，2010：343-344.

表 11-1　布卢姆认知目标修订二维分类

知识维度	认知过程维度					
	记忆	理解	应用	分析	评价	创造
事实性知识						
概念性知识						
程序性知识						
元认知知识						

修订后布卢姆认知目标中知识维度的主要类别与亚类及例子见表 11-2。

表 11-2　修订后布卢姆认知目标中的知识维度

知识维度	亚类	例子
A 事实性知识	A_A术语知识	机械的词汇、音乐符号
	A_B具体细节和要素的知识	主要自然资源、可靠的信息来源
B 概念性知识	B_A分类或类目的知识	地质学年代周期、商业所有权形式
	B_B原理和概念的知识	毕达哥拉斯定理、供应与需求定律
	B_C理论、模型和结构的知识	进化论、国会结构
C 程序性知识	C_A具体学科的技能和算法的知识	用于水彩作画的技能、整数除法
	C_B具体学科的技术和方法的知识	面谈技术、科学方法
	C_C决定何处运用适当程序的标准的知识	用于确定何时运用涉及牛顿第一定律的程序的标准；用于判断采用特殊方法评估商业代价的可行性的标准
D 元认知知识	D_A 策略性知识	把写提纲作为掌握教科书中的教材单元的结构的手段的知识，运用启发式方法的知识
	D_B 关于认知任务的知识包括情境性的和条件性的知识	知道某一教师实施的测验类型的知识，知道不同任务有不同认知需要的知识
	D_C 自我知识	知道评判文章是自己的长处，而写文章是自己的短处；对自己知识水平的意识

修订后布卢姆认知目标中的认知过程维度的六个类目及其相关认知过程见表 11-3。

表 11-3　修订后布卢姆认知目标中的认知过程维度

认知过程维度	亚类	例子
1. 记忆	1.1　再认	再认美国历史上重要事件的日期
	1.2　回忆	回忆美国历史上重要事件的日期
2. 理解	2.1　解释	解释重要演讲或文件的含义
	2.2　举例	给出各种美术绘画类型的例子
	2.3　分类	将考察到的或描述过的心理混乱的案例分类
	2.4　总结	为录像带上描写的事件写一则简短的摘要
	2.5　推论	在学习外语时，从例子中推论出语法原理
	2.6　比较	比较历史事件与当前的情形
	2.7　说明	解释法国 18 世纪重要事件的原因
3. 应用	3.1　执行	多位整数除以多位整数
	3.2　实施	将牛顿第二定律运用于它适合的情境
4. 分析	4.1　区分	从数学应用题中区分出有关和无关数字
	4.2　组织	组织某一历史上描述的证据使之成为支持或反对某一特殊观点的证据
	4.3　归属	根据文章作者的政治观点确定他的观点
5. 评价	5.1　核查	确定科学家的结论是否来自观察的数据
	5.2　判断	判断两种方法中哪一种对于解决某一问题是最适当的方法
6. 创造	6.1　创新	提出假设来说明观察到的现象
	6.2　计划	计划写一篇有关历史的论文
	6.3　建构	为某一特殊目的建构住所

马扎诺（Robert J. Marzano）在 2001 年提出基于思维维度和学习维度的教育目标新分类。此外，罗米索斯基（A. J. Romiszowski）对技能做了颇为独特的分类，他将技能分为认知技能、动作技能、反应技能、交互技能。进行教学设计时，可根据需要选择不同的目标分类框架。

拓展阅读 11-4

"火山？在这里？"的学习目标

教学目的：设计本单元的目的是促进地球科学中的概念重构和有意义的学习。本单元基于地质学的优势研究范围，即地壳板块理论。与记忆有关火山的信息不同，本单元重点是把事实与理论综合在一起的"推论论据"。更具体地说，学生应达到如下四个目标：

1. 理解地壳板块理论，以此作为对火山的解释；
2. 考察和解释当地地质学的一组数据（地图、油井钻孔记录和岩石样品）；
3. 比较本地区与有火山的地区如夏威夷和华盛顿这样的州的地质学；
4. 考虑反映在目标 1—3 中的学习，向地方专员写一封信，回答他的要求。

（［美］安德森，等．学习、教学和评估的分类学：布卢姆教育目标分类学修订版（简缩本）［M］．皮连生，主译．上海：华东师范大学出版社，2007：159-160.）

确定科学教学目标的依据是课程标准，科学课程标准规定了科学教学的总体目标及不同年级的主题目标。此外，还要考虑目标的维度如知识、技能、态度，要结合具体单元及其课文内容，具体目标的制订还要建立在学情分析的基础上，考虑学生需求和最近发展区特征。

文献提示

"'火山？在这里？'教学案例"，见安德森等《学习、教学和评估的分类学》，皮连生主译，华东师范大学出版社，2007.

2. 教学目标陈述的要领

教学具体目标的对象是学生的学习活动，不能用教师的教学程序或活动安排来表述教学目标，如"帮助学生理解电路的概念"。

教学具体目标应具体明确，不要使用抽象模糊的语词，如"理解""欣赏""培养""体会"等来陈述教学目标，而应采用可观察、可检验、可操作的句子来陈述教学目标。教学目标的表述主要有两种方式：

马杰的四要素，即对象（audience）、行为（behavior）、条件（condition）和标准（degree）目标表述方式，如：〔条件〕给出多种材料，〔对象〕四年级学生〔标准〕能准确无误地〔行为〕说出绝缘材料。

加涅的情境、行动、限制（工具、限制和特殊条件）、习得性能动词、对象五要素目标表述方式，如电路概念的学习目标可表述为：〔情境〕给予电池、灯泡和插座及几根电线，〔行动〕用电线连接电池和插座，〔限制〕检测灯泡是否发亮，以此〔性能动词〕演示〔对象〕电路的制作。

教学具体目标主要应来自任务分析，应紧扣了解学情和聚焦任务所得到的信息，具体目标不能游离于任务之外。

科学教学目标包括单元目标与课时目标，课时目标是单元目标的分解，均需采用可观察、可测量的行为动词明确表述。例如：

“土壤与生命”单元目标：① 通过栽小葱、养蚂蚁、寻访土壤中的小动物等活动，知道动物、植物的生存离不开土壤。它们都是自然界的重要组成部分。② 在栽小葱、养蚂蚁的过程中，学会用“温暖”“潮湿”“养料”等专业术语来描述动物、植物的基本需求。③ 能从具体事物出发，多角度、多方式地描述其基本特征。④ 愿意就“土壤与生命”的话题与同学交流自己的发现和结论。

“养蚂蚁”课时目标：① 观察并描述蚂蚁的生活环境。知道蚂蚁生存的基本条件。② 能亲自动手养蚂蚁。③ 愿意与同学交流关于蚂蚁的有趣发现。

(四) 目标检测（评价前置）

1. 目标检测前置的意义

以往的教学设计常常将学习评价放到教学过程之后，导致了这样的问题：检测评价项目常常游离于事先制订的教学目标，未能根据教学目标来确定检测项目，实际教了什么或学了什么影响着检测内容的选择。评价未能围绕预设的教学目标加以展开，目标形同虚设，因此需要评价前置。

评价前置是为了发挥评价的形成性功能，因为单元或课时学习检测的目的不是对学生进行优劣甄别、等级区分，而是了解学生的掌握状况与问题，查明教学的薄弱环节和疏漏之处，为教学补救提供依据。凭借检测提供的信息，教师可以发现教学中存在的问题，如果大多数学生在某一试题上都出现错误，那么可以断定是教学出了问题，需要教师及时提供补救教学，弥补学生学习中存在的缺陷。因此，了解学情、聚焦任务和陈述目标之后，就要完成检测项目的配置。

2. 配置检测的策略

配置检测项目时，除了考虑试题数量、所需时间外，还要特别注意下述问题[①]：

检测项目与教学具体目标之间应有对应匹配关系。每个教学具体目标的达成与否至少要有一个检测项目来加以落实，必要时可以用几个不同类型的检测项目来检查一个教学目标。

用最适当的评估手段检测不同的学习结果。知识目标要求学生识别或回

① 盛群力．现代教学设计论（修订本）[M]．杭州：浙江教育出版社，2010：347-348.

忆学过的信息，其行为标准是“说出”“描绘”“列举”“选择”等，所以选择题、填空题是较合适的评估手段。在检测智慧技能目标中的概念掌握情况时，选择题、判断题可成为检查的方式。而要对智慧技能中的高级规则进行检测时，问答题可能更具有针对性。至于动作技能的目标，评估者有时只要对学生的操作过程稍加观察就可了然于胸，或者采用“核对表”做更准确的评价。

试题中的条件必须与教学具体目标中的条件保持一致。尽管各类试题名目繁多，唾手可得，但是，要有效地诊断实际教学效果，必须结合自己所在班级学生的实际编制检测项目，需要根据预设的教学目标，设计检测题目，以检测教学目标的达成状况。

加涅的情境、行动、限制（工具、限制和特殊条件）、习得性能动词、对象五要素目标表述具体明确，可以作为检测题目，如上文的电路概念学习目标：给予电池、灯泡和插座及几根电线，用电线连接电池和插座，检测灯泡是否发亮，以此演示电路的制作。美国 NGSS 中的“期待表现”亦可作为测验试题。如：五年级科学中涉及的“物质及其相互作用”的预期表现为：建立一个模型来描述物质是由太小而看不见的粒子组成的。（澄清声明：证据的例子可以包括在篮球中加入空气，在注射器中压缩空气，在水中溶解糖，以及蒸发盐水。）（评价边界：评价不包括蒸发和冷凝的原子机制，或定义不可见粒子。）①

（五）选择教学资源与媒体

1. 选择教学资源与媒体的意义

科学课不同于语文、数学，它对教学资源要求较高，这是由科学课程的综合性、实践性特征决定的。语文、数学等课程对教学资源的要求不是很高，只要有教材和一些简单的教具如尺子、三角板、量角器、圆规等即可运行。而作为综合课程的小学科学课程，它包含物理、化学、生物、天文、地质等众多学科与领域，其知识、概念、原理的学习建立在观察、实验、操作的基础上，需要学生开展科学观察、科学实验、设计制作等实践活动，而这些活动的开展需要一定的设备、材料、场地、教具、学具，其中，教学媒体的选择与利用具有特别的意义。

2. 选择教学资源与媒体的要领

选择教学资源与媒体要考虑教学任务的特点、学生的特点、媒体的物理特性。只有教学任务、学生特点、媒体的物理特性三者适当契合，科学教学才能发挥最佳效果。

---

① National Research Council. Next Generation Science Standards [M]. Washington, D. C.: The National Academies Press, 2013: 43-44.

选择教学资源与媒体要考虑教学任务的特点。通常，教师在选择教学媒体时，较多地关注教学媒体能否激发学生的学习兴趣，而没有考虑如何支持整个教学过程。因而选择的教学媒体容易失去与整个教学设计的内在一致性。实际上，不同学习任务所需教学媒体的丰富程度有所不同，科学观察、科学实验任务需要创设不同的条件，科学实验比科学观察对条件的要求更高，有的科学观察需要较长的时间，可能一周，也可能一月或数月。观察星空还需要天文望远镜，这个条件是一般学校难以达到的。

选择教学资源与媒体要考虑学生的特点。教学媒体的选择还需要考虑学生的特点，小学低年级、中年级、高年级的发展水平不同，媒体选择应该有所不同。如科学实验可主要安排在小学中高年级，因为科学实验要求较高，学生难以把握，低年级通过教师演示实验即可。

选择教学资源与媒体要考虑媒体的物理特性。不同类型的媒体具有不同的教学功能。就视觉媒体来说，幻灯机可以提供大量色彩鲜明、真实、生动的视觉形象，能充分表现事物细部。听觉媒体如扩音机、收音机，能远距离传递信息，知识传播速度快，不受时间、空间限制。视听媒体如电影、视频能直观形象地表现教学内容，提供活动的图像，还可以放大或缩小原有事物的尺寸。电影可以把古今中外、远方近地、错综复杂的事实搬到教室，能节省时间，发展学生的观察力、想象力和理解力。多媒体（Multimedia）是多种媒体的综合，综合处理和控制符号、语言、文字、声音、图形、图像、影像等多种媒体信息，图、文、声、动漫、影像并茂，功能更为强大。科学教师可以根据需要加以选择、运用，提高课程内容呈现的效果。

拓展阅读 11-5

“土壤与生命”单元教学资源提示

第 7 课　栽小葱

教师材料：小葱、湿纸巾、黑纸袋、水杯、花盆、土壤、玻璃杯、图片或者相关视频资料。学生分组材料：试管、试管架、食用油、滴管、棉花、彩笔等。

第 8 课　养蚂蚁

教师材料：相关视频资料。学生分组材料：透明小瓶子、毛刷、饼干、果皮、盘子、小土铲、黑纸、小碟、土壤、水、放大镜、面包屑、糖果、视频资料、多媒体课件、记录纸等。

第 9 课　寻访土壤中的小动物

教师材料：相关视频资料。学生分组材料：放大镜、记录纸等。

（郝京华．科学教师教学用书（二年级下册）［M］．南京：江苏凤凰教育出版社，2018：61，65，68.）

（六）规划教学过程

1. 规划教学过程的意义

规划教学过程是教学设计的主体部分，是教学设计的重心所在。规划教学过程包括制定教学活动的策略、方法、模式，设计教学的展开过程。它是根据教学目标选择和制定实施教学任务的教学行为，如教学方法、教学模式的选择，教学组织形式的安排，教学活动及其程序的规划。

教学活动的成败和质量高低直接取决于教学过程规划的科学性、合理性、明晰性与可操作性，没有科学合理可行的教学过程设计，难以取得实质性的教学成效。因此，教学过程的规划是教学设计的重中之重，需要设计者花费较多的时间与精力，来提高教学过程规划的质量。

2. 规划教学过程的要领

规划教学过程要选择适切的教学策略。教学策略的选择要和教学任务相匹配。教学任务包括认知发展类、技能训练类、情感体验类、问题解决类等，也可分为科学观察任务、科学阅读任务、科学实验任务、科学制作任务等。不同教学任务具有不同的性质，对教学方法的要求不同。如选择科学观察，观察豌豆的生长，就需要明确不同的观察任务，是观察豌豆的根、茎，还是观察豌豆的叶？如果观察豌豆的茎、叶，是观察其长度、形状还是颜色？又如，观察月亮，是仅仅观察月相，还是同时观察月亮在天空中的位置、朝向？显然，不同的观察项目、观察任务、观察条件、观察工具、记录方式，需要教师选择不同的指导策略，进行不同的指导。对于一些要求较高的教学任务，如周期较长的野外观察、项目化学习、科技制作，则需要教师给予更多的指导和帮助。目前科学教学强调让学生经历科学探究的过程，更加重视探究发现策略的运用。而探究发现策略又可细分为结构化的探究发现、半结构化的探究发现与非结构化的探究发现等亚类。

规划教学过程要安排恰当的教学组织形式。教学组织形式与教学活动的时间和空间安排有关，是教学活动得以展开的条件。西方国家通常以教学环境设计来完成这项任务，实际上，教学环境就是时间和空间的安排。长期以来，班级授课制成为学科教学的基本组织形式，对于侧重知识学习的教学而言，班级授课制具有较大的合理性，教学效率较高。班级规模过大致使完成其他类型的任务时则力有不逮，如对于科学观察、科学实验，传统的班级组织形式的弱点开始暴露无遗，秧田式的教室布置限制了观察与实验的有效开展，科学实验特别是分组实验需要在科学实验室才能开展。当然，教学组织形式的设计要与教学任务、教学策略和手段媒体相互匹配，并指向一定的教学目标，只有这样，才能实现预期目标。

规划教学过程要设计科学合理的教学活动流程。如同其他科目教学一样，科学教学是一个由多种要素组成的、动态的生态系统，各种教学活动不能杂乱无章，它需要基于一定的教学目标，围绕特定的教学内容，在时间上按照一定的逻辑有序展开，以保证科学教学活动的效率与质量。如加涅等人基于信息加工理论，提出学生信息加工的九个学习阶段（内部事件）及与之匹配的九大教学环节（外部事件），教学活动就是安排教学条件，为学生的信息加工提供支持，于此，提出了教学设计的九大流程。5E 教学模式将科学教学过程分为五个阶段：参与、探究、解释、精致（迁移）、评价。不同的科学教学模式为科学教学过程设计提供了重要的参照框架，我们可以根据不同的教学任务、教学目标、教学内容与学生身心发展水平，选择性地运用，以提高科学教学的效果。表 11-4 呈现了基于加涅信息加工理论的电流计算的教学过程设计（目标：给出某一电路的电压和某一电器的功率，学生能用公式“电流 = 功率/电压”算出通过电器的电流），尽管是初中科学教学，但对小学科学教学设计亦有启发意义。

文献提示

“单节课的设计”，见加涅等《教学设计原理》，王小明等译，华东师范大学出版社，2007.

表 11-4　电流公式教学设计案例

事件	方法/媒体	教学处理或策略
1. 引起学生注意	录像或动画	播出一幕早晨每人为工作和上学做准备的情景。妈妈插上她的烫发钳，爸爸正在熨衬衣，莎莉插上她的电吹风。突然，他们家的电视屏幕一片空白。提问学生是否知道发生了什么。（答案：莎莉的电吹风使电路超负荷，烧了保险丝）
2. 告知学生	教师	说明本节课的目的是能计算出电器需要多少电流（以安培为单位）
3. 激起对先决条件的回忆	教师使用带有幻灯片的高射投影仪或 PowerPoint 演示文稿	让学生回忆起家用电路的电压一般为 115 伏特（用公式时，115 伏可近似看作 100 伏）。电器的功率一般印在它的金属铭牌上。电路中的保险丝是根据它能承受的电流量来划分规格的：如果超过它能承受的电流量，保险丝就会被烧断
4. 呈现刺激材料	教师使用带有幻灯片的高射投影仪或 PowerPoint 演示文稿	告诉学生，计算通过某一电器的电流的规则是，用该电器的功率除以电路电压：功率/电压 = 电流。这样，如果莎莉的电吹风功率是 1200 瓦，通过它的电流就是 12 安培（1200/100 = 12）

续表

事件	方法/媒体	教学处理或策略
5. 提供学习指导	教师和课堂参与	用几个不同的例子说明公式“功率/电压=电流”的应用。(1) 提问学生：莎莉的电吹风是否会烧断15安培的保险丝？（不会，因为电吹风只需要12安培的电流。）(2) 提问学生：如果妈妈把电熨斗也插在同一电路上，结果会怎样？（有些学生可能会回答“保险丝会烧断”。）问他们如何能证明这一点。在需要时给学生提供帮助，以算出电熨斗（功率1000瓦）的电流并求出电熨斗及电吹风同时使用时电路的总电流（12+10=22安培，保险丝将烧断）
6. 引出行为表现	工作表	让学生算出其他许多电器的电流
7. 提供反馈	教师的口头复习	告诉学生他们的回答是否正确并纠正错误的回答。提醒不要把公式颠倒为电压/功率
8. 测量行为	书面测验	让学生解答10个需计算电流的问题
9. 促进保持与迁移	工作表	描述或用图展示几个需要计算电流的实际情境。让学生解答几道问题以判断保险丝是否会被烧断。开展一次竞赛，让学生算出有多少电器（用表列出，标有功率）可以插到20安培的电路上而不烧断保险丝

第三节　小学科学教学方案的撰写

小学科学教学方案涉及学期方案、单元方案、课时方案。这里主要探讨小学科学课时教学方案。下面以苏教版三年级《科学》“空气占据空间吗”为例（1~2课时），谈谈课时教学设计问题。

空气是一种常见的混合物。它是地球上所有生物赖以生存的重要物质，它还与水的循环、天气的变化、地球的保护等有着密切的联系。空气在生活中有着广泛的应用，如可以助燃、可以传播声音、可以改善环境等。日常生活中的空气锤、气垫船、热气球、风车等，让我们感受到空气在工程技术领域中的独特作用。空气是一种无色透明、无臭无味、没有确定形状的物质，广泛存在于周围的空间。

文献提示

“物理科学单元设计”，见兰本达等《小学科学教育的“探究—研讨”教学法》，陈德彰、张泰金译，人民教育出版社，2010.

一、学情分析

空气是我们身边的物质，三年级的孩子对此有了一定的认识。在低年段，学生会观察并描述空气的颜色、状态、气味等特征，能够感知空气的真实存在，并初步了解到验证空气存在的一些方法。但又因为空气不可见、不可摸的特性，对于低年龄孩子而言非常抽象，也无法用科学的语言来描述，他们还会根据日常的生活经验，对空气这种既熟悉又陌生的物质产生错误的认知。

空气和固体、液体一样会占据一定的空间，但三年级学生对“空间”这个词很陌生，不能很好地理解“空气具有质量并占有一定的空间”，对于相关科学概念的建构存在较大的困难。因此，教师在教学中要及时从他们生活中熟知的事物入手，通过一些探究活动引导使学生能够直观地感知空气像水、桌椅一样也是占据空间的。

二、任务定位

一是归类学习任务。本课时的学习任务为：(1) 科学观念，空气占有一定的空间，空气总会充满各处。(2) 科学思维与探究，用证据证明空气占据空间，设法“看见”空气。(3) 态度责任，认真观察、严谨求证、如实记录。

二是分析任务结构。空气具有许多特性，本课时主要学习空气的部分特性，学习内容主要体现为要素任务，包括三个要素：空气无处不在；设法“看见”空气；空气占据空间。

三是明确教学重点、难点。本课时的教学重点：理解空气是占据空间的。教学难点：用多种方法验证空气的存在。

三、教学目标

“空气占据空间吗”的教学目标包括三项：

一是科学观念。包括：(1) 知道验证空气存在的多种方法。(2) 理解空气是占据空间的。(3) 解释小船位置发生变化的原因。

二是科学思维与探究。包括：(1) 能够把去底矿泉水瓶竖直扣进水中。(2) 探索各种方法使小船浮上来。(3) 通过观察水中气泡的方法验证空气的存在。

三是态度责任。包括：(1) 认真观察小船位置的变化。(2) 如实记录观察到的现象。

(设计意图：根据 2022 版《标准》中的课程目标、学段内容及学业要求，分别从科学观念、科学思维与探究、态度责任等维度阐述本节课的教学目标。本节课需要说明空气占有一定的空间，空气会充满各处；能利用证据说明空气占据空间、充满各处的性质；让学生在好奇心驱使下，乐于动手操作、如实记录，尝试运用不同思路和方法完成探究和实践。）

四、目标检测（评价）

1. 判断对错，并说出你的依据。

（1）我们周围空着的空间并不是真正空的，而是充满着空气。（　　）

（2）粉笔、水是占据空间的，但空气看不见，并不占据空间。（　　）

（3）空气很轻，但可以占据空间。（　　）

（4）空气看不见、摸不着，我们无法证明空气的存在。（　　）

2. 动手做一做，并对实验现象做出解释。

（1）把带橡胶塞的漏斗拧紧在瓶口上，快速朝漏斗里倒水，水能流进瓶子里吗？为什么？（见图 11-1）

（2）像这样给气球吹气，能吹大吗？为什么？（见图 11-2）

图 11-1　用带橡胶塞的漏斗拧紧瓶口后朝漏斗里倒水

图 11-2　给气球吹气

（设计意图：通过设置与教学目标匹配的检测项目，考查学生是否已达成本节课的科学观念目标，并能利用所学的科学观念“空气占据空间”解释生活中常见的现象；同时也能诊断教学效果，及时补救课堂教学的疏漏之处。）

五、教学媒体

本课教学需要借助于比较清晰的视频资源，把“看不见”的空气清晰地呈现出来，为学生验证自己的猜想提供证据；准备动态的板书，更好地展示小船和水面位置变化的过程；此外还需要实物板贴、实验记录单、小组实验器材（水槽、去底矿泉水瓶、自制小船）及演示效果较好的自制教具等。

六、教学过程

本课教学以“发现策略”为主，遵循归纳教学“案例—概念—应用”的教学途径，从发现小船位置变化的现象入手，引导学生通过猜想、验证和归纳，形成“空气占据空间”的科学概念，再把所学概念应用到生活中，解释空气占据空间的实例。在概念的建构过程中，时而伴有“接受策略”，由概念到举例，再到生活中的应用。整个教学过程重在引领学生主动探究，从实验中发现，逐步建构科学概念。课程教学基于问题情境而展开，以环环相扣的问题引领学生进行猜想、实验和探索，课堂教学以师生互动、小组讨论为主要组织形式，并配有集体记录单和小组记录单的使用。在小学科学探究式教学理念的引领下设计教学过程，分别由集中话题、问题探索、回顾与解释、拓展应用四个环节构成（见表 11-5）。

表 11-5　教学过程

教学环节	教学活动	设计意图
集中话题	创设情境，提出问题	引导学生猜想小船位置的变化
问题探索	实验操作，发现问题	学生发现小船位置下降，初步交流原因
	再次实验，深入探索	设法使小船位置上升，再次归因
回顾与解释	设法验证，解释原因	创新实验教具，验证瓶中存在空气
	归纳总结，得出结论	学生表演占位游戏，认识空气占据空间的现象
拓展应用	闯关游戏，实际应用	利用所学，解释更多空气占据空间的实例

（一）集中话题

首先是创设一个问题情境，引发学生猜测矿泉水瓶竖直压下去后小船位置的变化，在了解学生前概念的同时，把话题聚焦到本节课要探究的问题上。

1. 出示自制小船，引导学生猜想

引导学生猜想：把去底矿泉水瓶竖直扣在小船上，小船的位置是否会有变化（见图 11-3）。

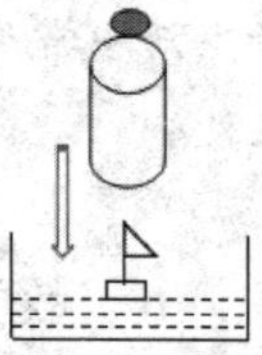

图 11-3　把去底矿泉水瓶竖直扣在小船上

教师提出问题：“这是老师用泡沫材料雕刻制作的一艘小船，如果把它放到水中，你猜它会怎样？”引导学生做出猜想（学生对泡沫的性质比较了解，如泡沫很轻巧、放到水中会漂浮）。

教师继续提问：“如果再用这个去底矿泉水瓶罩住小船，然后竖直扣下去，小船的位置会发生变化吗？”（学生会根据教师设置的问题情境做出猜想）

2. 小组讨论，互相交流想法，并把猜想画到记录单上

学生需要用文字或者画图的方式记录下来，可能出现三种情况：一部分学生认为小船的位置不会变化；一部分学生认为小船的位置会上升，还有一部分学生认为小船会沉到水底。

此时教师要引导学生准确表达自己的想法：你们想表达什么意思？小船是沉到水底还是漂浮在水面？

3. 汇报交流，教师记录学生的猜想

学生需要用比较清晰的语言描述小船位置的变化，并阐明猜想的依据：为什么这样猜想？你有类似的生活经验吗？

（设计意图：教师设置问题情境，引导学生猜想小船位置的变化。学生会有不同的猜想，还会对猜想进行解释；教师也可以通过此环节了解学生的最近发展区，并通过引导为学生搭建脚手架。）

（二）问题探索

通过动手实验初步交流，大部分学生认为小船位置下降可能由空气导致；通过再次探索，越来越多的学生认为瓶中的空气致使小船位置下降，打开盖子放掉瓶中的部分空气，小船的位置再次回升。

接下来，师生围绕“是什么”“为什么”的问题进入实验探究环节。

1. 小组实验，认真观察实验现象并如实记录

为了验证学生的猜想，需要实验来验证，实验操作提示：

1. 用去底矿泉水瓶罩住小船，并竖直扣下去； 2. 认真观察实验现象，如实记录； 3. 实验完成后，收拾器材，完善记录单。

2. 汇报实验结果

师：请大家汇报一下，小船的位置发生了怎样的变化？

学生把观察到的实验现象以动态板书的形式粘贴到黑板上。

师：需再次确认，小船沉到水底了还是随着水面一起下降了？瓶中的水去哪里了？

3. 小组讨论，交流小船位置下降的原因

学生可能会认为是瓶子把小船压下去了，教师需要走到学生小组巡视，给予必要的引导与启发：瓶子接触到小船了吗？是什么原因使小船连同水面降下去的？杯子里面有空气吗？你为什么说是空气的原因？

通过汇报交流，引导学生初步归因到空气上。

4. 小组再次实验，探索使下降的小船升上来的方法

对于挑战，学生兴致很高，会在较短的时间内完成，通过动手尝试，他们可以倾斜瓶身使小船位置回升，也可以打开瓶盖使小船位置回升。

5. 汇报使小船上升的方法，解释小船上升的原因

教师需要引导学生思考：倾斜瓶身或者打开瓶盖为什么能使小船的位置上升？在小船位置回升的过程中你发现了什么？

（设计意图：此环节重在通过实验现象，让学生解释小船位置下沉的原因。教师可以先让学生尝试使小船浮起来的方法，初步得到空气占据空间的结论。）

（三）回顾与解释

如何验证瓶中的空气致使小船位置下降了呢？空气是看不见的，这时候就需要想办法"看见"空气了。教师通过使用创新教具（从瓶口延伸一根导管到水中）再次实验，让学生看到水中的气泡，空气跑出来了，小船位置回升了。这时，基本上所有的学生都能认识到瓶中的空气致使小船位置下降，打开盖子，放出一部分空气，小船的位置再次回升。

1. 引导学生设法验证空气的存在，让看不见的空气"看得见"

师：你有方法验证杯子里面确实有空气吗？

面对有难度的问题，学生需要思考，教师可以用图片、视频等方式引导他们感受空气，如：看气泡、触摸气流、听声响……

2. 教师展示带导管的去底矿泉水瓶，通过触摸气流、发现气泡等方法，证明杯子里面确实存在空气

方法一：给瓶口开一小洞，让学生用手感受气流。（气流说明有空气存在）

方法二：瓶口连接一个导管，当关闭导管，它的功能与我们的去底带盖矿泉水瓶相似，扣下去，小船位置下降了；如果真的是因为里面的空气使小船位置下降，那么打开导管，相当于打开了盖子。仔细观察，会发现什么现象？（气泡也说明有空气存在）

3. 回顾整个实验过程，归纳总结，得出结论——像桌椅、同学一样，空气是占据空间的

师：回顾我们的探究过程，是什么原因使小船位置下降？

教师可借助师生抢座表演，进一步理解空气占据空间的概念：空气尽管看不见、摸不着，但也像同学、桌椅一样，占据空间。

（设计意图：通过猜想、观察、解释和归纳，尽管已经初步得出"空气占据空间"的结论，但学生建立对科学概念的正确认识往往需要一个反复的过程，这时就需要验证空气的存在了。教师通过引导学生设计验证实验，

通过触摸气流、发现气泡等方法，证实了看不见、摸不着的空气的存在，利用这种方式得出的结论印象更加深刻，也更容易让学生信服。）

（四）拓展应用

在教师的引导下，学生逐步建构起“空气占据空间”的科学概念。在拓展应用环节，教师通过几个闯关游戏的形式，让学生利用所学解释更多空气占据空间的实例，再次强化学生逐步建构的科学概念。

1. 游戏闯关一：浸湿杯底纸巾

任务：这个杯子的底部有一团干的纸巾，倒扣杯子竖直进入水中，你能把纸巾浸湿吗？

规则

1. 杯口朝下，竖直扣入水中；
2. 每人只能按要求尝试一次；
3. 游戏结束，安静等待。

学生操作，并分享经验。

2. 游戏闯关二：吹大瓶中气球

学生操作，并找出气球吹不大的原因——瓶内空气占据空间。

（设计意图：本环节以游戏闯关的形式展开，实现了对本节课所学知识的强化与运用，也极大地调动了学生的兴趣，将课堂氛围推向高潮。）

动态板书图（略）

附：实验记录单

小船的位置变化吗？

班级：____________姓名：____________日期：____________

1. 猜想一下，小船的位置会变化吗？请写下来或者画下来：

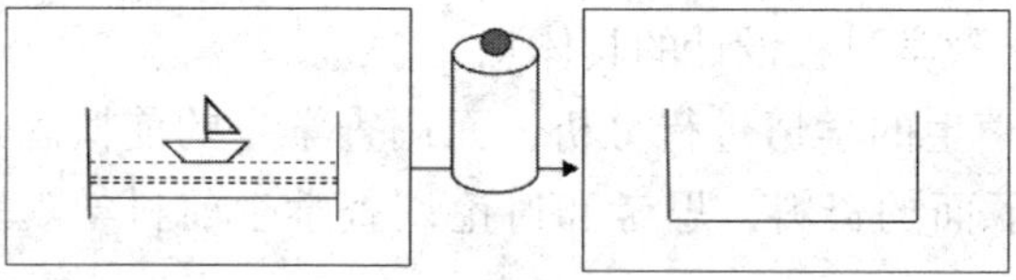

2. 认真观察，请把实验现象画下来：

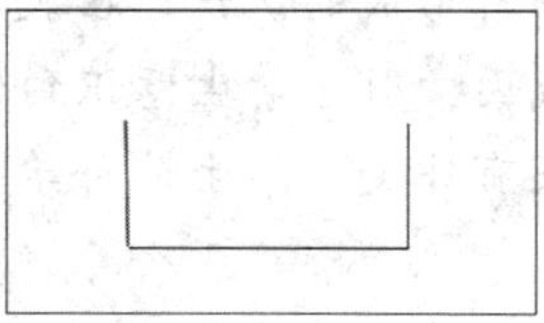

3. 我们的结论是：______________________________。

附录　四大领域教学设计与实施

物质世界（王天锋）　　生命世界（夏敏军）　　地球与宇宙（曹燕琴）　　技术与工程（王天锋）

本章内容小结：

教学设计是主要依据学习理论、教学理论、系统理论，对教学活动进行的科学化规划和安排。教学设计可大致分为三个层次：宏观的科目教学设计、中观的单元教学设计、微观的课时教学设计。

小学科学教学设计理念有：关注学生基础，设计科学教学；面向全体学生，发展科学素养；基于核心概念，学习内容综合化；经历科学探究，学习方式多样化。

课时层面的教学设计要素主要有学情分析、任务分析、确定教学目标、目标检测（评价前置）、选择教学资源与媒体（材料、工具、媒体等）、规划教学过程（教学策略、教学方法、教学流程、教学活动等）、板书设计。

本章问题研究：

1. 阅读本书第五章第二节中“加涅的阶段学习理论”的相关内容，阐述内部信息加工过程分析对于教学过程设计的具体意义。

2. 科学教学设计需要对学生的学情进行分析，而调查学生的前概念是其中一项重要的内容。阅读下面的资料，思考和讨论调查学生前科学观念的其他方法。

前科学观念指学生在获得科学观念之前对事物所形成的认识。在教学中，科学教师应重视发现学生的前科学观念及其成因，引导学生意识到他们的前科学观念与教学中观察到的事实或实验结果有冲突。学生前科学观念的调查方法如下。

图示思维法。如“蚯蚓”课，观察蚯蚓之前，让学生给蚯蚓画图像，结果有的同学画出的蚯蚓有嘴、眼睛和脚。在一些学生的前科学观念中，蚯蚓应该有嘴、眼睛和脚。

事例展示法。如“各种各样的果实”课，请学生把能找得到的果实带来，课上交流，并说明自己认为它们是果实的理由。有同学就在争论：胡萝卜是不是果实？胡萝卜是果实就是一些学生的前科学观念。

归因访谈法。如“盐水的浮力”课，有些同学认为鸡蛋是会沉入水底的，但在另一杯水中却浮了起来，这是为什么？鸡蛋会沉入水中是学生的前科学观念。

3. 参照本书第七章第三节“科学知识的教学模式”中的“5E 模式”，试以“运动与摩擦力”为例，设计一份基于 5E 模式的课时教学方案。

本章参考文献：

1. [美] R. M. 加涅，等 . 教学设计原理 [M]. 5 版 . 王小明，等译 . 上海：华东师范大学出版社，2007.

2. [美] 安德森，等 . 学习、教学和评估的分类学：布卢姆教育目标分类学修订版 [M]. 皮连生，主译 . 上海：华东师范大学出版社，2007.

3. 盛群力 . 现代教学设计论（修订本） [M]. 杭州：浙江教育出版社，2010.

4. 李中国 . 小学科学教学设计 [M]. 北京：高等教育出版社，2017.

5. 叶宝生，王灵华，刘春梅 . 基于逻辑的小学科学教学设计 [M]. 长沙：湖南科学技术出版社，2019.

6. 叶勤 . 小学科学教学设计与案例分析 [M]. 北京：中国人民大学出版社，2021.

余论

小学科学教师的专业成长

教师的专业成长是指教师在整个教学过程中，通过终身专业训练，习得教育专业知识技能，表现专业道德，逐步提高自身从教素质，成为一个良好教育专业工作者的过程。小学科学教师的专业成长是小学科学教师个体不断更新知识结构和增长专业能力的过程。

一、小学科学教师的专业成长的基本内容

（一）专业、专业成长的概念

1966年，联合国教科文组织与国际劳工组织在《关于教师地位的建议》中提出，“应当把教师职业作为专门职业来看待”，并宣称教师职业是一种“专业”，即“通过特殊的教育或训练掌握了已经证实的知识，具有一定的基础理论的特殊技能，从而按照来自非特定的大多数公民自发表达出来的每个委托者的要求从事具体的服务工作，借以为全社会利益效力的职业”。自此，教师职业被视为一种专门职业。那么，何谓专业，专业的标准有哪些呢？对于这些问题，人们有着不同的表述，其中，影响较大的是舒尔曼（Lee S. Shulman），他认为，一种职业要成为专业，必须具备六个特点——服务：理想的职业道德；理论：研究的作用与学府的角色；实践：专业的技能与策略；判断：理论与实践之间的桥梁；从经验中学习；社团：掌管专业质量，进行知识收集的团体①。一般地讲，一种职业要成为专业，应具备以下基本特征：需要经过长期的学习和训练，掌握专门的理论体系和专门技能；拥有专业自主权，有权对专业领域中的问题做出专业判断和处理；

---

① 舒尔曼．理论、实践与教育的专业化［J］．王幼真，刘捷，编译．比较教育研究，1999（3）：37-41.

享有较高社会声誉，为社会提供专业服务；有本专业公认的职业道德和专业标准；需要不断进行进修或培训，提高专业人员的理论水平和操作能力。养成上述特征的过程即专业成长。

从20世纪60年代开始，许多学者开始致力于教师专业发展过程的研究，提出了各种理论，并进行了大量的实践。如美国得克萨斯大学的富勒(Fuller) 在20世纪60年代提出了职前教师专业发展阶段理论，他认为职前教师的专业发展要经历4个发展阶段：教学前的关注阶段、早期关注生存阶段、关注教学情境阶段、关注学生阶段。伯顿（Burden）1979年将教师的专业发展阶段分为：求生存阶段、调整阶段、成熟阶段。休伯曼(Huberman) 1993年将教师的专业发展阶段分为：求生和发现期、稳定期、实验和歧变期、重新估价期、平静和关系疏远期、保守和抱怨期、退休期。白益民以“教师自我专业发展意识”为指标，把教师专业发展过程划分为非关注、虚拟关注、生存关注、任务关注、自我更新关注五个阶段。赵昌木把教师专业发展历程分为预备阶段、适应阶段、迅速发展和稳定阶段、停滞和退缩阶段、持续成长阶段。

依据小学科学教育自身的特性，我们可将小学科学教师的专业发展划分为：定向阶段（师范教育阶段，准备将来从事小学科学教育)、初任适应阶段（入职初期，兴奋、徘徊、困惑交织，需要逐步适应)、反思提升阶段(已具备一定经验，熟悉教学内容与方法，需要超越业已形成的模式)、成熟稳定阶段（具备较强的胜任能力，需要提炼并形成自己的教学思想与教学风格)[①]。可见，科学教师专业成长是专业品质不断发展的过程。

（二）小学科学教师的专业素养

小学科学教师专业成长包括专业知识素养成长、专业技能素养成长和专业情感的成长。

1. 专业知识素养

小学科学教师要有扎实的学科知识素养。学科知识也称为本体性知识。小学科学课程属于综合性课程，其内容包含生命科学、物质科学、地球宇宙科学、技术与工程4个领域的科学事实、科学概念、科学原理。学科知识是进行有效教学的基本保证和必要条件。如果一个科学教师的学

文献提示

“普及科学——2061计划”，见吕达、周满生主编《当代外国教育改革著名文献》(美国卷·第二册)，人民教育出版社，2004.
“生命在宇宙中的起源”，见文池主编《宇宙简史》，线装书局，2002.
“我们的宇宙图像”，见文池主编《宇宙简史》，线装书局，2002.

① 刘德华. 小学科学课程与教学［M］. 北京：中国人民大学出版社，2009：306-307.

科知识不足或不扎实，在教学过程中就可能遇到各种各样的困难或问题。例如，对科学知识讲授不正确，甚至产生错误，不能正确或有效回答学生的问题等。

小学科学教师要具备必要的教育学、心理学素养。小学科学教师要想完成教学任务并取得良好的教学效果，就必须具备必要的教育学和心理学知识。这类知识也称为条件性知识。学生的身心发展有其特定的规律和特点，教学内容和方法必须符合学生的身心发展特点，这是教育教学的出发点和重要依据。

小学科学教师要会应用学科教学法知识（PCK）。学科教学法知识指的是小学科学教师创造性地运用自己的学科知识、教学策略，来理解和组织特定的科学内容并根据学生特点和课堂教学情境，选择适宜的教学方式进行教学的知识。小学科学学科教学法知识由小学科学学科内容知识、教学策略知识、关于学生的知识及情境知识整合而成。

小学科学教师要不断总结实践性知识。实践性知识就是教师的教学经验。小学科学教学具有明显的情境性。在课堂教学中，教师面对的情境是复杂而多变的。这就需要小学科学教师不断地去研究、适应和控制不断变化的课堂情境，需要教师机智地处理教学中的各种突发情况，以维持正常的教学秩序。这些知识主要源自教师的个人教学实践，源于其自身对教学实践的总结和反思。

小学科学教师应具备多方面的文化知识。为了上好科学课，小学科学教师还要有广博的文化知识。随着网络的普及，学生获取信息的途径越来越多，获取信息更加方便快捷，他们随时都可能向教师提出这样或那样的问题。虽然教师不可能圆满地回答学生提出的所有问题，但教师至少在回答中应给学生以有益的启发，引导他们学会思考，培养他们对科学的兴趣。

此外，小学科学教师还应该掌握一定的科学哲学、技术哲学、科技史，以及科学、技术与社会的关系等方面的知识，并对新的科学发现、科技成果有所了解。

2. 专业技能素养

除了一般的教学技能，如了解学生及与学生交流的能力、语言表达能力、组织管理能力、运用教学媒体的能力、教育科研能力等，科学教师还应具备科学课程所要求的特殊能力，如：

具备设计问题情境的能力。小学科学课程是以培养学生的科学素养为宗旨的科学启蒙课程。教师要细心呵护学生与生俱来的好奇心，培养他们对科学的兴趣和求知欲，引领他们学习与周围世界有关的科学知识。这就要求教师在教学过程中设计与学生生活密切联系的情境，让学生在各种情境中去体验科学活动的过程和方法。如在三年级《雨下得有多大》和《叶和花》的导入环节中，教师可以运用提问的方式来引发学生的求知欲——雨下得有多大是如何界定的？果实的形成和花的构造有关系吗？学生带着疑问开始学习，知识掌握起来就容易多了。

具备组织学生合作学习的能力。在合作学习中，一般采用“组内异质，组间同质”的分组原则，每个小组由4~6人组成。每个成员都要被赋予特定的职责。为了培养学生多方面的兴趣和能力，教师可以让小组成员之间定期交换身份。在合作学习过程中要保证不同成员之间有效合作。首先，教师要让每个成员在进行合作学习之前，对合作学习的任务有所了解或准备；其次，在合作学习过程中，教师要让每个成员明确自己的角色或职责，在合作学习中，尽量避免或克服少数学生动手操作、多数学生旁观的现象，一定要让每个学生都扮演一定的角色，参与到合作中。

具备组织学生科学探究的能力。这包括：（1）设计探究计划的能力。科学教师要对课程内容进行甄别，精心选择或设计符合学生认知水平并且与他们的日常生活有密切联系的问题，设计合理的研究计划。（2）开发课程资源的能力。合理开发与利用课程资源是探究教学达到预期目标，培养学生科学素养的有效方式。（3）有效指导探究过程的能力。在探究过程中，教师要有效引导学生一步一步地完成自己的探究计划，随时解决学生在探究过程中遇到的各种问题或困惑。（4）评价学生科学探究的能力。教师应采用多种评价方式对学生进行评价，如观察、与学生谈话、课堂表现记录、活动分析、记录袋评价等，把结果评价与过程评价结合起来。

3. 专业情感

小学科学教师要有崇高的专业理想。教师的专业理想是教师走向专业成熟的一个重要维度，是一个教师奋斗的最高目标，为教师的专业发展提供了强大的精神动力。具有专业理想的教师对教育教学工作会产生强烈的认同感，会尽最大努力投入自己的工作中，设法不断提高自身的专业素养，努力提高自身的专业水平及专业服务质量。

小学科学教师要有理智的专业情操。教师的专业情操是指教师对教育教学工作的内在情感体验，是构成优秀教师个性的重要因素。教师的专业情操包括：理智的情操，即基于对教育功能和作用的深刻认识而产生的光荣感和自豪感；道德的情操，即基于对教师职业道德规范的认同而产生的责任感和义务感。

小学科学教师要有成熟的专业性向。教师的专业性向是指一个教师从事教育教学工作应具备的人格特征，主要包括热情、善于交往、有责任感、对学生一视同仁、关爱他人、有耐心、人际关系融洽等。这些人格特征是教师不断提高工作能力、取得良好教育教学效果的重要条件。

二、小学科学教师专业发展的模式

教师发展是一个持续不断的成长过程，它既需要教师个人的主观努力，还需要外在的培养与协助。教师培养是指教师任职前的准备教育，包括从基础教育阶段直至高等教育阶段的全部活动；教师继续教育是教师任职后的不断研习和进修。依据教师发展的不同阶段的特征和需求，建立教师任职前和任职后培训一体化的教师教育体系，从而构建有效的教师发展模式，是教师专业成长的关键。从世界教师教育理念和实践看，大学本位教师教育模式、大学与中小学合作的教师教育模式、以中小学为本的教师教育模式，在教师专业发展中均发挥了积极的作用①。

（一）大学本位教师教育模式

大学本位教师教育模式是以师范院校或大学为基地而开展的对师范生和教师进行教育或培训的模式。从世界范围来看，无论是教师任职前的培养，还是任职后的继续教育，这种模式是目前最主要、最基本的教师教育模式。

以大学为本的教师培养模式是在世界各国实施义务教育、需要大量合格教师的迫切要求下产生的，是教师职业日益成为一种专门的事业、教师成为专业人员的客观要求。该模式的理论假设是：教师所需要的知识大多是在大学里获得的，教学知识的掌握和教学能力的形成都必须以系统的理论学习为基础，只要教师或预备教师掌握一定的科学理论知识和实践原则，就能有效地解决教育实践中存在的具体问题。它把教学仅仅看作理论知识在实践中的具体运用，忽视了教学经验与实践智慧的价值，忽视了教学活动的特殊性和复杂性，因而具有浓厚的理性主义色彩。

在英美等发达国家，小学教师的职前培养一般是四年的本科教育，我国以往小学教师的培养主体为中等师范学校。进入 20 世纪 90 年代以

---

① 赵昌木．教师专业发展［M］．济南：山东人民出版社，2011：121-145.

后，我国小学教师的学历标准逐渐提升，许多中等师范学校纷纷开办大专班，培养出许多具有大专学历的小学教师。1996 年全国第五次师范教育工作会议以后，职前小学教师培养逐渐由三级师范（中师、师专、师范大学）向两级师范（师范专科、师范本科）过渡，综合性大学开始参与教师培养，小学师范教育已形成本科、硕士、博士三个层次。就科学教育而言，重庆师范大学于 2001 年在全国首次设置科学教育专业。2002 年教育部审批 9 所高校开设科学教育本科专业，随后一些高校开始招收科学教育硕士研究生。北京师范大学在全国率先招收科学教育专业博士研究生。

从课程设置来看，大学本位职前教师教育设置了多类课程，呈现出不同的结构。下面以我国重庆师范大学与美国佛罗里达州立大学为例（见表 1 和表 2），剖析中外小学科学教育专业的课程结构的特点。

表 1　重庆师范大学小学科学教育专业的课程结构

课程类别	性质	学分数(占总学分比例/%)	学科范围与主题
通识课程	必修	理论 32.5，实践 11(26.85)	政治、英语、体育等
	选修	10(6.17)	人文社会与科学系列，自然科学与技术系列，学术讲座，等等
学科基础课程	必修	10(6.17)	高等数学Ⅰ，高等数学Ⅱ，自然科学导论
	选修	2(1.23)	科学、技术、社会与环境，科学教育专业英语，国际科技教育进展
专业核心课程	必修	理论 26.5，实践 11，(23.15)	工程与技术概论，科学技术史，科学哲学导论，基础生物学，基础生物学实验，基础化学，基础化学实验，基础物理学，基础物理学实验，地球与宇宙科学基础及实验，人工智能概论
专业方向课程	选修	8(4.94)	科技与社会系列、科学文化与传播系列、科技教育创新与活动设计系列，各 5~6 门课程

续表

课程类别	性质	学分数(占总学分比例/%)	学科范围与主题
教师教育课程	必修	理论 21.5, 实践 6, (16.98)	小学教育心理学,小学教育科研方法,小学课堂管理,青少年科技活动设计与指导,小学科学课程标准与教材研究,小学科学教学论,科技设计与制作,STEM 课程设计与评价,现代教育技术应用,普通话与教师语言,钢笔字书写,教学简笔画
	选修	8(4.94)	中外著名教育家思想,中外科学教育简史,科学学习心理学,小学科学校本课程开发与实践,班队活动设计与指导,科学教学测量与评价,小学科学名师教学案例赏析,科学实验教学研究
独立实践教学环节	必修	15.5(9.57)	教育见习,科普场馆教育实践,教育实习,教育研习,毕业论文
	选修		

表 2　美国佛罗里达州立大学小学科学教育专业的课程结构①

时间	学科性质	数量与学分(学分比例/%)	学科范围与主题
大学前两年的通识教育课程	A. 基础学科	3/9(7.0)	英语写作Ⅰ和Ⅱ为必修课程;数学为限定选修课程
	B. 公共选修学科	2/4(3.1)	人的思维、人的语言、文化比较和全球化问题(4 门课中选择 2 门)
	C. 人文学科	4/12(9.3)	文学学科组、艺术学科组、语言学科组(选 2 个组,每组选 2 门课程)
	D. 科学、数学与技术	3/11(8.5)	天文、地理、气象、生物、化学、物理,每个领域开设 2 门课程供学生选择
	E. 社会学科	4/12(9.3)	美国历史和美国政府为 2 门必修课程;世界历史、全球问题、经济学、人类学(选择 1 门);心理学、社会学、犯罪学、人文地理、女性研究等(选择 1 门)
	F. 与专业相关的学科	6/18(14.0)	教育问题、人的成长与发展、特殊儿童心理与教育、计算机技术、数学原理、艺术教育

① 刘德华. 小学科学课程与教学 [M]. 北京: 中国人民大学出版社, 2009: 273-274.

续表

时间	学科性质	数量与学分（学分比例/%）	学科范围与主题
大学后两年的专业教育课程	第一学期：学前教育（含实习）	4/12(9.3)	儿童教育中的文化多元性、早期儿童教育入门、语言和阅读教学、课堂管理
	第二学期：低年级教学（含实习）	4/15(11.6)	语言和阅读教学、课堂管理、数学教学与技术、儿童发展/课堂管理
	第三学期：高年级教学（含实习）	5/15(11.6)	语言和阅读教学、数学教学、小学社会课的教与学、教学实践
	夏季学期：教学课程	3/9(7.0)	3门数学课程
	第四学期：学生实习	–/12(9.3)	一个学期的实习（实习年级任选）
总计		38/129(100)	专业教育课程占55.8%，非教育专业课程占44.2%（其中实习累计学分15学分，占总学分的11.6%）

通过比较中美小学科学教师培养方案，我们可以看出：

相同之处：中美通识教育与专业教育相结合，小学科学教育的通识课程主要在大学前两年开设，涉及语言与数学、人文与社会、科学与技术等多个领域，是学生专业学习的基础；均开设了系列教师教育课程，涉及科学课程、科学教学、教学技能等；均重视教育实践，四年教育见习、实习不间断，注重培养学生的实践技能。

不同之处：美国的通识性课程较多，不区分方向，培养能胜任小学多科教学的教师，而我国除了基础必修，还设置了三个选修系列。在教师教育类课程之中，美国教师技能性课程较多，而我国理论性课程较多，美国教师教育类课程全为必修，没有选修，而我国教师教育类课程既有必修也有选修。此外，美国小学教育专业的课程体系还包括学前教育内容，把幼儿园教师与小学教师作为一个整体来培养，而我国小学教师与幼儿园教师培养的机构是分开的。美国小学教师培养在专业教育期间，按照儿童发展阶段设计后两年的专业教育课程，从学前到小学低年级，再到小学高年级，依序设置学习课程，并进行教育实习，体现了教育专业课程的阶段性和连续性。我国则不做严格区分。

（二）大学与中小学合作的教师教育模式

传统师范教育大学本位模式有导致师范生教学经验缺乏、专业技能不足、从教后适应期长的问题。考虑到在职中小学教师因教学任务繁重、研修时间缺乏、专业指导有限而难以提升教学水平、实现持续发展的问题，美国研究机构改进了大学本位教师教育模式，通过加强教育教学理论与真实课堂教学实践的联系，探索出大学与中小学合作的教师专业发展学校（professional development school，PDS）的模式。PDS 模式兴起于美国 20 世纪 80 年代中后期，它是一种由大学的教育系（或学院）与大学所在地的一所或多所中小学建立合作关系，目的在于培养高质量的准教师并促进在职教师的专业发展的模式。它是融教师职前培养、在职研修和学校改革为一体的新型师资培育形式，既为师范生进行专业准备，也为有经验的教师提供持续专业发展的新模式。PDS 是促进教学新手成长与富有经验的专业人员持续发展的学校。

PDS 模式的理论假设是：每一位教学实践者对教学都有一种基本的认识，师范生要想学会教学必须在教学实践中养成；教师教学与学习是密不可分的，如果教师想在专业上不断发展，就要在实践中持续地学习，而教师的学习需要得到大学的支持和帮助，大学为教师的系统学习和实践问题的解决提供了可能。为此，大学与中小学之间必须建立“伙伴”关系。

PDS 模式运行的基本方式是，中小学教师及相关人员与大学教师组成合作小组，承担实习生的培养、教学研究甚至参与学校改革等任务。结构比较理想的工作小组一般有 4~5 名有经验的教师、2~3 名大学教授、5~10 名研究生、若干名本科师范生及其他人员。在 PDS 模式实施过程中，参与人员无论是实习教师、中小学教师还是大学教师，都要承担相应的角色。在一年的实习中，参与学习的实习教师像正式教师一样参与学校的全部活动，承担教师的各种角色，包括班级教学、教学实验、家访、教师教研会议。实习生在与其他教师的交流和亲身践行下，对教学有了更多的认识、理解和体验，通过不断地学习、反思和解决问题，他们能逐步获得一些与具体情境相联系的教学经验和实践智慧。PDS 模式倡导以学校为基础的探究，鼓励教师同行进行观察和反馈。实践表明，教师在此模式中能够充分利用各种机会研究教学，促进了学校进步和改革。

PDS 模式在实施的过程中逐渐暴露出一些不容忽视的问题：参与合作模式的教师只是一小部分，大部分教师未能介入，难以实现全体教师的持续发展和学校教育工作的革新。由于大学与中小学两种不同制度文化之间的层级差异，大学教师与中小学教师之间的关系常常被视为“上”与

“下”、“指导”与“被指导”的关系，大学教授容易成为支配者和指导者。大学教师与中小学教师难以形成良好的合作关系，双方交流困难，影响了PDS的实施。此外，中小学教师最重要的职责是课程教学与教育学生，由于时间与精力的限制，他们不可能同时承担过多的职责，参与师范生的指导不可能是优先考虑的事项，所以PDS模式的实施面临不少困难与挑战。

(三) 以中小学为本的教师教育模式

为了促进学校改革和教师专业发展，1992年1月，时任英国教育大臣的克拉克（Kenneth Clarke）提出以中小学为基地的师资培训建议，其主旨为：加强师资培训机构同中小学之间的伙伴关系，强调中小学在培训师范生中的作用，着重于师资培训的结果而不是培训的内容；增加师范生教学实习的时间等。政府决定实施以中小学为本的教师职前培养模式。在教师继续教育方面，政府也力图改进在职教师的培训内容、形式。这便是英国首创的“以中小学为本的教师培训（school-based teacher training，STT）”模式，即“校本教师培训”。校本教师培训是以学校为教育基地，针对学校教育教学改革和教师专业发展存在的问题，充分利用校内外的各种教育资源，由学校策划和组织实施的面向全体教师的继续教育活动。该模式自产生以来，在世界各国逐步推广，在提升教师素质和专业能力、改善学校教学实践方面发挥了十分重要的作用。正如哈赛尔·海格（Hazel Hagger）所说，校本培训的目标是培养新教师的课堂教学能力，使他们具备胜任教学工作的基本技能；培养他们在必要的情况下进行继续学习的能力；培养新教师的洞察力和思辨能力，使他们能够迎接挑战，对学校的教学工作进行创新和改进①。

以中小学为本的教师教育模式的基本假设是：有成效的师资培训应当让师范生有机会同时获得理论知识和实践知识，大学只是为师范生未来从教提供理论知识，如果师范生毕业后能够较好地适应并胜任教学工作，就必须“转向实践”，必须根据中小学的实际需要培养未来教师。哈赛尔·海格指出：“课堂教学是一个错综复杂的过程，如果在培训中把有限的时间花在学习课堂以外的内容上，是得不偿失的做法。要使学生了解课堂教学的复杂性，最佳学习环境是正在进行教学的地方，而最佳学习对象则是那些日复一日从事教学活动的教师们。”师范生在中小学教师指导下能逐步认识和了解教学活动的复杂性和实践知识的价值。反思性、分析性的知识也许

---

① [英] 哈赛尔·海格，等. 向经验教师学习指南 [M]. 马晓梅，张昔阳，译. 上海：华东师范大学出版社，2009：16.

可以从高等教育机构中获取，但实践性知识只有通过教学实践活动才能获得，教育实践智慧也只能在教学实践情境中才能生成。对于教师继续教育而言，STT模式力图以教师任职的中小学为主体，强化教师自身的作用，创造一种文化，让所有教师在职业生涯中获得良好的训练和发展，不断改进教学，实现教师与学生的共同成长。

但以中小学为本的教师教育模式在实施过程中存在如下问题：第一，许多在职教师难以胜任实习生的教学指导工作。如果指导教师的教学能力有限，则实习生难以从其所跟随的教师那里获益，即使是经验丰富的指导教师也难以保证其教学实践总是合理的。一些教师态度消极，不愿承担这种既费时又费力的责任，也不愿奉献出有效指导所需的时间。第二，中小学与高等教育机构之间缺乏有效的沟通。从理论上讲，中小学应该为实习生提供丰富的实践经验和有效指导，但实际上，中小学常常依据"实用"原则来看待实习工作和实习生。实习生常常被当作分担教师教学重任的"额外帮手"，让教师有更多的时间和精力来辅助其他儿童学习，对实习生的"使用"取代了"指导"。第三，中小学文化的封闭、保守特征，致使实习生在学科测试、分数与实习评价等压力面前，不得不放弃自己的教育理想，不得不按照指导教师既定的方式去行动，实习生难以形成反思、批判、变革教学实践的意识，这就背离了教育实习的真正目的，远离了以中小学为本的教师教育模式的初衷。

以上介绍与分析显示，大学本位教师教育模式、大学与中小学合作的教师教育模式、以中小学为本的教师教育模式均具有各自的合理性与优势，但在具体的实施中，也存在一定的问题与困难。对于科学教师的成长而言，大学本位教师教育模式仍然是科学教育专业师范生成长的基础，大学与中小学合作的教师教育模式、以中小学为本的教师教育模式可以作为补充。对于在职科学教师来说，以中小学为本的教师教育模式（校本培训）则应成为他们专业发展的重要途径。21世纪以来，校本培训已在我国中小学校广泛实施，并取得了明显成效。

三、小学科学教师专业成长的基本途径

1. 加强专业自我修炼

做好专业发展规划。教师要对自己的专业发展有清晰的认识，根据自己的实际情况，设计自己专业发展的蓝图，制定个人发展规划，规划自己的职业生涯，实现独特的"个性化发展"。在规划制定中，教师可以根据个性特色，选好发展突破点，实现自我发展的不断跨越。

开展专业自主阅读。教师的专业成长首先是提升自己的专业知识素养，包括教育科学知识、学科知识（特别是自然科学知识）、跨学科知识的学习，为此需要加强专业书籍和专业期刊的阅读。科学教师专业文献可分为两个大类：教育专业类与学科专业类，涉及教育经典、学科基础、学科心理、学科课程、学科教学、学科教育科研等。教师可参照科学教师专业成长阶段（师范教育定向阶段、初任教师、成熟教师、专家教师）及其发展特征，开展专业著作阶梯式阅读，螺旋进阶，不断提升自己的专业理论水平（表3为前三个阶段的推荐书目）。为了提高个人专业阅读的效果，教师需要参与读书报告会、阅读经验分享会，交流讨论，深化对学科教学知识的理解与领悟。

表3　科学教师专业成长阶梯式阅读书目

分类	定向阶段	初任阶段	成熟阶段
教育理论经典	1. 夸美纽斯《大教学论》；2. 卢梭《爱弥儿》；3. 赵祥麟、王承绪编译《杜威教育名篇》	1. 杜威《民主主义与教育》；2. 布鲁纳《布鲁纳教育论著选》；3. 赫胥黎《科学与教育》	1. 柏拉图《理想国》；2. 怀特海《教育的目的》；3. 美国《普及科学——2061计划》；4.《陶行知教育名篇》
学科基础	1. 吴国盛《科学的历程》；2. 吴国盛《什么是科学》；3. 皮克林《作为实践和文化的科学》；4. 刘易斯《细胞生命的礼赞》；5. 张红霞《科学究竟是什么》	1. 柯林武德《自然的观念》；2. 哥白尼、牛顿等《宇宙简史》；3. 刘大椿《科学哲学》；4. 郑毓信《科学教育哲学》	1. 德威特《世界观：现代人必须要懂的科学哲学和科学史》；2. 霍金《时间简史》；3. 查尔默斯《科学究竟是什么？》
学科心理	1. 布兰思福特等《人是如何学习的：大脑、心理、经验及学校》；2. 王磊等编译《科学学习心理学》	1. 古德《儿童如何学科学：概念的形成和对教学的建议》；2. 德赖弗等《儿童的科学前概念》	1. 多诺万等《学生是如何学习的：课堂中的科学》；2. 戴尔·H. 申克《学习理论：教育的视角》
学科课程	1. 泰勒《课程与教学的基本原理》；2. 林静《小学科学18个重要概念全景解读》；3. 宋汉阁《小学科学课教学指要》	1. 泰勒《课程与教学的基本原理》；2. 潘洪建《小学自然·科学课程60年（1949—2009）》；3. 潘洪建等《中外小学科学课程标准比较研究》	1. 施良方《课程理论》；2. 丁邦平《国际科学教育导论》

续表

分类	定向阶段	初任阶段	成熟阶段
学科教学	1. 加涅《学习的条件和教学论》; 2. 卡琳《教作为探究的科学》; 3. 叶宝生《小学科学教育的理论和方法》; 4. 丁邦平《小学科学有效教学》	1. 加涅等《教学设计原理》; 2. 兰本达等《小学科学教育的"探究—研讨"教学法》; 3. 韦钰《探究式科学教育教学指导》; 4. 布卢姆等《教育评价》	1. 马丁《建构儿童的科学: 探究过程导向的科学教育》; 2. 安德森等《学习、教学和评估的分类学: 布卢姆教育目标分类学修订版》; 3. 盛群力《现代教学设计论(修订本)》

开展专业实践反思。教学专业是一种实践性很强的专业，理论学习仅仅为实践提供基本概念、思路、框架和必要的规范、准则，教师欲提高教学技能，获得教学艺术，形成独特的教学风格，还需要在实践中摸爬滚打，提炼实践中的成功经验，反思实践中存在的问题，通过理性反思，不断改进、完善、提高，积累教学经验，形成教学智慧。

参加专业培训活动。教师成长一般要经历新手、胜任、专家三个阶段。小学科学教师需要参加不同阶段的多种专业培训活动，参加适合自身发展的专题讲座或专题报告。他们需要聆听小学科学名师的公开课和专项报告，与专家面对面进行对话交流，促进自身专业成长。同时，他们还需要参加专业竞赛活动，如技能比赛、公开课、展示课等，加快专业成长步伐。

2. 开展教学行动研究

行动研究是工作者在实际工作情境中进行的自我探究与反省，为解决实际问题所展开的研究。教学行动研究是以实际问题为研究对象，在日常教学行动过程中以改善教学实践为目的而进行的探索。具体地讲，教学行动研究是教师集实践者与研究者于一身，针对教学中的具体问题开展行动与研究，系统地搜集资料、分析问题、提出革新方案、付诸实施、评价其效果，反思其影响，解决实际教学问题，提升专业品质。经验+反思=成长。教学行动研究是教师专业成长的重要方式，有助于教师反思教学实践中的问题，不断改进教学实践，学习、掌握新的技术与方法，增强解决问题的能力，超越日常经验，形成教育智慧。

与基础研究相比，行动研究具有下述特征：改进个人实践，而非发展理论；以自身为研究对象，而非研究他人；实际工作情境就是研究情境，而非理性化情境；强调在行动中进行探索与反思，而非逻辑演绎；重视研究中的协同与合作，而非闭门造车；行动研究属于系统的探究，而非随意尝试。

科学教学中的行动研究包括5个阶段。(1) 陈述所关注的具体问题。提出、界定问题的范围、性质。问题范围要适当，不宜太大，将问题领域转换为研究焦点。(2) 拟订行动方案。研究方案即行动研究计划，包括下述要素：研究目标，即行动研究要达到的结果；研究内容，即研究的具体问题、操作策略、教学方式等；资料搜集方法，如课堂观察、撰写研究日志、搜集学生作业、活动图片等；效果检测与评价方式，如考试测验、观察访谈、成长记录袋等。(3) 实施行动实施方案。做好研究计划后，需要寻求可能的合作伙伴，合作开展行动研究，加强合作伙伴之间的沟通与协调，共同讨论、解决行动研究中的问题。在行动过程中，注意搜集过程性研究资料。(4) 评价与反馈。评价自己是否达成预定的目标，是否获得自身的专业成长，是否遭遇新的问题？评价内容主要包括：学生进步的评价，教师专业成长的评价。(5) 展示研究成果。如：撰写研究报告、研究论文、活动观摩、研究报告会、经验交流会、图片作品展示等。也可以采取教育叙事、教育日志、教育自传等形式。

小学科学教师需要围绕科学教学中的具体问题开展行动研究，将教学与研究融为一体，在行动中研究，在研究中行动，养成反思的习惯，获得教学智慧，加速自身的专业成长。

3. 参与校本教研

教研活动是促进教师专业化发展最有效的途径，基本形式如下。

师徒结对。小学科学新手教师每学年根据个人发展潜力和发展主观愿望，与成熟教师、专家教师开展师徒结对活动。带教老师定期对青年教师进行听课、评课，及时了解、分析青年教师的教学存在的问题，适时给予指导和帮助；青年教师主动听带教老师的课，共同参与科学教材、教法研究。

研究课例。课例是以主题为活动主线、课例为载体、教师为主体开展的一种教研活动。“主题课例”式教研活动需要经历“确定主题—课例实践—研讨反思”3个环节，整个教研活动是将教研、科研、教学有机融合，促进教师的专业化发展。

讨论问题。这是以问题为中心的教研方式。教师整理、筛选、归纳在教学中遇到的问题与困惑，提交给学科组讨论，学科组成员展开研究、探索，经过一段时间后，相互交流、分享经验，促进问题的解决。这种做法有利于培养教师发现问题、分析问题、解决问题的能力。

观摩研讨。学校组织各种赛课活动，青年教师积极观摩，参与研讨。研讨执教教师的教学思路、观念、教学设计、教学方法、教学艺术等。这样可以帮助青年教师专业成长，提高科学教师业务水平。

集体备课。通过集体备课，青年教师展示自己的教学设计与方案，教研组成员共同听课、评课。青年教师在集体教研中，对所做的课进一步修改、完善，最终形成教案，由教研组成员轮流执教。通过集体备课的形式，教研组成员不断地进行思维之间的碰撞和情感的交流，互相学习，共同切磋，充分发挥教师个人和教师集体的作用，达到共同成长。

此外，教师专业成长途径还包括教学研究论文的撰写。教学研究论文撰写涉及选题、资料收集、拟定写作提纲、写作初稿、修改完善，以及投稿等诸多环节和复杂问题。由于篇幅限制，在此就不展开了。

文献提示

"热爱"，见路培琦、郁波《路培琦自然教学改革探索》，山东教育出版社，1999.